춘추
春秋

국립중앙도서관 출판시도서목록(CIP)

춘추 : 위대한 정치 지배자, 김춘추 / 지은이: 이종욱.
— 파주 : 효형출판, 2009
　　p. ;　　cm

ISBN　978-89-5872-084-3 03910 : ₩13,000

태종 무열왕(왕)[太宗武烈王]
신라(국명)[新羅]

911.034-KDC4
951.901-DDC21　　　　　　　CIP2009002933

위대한 정치 지배자,
김춘추

춘추

이종욱 지음

효형출판

한민족의 시조는 누구인가? 그 답이 단군이라는 사실을 모르는 한국인은 없을 것이다. 1945년 광복 이후 학교에서 그렇게 가르쳤기 때문이다. 그러나 단군을 시조로 하는 성姓을 가진 한국인은 없다. 고구려인을 시조로 하는 한국인을 찾기도 어렵다. 고조선이나 고구려인이 모두 사라져버린 것이다. 오히려 현재 한국인 중 다수가 신라인을 시조 또는 중시조로 하는 김金·박朴·이李·정鄭·최崔·손孫 등을 성으로 사용하는 씨족에 속해있다. 신라가 삼한(고구려·백제·신라)을 통합했기 때문이다.

　역사의 길에는 수많은 갈림길이 있다. 한국사의 많은 갈림길을 하나로 묶어 현재 한국·한국인을 만든 사람이 있다면, 그만큼 위대한 인물은 없을 것이다. 누구를 그런 인물로 들 수 있을까? 여기서 나는 태종무열대왕 춘추春秋를 들고자 한다. 그는 삼한통합을 기획한 장본인이고, 백제를 평정함으로써 실제로 통합의 기틀을 잡은 군주였다. 나는 이 책을 통해, 삼한통합을 이루어 한국·한국인·한국 사회·한국 문화의 오리진origin을 신라에 두도록 만든 춘추를 역사의 무대에 새롭게 등장시키고자 한다.

　안식년을 맞아 경주에서 지낸 2007년에 나는 역사의 현장을 답사하며 신라의 역사를 다시 구상하는 과정에 춘추를 주목하게 되었다. 특히 『화랑세기』의 기록을 통해, 왕위에 오르기까지 춘추의 일대기를 역사화할 수 있었다. 서기 603년, 춘추는 왕위에 오를 운명을 갖고 태어났다. 그는 오랜 기간 인내하며 준비하여, 마침내 654년 왕위에 올랐다. 그는 그가 해야 했고, 할 수 있었던 수많은 일 중 가장 중요한 일을 개인의 목표로 삼아 나아갔고, 그것을 국가의 목표로 설정했다. 나아가 그것을 실현할 결정적 수단과 방법을 찾았고, 결국 왕이 되었다.

춘추가 한창 활동하던 시기, 신라는 존망의 기로에 서있었다. 실제로 백제가 642년에 신라의 서쪽 40여 성을 쳐 함락시킨 바 있다. 655년에는 고구려·백제·말갈의 군사가 연합해 신라의 북쪽 국경을 침범하여 33개의 성을 빼앗아가기도 했다. 그때 무열왕은 나라를 지키기 위해 당나라에 군사를 청함으로써 백제 정복이라는 승부수를 던졌고, 결국 한국 역사상 가장 어려웠던 '인수·합병M&A'을 성공시켜 신라의 대평화를 불러왔다.

그는 지성, 배포, 위엄, 자부심, 리더십, 판단력, 인내력, 설득력, 현실 인식 능력, 방법 강구 능력, 세계화(중국화) 실현 능력 등을 갖추었다. 그리고 무엇보다 자신을 잘 알았다. 정녕 위대한 인물이라 하지 않을 수 없다.

1400년 전 신라는 우리에게 외국이나 마찬가지다. 시간의 저편에 있었던 신라인은 우리와 전혀 다른 사회에서, 전혀 다른 삶의 방식으로 살았다. 신라인 춘추를 이해하기 위해서는 무엇보다 신라를 잘 아는 안내자가 필요하다. 나는 지난 35년 동안의 신라사 연구를 바탕으로, 이 책을 통해 기꺼운 마음으로 춘추를 소개하고자 한다.

『춘추 : 신라의 피, 한국·한국인을 만들다』에 담긴 춘추에 대한 이야기가 한국인의 역사 지식, 역사의식, 역사관을 바꾸는 하나의 출발점이 되리라 믿는다. 아울러 이 책은, 그럴싸한 이야기에 역사라는 거죽만 씌운 채 오늘의 한국인에게 제공되고 있는 이른바 역사 관련 소설, 영화, TV 드라마와는 근본이 다르다. 신라인 춘추를 다룬 이 책이 한국 AT Art Technology 분야에서 새로운 스토리텔링의 출발점이 되기를 바란다.

2009년 6월
자곡동에서 이종욱 씀

차례

춘추를 재구성하기 위한 준비

태종무열대왕릉에 새겨진 그의 존재

경주 서악동에는 신라 제29대 태종무열대왕 춘추[1]의 능이 있다. 신라 왕릉 중 주인을 분명히 알 수 있는 능은 거의 없다. 고려와 조선 시대 사람들이 전승傳承에 실패했거나, 신라 왕릉에 세워진 비석을 깨버렸기 때문이다. 다만 무열왕릉의 비석은 귀부龜趺와 "태종무열대왕지비太宗武烈大王之碑"라는 명문銘文이 새겨진 이수螭首가 남아 있어 주인을 확실히 알 수 있다. 춘추의 존재는 고려와 조선 사람들도 지울 수 없었던 것이다. 그 까닭은 무엇일까?

무열왕의 능은 경주 대릉원 지역의 황남대총 같은 고분보다 규모가 크지 않다. 그 능의 주인공 춘추는 어떤 사람이었을까? 춘추는 우리와 어떤 관계에 있는 인물일까? 우리는 한국사 속에서 춘추를

---

1 이 책의 주인공을 어떻게 불러야 할까? 『삼국사기』와 『삼국유사』의 기록을 보겠다. 『삼국사기』 5, 「신라본기」 5에 태종무열왕太宗武烈王의 본기가 있다. 왕의 즉위 조에 "태종무열왕이 즉위했다. 이름[諱]은 춘추春秋이며"라고 씌어있다. 또한 태종무열왕 8년 6월 조에는 "왕이 세상을 떠난 후 시호를 무열武烈이라 했고 영경사 북쪽에 장사 지냈고 왕호를 올려 태종太宗이라 했다"고 씌어있다. 『삼국유사』 1, 「왕력」에는 제29대 태종무열왕 조에 "이름은 춘추이니 김씨다"라는 기록이 있다. 한편 서악동에 있는 비석의 이수에는 "태종무열대왕지비"라는 비액碑額이 있어 신라인이 그가 세상을 떠난 후 태종무열대왕으로 불렸음을 알 수 있다. 이 책의 주인공은 춘추, 무열, 태종, 태종무열왕, 태종무열대왕 등으로 불린 인물이다. 이 책에서는 기본적으로 왕위에 오르기 전에는 "춘추春秋"라 부르고, 왕위에 오른 후에는 태종무열대왕을 줄여 "무열왕武烈王"이라 부르기로 한다.

어느 위치에 자리매김해야 할 것인가? 풀어야 할 궁금증이 한두 가지가 아니다.

신라인과 한국인의 상반된 평가

신라인은 춘추에 대해 어떻게 이야기했을지 궁금하다. 20여 년 전 모습을 드러낸 『화랑세기花郞世紀』에 춘추에 대한 신라인 김대문金大問의 찬사가 들어있다. 18세世 풍월주風月主 춘추공 조條에 "세상을 구제한 왕이고 영걸한 군주이며, 천하를 하나로 바로 잡으니 덕이 사방을 덮었다. 나아가면 태양과 같고 바라보면 구름과 같다濟世之主 英傑之君 一匡天下 德被四藩 就之如日 望之如雲"고 나온다. 이것이 바로 춘추에 대한 신라인의 평이다.

현재 우리는 춘추를 어떻게 보고 있을까? 학교에서 춘추를 어떤 인물로 배워왔는가? 우리는 신라가 외세를 끌어들여 동족의 나라인 백제와 고구려를 멸망시켰기에 현재 한국의 영토가 쪼그라들었다는 역사의식을 갖고 있는 것이 사실이다. 춘추를 마치 대한제국을 일제에 넘긴 을사오적과 같은 반민족적 행위자의 표상으로 삼고 있지 않은가?

신라인에게 춘추는 태양과 같은 영걸한 군주였던 반면, 한국인에게 그는 매국노와 같은 인물로 인식되어있다. 왜 이런 일이 벌어진 것일까? 춘추를 바로 보기 위해서는 우선 그를 둘러싼 역사적 사실을 있는 그대로 재구성해내는 일이 필요하다. 춘추는 과연 어떤 인물이었을까?

춘추를 바로 보기 위한 세 가지 전제

춘추를 옳게 이해하기 위해 세 가지 할 일이 있다.

첫째, 현대 한국사학이 만들어낸 민족·민족사·민족주의사학의 틀을 벗어던져야 한다. 오늘날 '민족'이라는 용어에 대해 의심을 품는 한국인은 많지 않을 것이다. 그러나 한국인이 이 용어를 처음 사용한 것이 20세기 이후의 일이라는 사실을 아는 사람은 많지 않다. 1945년 광복 후 제대로 된 한국사 개설서 한 권 없던 상황에서 손진태孫晉泰는 민족을 발견했다며, "국민은 민족"이고 "조선사는 민족사"라며 역사를 만들었다.[2] 당시 서울대 교수였던 손진태를 시작으로 이른바 관학파官學派가 발명해낸 민족은 한국 역사 속의 모든 나라와 그 안에 살았던 모든 사람을 단군의 자손인 한민족韓民族이라 규정한 것이다. 이와 같은 역사관을 민족사관 또는 민족주의사학이라 불러도 좋겠다.

조선 시대까지 이 땅에는 민족이라는 개념조차 없었다. 20세기 초 제국 일본의 침략을 받은 후 민족이라는 용어가 사용되기 시작했다. 민족·민족사가 의심할 수 없는 온 국민의 정답으로 자리 잡은 것은 광복 후 관학파들이 학교의 국사 교육을 장악한 뒤의 일이다.

이렇게 만들어진 민족·민족사·민족주의사학은 처음부터 문제가 있는 것이다. 민족사는 고구려·백제·신라를 동족의 나라로 보

---

2 孫晉泰, 「朝鮮民族史槪論」, 『朝鮮敎育』, 조선교육연구회, 1948. pp. 1~4.

3 여기서 말하는 관학파는 서울대 교수였던 손진태와 그를 추종하는 연구자들을 가리킨다(孫晉泰, 『國史大要』, 乙酉文化社, 1949, p. 77).

4 李基白, 『韓國史新論』, 一潮閣, 1967, p. 90.

았다. 그러나 실상은 그렇지 않다. 삼국은 건국 이후 한 번도 동족이었던 적이 없는, 서로 다른 왕국일 뿐이다. 삼국은 서로 다른 정치적 성장과정을 겪었고, 서로 다른 사회체제를 운용했고, 결국 서로 다른 역사를 가졌다. 실제로 고구려·백제·신라 삼국은 당나라와 마찬가지로 각기 독립된 왕국으로서 서로 정복하느냐, 정복당하느냐 하는 전쟁을 벌였다.

삼국의 백성을 한족漢族이나 여진족이나 일본족과 달리 한족韓族이라는 의미에서 종족으로 볼 수는 있다. 그렇다고 해서 그들에게 이른바 '민족공조'를 강요할 수는 없는 일이다. 삼국은 각 나라가 생길 때부터 서로 전혀 다른 왕국이었기에 국경을 넘어 피를 나눈 삼국 사람들이 존재할 수 없었다. 그들은 단군의 자손으로서 순수 혈통을 지닌 단일민족이 아니었다. 신라가 외세를 끌어들여 동족의 나라를 멸망시켰다고 비판해온 민족사는 처음부터 의도된 역사왜곡을 꾀했던 것이다.

둘째, 더 구체적으로, 민족사가 발명해낸 춘추에 대한 헛된 주장을 버리는 일이 필요하다. 1945년 일제라는 외세의 강점에서 벗어나는 순간 다시 외국 군대가 주둔해, 한국은 38선을 경계로 남북으로 분단되었다. 당시 남북통일을 위해서는 외세를 몰아내는 일이 무엇보다 시급하다는 견해가 있었다. 그때 관학파가 만들어낸 민족사는 춘추를 당나라라는 외세를 끌어들여 백제를 멸망시킨 반민족적 행위자의 표상으로 조작했다.[3] 대신 고구려의 광개토왕·을지문덕·연개소문을 민족 수호자의 표상으로 발명해냈다.

그런 맥락에서 신라의 삼한통합(이른바 삼국통일)은 불완전한 것이라고 주장하는 견해도 있다.[4] 특히 1974년 이래 국가가 주도해 만든 국정교과서 (고등학교) 『국사』를 통해, 신라의 삼국통일은 외세를 이용했다는 점과 대동강에서 원산만까지를 경계로 한 이남의 땅을 차지하는 데 그쳤다는 점에서 한계를 지닌다고 주장한다.[5] 이것이 국가를 등에 업은 민족사가 발명해내 국민의 역사 지식과 역사의식 으로 자리 잡은 신라의 삼한통합에 대한 이야기다. 이는 민족사가 역사를 왜곡했으며, 역사가 정치의 시녀가 되었음을 뜻한다. 나는 『삼국사기』와 『삼국유사』에 나오는 춘추에 대한 이야기를 '모델 1' 이라 하고, 민족사가 만들어낸 춘추에 대한 이야기를 '모델 2' 라고 지칭하겠다.[6] 이 '모델 2'를 버려야 춘추를 바로 볼 수 있게 된다.

셋째, 앞서 말한 바와 같이, 시간적인 면에서 신라는 외국이나

---

5 국사편찬위원회, 고등학교 『국사』, 교육인적자원부, 2008, p. 55.
6 현대 한국사학이 발명한 민족사로서 '모델 2'를 무너뜨려야 제대로 된 역사를 찾을 수 있
   다. 이를 위해 한국·한국인은 고구려·백제·신라 중 어느 나라와 연결되어있을까 묻지 않
   을 수 없다. 현재 한국인의 반수 이상이 신라인을 시조로 하는 성을 가진 씨족에 속한 것이
   사실이다. 신라가 고구려와 백제를 평정하고 정복자의 권리를 행사했기 때문이다. 그런데
   현재 한국인 대다수는 자신의 조상인 신라인을 부끄럽게 여기고 한국·한국인에게 별다른
   역사적 유산을 남길 수 없었던 고구려·고구려인을 자랑스럽게 여기고 있다. 이는 자기의
   진짜 아버지·할아버지는 부끄럽게 여기고, 다른 사람의 아버지와 할아버지를 자기 아버
   지·할아버지로 섬기는 셈이다.
7 세 가지 모델에 대해서는 이 책의 끝부분에서 다룰 것이다.
8 『화랑세기』는 540년부터 681년까지 대를 이은 32명 풍월주의 전기다. 풍월주는 화랑 중의
   우두머리 화랑이었다. 내가 『화랑세기』를 만난 것은 역사학자로서는 더 할 수 없는 행운이
   었다고 말하고 싶다. 지금까지 어떤 역사학자도 이러한 행운을 접한 일은 없다. 준비된 역사
   가만이 『화랑세기』를 신라인의 신라 이야기로 알아들을 수 있다. 그와 달리 '모델 2'를 만
   들어온 역사가들은 『화랑세기』를 신라인의 신라 이야기가 아니라고 한다. 그들은 시간적인
   면에서 외국이나 마찬가지인 신라의 역사를 옳게 재구성할 수 없었기에, 자신들이 재구성한
   '모델 2'와 다른 『화랑세기』를 위작僞作이라고 하는 것이다. 그러나 '모델 3'의 관점에서
   보면 『화랑세기』가 위작이라는 근거는 찾을 수 없다. 다만 우리가 『화랑세기』에 나오는 이야
   기를 완벽하게 이해할 수 없을 뿐이다.

마찬가지라는 사실을 인정할 필요가 있다. 오늘날 우리가 신라와 춘추를 이해하는 일은 외국을 이해하기보다 어렵다. 우리에게 주어진 신라 관계 자료가 극히 한정되어있기 때문이다. 또한 신라인이 지녔던 사회·정치 등 모든 면의 원리와 방식이 우리의 그것과 다르기 때문이다. 신라인이 스스로 일컫은 나라 이름, 신국神國 그곳에는 그들만의 도道가 있었다. 21세기 한국의 도로 신국의 도를 심판해서는 안 된다. 이 책에서는 신국의 도에 따라 살아간 춘추를 재구성할 것이며, 이를 '모델 3'이라고 하겠다.[7]

역사는 창작되는 것이 사실이다. 보다 올바른 창작을 위해서는 민족사가 만든 '모델 2'의 춘추가 아니라 진짜 역사 속의 춘추를 정당하게 재구성해낼 필요가 있다. 이를 위해 나는 '모델 2'를 버리고, '모델 3'의 춘추에 대해 이야기할 것이다. 그 과정에서 『삼국사기』나 『삼국유사』 같은 사서가 전하는 춘추에 대한 이야기인 '모델 1'을 참고함은 물론, 신라인 김대문이 저술한 『화랑세기』[8]에서 세상을 다스린 주인이자 영걸한 군주인 춘추에 대한 이야기의 큰 줄거리를 찾을 것이다.

일러두기

『화랑세기花郎世紀』는 7세기 후반, 신라인 김대문金大問이 쓴 화랑의 우두머리인 풍월주
32명의 전기다. 본문에서 인용한 내용과 쪽수는 『대역 화랑세기』(이종욱 역주해譯註解, 소
나무, 2005)를 따랐다.

I.
위대한 군주의 탄생

우리 모두가 잘 알고 있듯,

신라는 고구려보다 영토가 넓지도 않았고,

백제보다 군사력이 강하지도 못했다.

그런데 신라는 결국 고구려와 백제를 멸망시키고 삼한을 통합했다.

무엇이 신라로 하여금 삼한을 통합할 수 있게 만들었을까?

다름 아니라 춘추라는 위대한 정치 지배자가 있었기 때문이다.

나라를 이끄는 정치 지배자는 그만큼 중요한 존재다.

춘추가 군주로 있던 신라가 의자왕이 지배하던 백제,

그리고 연개소문과 그 아들들이 정권을 장악했던 고구려를

멸망시킨 역사적 사실 자체가 그 증거다.

춘추에 대해 알아보는 일은 우리에게 의미 있는 일이 아닐 수 없다.

여기서는 우선 두 가지 사실을 밝힐 것이다.

하나는 춘추의 탄생과 그 운명에 대한 것이고,

다른 하나는 춘추의 운명을 결정한 사람들에 대한 것이다.

1. 왕위 계승의 운명을
안고 태어나다

최근까지 학계는 춘추의 탄생을 제대로 주목한 적이 없었다. 이렇다 할 자료가 없었기 때문이다. 그런데 『화랑세기』의 기록을 통해 그가 타고난 운명이 어떤 것인지 비로소 알게 되었다. 이 책을 통해 차차 확인하게 되겠지만, 춘추는 언젠가 왕위에 오를 수밖에 없는 운명을 지니고 태어났다. 물론 그 운명은 순탄하지 않았다. 하지만 그는 수많은 어려움을 극복하며 스스로 운명을 개척했고, 결국 왕이 되었다. 춘추는 하늘이 정해준 운명과의 약속을 지킨 것이다.

춘추의 모습과 성품

『화랑세기』는 춘추에 대해, 얼굴이 백옥과 같고, 온화한 투로 말을 잘했으며, 대지大志, 즉 커다란 뜻이 있었고, 말이 적었고, 행동이 치밀하고 법도가 있었다고 전한다.[9] 이는 춘추가 출궁出宮한 무렵인 612년, 그의 나이 열 살 때 모습을 묘사한 것이다. 이때 이미 (김)유신庾信은 춘추를 위대한 인물로 여겨 군君으로 받들려 했다고 한다.

백옥 같았던 춘추의 얼굴은 물론 타고났으리라. 한편 그의 성품은 선천적일 수도 있으나, 성장하면서 자연스레 형성 되었을 수도 있다. 본디 성골聖骨이었던 용수龍樹의 아들로 태어난 그는 10살까지 성골의 거수지인 왕성王城에 살며 왕자王者로서 품격을 갖추는 훈련을 받았을 것이기 때문이다.

춘추는 스스로 당대 제일의 정치적 지위인 왕위에 오를 수 있는 가능성을 인식하고는 자신감을 가지고 당당하게 자라났다. 이러한 춘추의 성품은 그 후 평생 동안 이어져나갔다. 태어나면서부터 왕위에 오를 것을 예감하고 준비한 사람과 어느 날 갑자기 왕위에 오르게 된 사람 사이에는 성품의 차이 뿐 아니라, 세상을 바라보고 거기에 반응하는 태도 또한 차이가 있을 수밖에 없다. 춘추는 처음부터 준비된 왕자王者였던 것이다.

이제 춘추의 탄생부터 살펴보겠다.

---

9 『화랑세기』 18세 춘추공, pp. 260~261.
10 『삼국유사』 1, 「기이」 2, 태종춘추공.
11 『삼국사기』 31, 「연표」 하.
12 『삼국사기』 5, 「신라본기」 5, 태종무열왕 즉위 조.
13 『삼국유사』 1, 「왕력」, 제29대 태종무열왕 조.

1) 춘추의 탄생

용수와 천명 사이에서 태어나다

춘추가 언제 태어났는지는 명확치 않다. 다만 그가 661년에 59세의 나이로 세상을 떠났다는 기록[10]으로 미루어, 태어난 해를 603년으로 추정할 수 있다.

법흥왕에서 진덕여왕까지 이어진 성골 왕 시대가 끝나고, 춘추는 진골眞骨로서 왕위에 올랐다.[11] 어떻게 그러한 일이 벌어졌을까? 춘추의 부모에 대해 알아보는 일은 그의 왕위 계승을 이해하는 출발점이 된다.

춘추의 아버지는 용수이고 어머니는 천명天明공주다. 이에 대한 기록이 『삼국사기』와 『삼국유사』에 있다. 『삼국사기』에는 "태종무열왕이 즉위했다. 이름은 춘추이며 진지왕의 아들 용춘(龍春, 또는 용수)의 아들이다. (『당서』에 진덕의 동생이라 했는데 잘못이다.) 어머니 천명부인은 진평왕의 딸이다"라고 씌어있다.[12] 『삼국유사』는 "이름은 춘추이니 김씨다. 진지왕의 아들 용춘 탁문흥갈문왕(萬文王: 왕은 아니지만 왕에 준하는 대우를 받던 존재)의 아들이다. 용춘은 용수라고도 한다. 어머니는 천명부인인데 시호는 문정태후이며 진평왕의 딸이다"라고 기록하고 있다.[13]

이를 통해 춘추의 어머니는 진평왕의 딸인 천명부인임을 알 수 있다. 진평왕에게는 두 딸, 천명과 선덕이 있었다. 『삼국사기』 선덕여왕 즉위 조에는 선덕이 진평왕의 장녀라고 기록되어있다. 그러나 진평왕과 마야왕후가 천명을 먼저 결혼시킨 것으로 보아 천명이 장녀였음을 알 수 있다.

여기서 문제는, 춘추의 아버지가 진지왕의 아들임은 분명하지만, 용수와 용춘 두 사람 중 누구인가 하는 점이다. 지금까지 한국의 역사가들은 용춘과 용수를 동일인이라고 생각해왔다.

그런데 『화랑세기』가 출현하면서 이러한 견해가 사실과 다르다는 점이 밝혀졌다. 『화랑세기』는 용춘공이 용수갈문왕의 동생이라고 밝히고 있다.[14] 그런가 하면, 용수전군(殿君: 후궁이 낳은 왕자로, 왕궁에 전을 가지고 있었기에 이렇게 불렸다)이 죽기 전에 천명부인과 아들 춘추를 용춘공에게 맡기자, 용춘공은 이에 천명공주를 처로 삼고 태종(춘추)을 아들로 삼았다는 사실도 기록하고 있다.[15] 춘추의 아버지는 다름 아닌 용수였던 것이다.[16]

춘추는 진지왕의 손자였고, 진평왕의 외손자였다.[17] 후일 그는 어떤 이유로 성골이 아닌 진골로서 왕위에 올랐을까?

---

14 『화랑세기』 13세 용춘공, pp. 212~213.

15 『화랑세기』 13세 용춘공, pp. 222~225.

16 일단 『화랑세기』에 따라 용수가 형이고 용춘이 동생이라는 사실을 인정하고 보면, 『삼국사기』에도 그러한 사실이 나오는 것을 알 수 있다. 『삼국사기』에는 진평왕 44년(622) 이찬 용수를 내성사신으로 임명했다는 기록이 나오고, 진평왕 51년(629) 파진찬 용춘이 고구려의 낭비성을 공격했다는 기록이 있다. 신라 17관위 중 이찬은 2등급이고 파진찬은 4등급이다. 용수와 용춘이 동일인이라면 622년에 2등급 이찬이었던 사람이 629년에는 4등급 파진찬으로 강등되어있었던 셈이므로 이 기록은 잘못되었다고 볼 수 있다. 하지만 형인 용수와 동생인 용춘을 구별하고 보면 『삼국사기』의 기록은 사실을 그대로 기록한 것으로 볼 수 있다.

17 그동안 부모 양쪽이 왕족이면 성골이고 한쪽만 왕족이면 진골이 된다는 '모델 2'의 견해가 널리 알려져있었다. 이를 따르면 춘추는 성골이 되어야 하지만, 실제로 그는 진골이었다. '모델 2'는 춘추에 대해 제대로 알지 못한 것이다.

18 진지왕의 폐위와 족강은 그의 아들인 용수와 용춘의 족강을 의미한다. 춘추가 성골이 되지 못하고 진골로 왕위에 오를 수밖에 없었던 것도 바로 이 족강 때문이었다.

왕을 배출하던 성골의 정체

성골은 무엇이고, 진골은 무엇인가? 춘추를 이해하기 위해서는 성골과 진골의 정체를 알 필요가 있다. 신라 중고中古 시대(23대 법흥왕 ~28대 진덕여왕, 514~654)의 왕은 성골이었다. 춘추의 할아버지인 진지왕이 재위할 때 그의 아들 용수와 용춘도 물론 성골이었다.

우선 성골이 어떤 존재였는지 알아보겠다. 성골에 대해 여러 학자가 견해를 펼친 바 있으나, 대부분 잘못된 주장이어서 올바른 분석이 필요하다.

성골은 520년 법흥왕이 율령을 반포하면서 새로이 만든, 이전부터 존재했던 진골보다 상위의 신분이다. 성골은 왕과 그의 형제, 그들의 자녀로 이루어진 혈족 집단을 가리킨다. 여기서 성골이 되는 자녀는 후궁이 아닌 왕비(황후, 왕후 등으로도 불렀다)의 자식들이다. 새 왕이 즉위하면 새로운 성골 집단이 만들어진다. 이 경우 전왕의 형제와 그 자녀는 새로 형성된 성골 집단에 포함될 수 없어 진골로 족강族降하게 된다. 족강은 일족의 신분이 떨어짐을 의미한다.[18]

법흥왕, 진흥왕, 진지왕, 진평왕이 재위하고 있을 때 각기 왕을 중심으로 한 성골 집단이 있었다. 그런데 진평왕 대의 성골 집단이었던 진평왕과 그의 두 동생은 아들을 낳지 못했다. 진평왕이 세상을 떠난 뒤 왕위를 이을 다음 대의 아들이 없어 정상적으로 성골 집단을 만들 수 없는 상황이 생긴 것이다. 실제로 진평왕과 두 동생이 세상을 떠나면서 성골 남자는 모두 소멸되었다. 이때 선덕과 진덕은 여자였지만 부계 성원권成員權에 의해 성골 신분이었다. 이로써 그들은 성골로 왕위 계승을 할 수 있었다.

〈표 1〉 성골 왕과 성골들

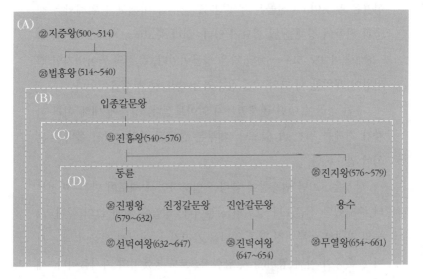

· (A)법흥왕 대 성골 집단 (B)진흥왕 대 성골 집단 (C)진지왕 대 성골 집단 (D)진평왕 대 성골 집단
· 성골 남자가 사라진 선덕여왕과 진덕여왕 대에는 전형적인 성골 구조를 유지할 수 없었다.
· 실제 성골 성원은 더 있었으나 성골의 왕위 계승을 이해하기 위한 자료만 수록했다.
· ○ 안의 숫자는 왕의 대수(代數)를 표시한다.

성골 종족 집단은 왕궁에 살았다(당시 성골 거주 구역인 왕궁으로 월성의 대궁, 금성의 사량궁, 만월성의 양궁, 이렇게 삼궁이 있었다). 성골에는 왕과 그 형제의 딸들도 포함된다. 다만 그들은 혼인하여 남편을 따라 출궁하면 성골에서 족강해 진골이 되었다. 선덕여왕의 경우 혼인을 했으나 출궁하지 않고 왕궁에 살아 성골 신분을 유지했다. 그렇기에 비록 여자였지만 성골로서 왕위 계승을 할 수 있었다. 진덕여왕의 왕위 계승도 이와 같았다. 정리하자면, 부계 계승 사회였던 신라에서 여자인 선덕여왕과 진덕여왕은 한 대에 한해 아버지의 성원권에 의해 왕위에 올랐으나, 그들의 자식은 남편의 성원권을 상속받았기에 성골이 될 수 없었다.

성골은 인류학에서 말하는 종족(宗族, lineage) 집단으로 볼 수 있다. 부부와 자식으로 구성된 핵가족보다는 한 단계 확대된 종족을 가리킨다. 종족은 공동 거주 집단으로 사회·정치·경제적 권리와 의무를 공유하는 혈족이었다. 성골의 기능으로는 왕위 계승자를 택하는 것도 들 수 있다. 성골 종족에서 재위 중인 왕의 다음 대, 곧 그의 아들이나 형제의 아들은 모두 왕위 계승자로 선택될 수 있었다. 법흥왕의 뒤를 이어 그의 동생 입종의 아들인 진흥왕이 즉위한 것이나, 진지왕의 뒤를 이어 그의 형인 동륜의 아들 진평왕이 즉위한 것을 예로 들 수 있다. 진흥왕은 법흥왕의 조카였고, 진평왕은 진지왕의 조카였다. 조카도 왕위에 오를 수 있었던 것은 성골 왕위 계승의 한 특징이었다.

춘추가 진골로서 왕위에 올랐다는 사실은 잘 알려져있다. 이제 춘추가 진골이 된 이유가 무엇인지 살펴보겠다.

진지왕의 폐위로 진골이 되다

『삼국사기』에서는 1대 혁거세왕에서 28대 진덕여왕까지를 성골이라 했다. 『삼국유사』에서는 23대 법흥왕에서 28대 진덕여왕까지의 시기를 중고 시대라 명명하고 성골이라 했다. 두 사서에서 공히 진술하고 있는 것은, 28대 진덕여왕을 마지막으로 성골의 대가 끝났다는 사실이다. 이로써 29대 태종무열왕 춘추는 진골 신분으로 왕위에 올랐음을 알 수 있다.

무열왕은 어떤 이유로 진골 신분으로 태어났을까? 그것은 진지왕의 폐위에서 비롯되었다. 진지왕이 폐위되면서 그와 두 아들 용수·용춘은 진골로 족강되었다. 앞에서 잠시 살펴본 것처럼 새로 즉위한 진평왕을 중심으로 새로운 성골이 만들어졌고, 용수는 왕위 계승권을 지닌 성골 신분을 잃고 진골 신분으로 떨어졌다. 이렇게 진골로 족강된 용수의 아들로 태어난 까닭에 춘추 역시 진골이 된 것이다.

〈표 2〉 진평왕이 즉위하며 족강된 진지왕계

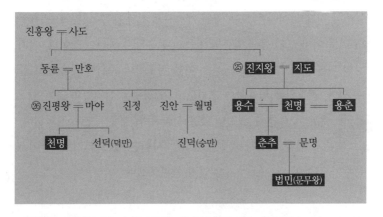

· ▓▓▓▓ 표시한 인물들은 진평왕의 즉위로 인해 성골에서 진골로 족강되었다.
· 진지왕계의 족강은 춘추와 법민(문무왕)이 태어나기 전에 일어났다.
· 천명은 출궁과 동시에 족강되었다.

일반적으로 족강된 사람들은 왕궁에서 출궁하게 되어있었다. 그런데 용수는 족강된 후에도 출궁하지는 않았다. 『화랑세기』에 따르면, 진평왕이 즉위할 때 용춘의 어머니인 지도知道태후가 태상태후인 사도思道의 명으로 왕을 모시게 됨으로써 궁에 머물 수 있었기 때문이다.[19] 그때 용춘이 진평왕을 아버지라고 부른 것으로 보아 어머니와 함께 왕궁에서 살았음을 알 수 있다. 기록에는 없으나 용춘의 형인 용수 또한 왕궁에 살았을 것이다. 이처럼 용수와 용춘은 어머니 지도태후가 진평왕의 후궁이 된 덕분에 계속 왕궁 생활을 할 수 있었지만, 족강을 당한 것은 엄연한 사실이었다.

진평왕이 용수를 사위 삼으려 한 까닭

용수는 25대 진지왕(576~579)의 아들이고, 천명공주는 26대 진평왕(579~632)의 장녀였다. 진평왕은 어떤 이유로 폐위된 진지왕의 아들 용수를 사위로 삼았을까? 진골이 된 용수를 사위로 삼는다는 것은 무엇을 의미했을까? 이를 밝히는 일은 춘추의 운명을 바라보는 출발점이 된다.

26대 진평왕과 마야왕후(황후) 사이에는 아들이 없었다. 물론 마야왕후가 죽고 진평왕의 후비 승만僧滿왕후가 아들을 낳기는 했으나 그 역시 일찍 죽었기에 왕위를 이을 수 없었다. 그때 진평왕이 용수를 선택한 것이다. 용수가 진평왕의 사위가 되었다는 사실은 그가 대단한 지위에 올랐음을 의미한다.

> 대왕(진평왕)은 적자가 없어 (용춘)공의 형인 용수전군殿君을 사위로 삼아 왕위를 물려주려 했다. 전군이 (용춘)공에게 물었다. 공이 답하기를 "대왕의 나이가 한창 강성할 때이므로 문득 후사가 생기면 불행해질까 염려가 됩니다" 했다. 전군은 이에 따라 사양했으나 마야황후가 들어주지 않고, 마침내 전군을 사위로 삼았으니 곧 천명공주의 남편이다.
>
> ─ 『화랑세기』, 2005, pp. 218~219.

---

19 『화랑세기』 13세 용춘공, pp. 212~213.

위 기록을 통해, 진평왕이 그의 딸 천명공주와 용수를 혼인시켜 사위에게 왕위를 물려주려 했음을 알 수 있다. 이때 용수의 의지는 중요한 것이 아니었다. 진평왕의 선택에 의해 용수가 왕위 계승자로 결정된 것이다. 특히 마야왕후가 주도해 용수를 천명과 혼인시켰음을 확인할 수 있다.

이 과정에서 용수의 의지가 중요하지 않았더라도 그가 왕위 계승사로 결정되었음은 분명 중요한 의미를 지닌다. 앞서 살펴본 바와 같이, 당시 진평왕의 뒤를 이어 왕위에 오를 성골 남자가 없었다. 이러한 상황에서 진평왕은 가장 가까운 혈족이었던 사촌 용수를 사위로 맞아 왕위 계승자로 선택한 것이다.

그러나 이 선택은 용춘이 염려한 바대로 불안한 것이었다. 당시 진평왕의 나이는 37세로, 언제든 아들을 낳을 수 있는 상황이었다. 이럴 경우 새로 태어날 왕자는 당연히 성골로서 왕위 계승자로 발탁되고, 용수는 왕위 계승자의 지위를 물려줄 수밖에 없기 때문이다.

여하튼 진지왕의 폐위와 동시에 진골로 족강되었던 용수가 왕위 계승자의 지위에 오른 것은 분명히 행운이었다. 또한 이는 용수와 천명 사이에서 출생한 춘추에게도 더없는 행운으로 작용할 만한 사건이었다.

이미 신라에서는 왕자가 아니면서 왕위에 오른 사례가 있었다. 그렇게 하지 않으면 왕의 대가 끊기는 상황이 벌어졌기 때문이다. 22대 지증왕의 왕위 계승이 그렇다. 21대 소지왕에게 아들이 없었다. 이에 소지왕은 육촌인 지증을 부군副君으로 삼아 왕위를 물려주었다. 부군은 태자나 왕자는 아니지만 왕위 계승권을 가진 사람이다. 기록에는 없으나 용수 역시 부군이 되었을 가능성이 없지 않다.

진평왕 대에 왕위를 계승할 성골 남자가 태어나지 않은 상황에서, 과거에 성골 신분을 지닌 적 있는 용수가 신분상 왕위 계승에 적합한 인물이었기 때문이다.

2) 성골과 가장 가까운 혈족

진평왕의 외손자이자 선덕여왕의 조카

춘추의 탄생은 예사로운 일이 아니었다. 용수는 진평왕의 맏딸 천명공주와 사이에서 춘추를 낳았다. 춘추는 진평왕의 외손자로 태어난 것이다. 아울러 천명공주의 동생 선덕은 춘추의 이모다. 이로써 춘추는 성골 세력과 가장 가까운 혈족이 되었다.

정상적인 경우 춘추는 왕위 계승권을 가질 수 없었다. 그러나 만약 성골 남자가 끝내 태어나지 않아 진평왕의 사위 용수가 실제로 왕위에 오르게 되면, 용수의 아들인 춘추는 그 뒤를 이어 언제인가 왕위를 계승할 운명을 갖고 태어났던 것이다.

성골과 가장 가까운 진골, 용수와 춘추

용수가 천명공주와 혼인한 해는 분명치 않다. 그러나 『화랑세기』 13세 용춘공 조에 의하면, 603년에 용춘이 비보랑을 따라 한수의 전쟁에 나갔는데, 이때 용수와 천명 두 사람이 혼인했다고 한다. 한편 『삼국유사』에 따르면 춘추는 661년 세상을 떠났는데 그때 나이가 59살이었다고 한다.[20] 따라서 그가 태어난 해를 603년으로 추정할 수 있다. 용수와 천명이 혼인한 때는 603년 초였고 춘추가 태어난 것은 그해 말이었을 터이다. 여기서 용수와 춘추에 대한 몇 가지 문제를 점검하고 넘어가겠다.

첫째, 용수를 전군이라 칭한 것으로 보아, 603년경에도 그가 왕성에 전殿을 가지고 살았음을 알 수 있다. 당시 왕의 아들을 태자, 왕자, 전군으로 구별했다. 태자와 왕자는 왕비가 낳은 아들로, 이 중 태자는 다음 대의 왕위 계승자로 선정된 왕자다. 전군은 후궁이 낳은 아들을 가리킨다. 용수는 후궁이 낳은 왕자에 준하는 전군의 지위를 갖고 있었던 것이다. 그는 진지왕의 아들이었지만 진지왕의 폐위로 인해 왕자(또는 태자)로서의 지위를 잃은 상태였다.

이미 밝혔듯, 용수가 전군이 된 것은 그의 어머니 지도태후가 진평왕을 모시게 되었기 때문이다. 어린 용수는 지도태후를 따라 왕궁에 살며 전군의 대우를 받았다. 진평왕의 후궁이 된 지도태후의 아들인 용수와 용춘이 왕성 안에서 전을 가지고 전군으로 산 것은 문제 될 일이 아니었다. 결국 용수와 용춘 형제는 처음에는 왕자로서, 나중에는 전군으로서, 태어난 이후 줄곧 왕궁에서 산 셈이다. 따라서 용수와 용춘은 진평왕은 물론, 그의 딸 천명공주와 덕만공주(후일 선덕여왕)와도 일상에서 늘 가까이 지냈음을 짐작할 수 있다.

둘째, 용수전군이 진평왕의 맏딸 천명과 혼인함으로 왕의 사위 자격으로 왕위 계승권자의 지위를 갖게 된 일을 주목할 수 있다. 이미 확인했듯, 이는 성골 남자인 진평왕과 그의 두 동생이 모두 아들을 낳지 못한 결과 생겨난 상황이었다. 만일 나중에라도 진평왕이

---

20 『삼국유사』 1, 「기이」 2, 태종춘추공.
21 『화랑세기』 13세 용춘공, pp. 222~223.

나 동생들 중 누군가 아들을 낳았고 그 아들이 생존했다면, 당연히 그가 성골로서 왕위 계승자가 되었을 것이다.

실제로, 후일 진평왕의 후비인 승만왕후가 아들을 낳았고, 그 아들이 용수를 대신해 왕위 계승자로 선택되어 선덕의 지위를 대신하려 했으나, 일찍 죽어 결국은 선덕이 여자로서 왕위를 이었다.[21] 분명한 점은, 진평왕이 처음에는 딸이 아니라 가장 가까운 혈족 남자(사촌)인 용수를 사위로 삼아 왕위를 계승시키려 했다는 사실이다.

셋째, 진평왕은 이후 자신의 딸, 그중에서도 선덕공주를 왕위 계승자로 결정했다. 왕위를 계승할 만한 선덕의 자질이 점차 빛을 발하자, 사위 용수를 왕으로 삼으려던 생각을 버리고 그를 천명공주와 더불어 출궁토록 한 것이다. 천명은 출궁하는 순간 성골에서 진골로 떨어지는 족강을 경험했다.

넷째, 비록 천명이 출궁했다 하더라도 그의 아들 춘추는 선덕여왕(덕만)과 진덕여왕(승만)과 같은 성골 여자들이 모두 사라진 후에는 왕위 계승의 일순위 후보가 될 수밖에 없었다. 춘추는 선덕여왕이나 진덕여왕과는 재종, 즉 육촌 간이었다. 그런데 춘추의 어머니를 기준으로 볼 때 선덕여왕이 춘추의 이모라는 점은 앞서 밝혔다. 춘추는 성골 여왕인 선덕과 가까운 관계에 있었던 것이다.

왕궁이 춘추에게 제공한 특수한 환경

춘추의 출생지는 왕궁이었다. 다만 그 장소가 용수전군이 살던 전이었거나, 천명공주가 살던 궁이었을 수 있다. 어떤 경우라도 춘추의 출생지는 월성 안의 왕궁일 수밖에 없다.

춘추는 그가 태어난 603년에서 612년까지, 햇수로 10년간 부모와 함께 왕궁에서 살았다. 이 기간 동안 춘추는 왕자王者로서 특별한 삶을 누렸다. 당시 성골 거주 구역이었던 왕궁은 신성한 장소였다. 왕궁이 지닌 특수한 여건은 춘추가 정치적 감각을 키우는 데 더없이 좋은 환경을 제공했다. 그곳에서 보낸 10년은 그가 왕위 계승자로서 자질을 키우는 데 소중한 밑거름이 되었을 것이다. 이를 통해 춘추는 후일 정치적 감각과 당당함을 갖춘 탁월한 군주가 될 수 있었다.

어려서부터 나라를 다스릴 뜻을 가졌던 춘추

『삼국사기』에는 태종무열왕의 의표儀表가 영위하고 어려서 제세濟世의 지志, 즉 세상을 구제할 뜻을 가졌다는 기록이 있다.[22] 579년에 폐위된 25대 진지왕의 손자인 춘추가 세상을 구제할 뜻을 가졌다는 것을 어떻게 받아들여야 할까?

『화랑세기』에서 그 답을 얻을 수 있다. 『화랑세기』 18세 춘추공 조의 찬(贊, 각 풍월주의 전기 중 한 부분으로 그의 일생을 짧게 표현한 글)에 춘추를 제세지주濟世之主라고 표현한 부분이 있다. 신라인은 춘추를 세상을 구제한 왕으로 인정한 것이다. 그가 어떻게 세상을 구제했는지는 이 책을 통해 차차 알아보겠다.

한 가지 분명한 점은, 춘추는 그의 아버지 용수가 예정대로 왕위에 오를 경우 태자가 되고, 용수가 세상을 떠난 뒤에는 그 자신이 왕위에 오를 운명을 지니고 태어났다는 것이다. 그는 이러한 자신의 운명에 따라 장차 세상을 다스릴 훈련을 해나갔을 것이다. 따라

---

22 『삼국사기』 5, 「신라본기」 5, 태종무열왕 즉위 조.

서 춘추는 이미 어려서부터 제세의 뜻, 곧 왕이 될 꿈을 꾸었음을
추측할 수 있다.

춘추가 왕위 계승권을 갖게 된 조건

춘추는 그의 아버지 용수와 더불어 선덕여왕과 진덕여왕과 같은 성
골 왕과는 가장 가까운 위치에 있는 혈족이었다. 이 사실은, 진평왕
을 마지막으로 신라 왕실에서 성골 남자가 모두 사라진 상황에서,
마지막 성골인 선덕여왕과 진덕여왕마저 세상을 떠난 후 누가 왕위
를 이어야 하느냐는 문제에 답을 제공한다.

　왕위는 한시도 비워둘 수 없는 자리다. 성골이 소멸되었다고 하
여 왕위를 비우는 것은 생각할 수 없는 일이었다. 당시 춘추가 아니
고는 왕위 계승을 할 가까운 혈족을 찾기 어려웠던 것이 사실이다.
여기에는 춘추의 아버지가 진지왕의 아들이고, 어머니가 진평왕의
딸이라는 조건이 결정적 이유가 된다. 특히 춘추의 어머니 천명공
주는 성골로서 용수가 왕이 될 기회를 만들어주었고, 아들 춘추에
게도 왕을 포함한 성골들과 가까운 관계를 맺을 수 있는 환경을 만
들어주었다.

2. 춘추의 운명을 결정한 사람들
─ 진지왕과 그의 아들 용수와 용춘

춘추에 대해 옳게 알기 위해서는 그의 조상을 주목할 필요가 있다. 춘추를 탄생시킨 조상에 대해 알면 그가 신라 왕실에서 어떤 위치에 있었는지 파악할 수 있기 때문이다. 이와 관련해 신라인이 중시한 두 가지 장치, 즉 세계世系와 가계家系를 살펴보겠다. 이 두 가지를 이해해야 신라인에 대한 이해가 가능하다.

세계는 피를 전해준 조상 모두를 가리키는 개념이다. 신라는 골품骨品이라는 신분을 중시한 사회로, 골품은 모든 조상들로부터 물려받는 것이었다. 골품제 사회에서 살던 신라인, 특히 왕을 중심으로 한 지배세력은 세계에 의해 각자의 골품이 달라졌다. 그러므로 신라인은 개인의 골품을 결정하는 세계를 중시하지 않을 수 없었다. 물론 춘추의 골품을 파악하는 데에도 그의 세계를 활용해야 한다.

가계는 직계 조상을 가리키는 개념이다. 특히 신라는 기본적으로 부계제 사회였고, 왕위 계승 역시 부계 계승 원리에 의해 이루어졌다. 춘추에게도 이러한 부계 계승 원리에 의해 왕위 계승권이 주어진 것이므로, 그의 부계 가계를 파악하는 작업이 필요하다.

1) 춘추의 세계와 가계

성姓을 중시하지 않은 신라인

『화랑세기』에서는 신라인의 성에 대한 기록을 찾기 어렵다. 『화랑세기』가 기록하고 있는 32명 풍월주를 비롯해, 왕을 위시한 지배세력의 성 또한 적시된 일이 없다. 이는 어떤 이유에서일까? 성으로는 사회·정치적 지위인 골품을 표시할 수 없기 때문이다. 성을 사용한 사람은 오히려 신분적인 지위가 떨어지는 이들이었다.

예컨대 혁거세를 시조로 하는 박씨나 알지를 시조로 하는 김씨의 성원 수는 『화랑세기』의 시대에 이르러 크게 늘어났다. 이로써 각 씨족은 여러 골품을 가진 사람들의 집단이 되어있었다. 그러므로 신라인에게 성은 큰 의미가 없었다.

신라인의 성을 빠짐없이 기록하려 한 것은 『삼국사기』 찬자撰者였다. 그로부터 많은 세월이 흐른 지금, 민족사를 표방하고 있는 '모델 2'도 신라인의 성을 중시하고 있다. 그러나 이는 신라의 사회체제를 이해하지 못한 데서 나온 결과다. '모델 2'는 하나의 성 안에 여러 골품이나 계급을 가진 사람들이 존재한다는 사실을 모르는 것이다. 신라인이 중시한 것은 성이 아니라 세계와 가계였다.

신라인이 중시한 것은 골품을 결정하는 세계였다

신라인의 신분을 뜻하는 골품이 출생에 의해 결정된다는 것은 이전부터 대체로 공유되어온 인식이다. 그런데 『화랑세기』를 통해, 신라인의 골품은 그들의 조상이 누구인지에 따라 각기 달리 결정되었다는 사실을 새로이 알게 되었다. 신라인은 개인의 사회적·정치적 지위를 결정해주는 조상의 계보를 세계라 불렀다.

그렇지만 『삼국사기』나 『삼국유사』의 찬자는 신라인이 중시한 세계라는 개념이 어떤 의미를 지니는지 제대로 알지 못한 게 틀림없다. 우리는 『화랑세기』를 통해 비로소 세계의 정체를 확인하게 된 것이다. 신라인 김대문이 저술한 『화랑세기』에 세계가 나오는 것은 지극히 당연한 일이다.

『화랑세기』는 풍월주의 전기, 본문, 찬, 세계를 기록하고 있다. 그 가운데 세계는 각 풍월주에게 피를 전해준 조상들을 밝힌 것이다. 1대 위의 부모, 2대 위의 조부모, 3대 위의 증조부모 등 윗대의 조상을 가능한 한 상세히 기록하고 있다.

각기 조상이 달랐던 만큼 신라인의 골품은 서로 같을 수 없었다. 다만 형제는 같은 세계를 가지므로 골품의 점수가 같았다. 그러나 형제간에도 출생 후 활동에 따라 사회·정치적 지위가 서로 달라진 것이 사실이다. 부모를 비롯한 조상 가운데 왕이 있는 데다, 혈연적으로 가까운 위치에 있으면 골품의 점수는 높아졌다. 골품을 중시하던 신라인에게 세계는 중요한 것이었다. 신라인 김대문이 『화랑세기』에 각 풍월주의 세계를 밝힌 것은 물론 신라가 골품 사회이기 때문이었다.

동시대의 신라인은 자신의 세계뿐 아니라 다른 사람의 세계에 대해서도 잘 알았다. 지배 세력의 수는 한정되어있고, 혼인이나 혈족 관계를 통해 서로 연결되어있었기 때문이다. 그러다 보니 서로의 세계를 비교해보면 서로 중복되는 인물이 있었고, 그러한 관계에 있는 사람 사이에서 한쪽의 세계에 변동이 생기면 다른 쪽의 세계에도 영향을 미쳐 골품 점수가 달라지는 결과를 낳을 수밖에 없었다. 이처럼 세계의 조작이 있을 경우 다른 사람이 이를 알게 되는 구조를 통해, 서로 세계의 조작과 임의 변경을 견제할 수 있었다.

한편 신라 지배 세력의 모든 사람은 성골·진골·두품 등의 신분으로 나뉘었다. 따라서 같은 신분 안에서도 세계의 점수에 따라 개인별 차이가 있었음을 알 수 있다.

춘추의 세계

자료가 있어도 그 의미를 해석해내지 못한다면 역사를 재구성하는데 도움이 될 수 없다. 세계가 그 좋은 예다. 『화랑세기』 18세 풍월주 춘추공 조는 춘추의 세계에 대해 다음과 같이 전한다. "아버지는 용수공으로 금륜왕의 아들이다. 어머니는 천명부인으로 진평대제의 딸이다." 여기서 〈표 3〉을 주목할 필요가 있다.

〈표 3〉 진지왕의 손자, 진평왕의 외손자였던 춘추

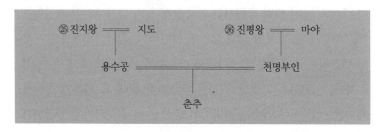

〈표 3〉을 보면 춘추는 진지왕의 손자이고 진평왕의 외손자임을 알 수 있다. 그러므로 '모델 2'가 주장해온 것처럼 춘추를 소외된 귀족이라 할 수는 없는 노릇이다. 이는 '모델 2'가 춘추를 옳게 이해하지 못했음을 반증한다.

한편 『삼국사기』나 『삼국유사』가 아니라 『화랑세기』에 나오는 자료를 통해 춘추의 세계 전체를 필요한 만큼 재구성할 수 있다.

〈표 4〉 춘추의 전체 세계

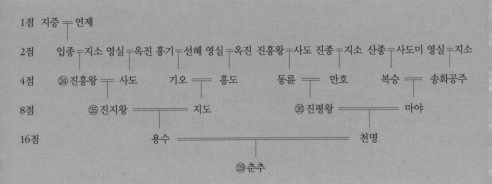

〈표 4〉를 보면 1대조 부모 대의 2명, 2대조 조부모 대의 4명, 3대조 증조부모 대의 8명, 4대조 고조부모 대의 16명을 확인할 수 있다. 5대조 대의 32명 중에서는 지증왕과 왕비 연제부인만 제시했는데, 『화랑세기』를 보면 32명 모두를 확인할 수 있다. 이 세계에 나오는 인물들은 춘추로부터 세대가 올라갈수록 춘추에게 줄 수 있는 점수가 줄어들었다. 그러한 사실을 나타내기 위해 표 왼쪽에 점수를 제시해보았다. 이 점수는 신라인이 중시한 세계의 의미를 설명하기

위한 예시이다.

춘추의 부모가 춘추에게 각기 16점씩을 주었다면, 조부모 대의 4명은 각기 8점씩을 주었고, 증조 대의 8명은 각기 4점씩을 주었고, 고조 대의 16명은 각기 2점씩을 주었고, 5대조 대의 32명은 각기 1점씩을 줄 수 있었다. 춘추와 세대가 가까울수록 그에게 줄 수 있는 점수가 많았다.

또한 세계에 나오는 인물도 왕과 왕비를 제외하고는 예로 든 점수를 모두 줄 수는 없었다. 실제로 부모 용수와 천명이 왕과 왕비가 아니었기에 춘추에게 고스란히 16점을 줄 수는 없었다. 조부모 대의 4명은 모두 8점씩을 주었다고 볼 수 있는 반면, 증조 대의 8명 중에서는 진흥왕과 사도왕비만 4점 모두를 줄 수 있었다. 그러한 사정은 고조부모 대나 5대조 대도 마찬가지였다.

확실한 것은, 춘추의 부모가 왕과 왕비가 아니었기에 춘추의 점수가 왕자에 비해 높지 못했다는 점이다. 이러한 사실은 춘추가 본디 왕위 계승권자가 될 요건을 채 갖추지 못했음을 의미한다. 이는 춘추의 왕위 계승에는 성골의 소멸만이 아니라 또 다른 정치적 요인이 작용했음을 알려주는데, 이에 대한 자세한 내용은 뒤에서 살펴보겠다.

세계에는 인물들이 중복되어 나오기도 한다. 춘추의 세계에서 4대조에 영실이 3번 나오고, 3대조의 진흥왕과 사도가 4대조에서 한 번 더 나온다. 이는 신라인의 근친혼 문화 때문이다. 또한 세계에 들어있는 사람들이 같은 골품을 갖고 있는 것도 아니었다.

춘추의 가계

신라인은 부계제 사회를 유지했다. 왕위 계승 역시 부계 가계를 통해 이어졌다. 춘추가 왕위에 오른 것은 그의 가계 때문이었다. 여기서 말하는 가계는 〈표 5〉가 제시하는 바와 같이 지증왕-입종-진흥왕-진지왕(금륜)-용수-춘추까지 부계의 단선으로 이어지는 부계 계보를 가리킨다.[23]

〈표 5〉 춘추의 가계

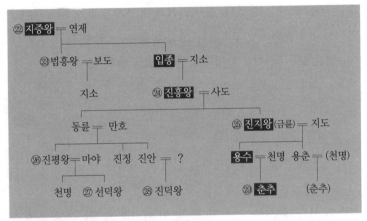

· ▇▇▇ 표시한 인물들은 춘추의 부계 가계 성원이다. 신라는 부계 사회였고 가계는 부조 父祖로 올라간다.

23 그동안 한국고대사를 연구하는 역사가들이 사용한 가계라는 용어는 사실 인류학에서 말하는 종족(宗族, lineage)에 해당하는 것이다. 종족은 일정한 시조의 후손 모두를 포함한 집단을 가리킨다. 따라서 한국고대사 연구자들이 lineage 개념을 설명하면서 가계라는 용어를 사용하는 행태는 문제 있는 일이다. lineage를 설명할 때는 종족이라는 용어를 사용해야 마땅하다.

24 '모델 2'는 가계家系라는 용어를 인류학에서 말하는 종족lineage과 혼동하여 쓰고 있다. 가계는 춘추-용수-진지왕-진흥왕-법흥왕 식으로 이어지는 계보만을 가리킨다. 종족 lineage은 가계와 달리 진지왕의 후손들 모두를 포함하는 의미로 사용해야 하는 것이다.

앞서 춘추의 골품은 그의 세계에 의해 결정되었다고 설명했다. 그런데 춘추에게 피를 전한 사람들의 계보인 세계 중 부계의 성원들을 나타내는 부계 가계는 춘추의 정치적 지위를 결정하는 중요한 기준이 되었다. 춘추를 왕으로 삼을 수 있는 계보는 29대 춘추-용수-25대 진지왕-24대 진흥왕-23대 법흥왕으로 올라간다.[24] 이러한 가계 성원이 아니었다면 춘추의 왕위 계승 가능성은 없었을 것이다. 예컨대, 동륜이나 진평왕은 춘추의 가계가 아니었다. 따라서 춘추는 왕위 계승권을 갖는 데 동륜이나 진평왕으로부터 도움을 받을 수 없었다.

26대 진평왕-동륜-24대 진흥왕-입종-22대 지증왕으로 올라가는 가계도 있다. 춘추의 가계와 진평왕의 가계를 거슬러 올라가면 진흥왕부터는 하나의 가계가 된다. 진흥왕이 가계의 마지막 사람이었을 때 진흥왕의 아들 동륜과 금륜은 아직 태어나지 않았던 것이다. 후일 진평왕이 즉위한 후 그를 중심으로 하는 형제 공동 가족이 성골 집단이 되었고, 춘추-용수-진지왕으로 올라가는 가계는 성골에서 족강하여 진골이 된 것이다.

춘추의 운명을 바꾼 사람은 할아버지 진지왕과 아버지 용수였다. 진지왕은 춘추에게 왕위 계승자의 자격을 줌과 동시에 춘추를 진골이 되게 만든 인물이었다. 한편 용수는 한때 진평왕의 사위가 되어 왕위를 계승할 지위를 가졌던 인물이다. 이는 춘추가 왕위 계승을 하는 근거를 마련한 것이라 하겠다. 이들에 대해 살펴보겠다.

2) 춘추에게 첫 번째 왕위 계승 기회를 준 진지왕

(1) 금륜과 태자 책봉

춘추에게 왕위 계승 자격을 준 진지왕

앞서 살펴본 대로, 춘추가 왕위 계승 자격을 가질 수 있었던 이유는 그의 부계 가계 성원들 때문이었다. 춘추에게는 아버지 용수와 할 아버지 진지왕이 있었다. 진지왕이 아니었다면 용수나 춘추 모두 왕위 계승자로 고려될 수 없었다. 따라서 진지왕(금륜)을 주목하는 것은 당연한 일이다. 여기서 진지왕의 즉위와 폐위 등에 대해 살펴 보지 않을 수 없다.

　한 가지 분명한 것은, 진지왕이 폐위되지 않았다면 그의 아들 용 수가 왕위를 이었을 것이고, 춘추 역시 용수의 뒤를 이어 성골로서 왕위를 이었을 것이라는 사실이다. 그러나 춘추의 운명은 그렇게 순탄하게 전개되지 않았다. 그는 두 번째 기회마저 잃고 결국 세 번 째 기회를 찾아 왕위에 오르는 운명이었던 것이다.

진지왕을 시조로 하는 종족宗族

신라인은 종족도 중요시했다. 종족에는 시조가 있고 그 시조의 후 손들이 하나의 혈족 집단을 구성한다. 종족은 세계를 뒤집어 놓은 것과도 같다. 종족에 속한 사람들은 몇 세대가 지나면 신분도 달라 질 수 있었다.

　춘추는 진지왕을 시조로 하는 종족의 일원이었다. 즉 진지왕의 두 아들인 용수와 용춘, 그리고 용수의 아들인 춘추 등이 진지왕을 시조로 하는 종족에 속했다. 성골이었던 진지왕이 폐위되며 그를 시조로 하는 종족의 성원들은 모두 족강되어 진골로 떨어졌다. 여기서 춘추의 왕위 계승에 혈연적인 바탕이 된 금륜(진지왕)과 그의 아들인 용수(와 용춘)와 관련해 짚고 넘어갈 문제가 있다.

'모델 1'이 말하는 진지왕

앞서 『삼국사기』와 『삼국유사』에 나오는 춘추에 대한 역사를 '모델 1'이라고 부르기로 했다. 진지왕은 576년 8월 진흥왕이 죽고 나서 태자로서 왕위를 이었다. 『삼국유사』는 그에 대해, 576년에 즉위하여 나라를 다스린 지 햇수로 4년 만에 정치가 어지러워지고 황음荒淫하여 국인이 폐위시켰다고 기록하고 있다.[25] 『삼국사기』에는, 즉위한 해에 이찬 거칠부를 상대등으로 삼아 국사를 맡겼고, 이듬해에는 신궁에 친히 제사지냈으며, 서변 주군을 침략한 백제군을 이찬 세종으로 하여금 막도록 했다고 기록되어있다. 또한 재위 3년에는 중국 진陳나라에 사신을 보내 방물方物을 바쳤고, 579년(진지왕 4년) 7월에 세상을 떠난 것으로 되어있다. 사실 그에 대한 기록은 몇 줄 되지 않는다.

한편 『삼국유사』는 진지왕의 폐위 및 진지왕과 도화녀와의 이야기도 전하고 있다. 죽은 진지왕이 도화녀와 관계하여 비형랑을 낳았다는 이야기가 그것이다.[26] 이러한 자료만 가지고는 진지왕에 대해 이해하기 쉽지 않다.

---

25 『삼국유사』 1, 「기이」 2, 도화녀 · 비형랑.
26 『삼국유사』 1, 「기이」 2, 도화녀 · 비형랑.

다행히 『화랑세기』가 진지왕에 대한 새로운 자료를 적지 않게 제공해 큰 도움이 된다. 우리는 『화랑세기』를 통해 비로소 금륜(진지왕)의 왕위 계승과 폐위에 대한 사실을 알 수 있게 되었다.

언제 출생했는지 정확히 알 수 없는 금륜

신라인에 대한 기록을 보면 해당 인물의 생몰년을 밝히지 않는 경우가 많다. 그것은 그 기록들이 사실·사건을 전달하기 위한 것일 뿐, 그 인물의 연대기를 적기 위한 것이 아니었기 때문이다. 인물의 생몰년을 알고자 하는 오늘날의 우리가 그것을 직접 찾아내야 한다.

진흥왕과 사도왕후 사이에서 태어난 둘째 아들 금륜은 생년조차 찾을 수 없다. 하지만 그가 궁중에서 동륜태자와 미생과 함께 공부했다는 기록으로 미루어, 그들이 비슷한 연배였을 것으로 추측해볼 수 있다. 미생의 출생 연도는 『화랑세기』에 경오庚午년(550)으로 기록되어 있다. 따라서 동륜태자와 금륜도 550년을 전후해 출생했음을 짐작할 수 있다. 그런데 미생은 주로 동륜태자와 행동을 함께 했으므로 금륜은 그들보다 다소 나이가 어렸을 것이고, 자연히 550년 이후 언제인가 출생했을 것으로 짐작할 수 있다. 아울러 금륜이 왕위에 오른 576년에 그의 나이가 20살은 넘었을 것으로 생각된다. 따라서 금륜은 550년 이후 557년 사이 언제인가 출생했을 가능성이 높다.

삼한통합 후 일정 기간, 특히 춘추의 직계 후손들이 왕위를 이어간 중대(29대 무열왕~36대 혜공왕, 654~780)의 신라인이 진지왕을 기억한 것은 당연한 일이다. 그 후 신라가 망하고 『삼국사기』나 『삼국유사』의 찬자들이 진지왕에 대해 소홀하게 기록한 것이 아닐까 짐작해본다. 그에 따라 진지왕의 생년마저 기록에서 사라졌을 것이다.

금륜에 대한 교육

신라인, 그중에서도 지배 세력은 후속 세대에게 여러 가지 내용의 교육을 시켰다. 왕을 배출하던 성골은 그들 나름의 교육체계를 갖추었다. 이에 따라 금륜은 왕자王者로서 정치적 소양을 쌓았을 것이다. 어린 금륜이 받은 교육에 대해 살펴보는 작업은, 열 살까지 왕궁에서 산 춘추가 어떤 교육을 받았을지 파악하는 데 도움이 된다.

금륜에 대한 교육이 어떤 것이었는지는 『화랑세기』를 통해 알 수 있다. 10세 풍월주 미생랑 조에 따르면, 진흥왕이 자기가 총애하는 후궁인 미실美室의 동생 미생랑을 궁중으로 불러들여 동륜태자와 금륜과 더불어 토함공에게서 공부하도록 했다. 당시 왕실의 왕자나 공주들은 풍월주나 화랑을 지낸 사람에게서 무엇인가 배웠음을 알 수 있다. 예컨대, 4세 풍월주 이화랑은 황화·숙명·송화 등 지소부인이 낳은 공주들을 가르쳤다고 한다. 성골 왕 시대 신라 왕실에서는 선생을 왕궁으로 불러들여 왕의 자녀에 대한 교육을 행했다. 진흥왕은 자신의 후궁인 미실의 동생을 불러들여 왕궁에서 공부하게 한 것이다.

금륜이 공부한 과목은 어떤 것이었을까? 왕실 세력이 아닌 지배 세력은 화랑도에 들어가 공부했는데, 여기서 당시 신라 젊은이들이 어떤 과목을 공부했는지 알 수 있다. 아울러 『화랑세기』를 통해, 화랑을 지낸 사람들이 선생이 되어 여러 과목의 교육을 담당했던 사실을 확인할 수 있다.

11세 풍월주 하종 조에는 하종이 15살에 화랑에 들어가 토함공에게 역사를 배웠고, 이화공에게 노래를 배웠고, 문노에게 검술을 배웠고, 미생공에게 춤을 배워 그 정수를 얻었다는 기록이 있다.[27] 9세 풍

월주 비보랑은 설원공과 함께 노래와 피리를 배웠다고 나온다.[28]

왕위에 오르기 전 금륜이 공부한 과목들은 위에 언급한 것과 큰 차이가 없었을 것이다. 역사·검술·노래·춤·피리 등이 그것이다. 그중 역사는 사史라고 기록되어있다. 이는 단순히 역사만 가르친 것이 아니라 문장을 읽고 글을 쓰는 훈련을 했음을 뜻한다. 금륜도 일찍부터 글을 읽고 쓰는 훈련을 받았음이 틀림없다. 아울러 태자가 된 후 금륜은 군주가 될 정치적 소양을 쌓는 교육을 받았을 것이다.

금륜이나 그 밖의 지배 세력들은 화랑도에서 교육하는 과목을 배웠고, 정치적인 지위에 따라 추가 과목을 교육받았다고 할 수 있다. 신라 젊은이들의 교육을 담당한 주체는 바로 화랑을 지낸 사람들이었던 것이다.

금륜의 태자 책봉

태자 책봉은 왕위 계승 경쟁을 방지하는 가장 확실한 방법이었다. 진흥왕의 둘째 아들인 금륜이 태자가 된 것은 그의 형 동륜태자의 죽음 때문이었다.

진흥왕은 재위 27년(566)에 왕자 동륜을 왕태자로 삼았다. 그런데 동륜은 아버지 진흥왕의 후궁들과 관계를 가졌다. 진흥왕에게는 사도왕후와 미실·보명·월화·옥리 등의 후궁이 있었다. 동륜이 그중 미실과 보명 두 사람과 관계를 가진 일은 『화랑세기』에 기록되어

---

27 『화랑세기』 11세 하종, pp. 182~183.
28 『화랑세기』 9세 비보랑, pp. 140~141.
29 『화랑세기』 6세 세종, pp. 86~87

있다.

동륜이 죽음을 맞이한 전모는 다음과 같다. 홍제 원년(572) 3월, 동륜태자가 보명궁의 큰 개에게 물려 죽는 사건이 벌어졌다.[29] 당시 왕비나 후궁은 월성에 독자적인 궁을 갖고 있었다. 보명이 살던 궁을 그의 이름을 따서 보명궁이라 불렀고, 그 궁을 가진 보명은 보명궁주라 불렸다. 그 무렵 진흥왕의 후궁 보명궁주가 태자의 연모를 받았는데, 그에게 몸을 허락하려 들지 않았다. 그러자 동륜태자가 장사 여러 명과 더불어 궁의 담장을 넘어 들어갔다. 당시 미실과 더불어 진흥왕의 총애를 다툴 수 없는 상황을 염두에 둔 보명궁주는 태자를 힘써 거부하지 않고 몸을 허락했다. 이는 후일 동륜태자가 왕이 될 때를 생각한 행동이었다. 그 후 태자는 매일 밤 보명궁의 담장을 넘어 들어갔다. 그러던 중 이레째 되던 밤, 태자가 아무도 거느리지 않고 혼자 보명궁에 들어가다 큰 개에게 물렸다. 보명궁주가 동륜태자를 안고 궁중으로 들어갔으나 동틀 무렵 그는 죽었다.

동륜태자의 죽음은 금륜이 태자로 봉해지는 계기가 되었다. 금륜이 태자로 봉해진 시기는 정확히 알 수 없다. 하지만 572년 3월 동륜태자가 죽은 후에 책봉된 것이 분명하다. 태자가 된 금륜은 576년 진흥왕이 죽은 뒤 왕위에 올랐다.

(2) 진지왕·용수·춘추의 운명을 바꾼 사도와 미실

진지왕의 여자들

성골이었던 진지왕(금륜)은 여러 여자와 관계를 가졌다. 그들 중 진지왕의 운명을 바꾼 사람들이 있었다. 우선 그의 어머니 사도를 들

수 있다. 사도는 진흥왕의 왕비였으며, 진흥왕이 죽은 후 진지왕 대에는 태후로 있었다. 한편 후일 진지왕이 왕비로 삼은 지도, 그리고 진지왕의 즉위와 폐위에 가담한 미실이 있다.

그런가 하면, 왕위에 오르기 전 태양공주가 동륜과 금륜 두 태자를 섬긴 일도 있다. 금륜이 왕위에 오른 후에는 보명과 관계를 가졌는데, 보명은 진평왕이 즉위한 후 석명공주를 낳기도 했다. 진지왕의 복잡한 여사관계를 나무랄 필요는 없다. 당시로서는 얼마든지 있을 수 있는 일이기 때문이다.

여기서 우리가 주목해야 할 진지왕의 여자는 바로 사도와 미실이다. 그들은 진지왕의 즉위와 폐위를 주도했다. 특히 진지왕의 폐위는 그 아들 용수의 족강으로 직결됐고, 춘추가 진골로서 왕위에 오르는 원인이 되었다.

진흥왕의 죽음을 비밀로 한 사도와 미실

재위하던 왕이 죽고 새로운 왕이 즉위하는 순간, 왕비나 태후 등 궁중의 여인들은 중요한 역할을 할 수 있다. 576년 8월 어느 날 진흥왕이 죽었을 때, 신라 왕궁에는 여인들에 의해 비밀의 장막이 드리워졌다. 『화랑세기』를 보면 그러한 사정을 알 수 있다. 진흥왕의 죽음을 사도·미실·세종·미생이 비밀로 했기에 금륜태자는 알지 못했다. 사도가 먼저 미실로 하여금 태자와 통하게 하고 다른 마음을 갖지 않기로 약속을 받아낸 뒤 그를 왕위에 오르게 한 것이다.

이는 24대 진흥왕에서 25대 진지왕으로 왕위가 넘어가는 순간 사도를 중심으로 한 세력의 음모가 있었음을 말해준다. 우선 음모의 주인공들부터 살펴보자. 그 중심에는 진흥왕의 왕비인 사도가 있다. 왕이 죽고 새로운 왕이 등극해야 할 때, 왕모나 왕비의 선택은 새 왕의 즉위에 결정적 영향을 미칠 수 있었다. 사도 또한 그러한 기회를 놓치지 않았다.

음모의 또 다른 주인공은 미실이었다. 미실은 사도의 조카이자 진흥왕의 후궁이었다. 미실의 어머니 묘도는 사도의 언니였기에 사도는 미실의 이모뻘이었다. 사도는 조카인 미실을 신왕의 왕비로 만들고자 한 것이다. 한편 미실의 남동생 미생 또한 사도의 조카로서 음모에 가담했다. 미실의 정식 남편 세종은 진흥왕의 죽음을 비밀로 하는 데 가담했다. 세종의 어머니는 지소태후였다. 따라서 세종은 진흥왕의 이부동모제異父同母弟였다. 이들의 관계는 〈표 6〉에서 확인할 수 있다.

〈표 6〉 진흥왕의 죽음을 비밀로 한 세력

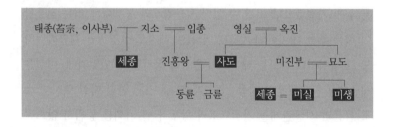

사도는 전왕의 왕비로서, 또한 신왕의 어머니인 태후로서 왕위 계승 과정을 장악했다. 사도의 주변에는 조카 미실과 미생, 그리고 미실의 남편 세종이 있었다. 이들이 진흥왕의 죽음을 세상에 알리지 않은 채 도모한 일은 다른 게 아니었다. 앞서 말했듯, 그것은 바로 금륜태자가 왕위를 계승한 후 미실을 왕비로 맞게 하기 위한 것이었다. 미실로 하여금 사전에 금륜과 관계를 갖도록 한 것도 이런 이유에서였다. 이때 세종은 자신의 정처인 미실을 신왕의 왕비로 들이는 데 반대할 수 없었다.

진흥왕의 죽음을 비밀로 한 세력이 그 전부터 그들의 세력을 유지하기 위한 조치를 취했다는 사실도 확인할 수 있다. 『화랑세기』에 따르면, 진흥왕이 말년에 풍질風疾로 인해 정사를 돌보지 못하고 오직 사도·미실·보녕·옥리·월회 다섯 궁주와 더불어 궁중에서 즐거움에 탐닉했다고 한다. 이때 사도는 미실과 함께 내정을 마음대로 좌지우지했고, 세종·설원·미생은 외정을 마음대로 했다. 당시 모든 정사는 사도와 미실로부터 나왔다고 해도 과언이 아니다.

사도왕후와 미실은 일찍이 삼생(과거·현재·미래) 일체가 될 것을 약속한 사이였다. 이 무렵 진흥왕의 몸이 상당히 불편했던 터라, 미실은 남편 세종으로 하여금 사도왕후의 사랑을 받기를 권했다. 세종은 힘써 거절했으나 어쩔 수 없이 사도왕후와 통했다.[30] 이는 진흥왕이 죽은 후를 대비한 조치였다. 금륜이 태자로서 왕위를 계승하더라도 그의 어머니 사도는 태후로서 왕정을 장악할 수 있었기에, 미실은 세종에게 사도왕후와 사통私通하게 한 것이다. 한편 미실 역시 스스로 금륜과 사통관계를 가짐으로써 왕후가 될 기회를 놓치지 않으려했다. 미실이 그의 남편 세종을 자신의 이모와 사통하게 함으로써 깊은 인연을 맺게 한 것 또한 같은 이유로 보아야 할 것이다.

미실이 금륜과 사통한 일이나 남편 세종을 자신의 이모인 사도

---

30 『화랑세기』 11세 하종, pp. 180~181.
31 이종욱, 「『화랑세기』에 나타난 진골정통과 대원신통」, 『韓國上古史學報』 18, 韓國上古史學會, 1995, pp. 279~302.

와 사통하도록 요구한 것은 여성의 정절에 대한 성리학적 윤리로 보면 용납할 수 없는 일이다. 그러나 유가儒家의 성리학적 윤리는 조선 중기에나 자리 잡은 가치임을 유의해야 한다. 그러한 가치가 아직 작동하지 않은 신라인의 관점에서 보면, 그들의 사통관계는 에로티즘erotism의 문제가 아니라 정치적politics 행위였다.

성골 왕 시대의 인통, 진골정통과 대원신통

춘추를 제대로 파악하는 데 필요한 것 중 하나는 바로 인통姻統에 대한 이해다. 성골 왕 시대에 존재한 인통은 왕의 혼인에 여자를 공급하던 계통을 의미한다. 당시에는 왕비를 공급하는 진골정통과 대원신통이라는 두 계통의 인통이 있었다. 이것은 그 자체로서 정치적 현상은 아니었지만, 왕실 세력 모두 인통의 운용에서 벗어날 수 없었다. 왕을 비롯한 왕실의 남자들도 인통을 가졌기 때문이다. 나아가 지배 세력들도 인통을 갖게 되었다.

　이러한 인통은 『화랑세기』를 통해 비로소 세상에 알려졌다. 인통의 구조와 기능 등에 대해서는 이미 밝힌 바 있다.[31] 『화랑세기』에 나오는 인물 중 진지왕−용수−춘추(무열왕)−문무왕−신문왕으로 이어지는 인물들의 인통을 표로 제시한다. 진골정통은 〈표 7〉, 대원신통은 〈표 8〉과 같다.

〈표 7〉 진골정통(◯ 안의 인물)의 계보도

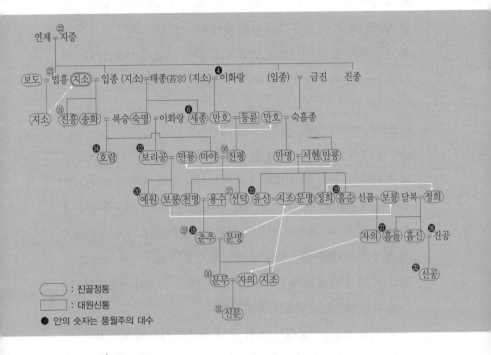

⬭ : 진골정통
▭ : 대원신통
● 안의 숫자는 풍월주의 대수

두 개의 표를 통해 다음과 같은 사실을 확인할 수 있다.

첫째, 인통은 여자에서 여자로, 즉 모계 계승으로 이어졌다. 이는 마치 부계 계승을 거울에 비쳐 본 것과 같은 구조다. 〈표 7〉을 보면 진골정통은 보도와 그의 딸 지소에서 비롯했음을 알 수 있다. 진골정통은 지소태후와 그의 딸, 딸의 딸 식으로 이어지며 그 계통을 이어갔다. 〈표 8〉을 보면 오도의 딸 옥진과 옥진의 딸, 옥진의 딸의 딸 식으로 이어지며 대원신통의 계통이 이어졌음을 알 수 있다. 사도와 미실은 대원신통이었다.

〈표 8〉 대원신통(□ 안의 인물)의 계보도

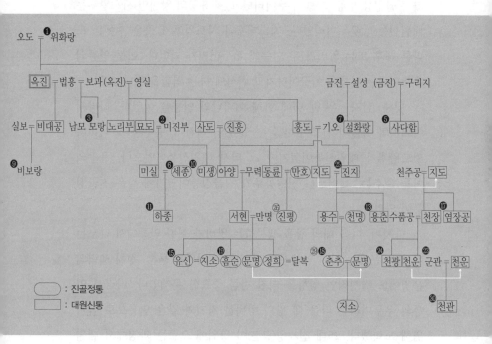

둘째, 위의 표에는 나오지 않지만, 진골정통과 대원신통의 기원은 훨씬 이전으로 올라간다. 진골정통의 시조는 구도공의 부인인 옥모부인이었다. 옥모부인은 11대 벌휴왕 2년(185)에 신라에 병합된 조문국(현재 의성) 왕의 외손녀였다. 13대 미추왕(261~284)이 광명을 왕후로 삼으면서 운모공주의 딸 옥모의 인통이 아니면 황후로 삼지 말라고 한 데 따른 것이다. 대원신통의 시조는 미해공의 부인인 보미였다. 이로써 인통의 뿌리가 깊었음을 알 수 있다.

셋째, 두 인통에는 항상 살아있는 우두머리가 있어 각 인통을 이끌어나갔다. 진흥왕 대(540~576)에는 진흥왕의 어머니인 지소태후가 진골정통의 종宗, 즉 우두머리였고, 진흥왕의 왕비인 사도왕후는 대원신통의 우두머리였다. 지소태후나 사도왕후가 죽은 후에는 또 다른 태후 또는 왕비가 두 인통의 우두머리가 되었다. 이들 인통의 우두머리는 인통을 이끌어나가고 번성케 하는 역할을 했다.

넷째, 남자들은 한 대에 한해 어머니의 인통을 이었다. 따라서 아버지와 아들의 인통이 다를 수 있었다. 예컨대, 용수는 그 어머니 지도왕후가 대원신통이었기에 그 역시 대원신통이었으나, 용수의 아들 춘추는 그 어머니 천명공주가 진골정통이었기에 같은 진골정통이 되었다.

다섯째, 다음 대의 왕을 생산하는 왕비가 어떤 인통에서 나오는가 하는 문제는 왕실 안에서의 각 인통의 지위는 물론, 정치 세력의 운명에도 결정적인 영향을 미칠 만큼 중요한 문제였다. 따라서 인통의 우두머리는 다음 대 왕의 왕비를 자기와 같은 인통으로 삼기위해 노력했다. 25대 진지왕(금륜)이 왕위에 오르는 과정에서 대원신통인 사도왕후가 자기의 조카인 대원신통 미실을 왕비로 삼고자 조치를 취한 것이 그 대표적 사례다.

색공으로 30년간 권세를 장악한 미실[32]
대표적인 신라 여자 한 사람을 뽑으라고 하면, 단연 미실을 손꼽을 수 있다. 조선 시대에 만들어진 성리학적 윤리, 즉 여성의 정절을 강

---

32 이종욱, 『색공지신 미실』, 푸른역사, 2005.
33 『화랑세기』 11세 히종, pp. 170~171.

요하는 윤리에 익숙한 현대의 한국인은, 색공色供으로 일생을 산 신라 여인 미실의 존재를 인정하고 싶지 않을 것이다. 그러나 신라에는 신국의 도가 있었다. 미실은 신국의 도에 따라 치열하게 한평생을 산 인물이다.

미실의 생몰년 역시 기록에 나오지 않는다. 미실이 태어난 때는 546년에서 550년 사이 언제쯤이었을 것이다. 그리고 세상을 떠난 시기는 619년에서 622년 사이였다. 여기서 춘추와 미실이 길게는 20년 정도 동시대에 살았음을 추측할 수 있다. 미실은 595년경 정치적 권력을 상실했다. 따라서 춘추의 운명에 직접 영향력을 행사하지는 못했으나, 진지왕의 즉위와 폐위에 관여함으로써 간접적으로나마 춘추에게 큰 영향을 미쳤다. 한편 미실은 선덕여왕의 운명에는 끼어들 수 없었다.

〈표 6〉에서 확인한 바와 같이, 미실의 어머니 묘도는 사도와 자매간이었다. 따라서 사도와 미실은 같은 인통이었다〈표 8〉 참조). 미실은 왕의 후궁이 되어 색공을 하던 인통 중 대원신통을 이은 사람이다. 진지왕의 운명에 끼어들어 그의 아들 용수와 손자 춘추의 운명까지 바꿔놓은 미실은 과연 어떤 인물이었을까? 진지왕의 즉위와 폐위에 관여함으로써 춘추의 운명을 바꾼 결정적인 계기를 제공한 미실에 대해 알아보겠다.

미실은 용모가 절묘하여 풍후함은 (외할머니) 옥진을 닮았고, 환하게 밝음은 (법흥왕의 후궁) 벽화를 닮았고, 빼어나게 아름다움은 (외증조할머니) 오도를 닮아서 백화의 신묘함을 뭉쳤고, 세 가지 아름다움의 정수를 모았다고 할 수 있었다고 전한다.[33] 아름다움을 지닌 미실은 또 다른 훈련을 받았다. 외손녀 미실이 대원신통의 도道를 일으킬 만하다고 여긴 옥진은 그녀를 곁에 두고 미도媚道, 즉 교태 부리는 방법과 가무歌舞를 가르쳤다.

미실은 평생 6세 풍월주 세종을 정식 남편으로 삼았고, 5세 풍월주 사다함과 7세 풍월주 설원랑과 사통했으며, 동륜태자·진흥왕·진지왕·진평왕에게 색공을 했다. 특히 미실은 진흥왕의 첩이 되어 색공을 하여 30년 동안 천하를 호령했다. 그녀의 동생 미생의 부귀는 이에 기초한 것이었다고 한다.[34] 미생이 오랫동안 조부의 장관으로 재직하며 재물을 모을 수 있었던 것은 그의 누이 미실이 진흥왕의 후궁이었기 때문이다. 결국 왕비나 후궁이 되어 왕의 총애를 받는 일은 단순히 남녀 간 사랑의 문제가 아니라, 한 가문의 정치적·경제적·사회적 번성을 좌우하는 일이었다고 할 수 있다.

나는 이미 미실에 대한 책을 낸 바 있다.[35] 미실은 앞으로 한국 문화콘텐츠 산업의 주요 소재로 부각될 가능성이 높다. 그 과정에서 미실이 신라인이 아닌 엉뚱한 사람으로 탈바꿈되지 않도록 신경써주길 부탁해본다. 미실을 신라인으로서가 아니라 오늘을 사는 한국인의 호기심을 충족시키기 위한 대상으로 삼아 이상하게 그려내는 것은 역사의 보존·활용에 도움이 되지 않는다.

진지왕을 폐위해 용수·춘추의 운명을 바꾼 미실

아무리 삼한통합을 기획하고 이루어낸 무열왕이라도, 그 운명은 그

---

34 『화랑세기』 10세 미생랑, pp. 166~167.
35 이종욱, 『색공지신 미실』, 푸른역사, 2005.
36 『화랑세기』 6세 세종, pp. 88~89.
37 『화랑세기』 18세 춘추공, pp. 262~263.

의 뜻대로 움직이지만은 않았다. 왕실의 여인들, 즉 사도태후와 미실이 그의 운명에 끼어들어 또 다른 운명의 갈림길로 춘추를 몰아넣은 것이다.

진흥왕이 죽었을 때 사도와 미실이 그의 죽음을 은폐하고, 태자 금륜으로부터 미실을 왕비로 받아들이겠다는 약속을 받은 사실은 앞서 살펴보았다. 이런 이유로 진지왕(금륜)은 미실을 받아들였는데, 세상의 여론에 밀려 미실을 왕후로 봉하지 못했다. 또한 그는 지도왕후를 사랑해 미실을 제대로 총애하지 않았다. 진지왕이 자신을 왕후로 삼기로 한 약속을 어긴 것에 노한 미실은 사도태후와 함께 화랑도를 일으켜 진지왕을 폐위하고, 죽은 동륜태자의 아들인 백정공을 즉위시켰다. 그가 바로 26대 진평왕이다.[36]

여기서 진지왕의 폐위에 당대의 화랑도가 깊이 관여한 것을 볼 수 있다. 6세 풍월주를 지낸 세종, 당시 7세 풍월주로 있던 설원랑(설화랑), 그리고 나중에 8세 풍월주가 된 문노, 9세 풍월주가 된 비보랑, 10세 풍월주가 된 미생 등이 그들이다. 그런데 풍월주는 화랑도 하면 일반적으로 떠올리게 되는 어린 화랑이 아니라 엄연히 성년이 된 사람들로, 정치 일선에 나선 인물들이다. 따라서 그들이 왕위 계승 과정에 관여한 일을 이상하게 여길 필요는 없다.

미실의 외손녀 보라궁주와 혼인한 춘추

우리는 춘추가 유신의 누이동생 문희文姬와 결혼한 사실은 잘 알고 있다. 그러나 『화랑세기』는 춘추에게 원래 정궁부인이 있었다는 사실을 새로이 전하고 있다.[37] 춘추의 정궁부인인 보라宝羅궁주는 보종공의 딸이다. 보종공은 미실궁주와 설화랑 사이에서 태어났다.

춘추는 보종공과 양명공주(진평왕과 보명궁주의 딸)의 딸인 보라궁주
와 혼인했다. 결국 춘추는 미실의 외손녀와 혼인한 것이다. 두 사람
이 혼인한 시기는 알 수 없다. 다만 기록으로 그 시기를 추정해볼
수 있다. 『화랑세기』의 기록을 볼 때, 보종공이 양명공주와 사이에
서 보라와 보량 두 딸을 낳은 후 화랑이 되었음을 추측할 수 있다.[38]
보종공이 16세 풍월주로 있던 시기는 616년부터 621년까지였으므
로, 그의 혼인 시기는 616년 이전이었을 것이다.

〈표 9〉 춘추와 보라의 관계

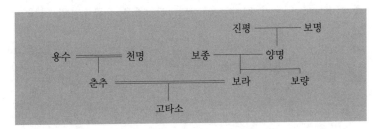

(3) 진지왕의 운명을 바꾸는 데 가담한 문노

진지왕과 문노
춘추의 운명을 바꾼 또 다른 인물로 문노文弩를 들 수 있다. 앞서 미
실을 대표적인 신라 여자로 꼽은 바 있다. 그렇다면 대표적인 신라

---

38 『화랑세기』 16세 보종공, pp. 250~251.
39 칠성우에 대해서는 뒤에서 살펴보겠다.
40 『삼국사기』 4, 「신라본기」 4, 진지왕 4년.
41 『삼국유사』 1, 「기이」 2, 도화녀·비형랑.

남자로는 누구를 꼽아야 할 것인가. 물론 춘추가 있다. 그러나 더도 덜도 없는 신라인의 모습으로 치열하게 산 사람을 뽑자면 나는 서슴지 않고 문노를 택하겠다.

문노는 606년에 세상을 떠났다. 춘추가 태어난 때가 603년이므로 두 사람이 한 하늘 아래에서 산 기간은 햇수로 4년에 불과하다. 그러나 미실의 경우와 비슷하게, 문노 또한 춘추의 운명에 간접적으로 개입했다고 봐야 한다.

앞으로 살펴볼 바와 같이, 문노는 진지왕의 폐위 사태에 관여해 중요한 역할을 한 인물이다. 따라서 문노는 용수의 족강을 주도한 사람 중 한 명이라 할 수 있다. 그런데 아이러니하게도, 춘추를 왕으로 삼으려 한 중심 세력인 칠성우七星友[39] 중에는 문노가 만든 화랑도 출신이 많았다. 따라서 문노에 대해 살펴보는 일은 춘추의 운명이 어떻게 전개됐는지 바라보는 데 필수적이다.

진지왕의 폐위와 문노

진지왕은 즉위한 지 만 3년도 안 되어 폐위되었다. 그가 폐위된 까닭을 지난 오랜 세월 동안 명쾌하게 알 수 없었다. 『삼국사기』에는 진지왕이 579년 7월 17일에 세상을 떠났다는 기록만 있을 뿐, 그의 사인이나 폐위된 사정에 대한 기록은 없다.[40] 『삼국유사』에는 "제25대 사륜왕의 시호는 진지대왕이며 김씨이며 왕비는 기오공의 딸 지도부인이다. 대건 8년 병신(576)에 왕위에 올라 나라를 다스린 지 4년 만에 정치가 문란하고 황음하여 국인이 폐위시켰다"고 기록되어 있다.[41] 두 사서 모두 진지왕에 대한 기록은 빈약할 따름이다.

반면 『화랑세기』는 진지왕의 폐위에 대해 자세히 기록하고 있다. "진지대왕은 미실 때문에 왕위에 올랐는데 색을 밝혀 방탕했다. 사도태후가 걱정을 했다. 이에 미실과 폐위할 것을 의논했다. 노리부공으로 하여금 행하도록 했다. 노리부공은 곧 사도의 형(오빠)이다. 미실의 남편인 세종과 더불어 장차 대사를 일으키려 할 때, 문노의 (낭)도가 불복할까 염려하여 태후의 명령으로 두 개의 (낭)도를 합쳐 하나로 만들었다."[42]

위 기록을 보면 진지왕의 폐위를 주도한 세력이 나온다. 그 중심에 사도태후와 미실이 있었음을 확인할 수 있다. 사도와 미실이 진지왕을 폐위시키기로 의논한 후, 그의 오빠인 노리부를 우두머리로 삼아 거사를 진행토록 했다. 여기서 주목할 만한 점은 화랑도를 통합했다는 내용이다. 특히 문노의 낭도가 불복할까 염려했다는 것은 화랑도가 진지왕의 폐위에 가담했음을 의미한다.

문노가 거느린 화랑도는 진지왕의 폐위에 가담하지 않을 가능성이 있었던 것이 사실이다. 오히려 그들은 진지왕의 편에 설 가능성이 있었다. 실제로 진지왕의 왕비인 지도는 문노를 후원한 사람으로, 진지왕에게 청하여 그를 국선으로 삼은 바 있다. 진지왕 대에 문노를 우두머리로 한 국선은 당시 7세 풍월주 설화랑을 우두머리로 하는 화랑도와 대결하는 상황이었다. 사실상 문노는 진지왕에 대한 사도와 미실 세력의 폐위 기도를 저지할 처지에 있었던 것이다.

이에 사도태후는 문노를 설득하기 위한 조치를 취했다. 사도는 미실의 남편이자 6세 풍월주를 지낸 세종으로 하여금 문노를 설득

---

42 『화랑세기』 7세 설화랑, pp. 98~101.
43 『화랑세기』 8세 문노, pp. 122~123.

하게 했다. 문노는 죽을 때까지 변치 않고 세종을 받들어 모셨을 만큼 그와 친밀한 사이였다. 『화랑세기』에는 세종이 사도의 밀조密詔를 받고 장차 진지왕을 폐위시키려 하며 문노를 불러 묻는 장면이 나온다. 기록 중 읽어낼 수 없는 글자가 있어 분명치 않지만, 대략 "그대는 진지왕이 발탁하여 등용한 은혜를 입었고 또한 지도왕후와 더불어 근친인데, 진지왕을 폐위시키라는 사도태후의 명이 있으니 이를 어찌할 것인가?" 하는 내용임을 알 수 있다. 이에 대해 문노는 "저는 세종의 명을 따를 뿐, 어찌 감히 사사로운 정을 돌아보겠습니까?" 하고 대답한 것으로 추정된다.[43] 문노는 자기를 도와준 진지왕과 지도왕후를 배신하는 데 대한 거리낌보다는 세종을 따르는 일이 더욱 중요하다고 판단한 것이다.

문노가 진지왕 폐위 작업에 가담하게 되자 사도태후는 화랑도를 통합하는 일부터 추진했다. 미실을 원화源花로 삼아 화랑도 전체를 관장하는 자리에 놓고, 세종을 상선上仙에, 문노를 그 다음 자리인 아선亞仙에 임명하고, 설원랑·비보랑·미생을 그 아래 두어 화랑도를 하나로 묶는 조치를 취했다. 화랑도를 진지왕 폐위의 주력 행동대로 삼은 것이다.

문노가 진지왕 폐위에 가담한 결과

진지왕을 폐위한 결과 가장 큰 득을 얻은 사람은 진평왕일 것이다. 그리고 사도태후와 미실도 어린 진평왕 주위에서 강한 정치적 권력을 행사하며 부귀를 누렸다.

문노 역시 진지왕의 폐위에 가담함으로써 얻은 것이 적지 않았다. 그는 진지왕을 폐위한 공으로 아찬阿湌의 관위에 올랐다. 이로써 골품을 얻어 진골이 되었다. 문노의 어머니가 누구인지는 분명치 않다. 다만 야국(왜) 왕이 일종의 조공품으로 바친 딸이거나, 현재의 고령 지역에 있던 북국(대가야) 왕의 딸일 수 있고, 혹은 야국 왕이 바친 왕녀와 북국 왕이었던 찬실 사이에서 낳은 딸일 수도 있다. 문노는 그러한 어머니의 출신 성분으로 인해 골품을 얻을 수 없었지만, 진지왕의 폐위에 가담함으로써 골품을 얻어 진골 신분을 갖게 되었다.

또한 비로소 미실에게 총애를 받아 8세 풍월주(579~582)가 될 수 있었다.[44] 이를 계기로 문노의 낭도에서는 미천한 출신으로 높은 관직에 발탁되는 사람이 많았다. 민간(초택)의 사람이나 투항하고 귀순한 무리의 사람은 문노의 낭도를 출세의 관문으로 삼을 수 있었기에, 그를 신과 같이 받들었다. 여기서 신라의 일반 백성도 낭도가 되어 활동하면 관위를 부여받고 관직을 가질 수 있었음을 확인할 수 있다.

문노지문文弩之門, 문노지정文弩之庭

신라인은 문노를 오랫동안 기억했음이 분명하다. 그에 대한 기록은 신라가 망한 후 사라졌을 것이다. 다행히도 『화랑세기』가 그 모습을 드러냄으로써 문노에 대해 이야기할 수 있게 되었다.

『화랑세기』에 따르면, 적어도 진지왕의 즉위와 폐위 때부터 삼한통합을 이룰 때까지의 기간 동안 화랑도 안에서 문노가 차지하는 의미는 매우 컸음을 알 수 있다. 문노는 진지왕이 즉위한 뒤 국선이 되었고, 진지왕을 폐위하는 데 가담한 뒤 8세 풍월주가 되었다. 문

---

44 『화랑세기』 8세 문노, pp. 132~133.
45 『삼국사기』 47, 「열전」 7, 김흠운.

노가 만든 화랑도는 그 후에도 꽤 오랫동안 이어졌다.

『화랑세기』에는 13세 풍월주 용춘공이 문노가 만든 화랑도에 들어간 것으로 기록되어있다. 또한 14세 풍월주 호림공도 일찍이 문노의 문하에 들어갔다고 전한다. 문노가 만든 화랑도는 그 이후에도 이어졌음을 다른 기록을 통해 알 수 있다. 『삼국사기』 열전의 김흠운 전에는, 흠운이 어릴 적 화랑 문노지문에 들어갔다는 기록이 있다.[45] 흠운은 655년 백제와의 전쟁에 참전해 전사했다. 그때 흠운의 나이는 많지 않았을 것이다. 이를 통해, 문노가 만든 화랑도는 655년 이전에도 존속했음을 알 수 있다. 문노가 만든 화랑도처럼 오랫동안 이어진 화랑도가 얼마나 되는지는 알 수 없다. 그러나 적어도 문노의 화랑도는 수십 년, 또는 그 이상 이어졌음이 분명하다.

여기에는 그럴 만한 이유가 있다. 문노를 화랑으로 받든 화랑도가 작성한 명단이 있었던 것이다. 그 명단의 이름이 무엇인지는 전해지지 않는다. 참고로, 신라 화랑도 중에는 풍류황권風流黃卷이라 불리는 명단을 가진 화랑도가 있었다. 화랑·낭두·낭도들은 그와 같은 화랑도의 명단에 이름을 올리는 예명隸名을 해야 화랑도가 되었다. 그리고 현역을 물러나면 양명讓名을 하여 이름을 지웠다. 풍류황권과 같은 화랑도 명단은 예명과 양명을 계속하며 이어져나갔음을 확인할 수 있다. 문노가 만든 화랑도에도 명단이 있어, 문노가 죽은 후에도 예명과 양명이 계속되었던 것이다.

문노지문, 또는 문노지정이라는 것은 문노가 만든 명단에 이름을 올린 화랑도를 가리킨다고 볼 수 있다. 풍월주 또는 국선이 존속하는 오랜 기간 문노지문에 속한 세력이 뭉쳐 힘을 발휘했을 가능성도 상정할 수 있다.

호국선을 만든 문노

『화랑세기』에 따르면, 7세 풍월주 설화랑(572~579) 때 문노는 화랑도에서 하나의 파를 형성했다고 한다. 문노의 무리는 군사적인 일을 좋아했고 협기俠氣가 많았고, 설원랑의 낭도는 향가를 잘하고 청유淸遊를 즐겼다. 그러므로 국인들이 문노의 낭도를 가리켜 호국선護國仙이라고 했고, 설화랑의 낭도를 가리켜 운상인雲上人이라 했다. 골품이 있는 사람들은 설도를 많이 따랐고, 초택의 사람들은 문도를 많이 따랐다. 문도는 서로 의를 갈고 닦음을 주로 했다.

554년, 문노는 17살의 나이에 김유신의 할아버지인 무력武力을 따라 백제를 공격하는 전쟁에 참전했고, 555년에는 북한北漢으로 나아가 고구려를 쳤다. 557년에는 북원으로 가서 북가라를 쳤다. 그 때마다 줄곧 공을 세웠음에도 보답을 받지 못했지만, 문노는 이를 마음에 두지 않았다. 문노가 생각한 호국이란 고구려·백제·가라(가야)와 같은 외국과의 전쟁을 힘껏 수행하는 것이었다.

문노정파

문노가 만든 호국선은 금세 사라지지 않고 그 후에도 계속 파를 이어나갔다. 9세 비보랑은 당연히 문노정파였다. 13세 풍월주가 된 용춘공도 문노정파였다. 14세 풍월주 호림공도 용력勇力이 많고 격검擊劍을 좋아해 일찍 문노의 문하에 들어갔다. 나아가 15세 풍월주 유신, 18세 풍월주 춘추도 문노정파와 관련 있었다. 뒤에서 다룰 칠성우 세력이 문노지문에 들어간 화랑이나 풍월주 출신이었기 때문이다. 결국 문노정파는 춘추의 왕위 계승을 도운 집단인 셈이다.

포석사와 신궁의 문노

신라인은 포석사에 문노의 화상을 모셨다. 유신이 삼한을 통합한 후에는 문노를 사기土氣의 종주宗主로 삼아 각간으로 추증하고 신궁의 선단仙壇에서 대제를 행했다.[46]

후일 견훤이 신라를 침공했을 때 신라 55대 경애왕이 포석사에 갔다는데, 이는 신라인의 사기를 불러일으킨 문노의 화상이 모셔진 포석사에서 신라 왕국의 안위를 비는 행사를 가졌음을 의미한다고 보는 게 옳을 것이다. 또한 죽은 김씨 왕들과 그 일족을 모신 신궁에 화랑들을 모신 당이 있었는데, 유신이 삼한통합 후 그곳에서 문노를 위한 대제를 열었다는 사실도 알 수 있다.

이처럼 문노는 사후에도 신라인의 사기의 종주, 즉 으뜸으로 받들어진 인물이다. 칠성우는 유신을 중심으로 만들어진 세력으로, 춘추의 왕위 계승을 가능케 한 집단이다. 춘추의 왕위 계승, 나아가 삼한통합 과정에서 문노를 사기의 종주로 받든 칠성우가 행한 역할에 주목해야 하는 이유가 여기에 있다.

(4) 진지왕의 폐위와 무덤

진지왕의 폐위 후 유궁 생활 그리고 죽음

지금까지 우리는 진지왕이 폐위되면서 곧바로 세상을 떠났을 것이라고 생각해왔다. 그런데 『삼국유사』에는 죽은 진지왕이 도화녀의 집에 나타나 관계를 갖고 비형랑을 낳은 것으로 기록되어있다.[47] 진

---

46 『화랑세기』 8세 문노, pp. 136~137.

지왕이 폐위와 동시에 죽었다는 추측에 의문을 제기할 수 있는 부분이다.

실제로 『화랑세기』에는 금륜(진지)왕이 음란함에 빠진 탓에 폐위되어 유궁幽宮에서 3년간 살다 죽었다는 기록이 있다.[48] 이에 따르면 진지왕은 폐위된 후 3년간 더 생존한 것이다. 이 기록이 진실에 가까워 보인다. 비록 진지왕을 폐위시켰지만 그의 어머니 사도태후가 그를 죽이지는 않았을 것이라고 헤아려시기 때문이다.

유궁에 유폐된 진지왕은 어떻게 살았을까? 폐위되어 유궁에 갇힌 신세지만 도화랑 같은 여자와 관계를 가질 수는 있었을 것이다. 도화랑은 서녀庶女라고 기록되어있다. 여기서 서녀란 서인의 딸을 의미하며, 서인은 골품 중 백성(평인) 신분을 가리키는 것이 분명하다. 진지왕은 비록 유폐되었지만 평인 여자와의 관계 정도는 가질 수 있었고, 그 결과 도화녀와 사이에서 비형랑을 낳았던 것이다. 비형랑은 용수와 용춘의 서제庶弟가 되는 셈이다.

이로 미루어, 사도태후와 미실은 폐위된 진지왕을 즉시 죽이지는 않았다고 판단된다. 다만 유궁에 유폐시켜 정치적 활동을 완전히 차단한 것이다.

진지왕의 무덤

『삼국사기』는, 579년 7월 17일 세상을 떠난 왕 금륜의 시호가 진지

---

47 『삼국유사』 1, 「기이」 2. 도화녀 비형랑.

48 『화랑세기』 13세 용춘공, pp. 212~213.

49 『삼국사기』 4, 「신라본기」 4, 진지왕 4년.

50 姜仁求, 「新羅王陵의 再檢討(1)」, 『古墳研究』, 學研文化社, 2000, pp. 418~428.

로 정해졌고 영경사 북쪽(『삼국유사』 왕력 편에는 애공사 북으로 나온다)에서 장사 지냈다고 전한다.[49] 하지만 위에서 살펴본 바와 같이 진지왕은 폐위된 뒤 3년간 유궁에서 더 살았으므로, 그가 죽은 해는 579년이 아니라 그로부터 3년 후인 582년으로 보는 게 옳다.

아울러 『삼국사기』는, 654년 6월 춘추왕이 세상을 떠났는데 무열을 시호로 하고 영경사 북쪽에서 장사 지낸 것으로 기록하고 있다. 이러한 기록에 따르면, 진지왕과 무열왕의 능은 모두 영경사 북쪽에 있어야 한다.

그런데 현재 진지왕릉의 것으로 비정比定된 무덤은 태종무열대왕릉과는 제법 떨어진 곳에 있다. 규모도 생각보다 작다. 따라서 그 무덤을 진지왕릉으로 보는 것은 옳지 않다. 조선 시대에 진지왕릉을 잘못 비정했고, 지금 우리는 그것을 그대로 따르고 있는 것이다.

이렇게 볼 때, 오늘날 우리는 진지왕의 무덤조차 제대로 알지 못하는 셈이다. 단정하기 어려우나, 실제 진지왕릉은 강인구 전前 한국정신문화연구원(현 한국학중앙연구원) 교수의 주장대로 태종무열대왕릉의 서쪽 언덕에 줄지어 선 4기의 고분 중 하나임이 옳다고 본다.[50] 특히 태종무열대왕릉으로부터 두 번째에 자리한 능이라고 추정해본다. 진지대왕의 능을 바로 찾는 일을 더는 늦출 수 없다.

3) 춘추의 아버지 용수

춘추에게 가장 큰 영향을 준 인물, 용수

아버지는 아들에게 큰 영향을 주게 마련이다. 당연히 용수도 춘추에게 큰 영향을 주었다. 성품에 미치는 영향도 크지만, 그보다 중요한 것은 아버지의 사회·정치적 지위를 아들이 물려받는다는 것이다.

용수는 춘추의 정치적 식견을 키워준 장본인일 수 있다. 춘추가 가진 남다른 배포도 아버지를 닮았으리라. 결국 춘추가 정치적 위인으로 성장하는 데에는 그의 아버지 용수의 영향이 컸다고 봐야 한다. 아울러, 용수가 진평왕의 사위로서 실제로 왕위를 이어받았다면 춘추는 자동적으로 왕이 될 수 있었음을 상기해야 한다.

진골로서 왕위에 오른 춘추를 이해하기 위해, 그의 아버지 용수에 대해 알아볼 필요가 있다. 용수는 어떤 인물이었으며 춘추에게 어떤 유산을 남겼을까? 『화랑세기』의 기록을 통해, 이전에는 알지 못했던 용수의 새로운 면을 확인할 수 있다. 여기서는 용수와 더불어 그의 동생 용춘에 대해서도 간단히 다루고자 한다. 용수는 세상을 떠나며 그의 부인 천명과 아들 춘추를 용춘에게 넘겨주었다. 이는 형사처수兄死妻嫂에 해당하는 일이다. 용춘 역시 평생 춘추에게 도움을 준 인물이었다.

용수의 출생

현대 한국사학이 만든 '모델 2'는 춘추의 아버지조차 제대로 찾지 못했다. 그동안 춘추의 아버지를 용춘이라고 여겨왔으며, 용수는 용춘의 다른 이름 정도로 생각한 것이 사실이다.

그러나 『화랑세기』 18세 풍월주 춘추공 조의 세계世系에는 "아버지는 용수공으로 금륜왕의 아들이다. 어머니는 천명부인으로 진평대제의 딸이다. 천명의 어머니는 마야인데 복승공의 딸이다"라는 기록이 있다. 이를 보면 춘추는 분명 용수와 천명 사이에서 출생한 아들임을 알 수 있다.

용수의 탄생 시기는 정확하게 알 수 없다. 다만 『화랑세기』에 용수가 동륜태자의 아들, 또는 금륜태자의 아들이라고 기록된 사실로 보아, 동륜태자가 세상을 떠난 572년 3월을 기점으로 그의 출생 시기를 따질 수 있겠다. 즉 용수의 출생 시점은 아무리 늦춰 잡아도 동륜태자가 죽은 때로부터 9개월을 넘길 수는 없다. 단정하기 어려우나, 용수는 늦어도 572년 말 이전에 태어났다고 봐야 한다.

용수의 아버지는 동륜인가, 금륜인가?

용수의 아버지가 누구인가에 대해 신라인은 확신을 갖지 못했다. 진흥왕에게는 두 아들이 있었다. 장자는 동륜이고 차자는 금륜(진지왕)이다. 『화랑세기』는 용수에 대해, 동륜태자의 아들 혹은 금륜태자의 아들이라고 하는데 그 진실은 알 수 없다고 전한다. 여기에는 이유가 있다. 동륜태자의 궁에 있었던 지도가, 동륜이 죽기 전에 이미 금륜과 사랑을 나누었기 때문이다.[51] 금륜과의 사통으로 인해 용수의 아버지가 누구인지 알 수 없다는 것이다.

만일 용수가 동륜태자의 아들이었다면 그는 진평왕과 배다른 형제인 셈이다. 진평왕은 동륜태자와 만호부인 사이에서 출생했고, 용수는 동륜태자와 지도부인 사이에 태어난 셈이 되기 때문이다. 또한 이 경우, 춘추의 할아버지는 당연히 동륜이 된다. 그렇지 않고 용수의 아버지가 금륜일 경우 춘추의 할아버지는 당연히 금륜이 된다.

여기서 춘추의 아버지가 누구인가를 따지는 일은 중요한 의미를

---

51 『화랑세기』 13세 용춘공, pp. 210~211.

지닌 문제로 부각된다. 만약 용수가 동륜의 아들이었다면 진평왕 대에 춘추가 진골이었을 리 만무하다. 따라서 용수는 동륜이 아니라 금륜의 아들일 가능성이 크다고 볼 수 있다.

실제로 진지왕이 재위하고 있을 때 용수는 진지왕의 큰아들로 대우받았다. 579년 진지왕이 폐위되기 전까지 용수는 왕자王子로서 다음 대의 왕위 계승자인 태자가 될 수 있는 지위에 있었던 것이다.

진지왕 대에는 성골이었던 용수

용수는 태어나면서부터 당연히 성골 신분을 가졌다. 당시 성골의 축이었던 진흥왕의 손자였기 때문이다. 용수가 성골 신분을 잃게 된 것은, 앞에서 본 바와 같이 진지왕이 폐위되고 새로운 성골 집단이 만들어지면서부터다. 새로운 성골 집단의 주인공은 진평왕과 그 형제의 가족들이었다. 한번 족강되어 진골이 된 용수와 그의 가족은 성골 신분을 되찾을 수 없었다.

용수라는 이름

용수龍樹라는 이름은 불교와 관련된 것이라 생각된다. 불교 인물인 용수는 기원전 2~3세기경 남인도 출신으로 인도 대승불교를 크게 일으킨 사람이다. 당시 신라 왕실에서는 이름을 지을 때 불교와 관련된 인물의 이름을 따오는 일이 흔했다. 진평왕의 왕비인 마야摩耶는 정반왕淨飯王의 왕비이자 석가모니의 어머니인 인물의 이름이었다. 이러한 신라 왕실의 문화를 감안할 때, 용수라는 이름 역시 불교와 관련된 것이라 짐작할 수 있다. 후일 용수가 황룡사 9층탑 창건 과정에서 책임자로 활동한 것도 이와 관련해 참고할 만하다.[52]

용수와 용춘 형제

용수와 용춘은 형제였지만 서로 성격도 달랐고 활동한 바도 달랐다. 진평왕 44년(622) 2월에 이찬 용수를 내성內省사신으로 삼았다는 기록이 있다. 또한 진평왕 51년(629) 가을 8월에 파진찬 용춘 등을 보내 군사를 거느리고 고구려 낭비성을 공격하게 했다는 기록도 있다. 형 용수는 진평왕이나 선덕여왕 주변에서 내성, 즉 왕실의 업무를 담당했다. 그와 달리 동생 용춘은 장군이 되어 고구려와의 전쟁에 참전하는 등 군사적 활동을 했다.

『화랑세기』를 보면, 태자·왕자·전군으로 구분된 왕의 아들 중 후궁이 낳은 전군에 대한 전기인 『전군열기殿君列記』라는 책이 있었음을 알 수 있다. 거기에는 『전군열기』에 이르기를 "(용춘)공은 곧 용수갈문왕의 동생이다"라는 기록이 있다.[53] 분명한 사실은, 진지왕이 폐위되지 않았다면 용수는 태자가 되어 다음 대의 왕이 될 인물이라는 점이다. 그런데 진지왕이 폐위되면서 용수와 그의 동생 용춘은 성골 신분을 잃었고, 나아가 왕자의 지위도 잃었다. 그 후 형제는 진평왕과 선덕여왕을 위한 활동을 벌여나갔다.

용수와 용춘이 태어난 곳

용수가 태어난 시기는 572년 말이었고, 좀 더 거슬러 올라간다고 해도 그때로부터 그다지 오래전은 아니었을 것이다. 그렇다면 지도가 동륜태자의 궁에 들어간 뒤의 일일 수 있다. 따라서 용수는 태자궁

---

52 『황룡사 찰주본기』에 이간 용수가 감군監君이었던 것으로 나온다.
53 『화랑세기』 13세 용춘공, pp. 212~213.

에서 태어났을 수도 있다. 한편 용춘은 진지왕 3년에 왕비 지도에게서 태어났으므로, 태어난 곳이 월성 안의 대궁이라고 볼 수 있다. 즉 용수와 용춘은 성골로 태어난 것이다.

용수와 용춘이 전군이 된 까닭

신라인은 왕과 왕비 사이에서 태어난 아들을 왕자라 불렀고, 왕과 그의 후궁 사이에서 태어난 아들을 전군이라 불렀다. 진지왕이 폐위되기 전까지 용수와 용춘은 물론 왕자였으나, 진지왕 폐위 후 그들은 왕자도 전군도 아닌 신분이 되었다. 그렇다면 용수와 용춘은 어떻게 전군이 되었을까? 이에 대한 답은 『화랑세기』에 인용된 『전군열기』에서 찾을 수 있다.

> 금륜왕이 음란함에 빠졌기 때문에 폐위되어 유궁幽宮에 3년간 살다가 죽었다. 용춘공은 아직 어려 그 얼굴을 몰랐다. 지도태후가 태상태후의 명으로 다시 신왕(진평왕)을 섬기자 용춘공은 신왕을 아버지라고 불렀다. 이 때문에 진평왕이 가엾게 여겨 총애하고 대우함이 매우 도타웠다.
>
> — 『화랑세기』 13세 용춘공, 2005, pp. 212~213.

여기서 주목할 사실은, 지도태후가 진평왕을 섬기게 되었다는 점이다. 지도태후가 진평왕의 후궁이 되었기에, 용수와 용춘이 진평왕의 아들은 아니지만 왕궁에서 계속 살 수 있었다. 이로 인해 진평왕 대에 용수와 용춘은 전군으로 불린 것이다.

족강한 용수와 용춘의 지위

진지왕의 폐위와 동시에 성골에서 진골로 신분이 떨어진 용수와 용춘은 어떤 대우를 받으며 살았을까?

『화랑세기』에는 11세 풍월주 하종의 부제副弟를 둘러싼 이야기가 있다. 하종이 풍월주로 있을 때인 588년에서 591년 사이, 용수와 용춘의 어머니인 지도태후가 태상태후인 사도태후와 만호태후 사이를 출입하며 문노정파를 도왔다. 이에 비보랑이 지도의 아들 용춘공을 천거해 보리공 대신 부제로 삼고자 했는데, 만호태후가 이를 들어주지 않았다. 비록 용춘이 부제의 지위에 오르지는 못했지만 낭도들이 많이 귀부歸附했다. 그때 서현랑이 "용춘공은 선군(진지왕)의 아들인데, 내가 어찌 감히 상대가 되겠는가?" 하며 그 낭도들을 사양하여 용춘공에게 넘겨주었다.

이에 가야파 또한 용춘에게 돌아갔다. 용춘은 대원신통이었기에 미실파 또한 다투지 않았다. 낭도들이 모두 축하하며 말하기를 "좋은 사람을 얻었다" 했다. 보리공 또한 용춘을 사랑하여 당을 달리하지 않기로 맹세했다. 이로써 진골과 대원의 논쟁이 비로소 완화되었다.[54]

위 이야기에서, 무력과 아양공주(진흥왕의 딸) 사이에서 출생한 서현랑이 용춘을 선군의 아들이라 하며 감히 상대가 되지 않는다고 말했다는 사실에 주목해야 한다. 여기서 선군이란 진지왕을 뜻한다. 그러한 사정은 용춘뿐 아니라 용수의 경우도 마찬가지였을 것이다.

이처럼, 비록 진지왕은 폐위되었지만 그의 아들인 용수와 용춘은 신라 최고 지배층 안에서 전왕의 아들로 대우받으며 살았음을 확

---

54 『화랑세기』, 11세 하종, pp. 186~189.

인할 수 있다. 이는 용수와 용춘, 그리고 춘추의 지위를 이해하는 데 중요한 배경이 된다.

용수가 죽은 해는?

아무리 늦어도 572년 말 이전에 태어났을 용수는 언제 세상을 떠났을까? 용수는 죽기 전에 천명부인과 춘추를 동생 용춘에게 맡겼다. 용춘이 죽은 해가 647년 8월임을 감안할 때, 용수는 그 시기보다 앞서 죽었음을 알 수 있다. 아울러 선덕왕 14년(645)에 왕이 이찬 용수를 감군監君으로 삼아 황룡사 9층탑을 세우도록 하여 이듬해에 그것을 완공시켰다는 내용으로 볼 때[55], 용수는 644년 또는 645년까지는 살아있었음을 확인할 수 있다. 결국 용수가 죽은 해는 644년 또는 645년에서 647년 3월 이전 사이라고 할 수 있다. 또한 용춘의 수壽가 일흔 살이었던 것을 보면 용수 또한 칠순은 넘겨 살았을 것이라 추측할 수 있다.[56]

용수는 천명만을 아내로 삼은 것은 아니었다

신라인, 그중에서도 왕실 세력은 기본적으로 일부일처제를 택했다. 그러나 그들은 새 부인을 맞이하면서 옛 부인은 내보냄으로써 일부일처제를 유지한 것이 사실이다. 그러한 사정은 용수도 마찬가지였다.

---

55 「황룡사 찰주본기」.
56 용춘은 태화 원년(647) 8월 세상을 떠나는데 70살이었다고 한다. 이로써 보면 용춘은 578년에 태어난 것이 된다. 그때는 진지왕 재위 3년째였다.
57 「화랑세기」 13세 용춘공, pp. 222~223.

처음에 용수는 천화공주를 아내로 맞았다. 그런데 천명공주를 아내로 맞게 되자 천화공주를 용춘에게 주었다. 천화공주가 아들을 낳았는데 일찍 죽었다. 용춘이 선덕공주를 모시게 되자 진평왕은 천화공주를 다시 백룡공에게 내려주었다.[57] 이러한 천화공주의 혼인을 보면, 신라의 사회 체제는 오늘날 우리의 그것과 매우 다른 모습이었음을 알 수 있다. 당시 신라에는, 오늘 우리의 사고방식으로 재단할 수 없는 신국의 도가 있었다.

춘추의 어머니 천명은 성골이었다

춘추의 어머니 천명공주는 성골이었다. 이는 적어도 612년 용수, 춘추와 함께 출궁할 때까지는 분명한 사실이었다.

진평왕에게는 두 딸이 있었다. 천명과 선덕이 그들이다. 앞서 확인한 바와 같이, 천명이 용수와 혼인함으로써 용수가 진평왕의 사위로 왕위 계승권을 가진 때가 603년이었다. 612년에 천명이 출궁하고 나서 선덕공주가 왕위 계승권을 갖게 된 것도 앞서 살펴보았다.

진평왕의 딸이자 선덕의 언니인 천명은, 비록 한 대에 한한 것이긴 하지만 엄연한 성골로서 성골 거주 구역인 왕궁에서 살았다. 천명이 성골이었기에, 그와 혼인해 궁에 살게 된 용수는 왕위 계승자가 될 수 있었다. 주지하다시피, 그 후 천명은 612년에 출궁하며 진골로 족강되었다.

천명공주, 용수에게는 어떤 사람이었을까?

603년경, 적자가 없었던 진평왕은 용수전군을 사위로 삼아 왕위를 물려주려 했다.[58] 당시 진평왕은 37세에 불과했다. 그런 그가 용수를 사위로 삼아 왕위 계승자로 정했다는 데에는 무엇인가 석연치 않은 점이 있다.

그런데 이보다 앞서 천명공주는 마음속으로 용춘을 사모하여 왕후에게 "남자는 용숙龍叔과 같은 사람이 없습니다" 하고 조용히 말했다.[59] 용수나 용춘은 모두 천명공주에게는 오촌 당숙이 된다. 얼핏 생각하면 마야왕후가 천명이 말한 용숙을 용수로 착각하여 잘못 시집보낸 것이 아닌가 싶을 수 있다. 그러나 실제로 진평왕은 용수를 사위로 삼아 왕위를 물려주려 했고,[60] 왕후 역시 천명을 용수와 혼인시키고자 했다.

이때 용수는 천명공주가 용춘을 마음에 품고 있음을 알고 공주를 양보하려 했다. 그러나 용춘이 극구 사양했다.[61] 마야왕후가 천명이 용춘을 사랑하고 있다는 사실을 알면서 구태여 장남인 용수와 혼인시킨 것은, 장長, 즉 장남과 장녀를 중시하는 당시의 가도家道를 따른 것이라 할 수 있다.[62] 아울러 용수와 천명의 혼인을 주도한 인물은 바로 마야왕후였음을 짐작할 수 있는데, 왕후가 세상을 떠난 후 용수가 왕위 계승자 지위도 잃게 된 정황으로써 이를 추정할 수 있다.

골품에 구애받지 않고 활동한 13세 풍월주 용춘

춘추는 자라며 그의 작은 아버지 용춘의 도움을 받지 않았을까? 그

---

58 『화랑세기』 13세 용춘공, pp. 218~219.
59 『화랑세기』 13세 용춘공, pp. 220~221.
60 『화랑세기』 13세 용춘공, pp. 218~219.
61 『화랑세기』 13세 용춘공, pp. 220~221.
62 『화랑세기』 13세 용춘공, pp. 220~221.
63 『화랑세기』 13세 용춘공, pp. 212~213.

럴 수는 없었다고 본다. 용춘과 유신의 관계는 춘추와 유신의 관계에 영향을 미친 것이 틀림없기 때문이다.

용춘은 아버지 진지왕이 폐위된 것을 슬퍼하며 문노의 문하에 들어가 비보랑을 형으로 섬기고 서제庶弟 비형랑과 함께 힘써 낭도를 모았다. 그러자 진골정통, 대원신통, 가야파의 삼파가 모두 그를 풍월주로 추대했고, 이로써 596년부터 603년까지 13대 풍월주로 활약했다. 그는 인재를 뽑는 데 골품에 구애받지 않았으며, "골품이란 것은 왕위王位와 신위臣位를 구별하는 것이다. 낭도에 골품이 무슨 소용이 있겠는가? 공이 있으면 상을 주는 것이 법의 원칙이다. 어찌 파로써 다스리겠는가?" 하고 말했다. 이에 무리가 크게 화합하여 "문노의 다스림이 다시 밝아졌다"고 말했다 한다.[63]

여기서 용춘이 굳이 골품을 무시하고 인재를 등용한 이유를 추측해보자면, 어릴 적 성골이었지만 아버지 진지왕의 폐위로 인해 진골로 족강된 경험 때문이 아닐까 싶다. 특히 골품을 왕위와 신위를 구별하는 기준으로 본 것이 흥미롭다. 족강한 용춘으로서는 왕위를 차지할 수 없었기에 그러한 말을 했을 것이다.

공교롭게도 용춘이 풍월주의 지위를 호림에게 물려준 603년에 용수가 진평왕의 사위가 되어 왕위를 이을 수 있는 위치에 오른 일 역시 흥미롭다.

소외된 귀족일 수 없는 춘추

한국사학이 만든 '모델 2'는 춘추를 소외된 귀족이라 주장해왔다. 그러나 위에서 살펴본 바에 의하면, 춘추의 아버지 용수와 작은 아버지 용춘은 진평왕과 선덕여왕이 다스리던 신라에서 소외된 귀족이 아니었다는 사실을 알 수 있다. 용수는 진평왕의 맏딸인 천명공주와 혼인했고, 선덕공주와도 살았다. 용춘 또한 선덕공주의 사신私臣이 되어 함께 살았다. 용수와 용춘은 진평왕의 사위가 되었고, 춘추는 진평왕의 외손자였다. 이러한 사실은 그들이 소외된 귀족이 아니라는 점을 강력하게 시사한다. 오히려 그들은 진평왕을 중심으로 한 성골 집단과 가장 가까운 혈족 관계에 있었음을 확인하게 될 따름이다. 따라서 지금까지 '모델 2'가 춘추를 소외된 귀족으로 치부한 것은 완전히 잘못되었다고 할 수 있다.

성골 왕 측근에서 왕실 업무를 담당한 용수

여기서 용수의 활동을 잠시 살펴보겠다. 사실 용수의 활동에 대한 자료는 많지 않으나, 다음과 같은 기록을 통해 그의 활동의 일면과 그것이 의미하는 바를 파악할 수 있다. 『삼국사기』에 따르면, 622년 2월 이찬 용수는 내성사신으로 임명되었다. 앞서 진평왕 7년(585)대궁·양궁·사량궁 세 곳에 사신을 둔 바 있는데, 이때에 이르러 내성에 사신 한 사람을 두어 삼궁의 일을 겸해 관장하게 한 것이다.[64] 성골 왕 시대 신라에는 또 다른 궁들이 있었으나 위의 삼궁은 성골들의 거주구역이었기에 특히 중요한 의미를 지닌다. 이 때문에 특별히 내성에서 삼궁을 관장한 것이다.

이처럼 성골 집단을 위해 존재하는 중요한 자리에 용수가 기용되었다는 사실은, 당시 신라 왕실과 지배 세력 내에서 그가 차지하

---

64 『삼국사기』 4, 「신라본기」 4, 진평왕 44년.
65 『화랑세기』 13세 용춘공, pp. 212~213.

는 위상이 상당히 높았음을 증명한다. 진지왕의 폐위와 함께 진골로 족강된 용수를 사위로 삼으며 왕위 계승자로서 그에 대한 신뢰를 내비친 바 있는 진평왕이 그를 삼궁을 관장하는 책임자의 자리에 임명했으니, 이는 매우 큰 의미를 지닌다고 할 수 있다.

선덕여왕 4년(635) 10월에는 이찬 수품과 용수를 보내어 주·현을 순무巡撫했다고 한다. 그때 용수를 지방관으로 파견한 것은 아니고, 일시적으로 지방을 돌며 백성들을 어루만지게 한 것이다.

또한 용수는 황룡사 9층탑의 창건 책임자가 되기도 했다. 1964년 도굴되었다가 1966년 회수된 바 있는 황룡사 9층탑 사리함의 기록, 즉 『황룡사 찰주본기皇龍寺刹柱本記』에는 용수의 활동에 대한 내용이 담겨있다. 645년 선덕여왕이 용수에게 황룡사 9층탑을 축조하도록 명한 것이 여기에 기록되어있다. 황룡사는 성골 왕의 신성함을 보장하는 왕의 사찰이었다. 황룡사 9층탑은 성골 왕의, 성골 왕을 위한 사업이었다. 그것의 축조 책임자로 용수가 선택되었다는 사실은, 그가 왕실 내에서 갖는 위치가 사뭇 대단했음을 대변한다.

갈문왕이 된 용수

한편 『화랑세기』에 따르면, 용춘공이 용수갈문왕의 동생이라는 기록이 『전군열기』에 나온다고 한다.[65] 여기서 춘추의 아버지 용수는 갈문왕이었음을 알 수 있다. 갈문왕이란, 비록 왕은 아니지만 그 가족이 살아서는 왕궁에서 지냈고, 죽은 후에는 신궁에 모셔졌다고 여겨지는 존재다.

용수가 언제 갈문왕이 되었는지는 알 수 없다. 그가 생시에 갈문왕으로 봉해져 살았는지, 아니면 죽은 후에 추봉追封되었는지는 알 수 없다. 다만 진평왕의 사위가 되면서 갈문왕으로 책봉되었을 가능성이 높아 보인다.

갈문왕이 되었다고 하여 용수가 성골 신분이 되었을 리는 없다. 그러나 분명한 것은, 갈문왕이 된 용수가 신라 안에서 높은 정치·사회적 지위를 차지했으리라는 점이다. 이는 용수의 무덤이 어느 것인지 파악하는 데 도움이 된다. 단정할 수는 없으나, 현재 경주 서악동에 남아있는 거대한 고분 4기 중 태종무열왕릉에 가장 가까이 있는 고분이 바로 용수갈문왕의 무덤일 가능성이 높다.

천명과 춘추를 용춘에게 맡긴 용수

『화랑세기』에는 용수전군이 죽기 전에 부인과 아들을 용춘에게 맡겼다는 기록이 있다. 그 아들은 태종황제(춘추)고 부인은 천명공주인데, 용춘은 이에 천명공주를 처로 삼고 태종(춘추)을 아들로 삼았다고 한다. 그에 앞서 용춘은 왕명으로 호명궁에 살면서 딸 다섯을 낳았으나, 달리 아들이 없어 태종을 아들로 삼았다고 한다.[66]

앞에서 살펴본 바에 따르면, 용수전군이 죽은 해는 644년 이후, 647년 3월 이전 언제쯤이었다. 그 시기에 용수가 천명과 춘추를 용춘에게 맡겼다고 볼 수 있다.

사실 천명공주가 원래 사랑한 사람은 용춘이었고, 용수는 그러한 사정을 처음부터 알고 있었다. 용수는 죽기 전에 천명과 춘추를 용춘에게 줌으로써 용춘과 천명의 사랑을 이루도록 한 것일 수 있다.

---

66 『화랑세기』 13세 용춘공, pp. 220~223.

용춘의 만년과 갈문왕 추봉

용춘 또한 갈문왕이 되었는데, 무열왕이 된 춘추에 의해 사후 추봉된 것이다.

> 용춘은 만년에 거문고와 바둑을 즐겼다. 천명·호명 양궁과 더불어 산궁山宮에서 술상을 차려놓고 바둑을 두고 거문고를 탔다. 시첩 다섯이 온화한 모습으로 받들어 섬겼다. 태종은 효성을 극진히 하여 안락하게 모셨다. 태화 원년(647) 8월 세상을 떠나니 수가 70살이었다. 태종이 즉위하자 갈문왕으로 추존하였다. 아, 성대하다! 공의 성스러운 덕은 하늘과 같고 땅과 같아 영원히 다하지 않을 것이다.
>
> ─ 『화랑세기』 13세 용춘공, 2005, pp. 224~225.

용수가 죽은 후 용춘은 천명을 부인으로 삼고 춘추를 아들로 삼았다. 선덕여왕이 647년 1월에 세상을 떠나고 진덕여왕이 즉위했는데, 그때 왕정을 장악한 춘추는 용춘을 아버지로서 극진히 대접했음을 알 수 있다.

소결
춘추에게는 왕위에 오를 세 번의 기회가 있었다

누구에게나 세 번의 운명적 기회는 찾아온다고 한다. 춘추에게도 왕이 될 수 있는 세 번의 기회가 있었다.

첫 번째, 진지왕이 폐위되지 않았다면, 용수가 태자가 되고 왕이 되었을 것이다. 춘추 역시 용수의 뒤를 이어 왕이 되었을 것이다. 이 경우 용수와 춘추는 모두 성골로서 왕위를 이을 수 있었다. 하지만 진지왕의 폐위로 말미암아 춘추가 왕이 될 첫 번째 기회는 현실화되지 않았다.

두 번째, 용수는 603년 천명과의 혼인을 통해 진평왕의 사위가 되며 왕위 계승자로 선택되었다. 이로써 용수와 춘추는 진골로서 왕위를 이을 기회를 맞았다. 그러나 612년 용수가 천명과 함께 출궁당하면서 용수와 춘추의 왕위 계승은 물거품이 되었다.

세 번째, 612년 출궁한 춘추는 15세 풍월주 유신을 만나 그의 부제가 되었고, 후일 18세 풍월주가 되었다. 그는 차근차근 준비하며 기회를 만들어가다가, 654년에 비로소 왕위에 올랐다. 그 과정에서 춘추는 왕자王者로서의 자질을 키웠다. 그는 지성, 배포, 위엄, 자부심, 리더십, 판단력, 인내력, 설득력을 지녔고, 현실 인식 능력, 방법 강구 능력, 세계화(중국화) 실현 능력 등을 갖추었으며, 그 모든 것을 갖춘 자신에 대해 잘 알고 있었다. 그는 스스로 끊임없는 노력을 통해 위대한 인물이 된 것이다.

Ⅱ.
제세의 뜻을 키운 왕궁
－ 603~612, 출생~열 살

춘추는

진평왕의 사위가 되어

왕위 계승자로 선택된 용수의 아들이다.

603년에 태어난 춘추는

612년 용수가 왕위 계승자의 지위를 잃을 때까지

성골 거주 구역인 왕궁에 살았다.

왕위 계승을 앞둔 용수의 아들로 산 10년 동안,

춘추는 언젠가는 왕위를 계승할 운명을 안고

다양한 훈련을 통해 왕자王者로서의 자질을 연마하며

제세濟世의 뜻을 키워나갔다.

1. 왕위 계승자로 선택된 용수, 그의 아들로 자라난 춘추

왕위 계승자로 선택된 용수의 아들, 춘추

왕위 계승자를 미리 선정해두는 데는 두 가지 이유가 있다. 하나는, 왕위란 한시도 비워둘 수 없는 자리이기 때문이다. 다른 하나는, 왕위 계승 경쟁을 사전에 방지하기 위함이다. 진평왕은 이 두 가지를 한 번에 해결하는 선택을 했다. 그것은 바로 용수를 사위로 삼아 왕위 계승자로 정한 일이다.

앞서 본 바와 같이, 진평왕은 자기 뒤를 이어 왕위에 오를 성골 남자가 없는 상황에서 그의 장녀 천명을 용수와 혼인시켜 사위가 된 용수에게 왕위를 물려주려 했다. 이로써 춘추는 왕궁에서 태어났고 용수의 뒤를 이어 왕위 계승을 할 운명을 갖게 되었다.

603년 진평왕이 자신의 후계자로 사위 용수를 결정한 것은 당시로서 최선의 선택이었다. 진평왕의 형제들도 그 결정에 이의를 제기할 상황이 아니었다. 그때까지만 해도 그들은 성골 여자를 왕위에 올릴 생각을 하지 못했을 것이기 때문이다. 따라서 왕위 계승자로 정해진 아버지를 둔 춘추는 용수가 출궁당할 때까지 그의 뒤를 이어 왕위에 오를 준비를 하는 위치에 있었다고 보는 게 옳다. 603년에 태어나 612년 아버지 용수를 따라 출궁할 때까지 춘추의 삶을 살펴보겠다.

10살 이전 춘추가 만난 성골들—춘추를 둘러싼 왕자王耆 집단

왕궁에서 태어난 춘추는 생신生神, 즉 살아있는 신들에게 둘러싸여 있었다. 그들은 다름 아닌 성골이다. 춘추는 10년 동안 월성 안에서 당대 최고의 사회·정치 세력인 성골에 둘러싸여, 누구보다도 가깝게 그들과 어울려 지냈을 것이다.

춘추는 진평왕과 마야왕후 그리고 덕만(선덕)공주를 일상에서 계속 만난 것이 틀림없다. 한편 진평왕의 동생인 진정갈문왕(백반)과 진안갈문왕(국반)은 월성이 아닌 금성 안의 사량궁이나 만월성 안의 양궁에 살았을 가능성이 높다. 따라서 춘추는 진정갈문왕과 진안갈문왕 그리고 진안갈문왕의 딸인 승만(후일 진덕여왕)은 자주 만나지 못했을 수 있다. 그렇더라도 그는 덕만(선덕)과 승만(진덕) 두 사람을 왕궁에서 만나며 산 것은 틀림없다.

춘추의 이모 덕만(선덕)

춘추가 왕궁에 살 때 이모인 선덕공주를 만난 것은 그에게 행운이었다. 특히 어린 춘추는 진평왕이나 선덕공주 등 성골들에게 가장 사랑받은 혈족이었으리라고 짐작해볼 만하다. 아울러 이들의 긴밀한 관계는 평생 유지되며 춘추의 이후 활동에 큰 힘이 되었을 것이다. 이는 훗날 선덕이 왕위에 오른 뒤 춘추의 입지가 강화되었다는 사실을 볼 때 충분히 짐작할 수 있다.

춘추를 탁월한 정치 천재로 길러낸 왕궁의 교육

춘추는 태어나면서부터 정치 천재로 키워졌다. 성골 거주 구역인 왕궁에서 태어나 성골에게 받은 가정교육은 특별한 것이 아닐 수 없다. 여기서 말하는 가정교육이란 신으로 받들어진 존재인 성골들이 받은 것으로, 당시 신라의 일반 가정에서 행한 교육과는 차원이 달랐다.

어린 춘추에 대한 교육의 중심에는 용수와 천명이 있었다. 그들은 성골의 대가 끊긴 후 일순위로 왕위 계승권을 가질 사람이 바로 아들 춘추임을 항상 인식하고 있었을 것이다. 따라서 그들은 춘추가 왕위에 오를 때를 대비한 교육을 행했고, 춘추는 자연스럽게 왕위를 차지할 식견과 성품을 형성해갔으리라 짐작된다. 이러한 교육은 진평왕을 아버지로 둔 천명이 주축이 되었을 가능성이 높다. 물론 춘추에게 유모가 있었겠지만, 정치적 소양을 기르는 중요한 교육은 천명이 직접 행했으리라 생각된다.

아울러 춘추는 왕궁에서 태어나 자라면서 자연스럽게 왕실의 생활과 왕이 된 후 실천해야 하는 법도를 익혔다. 이 경험은 매우 귀한 것으로, 훗날 춘추가 왕이 되어 당당하게 살아가는 데 큰 도움이 되었다. 여기에는 춘추의 부모뿐 아니라 그의 외할아버지인 진평왕과 외할머니인 마야왕후, 이모 선덕공주 등도 큰 영향을 미쳤을 것이다.

왕궁에서의 10년 동안 춘추는 글을 익혔고, 그것이 바탕이 되어 평생 학문을 사랑했다. 648년 당 태종을 만난 자리에서 학문적 식견과 열정을 선보임으로써 그를 감동시킨 것도 결국 어린 시절의 교육이 밑거름이 되었다고 볼 수 있다. 춘추가 학문의 길에 들어서는 데 중심적인 역할을 한 사람이 용수인지는 정확히 알 수 없다.

왕궁에서 산 10년 동안 춘추는 장차 용수의 뒤를 이어 왕이 되어야 하는 운명을 받아들였을 터이다. 왕자王者로서의 자긍심을 갖게 된 그는 왕궁에서 작은 일에 얽매이지 않고 나라를 생각하는 마음가짐을 갖추었을 것이다. 후일 진평왕이 세상을 떠나고 선덕여왕과 진덕여왕이 왕위를 이었지만, 춘추는 성골이 소멸된 후 자신이 왕위를 이어야 한다는 운명을 거부한 일이 없었다고 하겠다.

이처럼 춘추는 왕실에서 지낸 10년 동안 최고의 교육을 받으며 후일 군주가 될 소양을 쌓았고, 그것은 실제로 평생 춘추에게 큰 힘이 되었다. 왕이 될 운명을 받아들인 춘추는 세상을 조망하는 통찰력과 넓은 식견, 그리고 결단력을 갖추어나가며 자연스레 왕이 될 운명을 받아들였고, 왕자王者로서의 자긍심을 가지고 제세濟世의 뜻을 굳혀나갔다.

춘추는 당대에 찾아보기 힘든, 정치적 소양을 갖춘 정치가이자 군주였다. 비록 10년의 짧은 기간이었지만, 왕궁에서의 가정교육은 춘추가 동아시아에서 탁월한 정치 천재의 길을 걷는 데 중요한 바탕이 된 것이 사실이다.

2. 어린 춘추가 본 국제 정세

춘추가 10살까지 목격한 국제 정세

어린 춘추는 신라 왕국 대내외의 정보가 모여드는 왕궁에서 지내면서 국제 정세와 관련해 많은 것을 보고 생각했을 것이다. 춘추가 왕궁에서 지낸 시기인 603~612년에 신라는 백제 및 고구려와 수차례 전쟁을 벌였다. 이러한 정세가 펼쳐지게 된 배경을 잠시 살펴보면 다음과 같다.

신라는 진흥왕 때 영토를 크게 넓혔다. 소백산맥을 넘어 영토를 넓힌 것은 551년이고, 한강 유역(현재의 경기도 지역)을 정복한 것은 553년 이후다. 이후 진흥왕의 정복 활동은 현재의 함경도 지역에까지 미쳤다. 북한산비(553)·창녕비(562)·마운령비(568)·황초령비(568) 등의 진흥왕 순수비는 신라의 정복 활동의 결과가 어느 정도였는지 보여주는 증거다.

진흥왕의 정복 활동에 자극된 백제와 고구려는 이후 계속 신라를 공격했다. 진흥왕 15년(554)에 백제왕 명농(성왕)은 가량(가야)과 함께 신라 관산성에 쳐들어왔다. 그때 신라 신주의 군주였던 무력이 주병을 거느리고 가서 교전했는데, 그의 비장神將이었던 삼년산군三年山郡의 고간高干 도도都刀가 급히 쳐서 백제왕을 죽인 바 있다.

여기서 무력은 532년 신라에 항복해온 가락국(금관가야, 본가야)의 마지막 왕 김구해(구충 또는 구형으로 불렸다)의 막내아들로, 유신의 할아버지이자, 진흥왕과 사도왕비 사이에서 출생한 아양공주와 혼인한 인물이다. 신라에 항복해온 지 23년 만에 무력은 커다란 공을 세운 것이다. 아울러, 백제왕을 죽인 도도라는 인물은 지방 관직인 고간(외위 3등, 경위京位로 9등인 급벌찬에 해당)이라는 관위를 가진 것으로 보아 왕경인이 아닌 삼년산군 사람이었음을 알 수 있다.

이렇게 관산성 전투에서 백제왕이 죽은 뒤 신라와 백제는 전쟁을 지속해나가게 되었다. 한편 황초령비나 마운령비를 통해 알 수 있듯 신라는 고구려의 곡창지대인 지금의 함흥평야를 장악하기도 했다. 이로 인해 신라는 고구려와도 지속적인 전쟁을 벌여야 했다. 춘추도 신라를 둘러싼 이러한 국제 정세를 잘 알고 있었을 것이다.

위와 같은 정세 속에서, 춘추가 왕궁에서 자란 시기에도 신라는 백제와 고구려를 상대로 전쟁을 치렀다. 먼저 이 시기 백제와의 관계를 살펴보겠다. 춘추의 어린 시절은 백제 무왕(600~641) 초년에 해당한다. 602년 무왕은 군대를 출동시켜 신라 아막성을 공격했고, 진평왕이 이에 맞서 정예 기병 수천 명을 보내 백제군을 물리쳤다. 이때 신라의 귀산과 추항이 전사했다. 605년 8월에는 신라 진평왕이 군사를 일으켜 백제를 쳐들어갔고, 611년 10월에는 백제군이 신라 가잠성을 100일 동안 포위했다. 이때 현령 찬덕이 성을 굳게 지켰으나 힘이 다하여 죽고 결국 성은 백제군에게 함락되었다.

다음은 고구려와의 관계를 살펴보겠다. 603년 8월 고구려가 북한산성에 침입했는데, 이때 진평왕이 몸소 군사 1만 명을 이끌고 가서 고구려 병사를 막아냈다. 608년 2월에는 고구려가 신라 북쪽 변방을 침략하여 8천 명을 사로잡아갔고, 같은 해 4월에는 우명산성을 빼앗아갔다.

춘추가 어린 시절을 왕궁에서 보내는 동안, 신라는 이처럼 백제와 고구려를 상대로 여러 차례 전쟁을 벌이지 않을 수 없었다. 때로는 진평왕이 직접 전쟁을 이끌기도 했다. 어려서부터 외할아버지 진평왕의 출정을 지켜본 춘추는 백제·고구려가 신라의 적국이라는 사실을 분명히 인지했을 것이다. 이는 춘추가 후일 삼한통합을 자신의 일생의 목표로 삼는 데 결정적인 계기가 되었다.

신라와 수의 관계

어린 춘추는 신라와 수隋, 수와 고구려, 신라와 고구려·백제 간의 관계에 대해서도 잘 알게 되었을 것이다.

594년 수 문제는 조서를 내려 진평왕을 상개부 낙랑군공 신라왕으로 삼았다.[67] 596년에는 고승 담육이 불법佛法을 배우러 수에 갔다. 그해 신라는 수에 사신을 보내 방물을 바쳤다.[68] 600년에는

---

67 『삼국사기』 4, 「신라본기」 4, 진평왕 16년.
68 『삼국사기』 4, 「신라본기」 4, 진평왕 18년.

구법승 원광圓光이 수에 갔던 사신 나마 제문과 대사 횡천과 함께 귀국했다.[69] 본래 원광은 589년에 불법을 배우러 진陳에 갔었는데, 589년 진이 망했기에 수에서 돌아온 것이다. 602년에는 사신 대나마 상군을 수에 보내 방물을 바쳤고, 604년에는 사신 대나마 만세와 혜문을 수에 보내 조공했다. 605년 3월에는 고승 담육이 입조사 혜문을 따라 신라에 돌아왔다.

한편 고구려가 자주 신라의 강역疆域을 침략하는 것을 걱정한 진평왕은, 608년 수에 청군請軍하여 고구려를 치고자 원광에게 걸사표乞師表를 짓게 했다. 원광은 "자기가 살기를 구하여 남을 멸하는 것은 승려로서의 행동이 아니지만, 빈도貧道는 대왕의 땅에서 살고 대왕의 물과 풀을 먹고 있으니 감히 명을 따르지 않겠습니까?" 하며 글을 지어 바쳤다.[70] 611년에는 진평왕이 수에 사신을 보내 표를 올려 군사를 청했고 양제가 그것을 허락했다.[71] 611년 2월 수 양제가 조서를 내려 고구려를 침공토록 한 바 있었는데, 신라는 이 사실을 알고 그러한 청병請兵을 한 것일 수 있다.

수의 고구려 침공과 그 실패한 사정은 신라에 알려졌을 것이다. 춘추도 수나라가 고구려를 침공하는 데 백만 명이 넘는 군사가 동원된 것을 알고, 고구려가 무서운 적이라는 사실을 새삼 깨달았을 것이다. 훗날 그가 직접 당나라에 가서 당 태종을 만나 청병한 것도 그러한 경험이 원인이 되었다고 볼 수 있다.

---

69 『삼국사기』 4, 「신라본기」 4, 진평왕 22년.
70 『삼국사기』 4, 「신라본기」 4, 진평왕 30년.
71 『삼국사기』 4, 「신라본기」 4, 진평왕 33년.

3. 신라인의 삶에 다가온 변화

세속오계가 변화시킨 삶

춘추가 태어나던 무렵, 신라인의 삶에 중요한 변화가 일어나고 있었다. 중국과의 관계 속에서 신라인은 새로운 삶의 원리를 받아들이기 시작한 것이다. 이를 잠시 살펴보는 것은 춘추를 보다 잘 이해하는 데 도움이 된다.

신라에는 신국의 도가 있었다. 그런데 중국을 방문해 그곳의 도를 목격하고 돌아온 신라인이 늘었다. 원광이 그 대표적 인물이다. 그는 신라 사회에 이른바 세속오계世俗五戒를 널리 퍼뜨렸다. 세속오계 중에는 중국인이 따르던 유교의 예의범절은 물론, 불교의 계율로 볼 수 있는 것도 있다. 이러한 계율들은 신라인의 일상적 삶을 변화시켜갔다. 춘추는 이 계율이 작동하기 시작하던 무렵 왕궁에서 살았다.

『삼국사기』 열전의 귀산 전에 세속오계에 대한 이야기가 있다. 사량부 사람인 귀산에게는 같은 부 사람인 추항이라는 친구가 있었다. 두 사람은 "우리는 학문이 있고 덕이 높은 사람과 더불어 사귀기로 기약을 했으니, 먼저 마음을 바르게 하고 몸을 수양하지 않을 수 없다. 아니면 수치를 당할지 모른다. 어찌 현자의 옆에 나아가 도를 묻지 않겠는가?" 하고 말했다. 그때 원광법사가 수나라에서 유학하고 돌아와 가실사에 머물렀는데 사람들이 높여 빋들었다. 귀산 등이 그 문하에 나아가 옷을 추스르고 말하기를 "저희는 세속 사람들로 몽매하여 마음대로 하고 아는 것이 없사오니 원컨대 한 말씀 주시어 종신토록 교훈으로 삼도록 해주십시오" 했다.

　이에 원광법사는 "불계에는 보살계가 있는데 열 가지 종목이 있다. 너희는 사람의 신하로서 이를 감당하지 못할 것이다. 여기 세속오계가 있으니 첫째는 군주 섬기기를 충으로써 할 것事君以忠, 둘째는 어버이 섬기기를 효로써 할 것事親以孝, 셋째는 친구 사귀기를 신으로 할 것交友以信, 넷째는 전쟁터에 나가서는 물러나지 말 것臨戰無退, 다섯째는 살생을 하되 가려서 할 것殺生有擇이다. 너희들은 이를 행하되 소홀히 하지 말라!" 하고 일러주었다.

　귀산과 추항은 다른 것은 모두 따르겠지만 살생유택만은 잘 알지 못하겠다고 대답했다. 원광법사는 "육재일六齋日과 봄·여름철에는 살생을 하지 않는다는 것이니, 이것은 때를 가리는 것이다. 부리는 가축을 죽여서는 안 되는 것이니 말·소·닭·개를 말하며, 작은 동물을 죽이지 않는 것이니 이는 고기가 한 점도 되지 않는 것을 말하는 것이다. 이는 종류를 가리는 것이다. 이렇게 하여 꼭 죽일 것만 죽이고 많이 죽이지 말아야 한다. 이것을 세속의 좋은 계율이라 할 것이다" 하고 말했다. 이에 두 사람은 "오늘 이후부터 받들어 실천할 것이며 감히 어기지 않겠습니다!" 했다.

원광법사가 세속오계를 가르친 시기는, 그가 수에서 귀국한 600년에서 추항과 귀산이 백제와의 전투에 참전해 전사한 602년 8월 사이였다. 세속오계는 점차 신라 젊은이가 지켜야할 계율로 자리 잡아갔다. 그 이전에 신라인이 나름대로 상정해놓은 도는, 이때부터 세속오계로 대체되기 시작했다고 볼 수 있다.

세속오계는 단순한 계율 같아 보이지만, 그 내용은 신라인의 삶에 실로 큰 변화를 가져왔다. 신라인이 세속오계에 따라 국가에 대한 충성이나 부모에 대한 효도를 실천한 사례로 다음의 이야기를 들수 있다. 660년 7월 유신장군이 이끄는 5만의 신라군이 백제를 쳐들어갈 때, 황산벌에서 계백장군이 이끄는 5천 결사대에 막혀 싸움이 불리해졌다. 그때 유신의 동생 흠순(흠춘)이 아들 반굴을 불러 "신하로서는 충이 가장 중요하고, 자식으로서는 효가 가장 중요하다. 위험을 보고 목숨을 바치면 충과 효가 모두 이루어진다"고 말했다. 반굴은 "예! 그렇게 하겠습니다" 하고 적진에 뛰어들어 힘껏 싸우다 죽었다. 반굴의 뒤를 이어 장군 품일의 아들인 화랑 관창 또한 적진에 들어가 분전하다 사로잡혀 죽었다. 원광법사가 만든 세속오계는 그후 신라의 지배 세력이 따르는 중요한 계율이 되었음을 알 수 있다.

세속오계를 익힌 신라 젊은이들은 누구였을까? 화랑도뿐 아니라 신라의 젊은이 모두가 세속오계를 익혀나갔을 것이다. 반굴이나 관창의 예에서 보듯, 신라 지배 세력이 세속오계의 충과 효를 통해 백제 침공 전쟁을 승리로 이끈 것은 의미 있는 일이 아닐 수 없다. 춘추가 삼한통합의 불을 댕긴 밑바탕에도 세속오계가 있었음은 자명한 일이다.

세속오계를 두고 불교의 계율인지 유가의 가르침인지 따지는 것은 여기서는 중요한 문제가 아니다. 주목할 점은, 원광법사가 589년 진나라에 가서 불법을 구한 후 600년 수나라에서 돌아왔다는 사실이다. 중국에 간 원광법사는 신라와는 다른 중국 사회의 모습을 목격했다. 그중에서도 중국 사회를 움직이는 원리인 충성, 효도, 신의의 중요성을 깊이 인식했다. 고구려·백제와 전쟁을 벌이고 있던 신라의 현실에 대해 숙고한 그는, 위 세 가지 가치에 임전무퇴의 항목을 더해 계율을 보강했을 것이다. 나머지 항목인 살생유택은 자신이 승려였기에 택한 계율이라고 볼 수 있다.

춘추가 태어나기 직전 전파되기 시작한 세속오계는, 당시 신라의 젊은이라면 누구든 따라야 할 소중한 가치로 자리 잡아갔음이 틀림없다. 그리고 이는 점차 삼한통합의 정신으로 자라났다고 볼 수 있다. 신라 사회에서 세속오계의 전파와 발전은 훗날 왕이 되어 삼한통합의 과업을 실행에 옮긴 춘추에게 매우 큰 힘이 되었다.

귀산과 추항 이야기

어린 시절 춘추는 귀산과 추항의 죽음에 대한 이야기를 전해 들었을 것이다. 『삼국사기』「백제본기」에는 백제 무왕 3년(602)에 신라가 소타성, 외석성, 천산성, 옹잠성의 네 성을 축조하고 백제 강역의 경계를 핍박하자 무왕이 좌평 해수에게 명하여 보병과 기병 4만 명을 거느리고 진격하여 그 4성을 공격하게 했다는 기록이 있다. 이때 신라에서는 장군 건품과 무은이 무리를 거느리고 백제군을 막아 싸웠다.

『삼국사기』「열전」귀산 전에도 이 전쟁에 대한 이야기가 나온다. 그에 따르면 귀산은 사량부 사람인 아찬 무은의 아들이라고 한다. 진평왕 건복 19년(602) 8월에 백제가 군사를 일으켜 아막성을 포위하자 진평왕이 장군 파진찬 건품과 급간 무은 등으로 하여금 군사를 거느리고 막게 했는데, 이때 귀산과 추항도 함께 소감少監으로 전쟁에 나갔다. 백제가 패하여 물러나 천산의 못가에 군대를 숨기고 기다렸다. 신라 군사가 진격하다 힘이 다해 돌아올 때 무은이 후군이 되어 대열의 맨 뒤에 섰는데, 복병이 갑자기 일어나 갈고리로 무은을 잡아당겨 떨어뜨렸다.

귀산이 큰 소리로 "내가 일찍이 원광법사에게 들었는데 군사는 전쟁에서 물러나면 안 된다고 했다. 어찌 감히 달아나겠는가!" 하고 외치며 적 수십 명을 격살擊殺하고, 자신의 말에 아버지 무은을 태워 보낸 다음 추항과 함께 창을 휘두르며 힘껏 싸우자 모든 군사가 이를 보고 용감히 공격했다. 백제군의 시체가 들판에 가득했고, 말 한 필, 수레 한 채도 돌아간 것이 없었다. 귀산 등도 온몸에 칼을 맞아 돌아오는 길에 죽었다. 진평왕이 여러 신하와 함께 아나의 들에서 이들을 맞이했는데, 시체 앞에 나가 통곡하고 예로 장사를 치르게 한 뒤 귀산에게는 나마 관위를, 추항에게는 대사 관위를 추증했다.[72]

원광법사가 가르쳐준 세속오계 중 임전무퇴 계율을, 602년 8월 귀산과 추항이 전장에서 몸소 실천한 것이다. 두 사람의 죽음은 신라의 젊은이들에게 귀감이 되었고, 그 후 화랑도는 물론, 화랑도에 들어가지 않은 젊은이도 전쟁에서 임전무퇴 계율을 널리 실천했을

---

72 『삼국사기』 45, 「열전」 5, 귀산.

것이다. 훗날 백제 정복을 위해 춘추가 일으킨 전쟁에서 반굴과 관창이 앞장서 싸우다 죽은 것이 그 대표적인 예다. 이처럼 세속오계의 계율은 삼한통합의 중요한 정신적 바탕이 되었다.

4. 춘추가 본 불교와 유학

앞서 세속오계를 살펴봄으로써 신라인의 삶의 방식인 신국의 도에 새로운 방식이 유입되었음을 확인했다. 이는 신라 사회가 중국에서 불교와 유학을 수용하면서 나타난 변화라고 볼 수 있다. 이처럼 신라인은 점차 중국을 중심으로 한 세계 체제 속에 빨려들기 시작했다. 여기서 불교와 유학에 대해 잠시 짚어볼 필요가 있다.

신라 왕실에서 불교를 왕실의 종교로 수용한 것은 법흥왕 7년 (520)의 일이다. 이차돈이 순교함으로써 군신群臣의 반대를 막아낸 것이다. 그 후 진흥왕 14년(553)에 황룡사를 짓기 시작했고, 17년간의 공사를 거쳐 진흥왕 30년(569)에 비로소 완공했다. 574년에는 황룡사의 장륙존상이 주조되었다. 진평왕 6년(584)에는 황룡사의 금당이 완공되었다.

황룡사는 왕실의 사찰이자 성골의 사찰이고 국가의 사찰이었다. 춘추는 바로 그 사찰을 보며 자라났다. 당시 불교가 성골의 신성함을 뒷받침하는 힘으로 작용한다는 사실을 목격하며 자란 것이다. 그러나 훗날 진골인 춘추가 왕위에 오른 후, 신라 불교는 왕실을 넘어 왕국 전체로 확산되어갔다. 성골에 신성함을 부여하는 데 활용되던 불교를, 진골 왕 춘추가 신라인 모두의 종교로 만든 것이다.

한편 춘추가 왕궁에 사는 동안 어떤 방식으로 유학儒學을 접했는지는 확실히 알 수 없다. 다만, 당시 신라인은 유교 경전으로 공부하며 한문을 배운 것으로 보이는데, 춘추도 이러한 방식으로 공부하면서 자연스레 유학을 접한 것으로 짐작해봄 직하다. 그가 645년 당 태종을 만난 자리에서 국학에 나아가 공자에게 제사지내는 의식과 경전 강론을 보고 싶다고 한 것도, 그가 어려서부터 유학을 익힌 때문이라고 볼 수 있다.

이처럼 춘추는 신국의 도를 지켜나가면서도 불교와 유교의 가치를 중히 여김으로써, 훗날 신라 사회의 정신적 수준을 고양시키고 국가를 강성하게 하는 데 큰 역할을 했다.

춘추, 모국어를 익히는 기간에
왕자王者로서의 자질을 갖추다

왕위 계승자로서의 지위를 인식시키는 기간이 있었다

603년 왕궁에서 태어난 춘추는 10년 후인 612년에 부모를 따라 출궁했다. 이 10년의 기간 동안 그는 진평왕의 외손자이자, 왕위 계승자로 선택된 용수의 아들로 살았다. 이러한 사실은 신라인에게, 춘추가 훗날 언제인가 왕위에 오를 인물이라는 인식을 심어주었다. 그러한 신라인의 인식은 실제로 춘추의 즉위에도 영향을 미쳤다고 할 수 있다. 출궁한 춘추를 장차 왕이 될 인물로 믿고 받든 세력의 중심에는 유신이 있었다.

왕궁에서 자라며 왕자王者의 생활양식을 모국어처럼 익혔다

춘추는 탄생 후 햇수로 10년 동안 왕궁에서 살았다. 그때 왕궁은 성골의 거주 구역이었다. 춘추의 어머니 천명공주와 춘추의 이모 선덕공주는 여자였지만 왕궁에 살았기에 성골 신분을 유지할 수 있었다. 춘추의 외할아버지 진평왕도 물론 성골이었다. 왕궁에는 춘추의 외삼촌인 진정갈문왕과 진안갈문왕, 그리고 그들의 가족이 살고 있었다.

춘추가 성골 거주 구역인 왕궁에 살면서 익힌 것은 무엇이었을까? 그는 성골들과 함께 살며 그들의 생활양식을 익혔을 것이다. 다만 춘추는 성골이 아니었기에 그가 익힌 성골의 생활양식을 왕자王子의 생활양식이라 바꾸어 부르면 어떨까 싶다. 어린 시절 춘추는 바로 이 왕자의 생활양식을 모국어처럼 익힌 것이다. 이는 춘추에게는 매우 의미 있는 체험이었다. 당시 성골은 성스러움을 가진 존재, 살아있는 신으로 대우 받았다. 왕위 계승자 역시 성골 왕의 다음 대에서 나왔다. 하지만 성골 남자가 모두 없어진 상황에서 용수가 왕위 계승사로 선택되있기에, 춘추 역시 언젠가 아버지 용수이 뒤를 이어 왕위를 계승할 인물로 받아들여졌고, 실제로 그렇게 훈련받은 것이다.

춘추는 10살이 될 때까지, 당시 그 어느 신라인도 꿈꾸지 못한 장래 지배자로서의 삶을 살아갈 준비를 했다. 이렇게 왕자王子의 생활양식을 익힌 덕분에, 그는 한평생 의심할 바 없는 왕자로서의 자부심을 갖게 되었다. 후일 춘추가 당 태종을 만나 당당하게 마주할 수 있었던 것은, 바로 이 왕자로서의 자부심 덕분이었다.

Ⅲ.
궁을 나와 더 큰 그릇으로
– 진평왕 대, 612~632, 열 살~서른 살

진평왕이 612년에 이르러

선덕공주를 왕위 계승자로 선택함에 따라,

춘추는 그의 부모인 용수와 천명을 따라 출궁했다.

이로서 춘추는 왕위 계승에서 멀어지는 듯했다.

그러나 왕위에 오를 춘추의 운명이 다한 것은 아니었다.

유신이 춘추를 장래에 삼한을 다스릴 군주로

생각하고 받들게 된 것이다.

유신의 권고로 화랑이 된 춘추는

부제를 거쳐 화랑 중의 화랑인 풍월주가 되었고

이어 상선이 되었다.

춘추는 화랑도의 활동을 통해 리더십을 갖추었고,

평생 그를 추종한 세력인 칠성우를 얻었다.

여기서는 열 살에서 서른 살까지의 춘추에 대해 살펴보겠다.

이 시기 정치 천재로서 춘추의 자질은 급격히 성숙했다.

1. 두 번째 왕위 계승 기회를 잃은 춘추

진평왕의 또 다른 선택과 춘추의 출궁

왕궁에서 태어난 춘추의 운명에 변화가 생겼다. 두 번째 왕위 계승 기회를 잃은 것이다. 『화랑세기』에 나오는 기록을 통해 그러한 사정을 확인할 수 있다.

> 선덕공주가 점점 자라자 용봉의 자태와 태양의 위용이 왕위를 이을 만했다. 그때는 마야황후가 이미 죽었고 왕위를 이을 아들이 달리 없었다. 그러므로 (진평)대왕은 (용춘)공에 관심을 두고 (천명)공주에게 그 지위를 양보하도록 권했다. (천명)공주는 효심으로 순종했다. 이에 지위를 양보하고 출궁을 했다.
>
> — 『화랑세기』 13세 용춘공, 2005, pp. 220~221.

위의 일이 벌어진 시기가 유신이 풍월주가 된 612년경이었다는 것은 『화랑세기』를 통해 알 수 있다. 춘추는 진평왕의 또 다른 선택에 의해 그의 부모 용수와 천명공주를 따라 출궁하게 된 것이다.

진평왕은 천명 대신 선덕을 택했다. 그런데 이번에는 용춘에게 뜻을 두었다고 한다. 이는 무엇을 의미할까? 천명을 용수와 혼인시켜 사위인 용수를 왕으로 삼으려 했던 것과 같은 방식으로, 선덕을 용춘과 혼인시켜 사위가 된 용춘을 왕으로 삼으려 한 것일까? 아니면 이번에는 사위가 아니라 딸을 왕으로 삼으려 한 것일까? 결과적으로, 딸인 선덕을 왕위 계승자로 선정한 것이 사실이다. 어쩌면 그때까지 진평왕은 사위 용춘을 왕위 계승자로 삼아야 할지, 아니면 딸 선덕을 왕위 계승자로 삼아야 할지 결정하지 못했을 가능성도 있다.

여하튼 춘추는 그가 태어나기 전에 주어질 수 있었던 첫 번째 왕위 계승의 기회를 진지왕의 폐위와 동시에 잃었고, 천명과 용수의 출궁으로 두 번째 기회마저 잃게 된 것이다.

천명을 위로한 유신의 충고—시대의 흐름을 읽다

선덕공주가 왕위 계승자로 선택되며 용춘이 진평왕의 사위가 되었다. 그때 출궁하게 된 천명이 불안해했다.[73] 천명의 불안함은, 왕위 계승자가 될 수 있었던 용수와 춘추의 운명에 대한 것일 수 있다.

그러자 유신이 춘추를 설득하며 말하기를, 천도天道 즉 하늘의

---

73 『화랑세기』 15세 유신공, pp. 238~239.
74 『화랑세기』 15세 유신공, pp. 238~239.
75 『화랑세기』 13세 용춘공, pp. 222~223.

도가 스스로 도울 것이고, 출궁이라는 한 때의 일로 충효에 어긋남이 있어서는 안 될 것이라 했다. 이는 하늘이 춘추를 도와 왕위에 오르게 할 것이니 천명공주는 진평왕에게 충성과 효도를 다하라는 뜻이었다. 춘추가 이에 동의해 천명을 위로하자 천명의 걱정이 사라졌다.[74]

유신은 이처럼 출궁당한 춘추에게 충고하여 천명을 위로케 한 뒤, 평생을 두고 춘추를 왕으로 삼기 위한 노력을 기울였다. 춘추를 모시며 앞으로 다가올 시대를 개척하기로 마음먹고, 과감하게 모든 것을 걸었다.

선덕공주를 모신 용춘과 용수를 통해 보는 춘추의 지위

612년 선덕공주가 왕위 계승자로 선택된 후에도 진지왕의 아들 용수와 용춘은 왕실 주변을 떠날 수 없었다. 선덕공주가 능력 있고 자신을 잘 지켜줄 인물을 곁에 두길 원했기 때문이다. 그 대상으로 누가 뽑혔을까? 『화랑세기』에 따르면, 왕위 계승자로 선택된 선덕은 용춘이 능히 자기를 도울 수 있다고 생각해 그를 자신의 사신으로 삼아주기를 진평왕에게 청했다. 원래 선덕의 언니 천명이 용춘을 사랑해 혼인하기를 원했으나 마야왕후가 천명을 용수와 혼인시킨 것은 앞서 살펴보았다. 천명과 선덕 자매가 모두 용춘을 원했던 것이다.

이에 진평왕은 용춘에게 공주의 뜻을 받들도록 명했다. 선덕은 총명하고 지혜로웠으며 본성이 좋았다. 용춘은 자신이 감당하지 못할 것을 염려해 굳이 사양하다가 어쩔 수 없이 받들게 되었는데, 결국 자식이 생기지 않아 물러날 것을 청했다. 그러자 진평왕은 용수에게 선덕을 모시도록 했으나 이번에도 역시 자식이 생기지 않았다.[75]

용춘과 용수 형제가 모두 선덕을 모신 일을 어떻게 볼 것인가? 신국의 도로 보면, 형제가 나란히 선덕을 모신 일은 문제될 것이 없다. 그리고 그러한 사실을 고스란히 드러낸 『화랑세기』 덕분에 비로소 우리는 신라 이야기를 제대로 이끌어낼 수 있다고 하겠다.

여하튼 용수·용춘과 진평왕, 그리고 선덕 간의 관계는 이처럼 떼려야 뗄 수 없는 것이었음을 확인했다. 춘추는 바로 그와 같은 성골 왕과의 관계 속에서 자라난 것을 주목하지 않을 수 없다. 결국, 성골의 왕실에서 춘추의 지위는 '모델 2'가 생각해낸 것보다 훨씬 강했다는 사실을 알 수 있다.

왕궁의 신비를 벗어난 춘추 — 신라인에게는 행운이었다

성골 왕 시대의 왕궁은 성골 왕의 권위를 지켜준 신비의 무대였다. 용수가 계속 왕궁에 머물러 끝내 왕이 되었다면, 춘추는 왕궁이 가진 신비한 힘에 의해 별다른 노력 없이도 왕위에 오를 수 있었을 것이다. 그러나 냉엄한 현실은 춘추를 왕궁에서 내몰았다.

춘추가 가질 수 있었던 신비로운 힘은 사라지고, 스스로의 노력으로 자신을 지켜야 하는 상황에 처한 것이다. 춘추는 그러한 요구에 잘 부응했고 점점 정치 천재로 성장해 나갔다. 결과적으로 춘추의 출궁은 신라인이 대단한 군주를 갖는 중요한 계기가 되었다고 할 수 있다.

춘추는 출궁함으로써 자동적으로 왕위에 오를 수 있는 기회를 잃었다. 이제 춘추는 왕이 되기 위한 본격적인 준비를 해나가야 했다. 그는 왕위에 오른 후 삼한통합 작업을 시작했고, 그 결과 신라인은 대평화를 누리게 되었으며, 이는 오늘의 한국·한국인을 만드는 데까지 이어졌다. 결국 춘추의 출궁은 신라인에게 행운이었고, 한국인으로서는 그 뿌리를 신라에 두게 된 결정적 계기인 셈이다.

출궁 후 진골로서 새로운 길을 걷게 된 춘추

출궁한 춘추는 새로운 길을 걷게 되었다. 그가 만나는 사람들도 달라지지 않을 수 없었다. 춘추의 삶이 근본적으로 달라진 것이다.

그런데 출궁한 춘추는 왕이 될 왕자王者 집단의 성원이 아니라, 이제 하나의 진골 세력으로서 스스로 살아갈 길을 찾지 않을 수 없었다. 다른 진골과 마찬가지로 화랑도에서 풍월주의 부제로서 신라의 젊은이들과 일정 기간 함께 활동하게 된 것도 춘추에게 닥친 커다란 변화 중 하나였다. 이로써 춘추는 그를 위해 목숨을 바칠 세력을 거느릴 수 있는 계기를 맞이했고, 나아가 훗날 왕위 계승을 할 수 있는 실력과 기회를 찾기 위한 발판을 확보했다.

춘추, 그를 삼한의 군주로 받든 유신을 만나다

쉽게 생각하고 넘길 수 없는 중요한 사건이 하나 있다. 바로 춘추와 유신의 만남이다. 두 사람의 만남은 춘추의 세 번째 운명을 개척하도록 만든 운명의 사건이었다. 춘추는 평생 자신을 지켜줄 사람을 만났고, 유신은 평생 자신이 옹위해야 할 군주를 만난 것이다.

612년 유신이 15세 풍월주가 되었을 때, 용춘이 그를 사신私臣으로 발탁했다. 유신은 나라의 은혜에 보답하는 데 제 몸을 아끼지 않기로 맹세하고 용춘을 따랐다. 이때 용수는 그 아들 춘추를 유신에게 맡겼다. 유신은 크게 기뻐하며 "우리 용수공의 아들은 삼한의 주인[三韓之主]입니다" 했다.[76] 여기서 '삼한의 주인'이란 '삼한을 지배할 군주'라는 의미로 볼 수 있다.

유신이 당시 나이 열 살에 불과한 춘추를 삼한의 주인이라고 한 것에 주목할 필요가 있다. 당시 진평왕, 진정갈문왕, 진안갈문왕 삼 형제에게 아들이 없어 성골 남자가 사라지게 된다는 사실은 알 만한 사람은 모두 알고 있었고, 유신 또한 마찬가지였다.

당시 유신의 나이는 열여덟 살이었다. 그 나이에 유신은 이미 신라 역사의 또 다른 전환을 예견하고 있었고, 그러한 예견의 중심에 춘추가 왕이 될 것이라는 생각이 자리 잡고 있었다. 훗날 춘추가 왕위에 오를 것을 예감한 유신은 자원하여 춘추를 추종하는 세력 집단을 만들고 그 우두머리가 되었다. 이후 춘추의 운명에서 유신은 떼려야 뗄 수 없는 존재가 되었다. 춘추와 유신은 햇수로 43년간 인내하며 준비해, 결국 그들이 바라는 세상을 만들었다.

출궁 후 대지大志를 갖게 된 춘추—개인과 국가의 목표를 정하다

당시 신라인으로서 왕이 되겠다고 꿈꿀 수 있는 사람은 춘추뿐이었다. 유신이 15세 풍월주가 되어야 할 때 춘추에게 풍월주의 지위를 양보하려 한 것은 유신이 그를 군君으로 받들기 시작한 출발점이라 할 수 있다. 이후 유신은 춘추가 세상을 떠날 때까지 그를 받들었다. 춘추에게 대지를 갖게 한 중심인물은 천명공주와 용수였고, 대망大望을 실현하게 할 준비를 하도록 만든 사람은 바로 유신이었다. 춘추는 원대한 꿈, 즉 왕이 되는 큰 뜻을 다시 품게 되었다. 이제 춘추는 대지를 스스로 실현하기 위한 준비를 해나가야 했다.

76 『화랑세기』 15세 유신공, pp. 236~237.

춘추는 출궁 후 더욱 많은 것을 볼 수 있었다. 그가 궁중에서만 살았다면 신라인의 삶과 신라의 국가적 목표에 대해 생각할 기회를 제대로 갖지 못했을 수 있다. 특히 화랑도에 들어가 부제가 된 것은 그가 삼한통합의 의지를 다지는 계기가 되었다. 아울러 낭도들과 생활하며 그들의 삶이 어떤 것이고 무엇이 문제인지 직접 알게 되었다. 이는 그가 군주가 되었을 때 국가를 경영하는 데 말할 수 없이 큰 힘이 되었다. 결국 춘추의 출궁은 어려움을 헤치고 왕이 되겠다는 개인적인 꿈과 삼한통합이라는 국가적 목표를 동시에 생각하는 기회가 되었다고 볼 수 있다.

2. 부제를 지낸 4년(612~616)

춘추에게 낭도를 거느리게 한 유신

유신은 나이 어린 춘추에게 낭도를 거느릴 것을 권유했다. 그에 따라 춘추는 풍월주 유신의 부제가 되었다. 이로써 춘추도 낭도를 거느리게 되었다. 유신이 춘추에게 낭도를 거느리도록 한 까닭은 무엇일까? 그것은 성골 왕의 시대가 끝나고 진골 춘추가 왕이 될 때를 대비한 작업이라 짐작해볼 수 있다.

성골 왕들은 신성함을 내세워 왕의 권위를 세울 수 있었으나, 춘추는 진골이었기에 그러한 신성함을 지니지 못했다. 이에 유신은 춘추로 하여금 많은 낭도를 거느리게 해 그들의 지원을 받고, 나아가 화랑도를 지낸 많은 신라인의 지지를 받는 군주가 되게 하기 위한 조치를 취한 것이라 할 수 있다.

춘추가 화랑도에 들어가 유신의 부제가 된 것은 612년의 일로, 그의 나이 열 살 때였다. 춘추는 유신이 풍월주 자리를 보종공에게 물려준 616년까지 그의 부제로 활약했고, 스물네 살 때인 626년에 18세 풍월주가 되어 629년까지 그 자리를 지켰다. 그 과정에서 춘추는 15세 풍월주 유신의 뒤를 이어 곧바로 풍월주가 되지 않고, 16세 풍월주 보종공과 17세 풍월주 염장공에게 자리를 양보했다. 풍월주를 지낸 유신, 보종공, 염장공은 모두 칠성우가 된 인물이다. 뒤에서 살펴보겠지만, 칠성우는 춘추를 왕으로 세운 핵심 세력이었다.

유신이 춘추에게 화랑이 되게 한 것은 그를 왕으로 삼기 위한 프로젝트의 출발이었다.

출궁 후 춘추를 부제로 삼은 유신

『화랑세기』 18세 춘추공 조에는 다소 이해하기 어려운 이야기가 나온다. 유신이 춘추를 대기大器로 여겨 군君으로 삼으려 했으나 왕(춘추)이 사양하여 부제가 되었다는 기록이 그것이다.[77] 대기는 임금의 자리, 또는 위대한 인물을 뜻한다. 앞의 뜻으로 보면 유신이 춘추를 군君으로 삼으려 했음은 임금으로 삼으려 한 것으로 해석할 수도 있으나, 춘추가 사양하여 부제가 되었다는 내용이 따르는 것으로 보아 풍월주 삼으려 한 것임을 알 수 있다.

춘추가 부제가 된 이야기는 다른 곳에도 나온다. 유신은 출궁한 춘추에게 "바야흐로 지금 시기는 왕자나 전군이라 하더라도 낭도가 없으면 위엄을 세울 수 없습니다" 하고 말했다. 이에 춘추공은 유신

---

77 『화랑세기』 18세 춘추공, pp. 260~261.

공의 누이 문희를 아내로 맞았고, 유신공의 부제가 되었다고 한다.[78]

이러한 기록들을 보면 춘추는 유신의 청에 의해 부제가 되었음을 알 수 있다. 출궁할 때 춘추의 나이는 열 살이었다. 따라서 춘추는 열 살의 나이로 15세 풍월주 유신의 부제가 된 것이다. 이는 대단한 파격이라고 할 수 있다. 『화랑세기』 어디를 뒤져봐도 그 나이에 화랑도에 들어간 예를 찾을 수 없거니와, 게다가 처음부터 부제로 화랑도에 입신한 것은 더욱 찾기 어려운 사건이다.

유신이 춘추를 부제로 삼을 수 있었던 까닭

유신이 춘추를 부제로 삼은 것은 정상적인 일은 아니었다. 일반적으로 부제가 되기 위해서는 화랑도의 직제상 그 밑의 우방화랑이나 전방화랑 등을 거쳐야 했으나, 춘추는 그러한 과정 없이 부제가 되었다. 이는 분명히 특별한 대우다. 이에 대한 반발은 없었을까? 기록상으로는 적어도 반대가 있었다는 증거를 찾을 수 없다. 그 이유는 무엇일까? 단정하기 쉽지 않으나, 당시 신라인은 이미 용수가 왕이 될 뻔했던 사실을 알고 있었고, 그 아들인 춘추가 용수의 뒤를 이어 왕위에 오르리라는 것을 당연시했기 때문이 아닐까 싶다. 거기에 유신의 리더십도 크게 작용했을 것이다.

춘추가 유신의 부제가 된 시기

유신이 춘추를 부제로 삼은 시기는 언제일까? 앞서 춘추가 출궁한

---

78 『화랑세기』 15세 유신공, pp. 238~239.
79 『화랑세기』 15세 유신공, pp. 236~237.

것이 612년이었고 그때 부제가 되었음을 언급했다. 그런데 『화랑세기』 15세 유신공 조에는 춘추가 유신의 누이동생 문희를 아내로 맞고 그의 부제가 되었다는 기록이 있다. 결국 열 살 나이에 춘추가 문희와 혼인했다는 이야기인데, 이 기록에는 문제가 있어 보인다. 18세 춘추공 조에, 춘추가 스물네 살에 풍월주가 되었고 유신의 누이 문희를 화군花君으로 삼았다고 기록되어있기 때문이다. 따라서 문희를 아내로 맞고 부제가 되었다는 기록은 순서가 바뀐 것으로 추정할 수 있다. 즉 부제가 된 후 언제인가 문희를 아내로 맞았다고 보는 게 옳을 것이다.

춘추가 부제로서 화랑도에서 얻은 것

춘추는 검술 또는 격검을 익혔을까? 말을 잘 탔을까? 활은 잘 쏘았을까? 신라의 화랑은 문사文事뿐 아니라 무사武事도 익혔다. 춘추는 어떠했을까?

춘추가 화랑도에 들어가 익힌 것 중 가장 중요한 것은 호국 정신과 호국을 위한 수단이었을 것이다. 춘추를 화랑도에 끌어들인 유신은 호국을 가장 중하게 생각한 풍월주였다. 춘추 역시 그의 부제가 된 순간부터 호국을 가장 중한 것으로 받아들였을 터다. 그때 유신이 생각한 호국은 백제와 고구려를 멸망시키는 것이었다. 신라가 고구려와 백제를 정복하면 외적의 침입에 대한 걱정이 없어지고, 결국 온 나라가 부귀를 누리게 되리라고 생각한 것이다.[79] 춘추도 삼한통합을 마음속에 새기고 이를 실천하기 위해 무예를 단련했을 것이다.

화랑도의 활동을 파악하기 위해서는 우선 그 조직을 살펴봐야 한

〈표 10〉 『화랑세기』에 나오는 화랑도 조직

	화랑도	화랑도 관련 여자들

열선각	상선·상화	

| 선
문 | Ⅰ 화랑
(12~13살의
준결한 진골 및
대족 거문 자제) | 풍월주(또는 원화) ── 화주(원화는 화모)

부제

진골화랑 귀방화랑 별방화랑 별문화랑

좌삼부 우삼부 진심부 / 여러 화랑의
(도의·무사·문사) (현묘·악사·예사) (유화·제사·공사) 부인들

좌방대화랑(1인) 우방대화랑(1인) 전방대화랑

좌(방)화랑(2인) 우(방)화랑(2인) (전방화랑?)

소화랑(3인) 소화랑(3인) (소화랑?)

묘화랑(7인) 묘화랑(7인) (묘화랑?) |

| 낭
문 | Ⅱ 낭두
(상선·상랑의
마복자 등) | 9급 대도두
8급 대도두
7급 도두-도두별장 / 봉옥화 (아들을 낳은 자)
8급 대두-대두별장
5급 상두-상두별장
4급 대낭두-대낭두별장 / 봉로화 (상선·상랑의 총애를 받은 자)
3급 낭두-낭두별장
↑
1급 망두 ── 2급 신두(상선·상랑의 마복자가 아닌 자, 낭도로서 공·재주 있는 자) / 봉화 (낭두의 딸로서 선문에 들어간 자) |
| | Ⅲ 낭도
(서민 이상) | 입망자
병부 / 농공으로 돌아감 / 향리의 장이 됨
↑
3 대도(23·4~30살) / 유화 (서민의 딸로 30살까지 낭도에 머뭄)
2 평도(18·9~23·4살)
1 동도(13·4~18·9살) |

· 이종욱, 『화랑』, 휴머니스트, 2003, p. 123.

다. 〈표 10〉에서와 같이, 좌삼부는 도의·무사·문사, 우삼부는 현묘·악사·예사, 전삼부는 유화·제사·공사를 맡았다. 그중 좌삼부의 도의란, 신국의 도에서의 도덕 또는 유교와 불교에서 이야기하는 도덕을 다루는 일이라고 생각된다. 문사는 문장을 읽고 쓰는 것을 가리키며, 무사는 각종 무예를 익히는 일이었을 것이다. 우삼부의 현묘는 신선 사상과 관련된 것이고, 악사는 향가 등 음악과 관련된 일, 예사는 춤이나 그림 등의 일이었을 것이다. 전삼부의 유화는 화랑도 조직 중 서민의 딸로 서른 살까지 낭문에 머무는 여자들을 관장하는 일이었고, 제사는 화랑도가 지내는 제사, 공사는 무엇인가 바치는 일로 색공이나 물품 등을 공급하는 일이 아니었을까 짐작해본다.

춘추는 어린 나이에 부제가 되어 위의 일들을 직접 관장하며 익혔다. 이 가운데 특히 무를 힘써 익혔을 것이다. 말타기, 활쏘기, 검술을 익혔고, 기록에는 나오지 않으나, 전쟁에서 적을 물리치고 자신을 보호하기 위한 무술, 각종 격투기 등을 단련했을 것이다. 춘추가 익힌 무술은 그에게 자신감을 심어주고, 훗날 고구려나 당에 청병을 하러 갈 힘과 용기를 불어넣어주었을 것이다. 아울러 그는 역사·노래(향가)·춤·피리 등도 익혔을 것이다.

화랑도는 원래 선도仙道를 익혔다. 3세 풍월주 모랑공, 16세 풍월주 보종공 등이 그 대표적인 인물이다. 불교와도 관계를 가졌다. 12세 풍월주 보리공, 14세 풍월주 호림공 등이 그 대표 인물이다. 당시 춘추는 유학도 익혔을 것이다. 앞서 언급했듯, 훗날 춘추가 당 태종을 만났을 때 국학에 나아가 공자에게 제사하는 의식과 경전 강론을 보기를 청한 것은 어렸을 때부터 유학을 공부한 덕분일 것이다. 아울러, 이처럼 화랑도에서 선도, 불교, 유학을 모두 익힌 덕분에 춘추는 여러 종교를 스스럼없이 받아들이는 종교관을 가질 수 있었다고 할 수 있다.

한편 화랑도는 신라의 시조에 대한 제사나 신궁에서 제사를 지내는 일도 익혔을 것이다. 춘추 역시 어려서부터 신라의 시조 혁거세나, 최초의 김씨 왕인 미추왕 태조성한, 그리고 신궁에 모셔진 역대 김씨 왕들에 대한 제사도 익혔을 것이다. 이처럼 춘추는 어려서부터 조상과 관계를 가짐으로써 신라의 역사를 몸소 익혀나갔다. 신라의 역사를 알게 된다는 것은 신라의 운명에 대한 이해와 각오를 다진다는 것을 의미한다.

부제로 있는 동안 춘추는 화랑도의 조직을 이해했고, 나아가 화랑도 운용에 대한 능력도 키웠다. 어린 나이에 부제로서 경험한 이 많은 것들은, 훗날 왕으로서 행정 능력의 밑바탕이 되었을 것이다. 또한 많은 낭도를 거느리면서 그는 훗날 생사고락을 함께할 신하들을 미리 준비해둘 수 있었다. 4년 동안 부제로 활동한 춘추는 많은 경험을 했고, 많은 것을 배웠다고 생각된다. 이는 후일 춘추의 정치 행로는 물론, 왕으로서 힘을 발휘하는 데 커다란 밑바탕이 되었을 것이다.

화랑도에 들어가 평생의 지원 세력을 얻은 춘추

요즘으로 따지면 초등학교 고학년에서 중학교에 해당하는 나이인 열 살에서 열네 살까지, 춘추는 화랑도에서 부제로 활동했다. 당시 춘추뿐 아니라 왕경의 젊은이 중 진골이나 대족(두품세력)은 물론이고, 서민 중에서도 준수한 자들은 화랑도에 들어가 낭도로 활동했다. 이런 환경 속에서, 춘추는 많은 신라 젊은이와 평생 이어지는 관계를 맺을 수 있었다.

특히 신라의 지배 세력은 대부분 왕경에 모여 살았기에, 춘추는 그들의 자제들과 평생 중요한 인연을 맺고 살아갔다고 볼 수 있다. 춘추가 왕경의 화랑·낭두·낭도들과 맺은 인연은 훗날 그에게 중요한 자산이 되었다. 아울러 춘추는 신라의 왕들 가운데 화랑도에서 활동한 최초의 인물일 수 있다.

출궁 후 춘추를 둘러싼 세력의 변화와 칠성우

춘추가 부모를 따라 출궁하면서 그를 둘러싼 세력에는 변화가 생겼다. 앞서 확인한 바와 같이, 춘추는 왕궁에서 살던 시절 왕자王者 집단의 성원으로서 외할아버지 진평왕과 이모 선덕공주의 사랑을 독차지했을 것이다. 당시 왕궁에서 남자 아이가 태어난 것은 꽤 오랜만의 일이었기 때문이다.

그런데 출궁 후 왕자 집단의 성원으로서 자격을 잃은 그는 유신을 비롯한 새로운 집단을 만났다. 특히 부제가 된 춘추는, 유신, 보종공, 염장공, 흠순공 등이 활약하고 있던 화랑도에서 시간을 많이 보냈다.

또한 춘추는 퇴임 풍월주인 상선들과도 분명 깊은 관계를 맺었을 것이다. 11세 풍월주 하종공, 12세 풍월주 보리공, 13세 풍월주 용춘공, 14세 풍월주 호림공 등이 그들이다. 그 밖에도 많은 화랑들이 상랑으로서 열선각列仙閣을 지켰다고 생각된다. 춘추는 그들 상선, 상랑과 교류하며 인적 네트워크를 확대해나갔다.

출궁한 춘추를 부제로 삼은 유신은 점차 춘추를 위한 세력 집단을 만들어갔다. 유신이 부제 시절 거느린 화랑·낭두·낭도들이 그 집단의 핵심이었다. 아울러 유신은 훗날 칠성우를 만들었다. 칠성우는 춘추를 왕으로 옹립하는 결정적인 역할을 한 집단이 되었다. 그 중심에 유신이 있었다.

춘추를 지원하는 세력은 이처럼 단번에 만들어진 것이 아니었다. 후일 춘추가 왕이 되어 삼한통합을 시작할 때, 과거 그와 함께 화랑도 활동을 한 수많은 인물이 그의 세력으로 활약했을 것이다.

춘추, 시대적 상황을 가장 잘 파악한 유신을 거느리다

15세 풍월주 유신은 화랑도의 중심인물이 되었다. 유신과 그의 화랑도는 지향하는 바가 있었다. 훗날 유신이 낭도들에게 "너희가 선仙을 배우고자 하면 마땅히 보종형공을 따라야 하고, 나라를 지켜 공을 세우려면 마땅히 나를 따라야 할 것이다"라고 말한 데서 그의 지향을 엿볼 수 있다.[80]

또한 유신은 풍월주로 있을 때 늘 화랑도에게 일러둔 것이 있다.

> 우리나라는 동해에 치우쳐있어 삼한을 통합할 수 없다. 이는 부끄러운 것이다. 어찌 구차하게 골품과 낭도의 소속을 다투겠는가? 고구려와 백제가 평정되면 곧 나라에 외우外憂가 없을 것이니, 가히 부귀를 누릴 수 있다. 이것을 잊으면 안 된다.
>
> – 『화랑세기』 15세 유신공, 2005, pp. 236~237.

이로써 유신이 거느린 화랑도는 나라를 지켜 공을 세우는 것을

---

80 『화랑세기』 16세 보종공, pp. 250~251.
81 『삼국사기』 41, 「열전」 1, 김유신 상.

목표로 했음을 알 수 있다. 보다 구체적으로 말하자면, 고구려와 백제를 평정해 외적의 침입에 대한 걱정을 없애고 신라의 부귀를 불러오려 함이었다.

유신의 부제가 된 춘추 역시 호국과 고구려·백제 평정을 목표로 삼았다. 유신은 신라가 처한 시대적 상황을 정확하게 파악하고 있었다. 그런 유신이 춘추를 받든 것은 춘추뿐 아니라 신라 전체에 천행天幸이라 하겠다.

춘추와 동체가 되어 나라의 팔다리로 활약한 유신

한참 후의 일이긴 하지만, 642년 춘추가 고구려에 청병을 하러 갈 때 유신이 춘추에게 말한 것이 있다. 그것은 바로 유신이 춘추와 동체同體, 즉 한 몸이 되어 나라의 팔다리가 되었다는 말이다.[81] 이처럼 춘추와 한 몸이라 생각하며 활약한 유신은 과연 어떤 인물이었을까?

유신은 15세 풍월주가 되었다. 원래 풍월주 자리는 전임 풍월주의 부제가 잇는 것이 일반적이었다. 그런데 유신은 부제를 거치지 않고 풍월주가 되었다. 14세 풍월주 호림공의 부제는 보종공이었기에 유신공이 15세 풍월주가 된 것은 특별한 경우에 해당한다. 당시 유신을 풍월주로 삼은 사람은 바로 보종공의 어머니 미실이었다. 미실은 만호태후의 마음을 위로하기 위해 보종공에게 양보하게 하여 유신을 풍월주로 삼았다. 만호태후는 동륜태자의 부인이었으며 진평왕의 어머니였다. 또한 만호태후는 유신공의 어머니인 만명萬明의 어머니이기도 했다. 유신공은 곧 만호태후의 외손자였다. 한편 진평왕과 만명은 이부동모 남매였다. 미실이 그의 아들 보종공으로 하여금 풍월주의 지위를 유신에게 양보하게 한 것은 일종의 정치적 행위였다.

그동안 한국사학은 유신을 신라의 신흥귀족이라 말해왔다. 그러나 유신은 신흥귀족일 수 없다. 그 이유는 다음과 같다. 532년 유신의 증조할아버지인 가락국(금관가야, 본가야)의 마지막 왕 김구해가 세 아들을 데리고 신라에 항복해왔다. 김구해의 세 아들 중 막내인 무력의 손자가 바로 유신이다. 무력은 진흥왕과 사도왕비 사이에서 출생한 아양공주와 혼인해 서현을 낳았다. 서현은 만호태후의 딸인 만명과 야합해 유신을 임신했다. 만명은 진평왕과는 이부동모 관계에 있었다. 이를 볼 때, 유신을 신흥귀족으로 치부하는 것은 신라의 역사를 모르고 말하는 것이라 할 수 있다.

한 가지 밝히고 지나갈 사실이 있다. 신라는 피정복국 사람들을 지배 세력으로 편입하는 데 인색했다. 그런데 가락국의 마지막 왕이었던 김구해의 후손들은 어떻게 신라의 진골로 쉽게 편입했을까? 『화랑세기』 15세 풍월주 유신공 조에서 그 답을 찾을 수 있다.[82] 그 기록에 따르면, 좌지왕-취희왕-질지왕-겸지왕-구충왕에 이르는 5대의 금관가야 왕들은 신라 여자와 혼인했다. 그중 질지왕은 신라 여자 통리와의 사이에서 아들을 낳았으나 그는 죽었다. 이에 가야 여자인 방원과의 사이에서 출생한 겸지를 왕으로 삼았다. 질지왕이 늙어 나라를 다스리지 않자 신라 조정에서 사신을 보내 이를 책망했다. 그 시기는 501년 무렵이었을 것이다. 이 기록을 볼 때, 금관가야는 신라에 항복하기 전부터 신라의 정치적 간섭을 받은 것이 분명하다.

결국 금관가야의 마지막 왕인 김구해와 세 아들이 신라에 항복했

---

82 『화랑세기』 15세 유신공, pp. 240~245.
83 『화랑세기』 4세 이화랑, pp. 36~37.

을 때 신라인은 그들을 신라인의 외손 정도로 대우했다고 볼 수 있다. 또한 그들 가야계 사람 중 일부는 신라에서 진골 신분을 갖게 되었고, 무력은 진흥왕의 사위가 되었을 뿐 아니라 신주 군주가 되어 고구려·백제와의 전쟁에서 공을 세웠고 한강 유역을 장악한 주역이 되었다. 그는 554년 백제 성왕을 죽이고 대승을 거두기도 했다.

이들 가야계통은 화랑도에서도 활동했으며 거기서 하나의 파를 이루었는데, 진골정통·대원신통과 더불어, 그들을 가야파라 불렀다. 이들이 특별히 차별 대우를 받은 것은 아니었다. 가야파는 부계를 통해 이어졌다. 진골정통과 대원신통은 모계를 통해 이어졌다. 유신이 가야파인 것은 분명하다. 그런데 유신의 어머니 만명부인은 진골정통이었다. 그렇기에 유신은 진골정통의 계통을 잇기도 했다. 한편 유신의 아버지는 그의 어머니 아양공주로 인해 대원신통이었다. 유신은 진골정통이고 그의 아버지 서현은 대원신통이었던 것이다. 이런 이유로 유신은 부제를 거치지 않고 15세 풍월주가 될 수 있었다.

유신의 외할머니 만호태후는 누구인가?

유신에게도 후견인이 있었다. 만호태후가 그의 강력한 후견인이었다. 만호는 동륜태자의 부인이었다. 만호는 숙흘종과 사이에서 사녀私女인 만명을 낳았다. 만명과 서현 사이에서 유신과 문희가 출생했다. 따라서 만호는 유신의 외할머니였다.

춘추는 문희와 혼인을 했다. 따라서 만호태후는 춘추와 무관한 사람은 아니라고 볼 수 있다. 『삼국사기』에서 만호는 입종갈문왕의 딸로 나온다. 그런데 『화랑세기』에는 지소태후가 만호낭주를 임신한 시기가 555년으로 기록되어있다.[83] 이 시기는 입종갈문왕이 세상을 떠난 지 이미 10여 년이 지난 후였다.[84] 따라서 만호는 입종갈문왕의 딸이 아니라 입종의 동생 진종전군의 딸로 보인다.

만호태후는 그의 딸 만명과 서현의 혼인을 반대한 사람이었다. 『화랑세기』에 따르면, 처음 만명과 서현이 야합을 해 임신을 했는데 만호태후는 서현이 대원신통류이기 때문에 혼인을 허락하지 않았다. 이에 만명과 서현은 만노로 도망하여 20개월 만에 유신을 낳았는데 꿈이 대단히 상서로웠다고 한다. 진평왕은 사매私妹인 만명이 괴로움을 받자 서현을 만노의 군 태수 정도 되는 지방관에 봉해주었다.

유신은 자라면서 태양과 같은 위용을 보였다. 만호태후는 그가 보고 싶어 서울로 돌아올 것을 허락했다. 만호가 유신을 보고는 "이는 참으로 나의 손자다" 했다. 이로써 가야파가 유신을 마침내 받들게 되었다고 한다.[85]

만호는 555년경 출생했으며, 하종이 11세 풍월주로 있을 때 (588~581) 궁중에 있던 삼태후, 즉 사도태후, 만호태후, 지도태후 중 한 사람이었다. 지도태후가 문노정파를 도왔는데, 9세 풍월주를 지낸 비보랑이 지도의 아들 용춘을 천거해 하종의 부제인 보리공을 대신하도록 했다. 그때 만호태후는 용춘을 부제로 삼는 일을 허락하지 않은 바 있다.

84 『화랑세기』 4세 이화랑, pp. 36~37.
85 『화랑세기』 15세 유신공, pp. 234~235.
86 『삼국사기』 4, 「신라본기」 4, 진평왕 36년.
87 『삼국유사』 1, 「왕력」.

사도태후의 죽음

614년 2월(?) 흙으로 만든 영흥사의 불상이 저절로 무너지더니 얼마 지나지 않아 진흥왕비인 비구니가 죽었다.[86] 진흥왕의 비는 영실 각간의 딸로 임종할 때는 머리를 깎고 죽었다.[87] 여기서 말하는 진흥왕비는 사도태후를 가리킨다.

사도태후는 576년 진흥왕이 죽었을 때 왕의 죽음을 비밀로 한 채 금륜(진지왕)에게 미실을 왕비로 삼을 것을 약속하게 하고 그를 왕으로 즉위시킨 바 있다. 하지만 진지왕이 약속을 어기고 미실을 왕비로 삼자 않자 579년 7월 17일 그를 폐위시켰다. 사도태후는 또한 진지왕의 왕비였던 지도태후에게 신왕인 진평왕을 모시도록 명했다. 이로써 진지왕과 지도왕후 사이에서 출생한 용수와 용춘은 성골 신분을 잃고 진골로 조강되었다. 다만 지도태후가 진평왕의 후궁이 되었기에 용수와 용춘도 왕궁에서 살았다.

이처럼 용수와 용춘의 운명을 바꿔놓은 사도태후는 614년에 세상을 떠났다. 사실 진평왕은 성년이 되면서 왕정을 태후의 섭정에서 친정 체제로 돌려놓았다. 그렇기에 사도태후의 죽음이 용수와 그 아들 춘추의 운명에 미친 영향은 없었다.

612년에서 616년까지의 국제 정세

612년, 열 살 나이의 춘추는 당시 국제 정세를 어떻게 받아들이고 있었을까? 그 무렵 가장 큰 사건은 612년 수 양제가 고구려를 침공한 일이다. 유신이 풍월주가 되었을 때 신라의 화랑도는 수가 고구려를 침공했다는 소식을 접했을 것이다.

수 양제가 고구려 침공을 명한 것은 611년 2월의 일이다. 그해 4

월 탁군의 임삭궁에서 사방의 군사를 모았고, 612년 1월 113만 3800명의 병사를 출동시켰는데 치중병輜重兵은 2배가 넘었다고 한다. 본진이 출발하는 데만 40일이 걸렸는데 앞과 뒤 길이가 960리였고, 본진은 다시 80리에 뻗쳤다고 한다. 을지문덕 등 고구려군은 수나라 군대를 잘 막아냈고 승리를 거두었다. 우문술 등 수나라 장군은 30만 5000명의 군사를 이끌고 평양을 침공했다가 패해 요동성으로 돌아갈 때 2700명만 남는 패전을 당했다. 수 양제는 우문술 등을 쇠사슬로 묶고 수나라로 돌아갔다.

613년에 수 양제는 다시 군사를 거느리고 요하를 건너 고구려를 침공했으나, 이번에도 실패하고 철군했다. 614년 7월에 양제가 다시 군대를 거느리고 출동했는데, 고구려가 사신을 보내 항복하자 수 양제는 돌아갔다. 수 양제는 고구려 영양왕의 입조를 명했으나 고구려 왕은 따르지 않았다.

고구려와 수나라 사이에서 벌어진 전쟁은 신라인에게도 큰 관심거리였다. 어린 춘추 또한 그러한 사정을 잘 알았고 많은 것을 생각했을 것이다. 아울러 신라에게는 수나라 대군이 문제가 아니라 그 대군을 막아낸 고구려와의 전쟁이 걱정거리였을 것이다. 그때 15세 풍월주로 있던 유신과 화랑도는 무엇을 했을까? 『화랑세기』는 유신이 풍월주의 지위에 오른 후 날마다 낭도들과 더불어 병장기를 익히고 활 쏘고 말 타는 것을 익혔다고 기록하고 있는데,[88] 이는 바로 고구려와의 전쟁을 대비한 활동이었다고 볼 수 있다. 부제인 춘추 또한 이러한 화랑도의 활동에서 예외는 아니었을 것이다.

---

88 『화랑세기』 15세 유신공, pp. 236~237.

3. 미스터리의 11년(616~626)

부제를 그만둔 후 풍월주가 되기까지 11년간의 춘추

춘추의 한평생을 재구성하는 과정에 미스터리의 기간이 있다. 바로 춘추가 부제를 그만둔 후 풍월주 될 때까지의 11년간이다.

춘추는 616년에 유신의 뒤를 이어 16세 풍월주에 오를 수 있었다. 그러나 당시 14살이었던 춘추는 16세 풍월주 보종공과 17세 풍월주 염장공에게 그 지위를 양보했다. 그가 풍월주가 된 것은 부제를 그만둔 지 11년 후인 626년이다. 그 기간 동안 춘추는 무엇을 했을까? 춘추의 나이로 보면 열네 살에서 스물네 살까지에 해당한다.

그때 춘추가 무엇을 했는지는 정확히 알 수 없다. 그러나 그는, 비록 선덕공주가 왕위 계승자가 되기는 했으나, 그의 사후에 비공식적으로나마 여전히 왕위 계승을 할 유력한 후보자였다. 따라서 그 기간에 춘추는 용수와 천명, 용춘, 그리고 유신의 도움을 받으며 장차 군주가 될 사람으로서 제왕학을 익혀나간 것은 아닐까 추측해 볼 만하다. 그때 용수는 이미 왕위 계승의 꿈을 포기했을 것이다. 그러나 성골 남자가 사라질 상황을 알고 있던 용수와 천명 그리고 유신은 장차 춘추를 왕위에 올리겠다는 생각을 굳히고 있었을지 모른다.

아울러 춘추는 4년 동안 유신의 부제로서 많은 화랑과 낭도와 관계를 맺은 만큼, 부제에서 물러난 뒤에도 화랑도로서 수련을 더욱 심화했을 것이다.

양보와 기다림으로 사람을 거느린 춘추

11년 동안 춘추의 행적을 추적하는 데 도움이 될 만한 직접적인 자료는 찾을 수 없다. 다만 『화랑세기』를 기준으로, 이 기간은 16세 풍월주 보종공과 17세 풍월주 염장공이 재위하던 시기(616~626)에 해당한다.

보종공과 염장공은 모두 칠성우에 속한 사람들이다. 14세 풍월주 호림공의 부제였던 보종공이 호림공의 뒤를 이어 풍월주가 되어야 했지만, 보종의 어머니 미실이 유신공에게 그 지위를 양보하도록 했다. 앞서 살펴본 바와 같이, 만호태후는 동륜태자의 부인이고 진평왕의 어머니이며 유신의 어머니인 만명부인의 어머니다. 따라서 만호태후는 유신의 외할머니다. 미실은 그런 만호태후를 위해 그의 아들 보종공에게 풍월주 지위를 양보하게 한 후 만호태후의 외손자인 유신을 풍월주로 세운 것이다.

염장공은 천주공과 지도태후의 아들이다. 따라서 염장공은 용수와 용춘 형제와 이부동모제 관계다. 지도태후를 놓고 보면 염장공과 춘추는 숙질관계에 있었던 것을 알 수 있다. 염장공과 춘추는 가까운 관계에 있었던 것이다. 이를 감안하면, 염장공이 칠성우가 되어 춘추를 왕으로 추대하는 데 힘이 되었음을 짐작할 수 있다.

유신의 부제인 춘추가 보종공과 염장공에게 풍월주의 지위를 양보한 것도 춘추와 보종공·염장공의 관계를 유지하는 하나의 이유가 되었다고 생각된다. 춘추는 양보와 기다림으로 사람들을 거느릴 수 있었던 것이다.

유신, 열국을 순행하며 뜻과 기개 있는 사람을 모으다
주지하다시피, 유신이 풍월주의 지위에서 물러날 때 그의 부제인 춘추를 풍월주로 삼지 않았다. 원래 14세 풍월주 호림공의 부제였던 보종공이 유신공에게 풍월주의 지위를 양보함으로써 대원신통파에 속한 화랑도가 불평을 많이 갖게 되자, 이에 유신이 풍월주의 지위를 춘추가 아닌 보종공에게 물려준 것이다.

616년 풍월주의 지위에서 물러난 유신은 훗날 660년에 백제를 멸망시키고 668년에 고구려를 멸망시켰다. 그런 만큼, 그가 풍월주에서 물러난 뒤의 활동이 어떤 것이었는지 자못 궁금하다. 풍월주에서 물러난 유신은 열국을 순행하며 뜻과 기개가 있는 사람을 모집해 삼한을 통합했다고 한다.[89] 이처럼 유신은 점차 자신의 세력을 늘려갔지만, 결국 이 세력은 춘추를 위한 집단인 셈이었다.

---

89 『화랑세기』 15세 유신공, pp. 238~239.

춘추는 이 시기에도 낭도를 거느렸을까?

부제에서 물러난 616년부터 18세 풍월주가 된 626년 사이, 춘추는 낭도를 거느렸을까? 이를 확인하는 것은 의미 있는 일이다. 만약 춘추가 그 기간에 낭도를 거느렸다면 행적이 불분명한 11년 동안 그의 활동의 일단을 알 수 있기 때문이다.

이 기간 동안 춘추가 화랑도에서 차지한 직책은 없었을 가능성이 높다. 화랑도 조직상 부제 위에는 풍월주 밖에 없기 때문이다. 그러나 유신의 낭도를 춘추공이 물려받아 거느렸을 수는 있다. 물론 그 기간에 화랑도 전체는 16세 풍월주 보종공과 17세 풍월주 염장공이 거느렸다. 그렇지만 부제로 있던 4년 동안 춘추가 맺은 낭도들과의 인연은 그 후에도 지속되어 일부 낭도는 여전히 그의 휘하에서 활동했을 수 있다.

4. 춘추, 칠성우를 만나다

칠성우는 어떤 목적으로 만들어졌을까?

훌륭한 인재를 얻는 일은 군주에게는 더할 수 없이 중요하다. 춘추의 활동과 관련해 칠성우를 주목하지 않을 수 없다.

『화랑세기』에 칠성우에 대한 다음과 같은 기록이 있다.

> (호림공은) 유신공에게 양위를 하고(풍월주의 지위를 물려주고) 스스로 '무림거사'라 불렀다. 조정의 일에 간여하지 않았다. 그러나 국가에 큰일이 있으면 반드시 받들어 물었다. (호림공은) 알천공·임종공·술종공·염장공·유신공·보종공 등과 더불어 칠성우를 이루어 남산에서 만나 자적했다. 통일의 사업이 공 등으로부터 많이 시작되었다. 성대하고 지극하도다.　　－『화랑세기』 14세 호림공, 2005, pp. 230~231.

이 기록은 칠성우가 만들어진 장면을 보여준다. 이러한 기록이 다른 곳에서도 보인다. 『삼국유사』에는 진덕왕 대에 알천공·임종공·술종공·호림공(자장의 아버지)·염장공·유신공이 남산 우지암에 모여 국사國事를 의논했다는 기록이 있다. 그때 큰 호랑이가 나타나 자리에 뛰어들었는데, 여러 어른이 놀라 일어났으나 알천공은 조금도 놀라지 않고 태연히 호랑이의 꼬리를 붙잡아 땅에 메어쳐 죽였다고 한다. 아울러 알천공의 완력이 이처럼 대단해 윗자리에 앉았으나, 모든 공들은 유신공의 위엄에 복종했다고 한다.[90] 『삼국유사』에 나오는 6명의 인물은 『화랑세기』에 나오는 칠성우를 뜻한다고 보는 게 좋을 듯하다. 다만 보종공은 그 모임에 불참했거나 『삼국유사』의 찬자가 기록에서 뺀 것으로 볼 수 있다.

우리는 『화랑세기』와 『삼국유사』의 기록을 통해 칠성우에 대한 정보를 얻게 되었다. 한편 진덕여왕 대(647~654)에 칠성우가 국사를 의논한 것에 주목할 수 있다. 뒤에서 살펴보겠지만, 진덕여왕 대에 이르러 춘추를 받드는 칠성우는 왕정을 장악한다. 따라서 그들이 국사를 의논한 것은 당연하다고 하겠다.

칠성우는 기본적으로 유신을 중심으로 한 집단이었다. 처음에는 화랑을 지낸 인물 중 선택된 자들의 모임으로 만들어졌는데, 이후 그들은 춘추를 왕으로 삼는 것을 목표로 활동했음을 짐작할 수 있다. 여기서 칠성우의 면면을 살펴보겠다.

---

90 『삼국유사』 1, 「기이」 상, 진덕왕.
91 『삼국유사』 1, 「기이」 상, 김유신.

유신공, 칠성의 문양을 등에 갖고 태어나다

신라인은 유신을 특별하게 생각한 것이 틀림없다. 『삼국유사』 유신
조에는, 유신은 칠요七曜, 즉 태양과 달, 그리고 수성·화성·목성·
금성·토성의 정기를 타고난 까닭에 등에 칠성七星의 무늬가 있고
또한 신이함이 많았다는 기록이 있다.[91] 이는 칠성우라는 용어가 유
신의 벗이라는 의미로 읽힐 수 있음을 밝히는 대목이다.

한편 『화랑세기』에는 유신을 포함해 7명을 칠성우라 불렀다는
기록이 있다. 한마디로 칠성우는, 고구려와 백제를 멸망시킴으로써
신라의 평화를 도모하려 애쓰는 사람들로 구성되어있었다고 할 수
있다.

알천공, 석수에 있다

알천공이 화랑이었는지는 알 수 없다. 그러나 그 또한 화랑이었을
가능성이 높다. 진덕여왕 대에 칠성우의 석수席首, 즉 윗자리에 있
었던 알천공은 647년 2월 상대등으로 임명된 인물이다. 당시 그는
나이를 비롯한 모든 면에서 그럴 만한 위치에 있었다. 알천은 숙흘
종(법흥왕의 동생인 입종갈문왕과 금진 사이에서 태어난 아들)과 보리(진
흥왕과 후궁인 옥리 사이에서 태어난 딸) 사이에서 태어난 아들이었다.
진흥왕의 외손자이자 입종갈문왕의 손자인 셈이다.

알천은 태어날 때부터 이미 성골이 아닌 진골이었다. 그러나 진
덕여왕 대에 성골 남자가 사라진 왕실 안에서 알천은 혈연적 항렬이
높았다. 그는 부계로 따지면 춘추보다도 2세대 위의 인물이었다. 다
만 알천공은 진덕여왕과 혈연관계가 멀었다. 단정하기는 어려우나,
알천공은 왕실의 혈연적인 지위와 동시에 개인적으로 칠성우 중 가

장 연장자였고 장사壯士였던 것이 칠성우의 석수에 위치한 이유였다고 생각된다.

칠성우 중 알천은 왕실의 어른으로서의 지위로 춘추를 도왔을 것이다.

용수와 이부동모제인 염장공

준주는 염장공과 혈연석으로노 무관한 사이가 아니었나. 17세 풍월주(621~626)를 지낸 염장공은 천주공과 지도태후 사이에서 태어났다. 따라서 염장공과 용수·용춘 형제는 이부동모가 된다. 염장공에게는 흠순이라는 부제가 있었다. 염장공의 뒤를 이어 흠순공이 풍월주가 되어야 했는데, 유신공의 명으로 흠순공은 유신공의 부제였던 춘추에게 풍월주의 지위를 양보했다.

춘추와 염장공 사이의 관계 또한 예사롭지 않다. 『화랑세기』에 따르면, 염장공을 아낀 지도태후가 그를 용춘공에게 맡겨 호림공에게 속하게 했다. 지도태후는 용춘에게 이부동모제인 염장공을 돌보도록 했던 것이다. 그런 인연으로 인해 염장공 또한 춘추를 무시할 상황이 아니었다. 오히려 염장공은 춘추를 적극적으로 도왔다.

『화랑세기』에는 염장공이 풍월주로 있을 때 유신공의 부제인 춘추공을 부제로 삼아 풍월주의 지위를 물려주었다는 기록이 있다.[92] 여기서 점검해볼 문제가 있다. 『화랑세기』 흠순공 조에 따르면, 유

---

92 『화랑세기』 17세 염장공, pp. 256~257.
93 『화랑세기』 19세 흠순공, pp. 266~267.
94 『화랑세기』 10세 미생랑, pp. 156~157.

신의 동생인 흠순공이 처음에 염장공의 부제가 되었는데 유신공의 명으로 춘추공에게 양보했고, 흠순은 춘추의 뒤를 이어 풍월주에 올랐다고 한다.[93] 염장공의 부제가 누구였는지 확실치 않다. 두 가지 추측이 가능하다. 하나는 원래 흠순공이 부제였던 것은 사실이지만 부제의 지위를 춘추공에게 물려주었다는 추측이다. 이 경우 춘추는 유신과 염장의 부제로, 두 번 부제를 지낸 것이 된다. 다른 하나는 유신공의 명으로 염장공이 풍월주의 지위를 유신공의 부제인 춘추공에게 물려주었다는 추측이다. 이 경우 흠순공은 풍월주의 지위에 오를 기회를 춘추공에게 양보한 것이 된다. 두 가지 추측 중 어떤 것이 사실인지 확실치는 않으나, 춘추가 두 번이나 부제를 지냈을 가능성은 작다고 생각된다.

『화랑세기』 염장공 조의 찬에, 몸소 검소하여 부유했고, 보종공에게 충성스러웠으며, 칠성우와 힘을 다해 함께했으니 통일의 사업이 실로 공에게 힘입었다고 씌어있다. 염장공은 장군으로 칠성우에 참여한 것이 아니라, 정치자금을 대며 칠성우를 도와 삼한통합에 힘을 보탰음을 알 수 있다.

국력을 강하게 만들려 한 임종공

화랑 중에는 국력을 강하게 만들려는 이들이 있었다. 『화랑세기』에 따르면, 10세 풍월주 미생랑 때(585~588) 화랑도가 5개 파로 나뉘었는데 그중 첫 번째가 통합원류로, 이들은 귀천을 가리지 않고 내외에서 인재를 등용해 국력을 강하게 하려는 자들이었다. 임종·대세·수일 등이 중심인물로, 문노파 중 최정예였다고 한다.[94]

『화랑세기』에는 임종공에 대한 기록이 또 나온다. 26세 풍월주 진공(652~656)의 아버지 사린은 임종공의 대사가 되었다. 사린이 임종공의 첩 호명과 통해 딸 진수를 낳자 임종공이 호명을 사린의 처로 삼게 했고, 그 후 진공을 낳았다고 한다.

진평왕은 아들이 없던 각간 임종에게 비형랑을 사자嗣子, 즉 대를 이을 아들로 삼도록 명령했다.[95] 그 시기가 정확히 언제인지는 알 수 없으나 진평왕 대에 임종이 각간에 오른 것은 분명하다. 칠성우 중 임종은 비형랑을 아들로 삼아 유산을 그에게 남겼다.

국력을 강하게 하려는 임종이 칠성우가 된 것은 춘추를 위해 의미 있는 일이었다.

죽지랑의 아버지 술종공

기록으로 전해지지는 않으나, 술종공도 틀림없이 화랑이었을 것이다. 다만 그의 아들 죽지랑과 마찬가지로 풍월주를 지내지는 않았다. 삼한통합 이전에 삭주 도독사가 되었고,[96] 아들 죽지랑과 더불어 대를 이어 왕정에 참여했다. 술종공 부자는 행정적인 능력으로 춘추와 그 후대에까지 도움을 주었다.

화랑도에 불교를 전파한 호림공

칠성우 중에는 불교와 깊은 관련을 가진 사람이 있었다. 14세 풍월주를 지낸 호림(603~612)과 그 아들이다. 호림공의 누이인 마야는

---

95 『삼국유사』 1, 「기이」 2, 도화녀·비형랑.
96 『삼국유사』 2, 「기이」 2, 효소왕 대 죽지랑.
97 『화랑세기』 14세 호림공, pp. 230~231.

진평왕의 왕후이자 천명공주의 어머니였다. 호림공은 춘추의 외삼촌인 셈이다. 마야황후가 용수를 왕위 계승자로 정했다는 사실로 미루어, 호림공과 춘추의 사이도 가까웠으리라 추측할 수 있다.

호림은 14세 풍월주를 지낸 후 조정의 일에 간여하지 않았다. 출장입상出將入相을 하지 않은 것이다. 그러나 국가에 큰일이 있으면 반드시 호림에게 물었다고 한다. 칠성우가 되어 진덕여왕 대에 국사를 논한 그는, 풍월주로 있을 때 마음가짐이 청렴하고 곧았으며, 재물을 풀어 무리들에게 나누어주기도 했다. 사람들은 그를 탈의지장이라고 불렀다.

호림은 낭도들에게 일러 말하기를 "선불仙佛은 하나의 도다. 화랑 또한 불을 알지 않으면 안 된다. 미륵선화와 보리사문 같은 분은 모두 우리의 스승이다"라 했다. 호림은 보리에게 나아가 계를 받았다. 이로써 선불이 점차 서로 융화했다. 지금도 절에 가면 신선을 모신 삼신각, 칠성각 등을 볼 수 있다. 이는 선불을 하나의 도로 본 신라인의 전통이 지금까지 이어지기 때문이라 할 수 있다.

호림공은 처음에 문노의 딸 현강낭주를 아내로 맞았으나 일찍 죽었다. 하종의 딸 유모낭주를 다시 아내로 맞았다. 그때 유모의 할머니 미실은 나이가 많았는데, 낭주를 매우 사랑하여 귀한 아들을 보기를 원했다. 이에 호림에게 명해 천부관음을 만들어 아들을 기원하도록 했다. 이렇게 해서 태어난 인물이 선종(자장)인데, 그는 율가律家의 대성인이 되었다. 호림은 부처를 숭상함이 더욱 깊어졌다고 한다.[97]

의술로 춘추를 도운 보종공

보종공은 16세 풍월주(616~621)를 지냈다. 미실궁주의 사자였으며 아버지는 7세 풍월주를 지냈던 설화랑이다.

보종공은 유신공을 엄한 아버지와 같이 두려워했다고 한다. 유신이 "형이 어찌 동생을 두려워합니까?" 하고 묻자, 보종공이 말하기를 "(유신)공은 바로 천상의 일월이고 나는 곧 인간의 작은 티끌입니다. 삼히 두려워하고 공경하지 않을 수 없습니다" 했다. 유신공이 낭도에게 일러 "너희가 선仙을 배우고자 하면 마땅히 보종공을 따라야하고 나라를 지켜 공을 세우려면 마땅히 나를 따라야할 것이다" 했다.

유신공은 보종공에게 풍월주의 지위를 물려주었다. 보종공은 춘추와 관계가 특별히 두드러지지 않는다. 하지만 그는 유신을 아버지처럼 여겼으므로 그 역시 춘추를 왕으로 삼고자 했을 것으로 짐작할 수 있다.

미실궁주가 일찍이 유신공에게 "나의 아들은 어리석고 약하니 도와주기 바란다" 했다. 이에 유신이 "신이 실로 어리석습니다. 형은 비록 약하나, 그 도는 큽니다. 걱정하지 마십시오" 했다. 한편 유신공이 병이 나자 보종공은 즉시 그를 치료하며 "우리 공은 국가의 보배이니 나의 의술을 숨길 수 없습니다" 했다. 이로써 그가 편작(扁鵲, 중국 전국 시대의 명의)의 학을 갖추었음을 모두 알게 되었다고 한다.

국가에 대사, 즉 큰 일이 있으면 유신공은 칠성회七星會를 열어 반드시 공에게 의견을 물었다. 보종공은 겸양하며 "나는 물고기와 새의 벗으로 국사를 어찌 알겠습니까? 오직 여러 공들을 따를 뿐입니다" 했다. 그럼에도 유신공은 보종공의 한마디 한마디를 중하게

여겨 묻지 않은 적이 없으니 공의 공 또한 크다고 한다.[98]

칠성우가 하나의 세력으로 뭉친 것은 언제였을까?

칠성우들이 태어난 시기는 대체로 6세기 후반이었다. 그리고 염장
공의 경우 648년에 세상을 떠난 것으로 되어있다. 따라서 칠성우는
진덕여왕 대에 갑자기 만들어진 것이 아니라 그 이전에 이미 만들어
졌음을 알 수 있다.

그들은 화랑도에서 활동하며 가까운 관계를 맺었고, 풍월주를
지낸 후에 칠성우를 형성해간 것이 아니었을까 생각된다. 특히 612
년 춘추가 그의 부모를 따라 출궁했을 때 유신이 춘추를 삼한의 주
인이라 했는데, 이때 유신은 춘추를 모시기로 마음먹고 행동으로
옮기기 시작한 것이다. 그 이후 칠성우들이 한 명 한 명 모인 것으
로 짐작된다.

칠성우가 본격적으로 결성된 시기는 춘추가 18세 풍월주로 있을
때(626~629)였을 것이다. 아울러 그들이 본격적으로 왕정을 장악하고
국사를 논의한 것은 진덕여왕이 즉위한 후였다고 생각된다.[99]

하나의 클럽에서 국가의 정치 세력으로 발전한 칠성우

뒤에서 살펴보겠지만 신라의 삼한통합은 칠성우로부터 많이 시작되

---

98 「화랑세기」 16세 보종공, pp. 250~253.
99 칠성우는 진평왕 53년(631) 5월 이찬 칠숙과 아찬 석품이 일으킨 반란에 가담하지 않았
다. 또한 선덕여왕 16년(647)에 일어난 비담 · 염종의 난에 가담하지 않았다. 오히려 비담
의 난을 진압하는 데 유신이 앞장섰고, 그로 인해 칠성우들이 진덕여왕 즉위 후 왕정의 주
도권을 장악할 수 있었다.

었다는 사실을 주목할 필요가 있다. 그중 보종공과 염장공은 춘추의 양보로 먼저 풍월주가 되었다. 이로써 그들 또한 생사고락을 함께하며 춘추를 추종하는 세력이 되었다.

칠성우는 국가의 공식적인 집단은 아니었다. 그들은 유신을 중심으로, 알천공을 우두머리로 하는 하나의 클럽club으로 시작했다. 『화랑세기』 호림공 조의 칠성우에 대한 기록을 보면, 그들은 칠성우를 이루어 남산에서 자적했다고 한다. 또한 통일의 일이 호림공 등 칠성우로부터 많이 시작되었으며, 이는 성대하고 지극한 일이라고 했다.[100]

한 가지 흥미로운 사실은 용춘이나 춘추가 칠성우에 속하지 않았다는 것이다. 왜 그랬을까? 그것은 바로 칠성우가 춘추를 위한 결사였기 때문일 것이다. 따라서 춘추를 구태여 칠성우의 성원으로 삼을 이유는 없었다.

국가에 큰일이 있으면 유신공이 칠성회를 열었다.[101] 칠성회는 칠성우의 모임이 분명하다. 그들은 일정한 관직을 가지고 힘을 합해 신라의 국사를 논의했는데, 특히 그들이 마음 놓고 국사를 논할 수 있던 시기는 진덕여왕 대부터였다.

---

100 『화랑세기』 14세 호림공, pp. 230~231.
101 『화랑세기』 16세 보종공, pp. 252~253.

5. 왕이 되기 위한 준비를
착실히 하다

진평왕 측근에서 활동한 용수, 춘추의 왕위 계승에 도움이 되다

춘추의 아버지 용수는 622년 진평왕에 의해 내성사신에 임명되었다. 내성은 내정 즉 왕실의 업무를 담당하던 최고 관부로 그 아래 여러 관부를 거느렸다. 진평왕이 용수를 그처럼 높은 자리에 임명한 것은 의미 있는 일이다. 용수는 성골 왕과 가장 가까운 혈연관계에 있던 진골이었는데, 진평왕은 그러한 용수를 곁에 두고 여러 가지 일을 맡기고자 한 것이다.

용수는 내성사신으로 활동하며 왕실의 사정을 누구보다 잘 알 수 있었을 것이다. 특히, 자신은 비록 출궁 후 왕위 계승권을 잃었지만 새로운 세대의 성골 남자가 태어나지 않는 상황에서 아들 춘추가 왕위 계승권자의 지위를 차지할 수 있다는 사실을 잘 알고 있었

을 것이다. 결국 용수가 내성사신이 된 것은 춘추의 왕위 계승에 큰
도움이 된 사건으로 볼 수 있다.

언제인가 왕이 될 것이 더욱 분명해진 춘추

앞서 언급한 대로 미스터리의 11년 동안 춘추는 용수와 유신 등의 지
원을 받으며 왕이 될 준비를 착실히 수행했을 것이다. 626년은 진평
왕이 60살이 된 해나. 그리고 진평왕의 두 동생은 이미 세상을 떠났
을 수 있다. 그렇기에 미스터리의 11년이 끝나갈 무렵 신라의 지배
세력은 성골인 선덕공주가 왕위를 계승하고 난 뒤 언제인가 춘추가
왕위를 계승할 가능성이 있음을 인정하고 있었으리라 짐작된다.

춘추의 정궁부인 보라궁주와 딸 고타소

이 시기 언제인가 춘추는 혼인을 했다. 그의 정궁부인이었던 보라
궁주는 보종공과 양명공주(진평왕과 보명 궁주의 딸)의 딸이자 미실의
외손녀였다. 춘추와 보라궁주가 혼인한 시기는 616년 이전이었을
것으로 생각된다.

보라궁주는 아름다웠으며 춘추와 매우 잘 어울렸다. 보라가 낳
은 딸 고타소를 춘추는 몹시 사랑했다. 그런데 춘추는 유신의 동생
문희와 관계를 갖게 되었고, 임신한 문희를 받아들이지 못했다. 정
궁부인 보라궁주가 있었기 때문이었다. 얼마 지나지 않아 보라궁
주가 아이를 낳다가 죽었다. 보라궁주가 죽은 해를 분명히 알 수는
없으나 626년경으로 짐작할 수 있다.

보라궁주가 낳은 고타소는 품석의 아내가 되었는데, 642년 대야
성에서 백제군에 의해 부부가 함께 죽었다.

6. 풍월주를 지낸 4년(626~629)

1) 춘추와 화랑도

화랑 중의 화랑 풍월주가 된 춘추

춘추는 풍월주기 되는 데에도 기나림이 필요했다. 유신의 부제를 지낸 춘추는 보종공과 염장공이 풍월주를 물러날 때까지 기다렸다. 14세 풍월주 호림공의 부제였던 보종공은 원래 15세 풍월주가 되었어야 하지만, 미실이 만호태후를 위해 그 자리를 유신에게 양보하게 함으로써, 부제도 지내지 않은 화랑 유신이 풍월주가 되었다. 유신이 풍월주를 물러났을 때 그의 부제였던 춘추공이 풍월주가 될 수도 있었다. 그런데 당시 춘추의 나이는 열네 살로 풍월주가 되기에는 사실상 어렸던 것으로 보인다. 그렇기에 보종공에게 풍월주의 지위가 넘어갔고 보종공의 부제인 염장공까지 풍월주의 자리를 거친 뒤에야 춘추는 18세 풍월주가 될 수 있었다. 춘추는 626년에서 629년까지, 즉 스물네 살에서 스물일곱 살까지 풍월주로 활약했다.

낭도를 거느리는 방법

화랑들이 낭도를 거느리는 방법은 어땠을까? 낭도들에게 급여를 준 것은 아니었을까? 그렇지는 않았을 것이다. 문노의 경우 아랫사람 사랑하기를 자기를 사랑하는 것처럼 했고, 청탁에 구애되지 않고 자기에게 귀의하는 자는 모두 어루만져주었다고 한다.[102] 진지왕을 폐위시키는 일에 문노가 가담해 공을 세운 후 문노의 화랑도는 미천한 출신으로 높은 관직에 발탁되는 자가 많았다고 한다. 초택(민간)의 사람과 투항하고 귀순한 무리는 문노의 화랑도를 출세하는 문으로 삼았기에 그를 신처럼 받들었다고 한다.[103]

용춘은 아버지인 진지왕이 폐위된 것을 슬퍼하며 문노지문에 들어가 비보랑을 형으로 섬기고 서제인 비형랑과 함께 힘써 낭도를 모았다고 한다. 이에 대중이 따랐고 3파가 모두 추대하고자 했으므로 서현랑이 위를 물려주었다고 한다. 그리하여 13세 풍월주가 되었고, 호림공을 부제로 삼았다. 용춘공은 곧 낭도의 구습을 고쳤다. "골품이란 왕위와 신위를 구별하는 것이다. 낭도에 골품이 무슨 소용이 있겠는가? 공이 있는 자에게 상을 주는 것이 법의 원칙이다.

102 『화랑세기』 8세 문노, pp. 122~123.
103 『화랑세기』 7세 설화랑, pp. 100~101.
104 『화랑세기』 13세 용춘공, pp. 212~213.

어찌 파로써 다스리겠는가?" 하고 말하며 인재를 뽑는 데 골품에 구애받지 않았다. 무리가 크게 화합하여 말하기를 "문노의 다스림이 다시 밝아졌다" 했다고 한다.[104]

문노를 따른 낭도 중 많은 수가 관직에 발탁되었다는 사실을 주목할 필요가 있다. 낭도들은 스스로 특정 화랑에게 귀의해 공을 세우면 화랑도 안에서뿐 아니라 화랑도에서 양명을 한 뒤에도 관직을 가질 기회를 얻을 수 있었다. 이로써 화랑들은 낭도를 거느릴 수 있었던 것이다.

춘추는 부제와 풍월주로 활약하며 지배자로서의 자질을 키워나갔다. 또한 그가 모셨던 풍월주와 화랑·낭두·낭도들은 이후 지속적으로 춘추의 세력 기반이 되었을 것이다.

춘추의 부제 흠순공

풍월주와 부제의 관계는 평생 지속되는 것이었다. 유신이 춘추를 부제로 삼은 것이나 춘추가 유신의 동생 흠순을 부제로 삼은 것이 그러한 예라 할 수 있다. 춘추는 유신과 흠순 형제와 화랑도를 통해 인연을 맺은 것이다.

17세 풍월주 염장공의 부제는 유신의 친동생 흠순공이었다. 유신공의 명으로 흠순은 춘추에게 풍월주의 지위를 양보했다. 그리고 춘추공 아래에서 한 번 더 부제를 지내게 되었다. 춘추가 18세 풍월주 자리에서 물러나면서 그의 부제인 흠순공을 19세 풍월주로 삼았다. 흠순공이 부제를 지낸 시기는 621년에서 629년까지였다.

『화랑세기』를 통해 흠순공의 성격을 엿볼 수 있다. 흠순공이 풍월주 된 해에 그의 아버지 서현과 형 유신이 낭비성을 쳐서 큰 공을 세웠다. 그때 흠순공이 분연히 말하기를 "나로 하여 이 같은 빈 그릇만 지키라고 하니 장차 무엇이 될 것인가? 나도 또한 지금부터 나갈 것이다" 했다. 대개 그 당시 사람들이 공 세우기를 좋아하고 선도를 탐구하지 않았는데 흠순 또한 그런 사람이었던 것이다. 아울러 그가 형 유신에 대한 경쟁심을 감추지 못했음도 확인할 수 있다.

풍월주로서의 춘추

신라 사회에서 풍월주가 된다는 것은 그의 생애에서 대단히 중요한 기회를 맞이함을 의미한다. 풍월주는 화랑 전체를 거느리는 자리였음은 물론, 풍월주를 지낸 사람 중 많은 수가 출장입상한 것이 사실이다.

춘추가 풍월주가 된 것은 626년이고 물러난 시기는 629년 8월 이전이었다. 19세 풍월주 흠순이 629년 8월 낭비성 전투에서 유신이 공을 세웠을 때 자신도 공을 세우겠다고 말한 것에서 이를 추정해볼 수 있다.

춘추가 풍월주를 지낸 것은 여러 가지로 의미 있는 일이었다. 가장 중요한 것은 칠성우들과 관계가 긴밀해졌다는 것이다. 그 관계는 시간이 지나며 더욱 강화되었음이 분명하다. 또한 시간이 지나며 칠성우의 정치적 지위가 확대되었고, 이는 춘추의 왕위 계승이 점점 현실화되어갔음을 의미한다. 춘추가 18세 풍월주가 되지 않았다면 칠성우의 전폭적인 지지를 받는 데 한계가 있었을 것이다. 그러한 사정은 화랑들의 혼맥을 통해 확인할 수 있다.

혼맥을 통한 풍월주들의 연결

성골 왕 시대 신라의 최고 지배 세력들은 부계를 통한 혈연적인 관계로만이 아니라 혼인을 통해서도 서로 연결되었다. 신분 내 혼인을 통해 지배 세력으로서의 권력을 그들 신분 내에 묶어둔 것이다. 이는 성골 왕 시대 신라 사회를 이해하는 데 무엇보다 중요한 사실이라 하겠다.

풍월주라는 자리도 그들 지배 세력의 차지였다. 당연히 풍월주들 사이에 신분 내 혼인이 지속적으로 이루어진 것을 확인할 수 있다. 여기서는 18세 풍월주 춘추공과 그 전후 풍월주들의 혼맥에 대해 살펴보겠다.

우선 15세 풍월주(612~616) 유신공과의 관계를 볼 수 있다. 잘 알려진 대로, 춘추는 유신의 누이동생 문희와 혼인했다. 춘추와 문희의 혼인은 유신이 의도적으로 맺어준 결과였다. 이로써 춘추가 풍월주가 될 때 문희는 화군(花君, 풍월주의 부인을 화주花主라고 하나, 춘추가 왕위에 올랐기에 특별히 화군이라 한 것이다)이 되었다.

16세 보종공(616~621) 또한 춘추와 혼맥으로 연결되었다. 보종공의 딸 보라궁주가 춘추의 첫 번째 정궁부인이었다는 사실이 그 증거다. 보라궁주가 춘추의 정궁으로 있을 때 춘추가 문희와 관계를 맺었다. 춘추는 문희가 임신까지 했지만 받아들일 수 없었다. 정궁부인이 있었기 때문이다. 이에 유신은 문희를 태워 죽이겠다고 엄포를 놓는 비상수단을 썼고, 이때 선덕공주의 명으로 춘추가 문희를 구해주었다. 이로써 두 사람은 포석사에서 길례吉禮를 행하게 되었다. 하지만 여전히 춘추의 정궁부인이 살아있었기에 문희는 정궁부인이 될 수 없었다. 후에 보라궁주가 아이를 낳다가 죽자 문희가 춘추의 정궁부인이 될 수 있었다.

17세 풍월주(621~626) 염장공은 용수·용춘 형제와 이부동모제였다. 그들의 어머니는 지도태후였고, 용수·용춘의 아버지는 진지왕, 염장공의 아버지는 진흥왕과 가야 이뇌왕의 딸인 월화궁주 사이에서 출생한 천주공이었다. 결국 춘추는 염장공의 조카가 되는 셈이다. 지도태후를 중심으로 보면 춘추와 염장공은 결코 먼 촌수가 아니었다.

19세 풍월주(629~632) 흠순공은 유신의 동생이었다. 따라서 춘추와 흠순공의 관계는 춘추와 유신공과의 관계와 크게 다르지 않았다. 다만 유신공이 춘추를 부제로 삼았던 것과 반대로 흠순공은 춘추의 부제가 되었다.

20세 풍월주(632~634) 예원공은 흠순의 부제를 지냈다. 흠순은 전방화랑이 되었을 때 상선들을 배알하러 보리공을 찾아갔다가 예원의 서매인 보단낭주를 보고 혼인을 청했다. 보리공이 흠순에게 보단을 사랑하되 다른 여자들을 많이 거느리지 않으면 줄 수 있다고 하여 흠순의 맹세를 받고 보단을 그에게 시집보냈다. 이 무렵, 즉 춘추가 풍월주로 있던 시기에 예원과 춘추가 직접 혼맥을 통해 연결된 것은 아니다. 그러나 예원공의 누이 보룡은 문무왕의 왕비인 자의왕후의 어머니였다. 예원의 집안과 춘추의 집안은 한 세대를 지나 연결된 것이다.

한마디로 성골 왕 시대 신라는 지배 세력, 즉 성골과 진골 신분 내 혼인을 통해 정치적 권력과 사회적 세력을 다른 신분층에게 뺏기지 않도록 하는 사회체제를 유지하고 있었다고 할 수 있다. 유신이 춘추가 왕이 될 것을 알고 그의 누이를 춘추와 혼인시킨 것 또한 이러한 맥락에서 이해하면 된다. 왕과 혼인을 시킨 집안이 정치·사회·경제적 권력을 장악하기 쉽다는 사실을 유신은 간과하지 않은 것이다.

화랑도의 멘토 제도

신라 화랑도는 일종의 멘토mentor 제도에 의해 이어졌다. 예를 들면 다음과 같다. 염장공이 17세 풍월주가 되었을 때 흠순을 부제로 삼았다. 그리고 예원공을 전방화랑으로 삼았다. 염장공은 흠순의 멘토였고, 흠순은 예원공의 멘토였다.[105] 그런가 하면 지도태후가 염장공을 용춘공에게 맡겨 호림공에게 속하게 한 바 있다. 호림공이 풍월주가 되었을 때 보종공을 부제로 삼고 염장공을 전방화랑으로 삼았다.[106] 호림공은 보종공의 멘토였고 보종공은 염장공의 멘토였다. 춘추의 멘토는 유신공이었다. 13세 풍월주 용춘공의 부제는 호림공이었다. 용춘공은 호림공의 멘토였다.

이 멘토라는 존재를 신라인은 '형'이라고 칭했다. 신라인은 서로 좋아하는 사람끼리 형제라 불렀는데, 멘토가 형이 되었던 것이다. 용춘공(13세 풍월주)-호림공(14세 풍월주)-보종공(16세 풍월주)-염장공(17세 풍월주)-흠순공(19세 풍월주)-예원공(20세 풍월주)으로 이어지는 관계, 그리고 유신공(15세 풍월주)-춘추공(18세 풍월주)-흠순공(19세 풍월주)으로 이어지는 관계가 바로 멘토의 대표 사례다.

화랑도의 이와 같은 형제관계는 계속 이어져나갔다. 13세 풍월주 용춘공은 578년생이고 596년에 풍월주가 되었다. 20세 풍월주

---

105 『화랑세기』 17세 염장공, pp. 274~275.
106 『화랑세기』 17세 염장공, pp. 254~255.

예원공은 606년생이고 632년에 풍월주가 되었다. 이 두 사람은 출생 연대로 보면 29년 차이가 나고 풍월주가 된 시기로는 37년 차이가 난다. 이 두 사람이 직접 만나 형제관계를 맺었을 가능성은 없다. 그러나 용춘공–호림공–보종공–염장공–흠순공–예원공으로 이어지는 형제관계의 연쇄를 통해 화랑도의 전통이 이어지고 화랑도 집단의 세력화가 이루어졌음을 짐작할 수 있다.

화랑도의 형제관계는 생각보다 상고한 것이었다. 예를 들어보겠다. 603년 스물다섯 살의 호림공이 14세 풍월주가 되었을 때 스물네 살의 보종공을 부제로 삼고 18살의 염장공을 전방화랑으로 삼았다. 이 세 사람은 호림공이 풍월주로 있던 시기에 형제관계를 맺었다. 그러한 형제관계가 어떠한 것이었는지 말해주는 기록이 있다.[107] 603년 염장공은 보종공보다 커서 보종공을 아이처럼 업어주었다고 한다. 보종공이 유신공에게 풍월주의 지위를 양보하자 염장공이 홀로 받아들이지 않고 보종공을 보호하려 했다. 호림공이 이를 곤란하게 여겼다. 미실궁주가 이에 염장공을 불러 달래주었다. 유신공이 풍월주가 되자 보종을 좌방화랑으로 삼고 염장공을 부제로 삼고자 했으나 염장공이 보종공을 힘써 추천해 부제가 되게 하고 자신은 좌방화랑이 되었다. 부제가 된 보종공은 일을 본 적이 없고 염장공에게 모두 대행토록 했다.

화랑도의 형제관계는 혈연적인 형제가 아니라 후천적으로 화랑활동을 하며 맺어진 관계를 의미한다. 오늘날 한국인들이 선배를 형

---

107 『화랑세기』 17세 염장공, pp. 254~257.
108 윤진, 「스파르타의 파이데라스티아」, 문화사학회 편, 『역사와 문화』 4, 푸른역사, 2001, pp. 15~33.

이라 부르는 것은 그와 같은 전통을 잇고 있는 것으로 볼 수 있다. 이처럼 신라 화랑들의 형제관계는 친형제 못지않은 끈끈한 것이었다.

스파르타의 교육체계인 아고게와 화랑도 비교

한국사학을 이끌어온 민족주의사학자들은 신라 화랑들이 순국무사殉國武士였다는 생각에 젖어있다. 물론 그런 면도 있다. 그러나 화랑도는 그와 같이 단순한 조직이 아니었다. 『화랑세기』가 위작이라고 하는 그들에게 『화랑세기』에 나오는 이야기를 들이밀어 봐야 소용이 없을 것이다.

화랑도에 대한 이해를 위해 다른 나라의 청소년 집단에 대해 살펴볼 필요가 있다. 여기서 스파르타의 교육체계인 아고게agoge를 보기로 한다.[108] 아고게의 목적은 내부 반란을 진압하고 외부의 적을 방어하는 데 필요한 잘 훈련된 전사단의 양성에 있었다. 일곱 살부터 6년간은 파이디온paidion이라는 등급에 속해 기초교육을 받았다. 열세 살이 되면 본격적인 훈련에 들어가는데 이때부터 6년간은 헤본(hebon, 청소년)으로 불렸다. 이 시기에는 머리를 짧게 잘라야 했고, 신발도 못 신었고, 겉옷 한 벌로 사철을 지내야 했다. 잠자리는 강변에서 직접 채취한 골풀로 만들었고, 적은 식사량을 견디기 위해 서리도 해야 했다. 그러다 잡히면 심하게 맞았는데, 도둑질을 해서가 아니라 붙잡혔다는 이유로 맞았다. 열아홉 살이 되면 앞줄에서 싸우는 전사는 아니어도 전투에 나갈 수 있는 에이렌eiren 등급은 되었다. 이들은 소년들로 이루어진 소대의 장이 되었다. 정식 전사는 스물네 살이 되어야 했고, 서른 살이 넘으면 시민권을 획득했다. 아고게에서는 기본적인 읽기와 쓰기, 옛날이야기 수준에 가까운 역사 교육이 이루어졌다. 음악을 중시했는데 합창과 행진곡이 교육되었다. 체육과 군사훈련은 아고게의 교육 중 가장 비중이 컸다고 한다.

그리스에는 12세에서 17세 정도의 사춘기 소년과 성년 남성 사이에 파이데라스티아paiderstia라는 연애 관계가 있었다. 이는 육체적 탐미와 사회적 교육, 동성 간의 우정의 조합이라 할 수 있다. 소년은 사랑 받는 자라는 의미의 에로메노스(eromenos, 또는 paidika)라 불렸으며, 소년의 연인은 에라스테스erastes라 불렸다. 그들 사이의 육체적 관계는 소년에게 수염이 나면 공식적으로 종료되며, 그 후에는 '연령을 초월한 우정' 또는 우리 식으로 말해 '의형제' 같은 관계로 남았다고 한다. 그리스에서 에라스테스의 역할은 18~30세 사이에 수행되었으며, 자유롭게 성적인 활동을 추구할 수 있는 결혼 전 성인의 특권이었다고 한다.

그리스의 아고게나 파이데라스티아는 화랑도를 이해하는 데 도움이 되는 제도다. 화랑도 조직 자체가 아고게와 비교된다고 볼 수 있다. 한편 화랑도에 파이데라스티아 같은 관계가 있었는지 확인할 수는 없지만 화랑들 사이에 의형제 같은 관계는 분명 있었다. 성적인 욕구는 화랑도에 속한 봉화나 유화 같은 여성들을 통해 해결했을 가능성이 있다. 그리스의 아고게나 파이데라스티아 같은 제도가 실재했음을 볼 때, 화랑도 역시 소설 속의 제도처럼 볼 이유는 없다고 하겠다.

화랑도와 신라의 군사력

화랑도의 정체를 군사 조직이라고 단정할 수는 없다. 『삼국사기』 직관 조에서도 화랑만으로 구성된 군단에 대한 조목을 찾을 수는 없다. 그렇지만 화랑도가 군대와 무관한 것은 아니었다.

13·14세에서 18·19세까지로 이루어진 동도는 원칙적으로는 나이가 어려 군대에 갈 수 없었다. 그러나 5세 풍월주 사다함의 경우 나이가 어려 왕이 출전을 금했는데도 전쟁에 나간 일이 있었다. 화랑 관창도 어린 나이에 660년 백제와의 전쟁에 참전한 사실이 있다. 그러한 예외적인 일들이 없지 않았을 것이다.

18·19살부터 구성된 평도의 경우 군대의 동원 대상이었다. 그들 평도나 23·24살부터 30살까지로 이루어진 대도는 군대에 당연히 나갔다. 화랑도는 군대의 하급 지휘관으로 활동을 시작했음을 짐작할 수 있다.

화랑도 자체가 군사력의 공급원이 되기도 했다. 17세 풍월주 염장공은 진평왕 말년 일어난 칠숙의 난 때 선덕공주에게 몰래 붙어 난을 다스리고 그 공으로 발탁되었다. 선덕여왕이 즉위하자 염장공은 조부의 영이 되어 유신과 춘추 두 사람에게 재물을 공급해주었고 또한 사적으로 치부하기도 했다. 염장공이 풍월주로서 선덕공주를 도운 것은 화랑도를 거느리고 그것을 군사력으로 삼아 반란을 진압하는 데 힘을 더한 것이라 할 수 있다.

24세 풍월주 천광공의 사례도 볼 수 있다. 선덕여왕의 병이 몹시 위독해지자 비담과 염종이 모반을 했다. 유신이 진덕을 도와 전쟁을 독려했다. 그때 서울의 군대가 적어 천광공이 낭도를 모두 동원해 먼저 비담의 진으로 돌격했다. 그 결과 비담이 패해 달아나고 난이 평정되었다. 천광은 그 공으로 발탁되어 호성장군이 되었다.[109]

---

109 『화랑세기』 24세 천광공, pp. 334~335.

화랑도와 파맥 형성

화랑도에는 이해관계가 얽힌 서로 다른 집단의 젊은이들이 섞여있었다. 따라서 화랑도 내 인맥들에 따라 파가 나뉜 것은 당연한 일이라 하겠다.

7세 풍월주 설화랑 때 문노가 호국선이라는 일문一門을 세운 것이 그 예라 하겠다. 10세 풍월주 미생랑 때에는 화랑도에 5개의 파가 형성되기도 했나. 화랑뿐 아니라 낭두들도 그 파가 나뉘었나. 진골정통, 대원신통, 가야파 등의 파도 있었다.

한편 화랑들의 인맥은 중요한 의미를 지녔다. 문노가 만든 화랑도에 속한 화랑들은 하나의 인맥을 형성해갔는데 그들을 문노지문이라 칭했고, 거기에 속한 것을 문노지정에서 머물렀다고 표현했다. 용춘공은 문노지정에 들어가 비보랑을 형으로 섬겼다고 한다. 용춘이 문노지정에 들어간 시기는 문노가 풍월주의 지위를 그만둔 지 여러 해가 지난 후였다. 이로써 문노가 만든 화랑도가 문노의 퇴임 이후에도 이어진 것을 알 수 있다.

화랑도 활동을 끝낸 후에도 한번 맺어진 인연은 지속되어나갔다. 대표적인 예가 칠성우라 하겠다. 칠성우는 시간이 지나며 점차 정치 주도권을 장악해갔고 진덕여왕 대에는 왕정을 장악한 실세가 되었다. 마침내 춘추를 왕으로 세운 중심 세력이 되었다.

검군의 죽음으로 본 화랑도가 살아가는 방식

신라 사회에는 현재 우리의 사고로는 이해하기 어려운 점이 많다. 그중에는 화랑도가 살아가는 방식도 있다. 『삼국사기』「열전」에 검군 전이 있다. 여기서 검군의 이야기를 다루는 것은 그를 통해 신라 화랑도가 어떤 사람들이었는지 알 수 있기 때문이다.

용수가 622년 내성사신이 되어 대궁·양궁·사량궁을 관장하던 당시, 검군은 대사 구문의 아들로 사량궁의 사인이 되었다. 진평왕 49년(627) 8월 서리가 내려 많은 농작물이 말라 죽은 탓에 다음 해 봄부터 여름까지 큰 기근이 들어 백성들이 자식을 팔아 끼니를 때웠다. 그때 궁중의 사인들이 모의하여 창예창의 곡식을 훔쳐 나누었는데 검군만이 홀로 받지 않았다. 여러 사인이 말하기를 "뭇사람이 모두 받았는데 그대만이 홀로 물리치니 어떤 까닭인가? 만약 양이 적어 그렇다면 청컨대 더 주겠다!" 했다. 이에 검군은 웃으며 "나는 근랑의 도(화랑도)로 이름을 올려놓고 풍월지정에서 수행하고 있다. 진실로 의로운 것이 아니면 비록 천금의 이익이라도 마음을 움직이지 않는다" 했다. 당시 이찬 대일의 아들이 화랑이 되어 근랑이라고 불렀으므로 그와 같이 말했다.

풍월지정은 무엇일까? 『화랑세기』에 따르면, 540년 지소태후가 원화를 폐지하고 선화를 화랑으로 삼았다. 그 무리를 일러 풍월風月이라 했고 그 우두머리를 풍월주라 했다. 위화랑이 1세 풍월주가 되었고 미진부공이 부제가 되었다. 여기서 풍월지정은 화랑의 마당으로 볼 수 있고, 마당이란 화랑도의 활동 공간, 나아가 화랑도 정신의 수행이나 화랑도의 활동 자체를 가리키는 것으로 볼 수 있다.

근랑은 누구일까? 풍월주를 우두머리로 하는 화랑도 조직을 보면 풍월주 아래에 부제가 있고 그 밑에 대화랑, 화랑, 소화랑, 묘화랑 등이 있었던 것을 볼 수 있다.[110] 근랑은 그 아버지가 이찬 대일이

---

110 이종욱, 『화랑』, 휴머니스트, 2003, p. 123.

었던 것으로 보아 분명 진골 신분이었고 화랑도 조직 중의 한 화랑이었음이 분명하다. 당시 화랑들은 각기 낭도를 거느렸던 것이다. 아울러 근랑은 627년 당시 춘추를 풍월주로 받든 화랑 중의 한 사람이었다.

검군이 사량궁을 나와 근랑의 집 문 앞에 이르렀다. 사인들이 몰래 의논하기를 "이 사람을 죽이지 않으면 반드시 말이 새어나갈 것이다" 하고 마침내 검군을 불렀다. 검군은 그들이 자기를 죽이기로 모의한 것을 알았으므로 근랑에게 작별인사를 하며 "오늘 이후에는 서로 다시 만날 수 없습니다" 하고 말했다. 근랑이 그 까닭을 물었으나 검군은 대답하지 않았다. 두세 번 거듭 물은 뒤에야 그 이유를 간략하게 말했다.

근랑이 "어찌 담당 관리에게 알리지 않느냐" 하니 검군이 말하기를 "자기의 죽음을 두려워하여 뭇사람으로 하여금 죄에 빠지게 하는 것은 인정상 차마 할 수 없는 일입니다" 했다. "그러면 어찌 도망가지 않느냐?" 하니 "저들이 잘못되었고 내가 옳은데 도리어 스스로 도망가는 것은 대장부가 할 일이 아닙니다" 하고 마침내 모임 장소에 갔다. 여러 사인들이 술을 차려 놓고 사죄했다. 몰래 약을 음식에 섞었는데 검군이 이를 알고도 억지로 먹고 죽었다. 군자가 말하기를 "검군이 죽어야 할 바가 아닌데 죽었으니 태산을 기러기 털보다 가벼이 본 사람이라 할 수 있다" 했다.

위에 제시한 검군에 대한 이야기를 통해 우리가 생각할 문제들이 있다. 첫째, 사량궁의 사인들이 창예창의 곡식을 훔쳐 먹은 것을 어떻게 보아야 하는가 하는 문제다. 하급 관리들이 국가의 재물을 도둑질하는 일은 신라에만 있었던 것이 아니다. 오늘날 대한민국에도 그러한 일은 적지 않게 일어난다. 전통 시대에 급여가 충분치 않아 관리들이 국가의 재물을 훔치는 일이 있었다. 이를 생명을 유지하기 위한 정당한 도둑질honest graft이라 하겠다. 특히 하급 관리들이 그러한 행위를 통해 생명을 유지할 수 있었던 것은 개인적 부정으로만 치부할 수 없는 상황이라고 보아야 한다. 하급 관리가 조그만 도둑이 되고 상급 신료가 큰 도둑이 된 것은 당시 흔한 일이었다. 이렇게 보면 검군의 죽음은 정치적 사건도 아니고, 전통 시대에 흔히 있었던 정당한 도둑질을 거절한 사건일 뿐이라 하겠다.

둘째, 더 중요한 사실은 화랑도들이 수행을 통해 검군과 같이 의롭지 않은 일은 천금의 이익이 있더라도 마음을 움직이지 않았다는 것이다. 모든 화랑도가 그와 같았다고 할 수 없을지 모르나 화랑도의 정신은 분명 검군과 같은 것이었다고 생각된다.

셋째, 검군과 같은 화랑도 정신으로 무장된 화랑도를 춘추가 일찍부터 거느렸다는 데 주목할 필요가 있다. 춘추는 열 살의 나이에 풍월주 유신의 부제가 되었다. 그때부터 춘추가 거느린 화랑과 낭두 그리고 낭도들이 춘추를 위해 목숨을 바칠 준비가 된 집단이었다고 보는 것은 과연 지나친 것일까? 여기서 유신이 춘추에게 왕자나 전군이더라도 낭도를 거느리지 않으면 위엄을 세울 수 없다고 한 말의 의미를 되새길 필요가 있다고 본다. 춘추가 거느린 화랑도는 평생 춘추를 받들며 살았을 것이다.

넷째, 신라인은 화랑도로서 수행하고 활동하는 데 강한 자부심을 갖고 있었음을 확인할 수 있다. 그들은 당시 신라 사회를 이끌어 나갈 자질을 갖추는 과정을 거쳤던 것이다. 화랑도는 낭적에서 이름을 지운 후에도 각 상선이나 상랑을 중심으로 강고한 결사를 형성했고 그러한 관계는 평생 지속되었다. 상선이나 상랑은 그들이 거느린 낭두나 낭도들을 이끌어주고 관직에 임용해주었으며, 낭두나 낭도들은 화랑도로 있을 때 그들이 모신 상선이나 상랑을 위해 평생 몸 바쳤다. 춘추를 왕으로 삼기로 결사한 중심에 있던 칠성우 또한 상선과 상랑이 된 후 양명한 낭두와 낭도 집단을 거느렸다. 이는 춘추의 왕위 계승을 위한 인적 기반이 되었다.

인간관계를 중시한 신국 사회

신라에는 많은 신이 있었다. 신라인은 신라를 신국이라 불렀다. 다신교 국가인 신라에서 사람들이 신을 위해 목숨을 바치는 일은 찾아보기 어려운 일이었다. 신라인은 사람을 위한 죽음을 택했을 뿐이다. 이차돈의 죽음도 결국은 법흥왕을 위한 것이었지 부처를 위한 것은 아니었다고 볼 수 있다. 위에서 언급한 검군은 화랑도로서 자부심을 갖고 죽었다고 하겠다.

2) 유신의 누이동생 문희와 만나다

춘추와 문희를 정략결혼시킨 유신

춘추와 문희의 만남은 잘 알려진 사건이다. 전통 사회의 혼인은 남녀 두 사람의 사랑만으로 이루어지는 것이 아니었다. 그것은 정치행위이기도 했던 것이다. 마야왕후가 천명과 용수를 혼인시켜 사위가 된 용수를 왕위 계승자로 선택한 것이 좋은 예라 하겠다. 한편 춘추와 문희의 혼인도 정치적 행위로서의 의미를 지닌 것이 사실이다.

문희의 언니 보희가 꿈에서 서악에 올랐는데 경성에 큰물이 가득한 것을 보고 불길하다고 생각했다. 문희가 보희에게 비단 치마를 주고 그 꿈을 샀다. 그 열흘 뒤에 유신이 춘추와 더불어 집 앞에서 축국(蹴鞠, 제기차기)을 했는데 곧 정월 오기일이었다. 유신은 일부러 춘추의 옷섶을 밟아 옷고름을 찢었다. 들어가서 꿰매기를 청하니 춘추가 따라 들어갔다. 유신이 보희에게 바느질을 시키고자했는데 병 때문에 할 수 없어서 문희가 나아가 바느질을 했다. 유신은 자리를 피했고, 춘추가 이에 사랑을 했다. 1년쯤 뒤 문희가 임신을 했다. 결국 춘추와 문희의 만남은 춘추와의 관계 강화를 위해 유신이 의도한 것이었다.

　　춘추와 문희의 혼인은 춘추와 유신의 또 다른 차원에서의 결합을 의미한다. 유신은 칠성우의 중심이 되는 인물이었다. 유신이 춘추와 결합한 것은 칠성우를 한층 강력하게 춘추의 세력으로 만드는 역할을 했음이 틀림없다. 아울러 유신은 삼한통합의 주역이었다. 따라서 유신을 얻음으로써 춘추는 백제를 평정하는 강력한 힘을 얻었다.

이모 선덕공주의 도움을 받은 춘추

문희가 임신했을 때 춘추에게는 정궁부인이 있었다. 춘추의 정궁부인인 보라궁주는 보종공의 딸이었다. 보라는 아름다웠으며 춘추와 매우 잘 어울렸는데, 딸 고타소를 낳아 춘추가 몹시 사랑했다. 춘추는 감히 문희를 받아들이지 못하고 비밀로 했다.

　　이에 유신은 장작을 마당에 쌓아놓고 누이 문희를 태워 죽이려하며 임신한 아이의 아버지가 누구인지 물었다. 연기가 하늘로 올라갔다. 그때 춘추가 선덕공주를 따라 남산에서 놀고 있었다. 공주가 연기에 대해 물으니 좌우에서 유신의 집에서 벌어진 일을 고했다. 춘추가 이를 듣고 얼굴색이 변했다. 공주는 "네가 한 일인데 어찌 가서 구하지 않느냐?" 하며 춘추를 채근했다. 춘추는 이에 유신의 집에 가서 문희를 구했다. 물론 유신이 문희를 정말 태워 죽이려 하지는 않았을 것이다. 그렇더라도 춘추가 문희를 구하러 가는 데 선덕공주의 역할이 컸음은 분명하다.

그 후 춘추와 문희는 포석사에서 길례를 행했다.[111] 포석사에서 길례를 행한 것은 의미 있는 일이다. 당시 왕실 세력은 혼인 예식을 포석사에서 행했다. 그렇다고 문희가 춘추의 정궁부인이 된 것은 아니었다.

『삼국유사』 등은 이때 선덕공주를 선덕왕으로 기록하고 있다. 그러나 선덕공주가 왕위에 오른 것은 632년으로, 위 기록에 나오는 일은 선덕이 왕이 아닌 공주로 있을 때였다. 춘추가 선덕공주와 함께 남산에 올라간 때가 언제인지는 정확히 알 수 없으나 그가 풍월주가 된 후였던 것은 분명하다.

보라궁주의 죽음으로 정궁부인이 된 문희

화랑도에는 여자들도 관련되어있었다. 풍월주의 부인은 화주, 국선國仙의 부인은 선모仙母라 했다. 화주나 선모는 낭정郎政에 대해 일정한 역할을 하기도 했다. 그런데 춘추의 부인에 대해서만은 화주가 아니라 화군花君이라 불렀다. 그것은 춘추가 후일 왕위에 올랐기

---

111 『화랑세기』 18세 춘추공, pp. 262~263.

에 격을 높여 부른 것이다.

춘추가 풍월주가 되었을 당시에는 그의 정궁부인이었던 보라궁
주가 화군이었다. 그런데 보라가 아이를 낳다가 죽자 문희가 정궁
에 올라 화군이 되었고, 그 후 법민(문무왕)을 낳은 것으로 추측된다.

3) 대외관계와 춘추

춘추가 풍월주로 있던 626년에서 629년, 신라는 고구려·백제와 전
쟁을 펼치고 있었다. 626년 8월 백제가 주재성을 쳐들어오자 성주
동소가 막아 싸우다 죽었고, 이듬해 7월에는 백제 장군 사걸이 신라
의 서쪽 변읍 두 성을 함락시키고 남녀 300여 명을 잡아가기도 했
다. 628년 2월에는 백제가 단잠성을 포위했는데, 진평왕이 군사를
보내 쳐부수었다.

629년에는 백제와 전쟁한 기록이 없다. 대신 8월에 진평왕이 대
장군 용춘과 서현, 부장군 유신을 보내 고구려의 낭비성을 공격해
승리를 거둔 바 있다. 이처럼 춘추가 풍월주로 있던 시기 신라는 백
제·고구려와 전쟁을 계속해나간 것을 알 수 있다. 그때 화랑도 중
동도는 아니더라도 평도와 대도는 전쟁에 참전했을 것으로 보인다.
풍월주 춘추는 그러한 화랑도를 거느린 우두머리로 있었던 것이다.

한편 이 시기 신라와 당나라 사이에 사신 교환이 있었다. 618년
수나라가 망하고 당나라가 섰다. 당나라가 선 지 4년째인 621년에
진평왕이 당나라에 사신을 보내 조공했다. 당 고조는 통직 산기상
시 유문소를 신라에 파견해 예물, 조서, 그림병풍, 비단 300단 등을

보내왔다. 623년에는 다시 신라에서 당나라에 사신을 보냈고, 624년에는 당 고조가 사신을 보내 진평왕을 책봉하여 주국 낙랑군공 신라왕으로 삼기도 했다. 625년 11월에는 진평왕이 사신을 당나라에 보내 조공하고, 고구려가 길을 막아 입조入朝하지 못하게 하고 또 자주 침입한다고 호소했다. 626년 7월에 진평왕이 다시 사신을 당나라에 보내 조공했다. 당 고조는 주자사를 신라에 보내 고구려와 화합하라고 조서를 내려 타일렀다. 627년 6월에 신라는 사신을 보내 당나라에 조공했다.

풍월주 춘추는 이와 같은 국제관계를 잘 알고 있었을 것이다. 백제·고구려와의 전쟁, 그리고 새로 들어선 당나라와의 관계가 어떻게 전개되는지도 잘 알았을 것이다. 그중 백제와 고구려와의 전쟁에 대해서는 어려서부터 잘 알고 있었다고 하겠다. 신라가 당나라에 입조하는 길을 고구려가 가로막는다고 호소한 것은 그 후에도 계속되었다. 풍월주로서 춘추는 정치의 일선에 나서지는 않았지만, 당나라와 외교관계의 실상을 파악하고 있었던 것은 후일 그가 정권을 장악한 후에도 외교적 정책을 결정하는 데 밑바탕이 되었다고 할 수 있다.

7. 진평왕 대에
상선으로 지낸 4년(629~632)

1) 상선이 된 춘추

춘추, 흠순에게 풍월주의 지위를 물려주다

춘추에게 풍월주의 지위를 물려받은 흠순(629~632)은 17세 염장공과 18세 춘추의 부제였다. 염장은 자기의 부제인 흠순이 아니라, 유신의 명으로 유신의 부제였던 춘추에게 풍월주의 지위를 물려준 바 있다. 춘추는 이미 16세 풍월주 보종과 17세 풍월주 염장에게 풍월주의 지위를 양보했던 것이다. 흠순은 유신의 친동생이었다. 유신과 흠순은 형제이면서 서로 다른 성격을 가졌다. 그러나 형제는 춘추와 인연을 갖고 춘추의 왕위 계승과 삼한통합을 위해 힘을 합한 것 또한 사실이다.

흠순이 풍월주로 있던 시기

춘추가 상선이 된 때는 흠순이 풍월주로 있던 시기에 해당한다. 이 시기 신라의 젊은이들, 그중 화랑들은 선도를 탐구하지 않고 전쟁에서 공 세우기를 좋아했다고 한다. 흠순은 풍월주로 지낸 4년 동안 낭정은 돌보지 않고 낭도를 거느리고 지방에 머물렀기에 부제인 예원공이 낭정을 대행했다.[112]

물론 이때 전쟁에 나가는 화랑도는 13·14살에서 18·19살까지의 동도에 해당하는 자들은 아니었을 것이다. 전쟁에 나갈 수 있는 화랑도는 적어도 18·19살에서 23·24살에 이르는 평도나 그 이후 30살까지의 대도였을 것이다.

죽만랑(죽지랑)과 득오로 보는 화랑과 낭도의 관계

화랑과 낭도의 관계는 평생 이어졌다. 칠성우 중 한 사람인 술종과 그의 아들 죽만랑(죽지랑)에 대해 앞서 이야기한 바 있다. 바로 그 죽지랑과 낭도 득오의 관계가 오랫동안 이어진 것을 볼 수 있다.

『삼국유사』 효소왕 대 죽지랑 조에 화랑 죽만랑과 득오실(득오곡)이라는 낭도의 관계가 나온다.[113] 그 기록에 따르면, 득오실이 풍류황권에 이름을 올리고 매일 나오던 중 한 열흘 동안 보이지 않았다. 죽만랑이 득오실의 어머니를 불러 물으니 당전 익선 아간이 득오실을 부산성 창지기로 뽑아 갔는데 갑자기 가느라 알리지 못했다고 대답했다.

---

112 『화랑세기』 19세 흠순공, pp. 266~267.
113 『삼국유사』 2, 「기이」 2, 효소왕 대 죽지랑.

죽만랑은 득오실이 공적인 일로 갔으니 마땅히 찾아가서 대접을 하겠다고 했다. 이에 설병 한 합과 술 한 병을 가지고 노복을 거느리고 가니 낭도 137명이 따랐다. 부산성에 이르러 문지기에게 물으니 익선의 밭에서 예에 따라 부역하고 있다고 했다. 죽만랑은 밭으로 찾아가 술과 떡을 먹이고 익선에게 휴가를 청해 함께 돌아오려 했으나 익선이 허락하지 않았다.

그때 간진이라는 관리가 추화군의 능절 조 30섬을 거두어 성안으로 운반하던 중 이들을 보았는데, 죽만랑이 선비를 대하는 자세를 아름답게 여기고 익선의 고집과 융통성 없음을 비루하게 여겨, 가지고 가던 30섬의 조를 익선에게 주고 득오실을 보내주도록 청했다. 그래도 허락하지 않자 진절 사지가 말안장을 주니 그제야 허락했다.

조정의 화주가 그 말을 듣고 사자를 보내 익선을 잡아다 더럽고 추함을 씻어주려 하자 익선이 도망하여 숨었기에 그 맏아들을 대신 잡았다. 그때는 한 겨울로 몹시 추운 날씨였는데 그 아들을 성안의 못에서 목욕을 시켰더니 곧 얼어붙어 죽었다.

효소왕은 이 말을 듣고 명하여 모량리 사람으로서 벼슬하는 자는 모두 쫓아내어 다시는 관서에 관계하지 못하게 했다. 또한 승복을 입지 못하게 했고 만약 중이 된 자는 종과 북이 있는 절에 들어가지 못하게 했다. 한편 간진의 자손을 올려 평정호손으로 삼고 그를 표창했다. 그때 원측법사는 신라 고승이었으나 모량리 사람인 까닭에 승직을 주지 않았다.

위 기록에 나오는 죽지랑이 죽만랑이라면, 그가 화랑으로 있던 시기는 효소왕 대가 아니라 진평왕 대였다고 여겨진다. 죽지랑은 진덕여왕 5년(651) 집사부의 중시가 된 사람이다. 따라서 효소왕 대

(692~702)에는 이미 나이가 많이 들었거나 세상을 떠났을 수 있다. 『삼국유사』에 효소왕 대로 나오는 것은, 죽지랑의 낭도였던 득오실이 자기를 위해준 죽지랑을 사모해 향가를 지은 것이 바로 그때였기 때문일 것이다. 지금도 모랑가(慕郎歌, 모죽지랑가)가 『삼국유사』를 통해 전해지고 있다.

득오실이 수십 년 전에 있었던 죽지랑과의 관계를 생각하며 효소왕 대에 모랑가를 지었다는 사실이 시사하는 바가 있다. 한번 맺어진 화랑과 낭도의 관계는 평생 이어졌다는 사실이 그것이다. 춘추 역시 화랑도에서 활동함으로써 평생 추종하는 세력을 거느리게 되었음이 분명하다.

상선이 된 춘추, 신라를 움직인 상선·상랑

성골 왕 시대의 신라는 화랑을 역임한 사람들이 움직여나갔다고 해도 과언이 아니다. 왕정에 참여한 신료나 장군들은 대부분 화랑 출신이었기 때문이다. 그들은 현역에서 물러난 후에도 평생 동안 모임을 갖고 인적 관계를 유지해나갔다.

화랑도를 물러나면 풍월주는 상선이 되었고, 화랑은 상화(상랑)가 되었다. 상화(상랑)와 상선들은 회합을 갖고 화랑도와 관련된 문제들을 처리했다. 9세 풍월주 비보랑 대 화랑도에 파가 나뉘어 문제

---

114 『화랑세기』 9세 비보랑, pp. 146~147.
115 『화랑세기』 16세 보종공, pp. 252~253.
116 『화랑세기』 16세 보종공, pp. 156~157.
117 『화랑세기』 13세 용춘공, pp. 214~216.
118 『화랑세기』 24세 천광공, pp. 330~331.

가 되었을 때 미실이 상선과 상화를 회합해 열선각을 만들고 대의를 통과시킨 일이 있다.[114]

상선들은 또 다른 모임도 가졌다. 16세 풍월주 보종공이 풍월주를 물러난 후 상선이 되었는데 역대 상선들의 모임에서는 번번이 아랫자리에 앉아 오직 "예, 예" 할 뿐이었다는 기록이 이를 뒷받침한다.[115] 상선들은 화랑도에 파가 생겨 의견이 일치하지 않는 것을 걱정하기도 했다.[116]

상선들은 화랑도 안의 인사 문제에도 관여했다. 13세 풍월주 용춘이 균등이라는 제도를 무시하고 대남보를 세 번 승진시켜 낭두로 임명한 일이 있다. 불평하는 자들이 상선을 찾아가서 바로잡으려 했는데 문노가 말하기를 "법이 더욱 새로워지고 우리들은 모두 늙었는데 어찌 신주(용춘)를 괴롭히겠는가?" 했다. 이에 미생 또한 말하지 않았다고 한다.[117]

경우에 따라서는 풍월주가 상선들의 간섭을 벗어난 일도 있었다. 24세 풍월주 천광은 마음에 협기가 있어 강한 자는 누르고 약한 자를 도왔으며 자신의 뜻을 과감하게 실행하여 상선들의 간섭에 동요되지 않았다고 한다.[118] 이처럼 상선들은 낭정에 간섭하기도 했지만 도움도 준 게 사실이다.

629년 풍월주의 지위를 흠순에게 물려준 춘추는 상선이 되었다. 춘추도 비로소 상선 집단에 들어간 것이다. 그런데 춘추는 보통 상선이나 상화(상랑)와는 다른 위치에 있었을 것이다. 당시 상선·상화들은 유신과 마찬가지로, 춘추가 언제인가 왕위를 계승할 것으로 보았을 가능성이 높기 때문이다.

상선·상랑을 지낸 사람들은 또 다른 소규모 집단을 이루기도 했다. 칠성우가 그 예다. 많은 상선과 상랑 중 7명이 만든 모임이었던 칠성우는 시간이 지나며 신라의 정국을 이끄는 주역으로 성장해갔다.

춘추는 관직과 관위를 가졌을까?

관직은 업무를 수행하기 위한 자리고 관위는 보수를 주기 위한 장치다. 풍월주를 물러난 후 상선이나 상화들은 왕정에 참여해 관직과 관위를 가졌다. 춘추의 경우 629년 풍월수를 물러난 후 어떤 관직과 관위를 가졌는지 알 수 있는 기록이 없다.

다만 진덕여왕 2년(648) 그가 당나라에 갈 때 이찬이었다는 기록을 통해 상선이 된 춘추도 관직을 가졌고 관위를 부여받았다는 사실을 알 수 있다. 아마 처음부터 이찬 관위를 받은 것은 아닐 것이다.

유신을 군사적 엘리트로 데뷔시킨 낭비성 전투

낭비성 전투는 춘추의 멘토이자 춘추를 군君으로 섬긴 유신이 군사적 엘리트로 등장한 전투였다. 춘추가 풍월주의 자리를 흠순에게 물려준 뒤인 629년의 일이다.

진평왕 51년(629) 8월 왕이 이찬 임말리, 파진찬 용춘·백룡, 소판 대인·서현 등을 보내 군사를 거느리고 고구려의 낭비성을 침공토록 했다. 고구려인들이 성에서 나와 진을 벌이니 군세가 매우 성했다. 신라군이 많이 전사하자 사기가 꺾여 다시 싸울 마음이 없었다. 유신이 그때 중당 당주로 참전했는데 아버지 서현 앞에 나아가 투구를 벗고 고하기를, "우리 군사가 패배했습니다. 제가 평생 충효롭게 살기를 기약했는데 전쟁에 임하여 용감하지 않을 수 없습니다. 들건대 옷깃을 들면 가죽 옷이 펴지고 벼리를 당기면 그물이 펼쳐진다고 하니, 제가 그 벼리와 옷깃이 되겠습니다" 했다.

유신은 말을 타고 칼을 **빼들고** 적진으로 향해 세 번 들어가고 세 번 나왔는데, 매번 들어갈 때마다 장수의 목을 베거나 깃발을 **빼왔** 다. 신라군이 승세를 타고 북을 치며 진격해 5000여 명을 목 베어 죽이고 1000명을 사로잡으니, 성안 사람들이 감히 항거하지 못하고 모두 나와 항복했다.

『삼국사기』「신라본기」에는 유신이 부장군으로 참전한 것으로 나온다. 이때 유신은 중당의 한 부대의 지휘관으로 참전한 것이 사실일 것이다. 이 전투에서 그는 결정적인 공을 세웠다.

후일 660년 7월 유신이 5만 병력을 거느리고 백제를 침공했을 당시, 계백의 5000 결사대를 만나 진격하지 못하자 유신의 동생 흠 순의 아들 반굴과 장군 품일의 아들 관창이 적진에 뛰어들어 죽었 다. 그 장면을 본 신라군이 분격해 백제군을 공격, 승리를 거두었 다. 반굴과 관창은 전사했으나 유신은 살아남았다. 낭비성 전투는 그 후 유신이 신라의 군사적 엘리트로 자리매김하는 출발점이 되었 다. 유신이 군사적 엘리트가 된 것은 춘추에게 매우 의미 있는 일이 었다.

아울러, 앞서 본 바와 같이 흠순은 재위 4년 동안 한결같이 낭정 을 돌보지 않고 낭도를 거느리고 지방에 머물렀다. 부제인 예원이 낭정을 대행했다. 이에 흠순은 예원에게 풍월주 지위를 물려주며 "실제로 낭정을 행하는 사람이 풍월주가 되어야 한다" 했다. 흠순은 성품이 활달했고 청탁에 구애되지 않았다. 사람들이 모두 유신을 두려워하고 공경했으나 흠순은 홀로 그러지 않고 "어리석은 형이 어찌 두려운가?" 했다. 그러나 유신의 우애는 지극히 돈독해 흠순을 마치 어린아이처럼 사랑했다.

　서현과 그의 두 아들 유신과 흠순뿐 아니라 서현의 아버지 무력 또한 군사적 엘리트라 할 수 있다. 이처럼 유신의 집안은 3대에 걸친 군사 엘리트 집안이었다.

2) 진평왕에서 선덕여왕으로 왕위가 넘어가는 순간

진평왕은 579년 13살의 나이로 왕위에 올랐다. 그는 재위 54년인 632년 정월에 66살의 나이로 세상을 떠났다. 진평왕은 603년 용수를 천명과 혼인시켜 사위로 삼아 왕위를 전해주기로 한 결심을 취소하고, 612년 선덕공주를 왕위 계승자로 선정했다. 632년 정월 진평왕이 죽고 선덕공주가 왕위에 올랐다. 햇수로 21년이라는 시간 동안 선덕공주는 무슨 일을 했을까? 춘추를 데리고 남산에 올랐다는 기록을 통해 선덕공주가 풍월주가 된 춘추를 거느렸음을 우선 알 수 있고, 나중에는 나이가 많이 든 진평왕을 대신해 청정廳政을 했을 가능성도 있다.

칠숙과 석품의 반란

진평왕이 세상을 떠나고 선덕공주가 즉위하는 과정에 무슨 일이 일어났을까? 여기서 진평왕 53년(631) 5월 이찬 칠숙과 아찬 석품의 반란을 살펴볼 필요가 있다. 진평왕은 그들이 반란을 꾀한다는 것을 알아차리고 칠숙을 잡아 동시에서 목 베고 9족을 멸했다. 이찬 석품은 백제 국경까지 도망했다가 처자를 보고 싶은 생각에 낮에는 숨고 밤에는 걸어 총산이라는 곳까지 돌아왔다. 거기서 나무꾼의 옷으로 갈아입고 나무 짐을 지고 몰래 집에 이르렀다가 붙잡혀 처형되었다.

이 기록만 보면 칠숙과 석품이 왜 반란을 꾀했는지 알 수 없다. 그러나 『화랑세기』는 17세 풍월주를 지낸 염장공이 626년 춘추를 부제로 삼아 풍월주의 지위를 넘겨준 후 선덕공주에게 몰래 붙어 칠숙의 난을 다스리고 그 공으로 발탁되었다는 기록을 전하고 있다.[119] 칠숙의 난은 선덕공주와 관련이 있었던 것이다. 반란을 꾀한 이유가 어떤 것인지 구체적으로 알 수는 없으나, 아마도 진평왕의 뒤를 이어 여자인 선덕공주가 왕위를 계승하는 데 대한 불만이었을 것이다.

선덕공주를 도와 칠숙의 난 진압에 공을 세운 칠성우 염장

칠숙의 반란은 분명 선덕공주와 관련이 있었다. 당시 선덕공주를 도운 인물 중에 염장이 있다. 염장은 칠성우 중 한 사람이었다. 칠숙이 반란을 일으켰을 때 그가 몰래 선덕공주 측에 붙어 공을 세운 사실은 중요한 의미를 지닌다. 진평왕이 이듬해 정월 죽고 선덕이 왕위를 계승했기 때문이다. 칠숙의 난을 진압하는 데 칠성우 중 염장만 관여했을까? 나머지 칠성우들은 어떤 행동을 취했을까? 기록에는 없지만 칠성우들은 분명 칠숙의 난에 가담하지 않았을 것이다. 오히려 염장을 중심으로 칠숙의 반란을 진압하는 데 공을 세웠을 것이라고 짐작할 수 있다.

---

119 『화랑세기』 17세 염장공, pp. 256~257.

당나라와의 관계

629년 낭비성 전투에서 신라가 이겼다는 『삼국사기』의 기록을 제외하면, 632년 진평왕이 세상을 떠날 때까지 신라는 고구려·백제와 전쟁을 벌인 기록이 없다. 한편 신라는 629년 9월 당나라에 사신을 보내 조공했다. 631년 7월에는 다시 당나라에 사신을 보내 미녀 두 사람을 바쳤다. 그러나 위징은 미녀를 받는 것이 옳지 않다고 했다. 이에 당 태종이 기뻐하며 "저 임읍에서 바친 앵무새도 추위의 괴로움을 말하며 그 나라에 돌아가고파 하는데 하물며 두 여인이 멀리 친척을 이별함이랴!" 했다. 이에 두 사람을 사자에게 주어 신라로 돌려보냈다고 한다. 632년 정월 진평왕이 세상을 떠나자 당 태종은 조서를 내려 좌광록대부를 주고 비단 200필을 부의로 보내왔다.

이 시기에도 신라는 당나라에 지속적으로 조공했다. 당나라에 대한 이 같은 대외정책은 후일 신라와 당나라의 군사동맹을 가능케 한 초석이었다.

소결
춘추, 화랑이 되어 위엄을 얻고,
평생 추종 세력인 칠성우를 거느리다

낭도를 거느려 위엄을 세우고 아랫사람 다루는 방법을 익히다

유신은 출궁한 춘추에게, 왕자나 전군이라 하더라도 낭도를 거느리지 않으면 위엄을 세울 수 없다고 조언했다.[120] 그러고는 춘추를 그의 부제로 삼았다. 이는 유신이 진골인 춘추를 왕으로 세우기 위한 1단계 조치였다. 성골이라면 낭도를 거느리지 않아도 아무런 문제없이 왕위에 오를 수 있겠지만, 진골 춘추의 경우 사정이 달랐기 때문이다. 춘추가 비록 성골들과 가까운 혈족이라 하더라도 춘추는 다수의 진골 중 한 사람이었다. 따라서 성골이 모두 사라진 후 여러 명의 진골이 왕위를 다툴 수 있는 상황을 유신은 예견한 것이다. 이 덕분에 춘추는 화랑이 되어 아랫사람을 다스리는 방법을 터득했다. 훗날 춘추가 거느린 낭도들은 왕정에 참여하게 될 것이고, 그 자체가 춘추의 세력 기반을 제공하는 집단이 될 수 있음을 유신과 춘추는 예견하고 있었다.

춘추, 화랑도로서 여러 자질을 갖추다

춘추는 화랑도 활동을 통해 지성, 배포, 위엄, 자부심, 리더십, 판단

---

120 『화랑세기』 15세 유신공, pp. 238~239.

력, 인내력, 설득력을 갖추었고, 현실 인식 능력, 방법 강구 능력, 세계화(중국화) 실현 능력 등을 키웠으며, 무엇보다 자신에 대해 분명히 이해한 인물이었다. 그는 위대한 인물로 성장해간 것이다.

화랑 춘추는 거만하고 독선적이었을까?

춘추는 군주가 될 운명을 갖고 태어났다. 출궁하지 않고 궁에 살다가 왕이 되었다면 그는 신라인들이 살아가는 모습을 접하기 어려웠을 것이다. 그러나 화랑도와 어울려 생활하고 부제를 거쳐 풍월주가 되는 과정에서 최고 지배 세력으로서의 거만함과 독선을 통제할 수 있었다. 그 덕분에 춘추는 칠성우들의 추종을 받게 되었다. 이처럼 춘추는 거만함과 독선을 버리고 당당함과 위엄을 그의 성격으로 만들어나갔다.

화랑이 됨으로써 출궁을 기회로 뒤바꾼 춘추

춘추의 출궁은 그에게 새로운 경험과 기회를 가져다주었다. 춘추가 출궁하지 않고 왕궁에 살았다면 화랑도에 들어갔을 가능성은 없다. 화랑도에는 진골과 두품 세력들이 함께 활동했다. 화랑·낭두·낭도가 바로 그들이다. 춘추는 그들과의 활동을 통해 신라인의 어려움을 직접 목격하게 되었다. 그 결과 유신처럼 고구려와 백제를 멸망시킴으로써 국가의 외우를 없애기로 마음먹었을 수 있다. 이러한 경험은 그가 군주가 되어 성대聖代를 여는 바탕이 되었다고 할 수 있다.

아울러 춘추는 일상에서 당대의 영웅들을 만났고, 그들에게서 인심을 얻는 기회를 갖게 되었다. 춘추는 사람을 이끌어가는 친화력을 가진 것이 분명하다. 화랑도에서 활동한 경험과 인연은 그의 평생 추종 집단인 칠성우를 만나는 출발점이 되었다.

춘추, 평생 추종자 집단을 갖게 되다

유신의 부제가 되어 화랑도에 들어간 춘추는 평생 자신을 추종하는 세력을 거느릴 수 있었다. 칠성우가 그들이다. 유신을 중심으로 만들어진 클럽인 칠성우는 풍월주나 화랑을 거친 사람들로 구성되었다. 칠성우는 특히 8세 풍월주를 지낸 문노가 만든 화랑도의 계통에 속한 사람들로, 호국선 계통이었다. 그들은 국력을 강하게 함으로써 호국하고, 고구려와 백제를 평정해 밖으로 국가의 걱정을 없애고 안으로 부귀를 누리고자 하는 일파였다. 이들 칠성우는 춘추를 왕으로 삼으려는 세력이 되었다. 칠성우는 대를 이어 춘추를 받들었다. 호국선 계통의 칠성우를 추종 세력으로 거느린 춘추는 왕위에 오른 후 백제를 평정할 수 있었다.

춘추, 상선을 모시는 경험을 하다

춘추는 늘 사람을 거느리기만 한 것은 아니었다. 그는 부제로서 풍월주를 모셨고, 풍월주로서 상선을 모셨다. 이는 춘추에게는 커다란 경험이 되었을 것이다.

　신라 화랑도 중 풍월주나 그의 부제, 그리고 여러 가지 화랑의 직책을 가졌던 사람들은, 화랑도 활동을 끝낸 뒤 상선과 상랑이 되었다. 상선과 상랑은 그들만의 모임을 가졌다. 춘추 역시 그의 선배 상선과 상랑들을 모셨다.

　춘추가 화랑이 된 것은 유신의 권고에 따른 것이다. 그때 춘추는

15세 풍월주 유신의 부제가 되어 유신을 모셨다. 이처럼 춘추가 다른 사람을 모신 경험은 그의 대망을 키우는 데 도움이 되었을 것이다.

IV.
여왕 곁에서 꿈을 품다
−선덕여왕 대, 632~647, 서른 살~마흔다섯 살

선덕여왕이 즉위할 때

춘추가 정치의 일선에 나서지는 않았다.

그러나 선덕여왕이 사랑하는 조카였던 춘추는

왕의 곁에서 대지大志 즉 왕이 될 꿈을 키워나갔다.

642년 백제군에 의해 춘추의 딸 고타소가 죽자

그는 죽음을 무릅쓰고 고구려에 가서

연개소문을 만나는 일을 감행했다.

춘추의 고구려행은 표면적으로는 성과 없이 끝났지만,

그가 신라인에게 얻은 정치적 신뢰는 대단히 컸다.

이 기간에 춘추는 칠성우와 관계를 굳혀나갔다.

647년 비담의 난을 칠성우가 주도해 진압하며

춘추를 왕으로 세우려는 꿈이 무르익어갔다.

1. 진평왕의 선택에 의한
   여왕의 즉위

후계자를 선택하기 위한 진평왕의 고민

진평왕은 일찍부터 후계자를 선택하는 고민을 했다. 진평왕의 삼형제가 아들을 낳지 못해 성골 남자를 왕위에 올리는 일이 불가능해졌기 때문이다. 이는 왕위를 끊이지 않고 계승시켜야 한다는 원칙에 문제가 생겼음을 뜻한다. 진평왕은 혹여 발생할지 모를 왕위 계승 경쟁을 방지하기 위해 왕위 계승자를 결정해둘 필요가 있었다. 여기서 진평왕의 몇 가지 선택을 점검해보겠다.

첫째, 603년 용수를 사위로 삼아 왕위를 계승시키려는 선택을 한 바 있다. 용수가 왕위에 오르면 27대 왕이 되고 춘추는 태자가 되어 28대 왕이 될 수 있는 상황이었다. 물론 이 경우 용수부터는 진골 왕의 시대가 펼쳐지게 되는 셈이다. 그때까지만 해도 진평왕은 여자를 왕으로 삼으려는 생각을 하지 못한 것이다.

둘째, 612년경 선덕공주를 왕으로 삼으려는 선택을 했다. 그때 천명과 용수, 춘추의 출궁으로 춘추의 왕위 계승이 멀어진 것을 알 수 있다. 아울러 선덕여왕과 그의 뒤를 이어 왕위에 오른 진덕여왕은 성골이었기에 성골 왕 시대가 연장되는 상황이었다.

셋째, 진평왕에게는 또 다른 선택의 여지가 있었다. 진평왕의 후비 승만왕후가 아들을 낳은 것이다. 진평왕은 그 아들을 왕위 계승자로 생각했을 가능성이 있다. 다만 그 아들이 어려서 죽었기에 공식 후계자로 삼지는 못했을 것이다.

진평왕의 최종 선택

진평왕은 승만왕후가 낳은 왕자가 죽자 세 번째 선택 가능성을 포기할 수밖에 없었다. 그리고 두 번째 선택을 지켜 선덕공주를 왕위 계승자로 삼았다. 그 시기는 612년 직후였다. 결국 632년에 왕위에 오르기 전까지 선덕공주는 대략 20년 동안 왕위 계승자의 지위를 갖고 산 셈이다.

진평왕의 또 다른 아들 보로전군은?

진평왕에게는 또 다른 아들이 있었다. 후궁인 보량 사이에서 보로전군을 낳은 것이다. 승만왕후가 이를 질투해 보량에게 물러나 살 것을 명하고 장차 종신에게 시집보내려 했다. 이에 보량은 이부동모 남매간인 양도공과 혼인했다. 보로전군은 후궁이 낳은 전군이었기에 왕위 계승권이 없었다.

왕위 계승자의 지위를 갖고 있던 선덕공주는?

612년부터 632년까지 21년 동안 진평왕은 선덕공주에게 제왕이 될 자질을 키우도록 했을 것이다. 선덕공주는 용춘을 사신으로 삼아 주기를 진평왕에게 요청했다. 선덕공주가 용춘이라는 뛰어난 인물을 사신으로 삼은 것은 그가 자신의 왕위 계승을 도울 사람임을 알았기 때문이다.

특히 용춘은 한때 성골 신분을 가졌던 사람이다. 당시 성골 남자로서 왕위 계승권을 가질 수 있는 자격을 갖춘 사람이 태어나지 않은 상황에서, 한때 성골 신분을 가졌던 용수와 용춘은 천명공주뿐 아니라 선덕공주도 사신으로 거느리고 싶은 대상이었을 것이다. 632년 선덕이 왕위 계승을 한 후 용춘을 남편으로 삼은 것도 그 때문이었다.

용춘은 596년부터 603년까지 풍월주의 지위에 있었다. 그 후에도 용춘은 상선으로서 또는 장군으로서 신라를 위해 많은 활동을 했다. 용춘을 사랑했던 천명공주는 여러 차례 그를 승진시켜 용수공과 같은 계위로 만들어주었다. 선덕이 공주 시절 용춘을 사신으로 삼고, 왕이 되어서는 그를 남편으로 삼은 데에는, 당대 제일의 인물을 선택해 자기를 돕도록 만들려는 이유가 있었다.

여왕의 즉위가 성사된 까닭

한국 역사상 여왕은 신라에만 있었다. 27대 선덕여왕, 28대 진덕여왕, 51대 진성여왕이 그들이다. 신라에서 여왕이 즉위할 수 있었던 까닭은 무엇일까? 여기서는 춘추가 살았던 시기의 왕이었던 선덕여왕과 진덕여왕의 즉위에 대해 살펴보겠다.

법흥왕에서 진덕여왕까지는 성골이 왕이 된 시대였다. 이 기간 동안 왕위를 계승한 성골은 왕과 그 형제의 가족들로 구성되었다. 법흥왕에게 아들이 없자 그의 동생인 입종갈문왕의 아들인 진흥왕이 즉위했다. 진흥은 법흥의 조카였다. 진흥왕의 장자인 동륜이 일찍 죽어 차자인 금륜(진지왕)이 왕위 계승을 했다. 진지왕이 폐위되며 그의 조카인 진평왕이 즉위했다. 진평왕의 삼형제가 죽었을 때 성골 집단에는 왕위를 계승할 아들이 없었다. 이로써 성골 집단에는 남자가 모두 소멸되고 여자들만 남았다. 선덕과 진덕이 그들이다.

성골은 부계로 이어진 집단이었다. 왕위도 부계 혈족 안에서 이어졌다. 단, 여자들도 시집을 가서 남편의 집 성원이 되기 전에는 아버지의 성원권을 가졌다. 선덕과 진덕은 시집을 가서 남편을 따라 출궁하지 않았기에 성골 신분을 유지할 수 있었고, 여자이지만 성골 부계 종족의 성원 자격을 가지고 왕위 계승을 할 수 있었던 것이다. 선덕의 언니인 천명은 용수와 혼인했는데, 612년 출궁하며 선덕에게 왕위 계승권자의 자격을 물려주었다.

신라에서 선덕여왕과 진덕여왕의 즉위가 가능했던 이유는 분명하다. 그들은 남자는 아니었지만 성골 신분을 유지하고 있었기에 왕으로 옹립할 수 있었던 것이다. 다만 선덕과 진덕이 아들을 낳았을 경우 그 아들은 성골 신분을 가질 수 없었다. 선덕과 진덕의 신분인 성골이 아닌 아버지의 신분을 따르기 때문이다. 이처럼 신라 여왕의 즉위는 신비화할 필요가 없는 일이었다.

선덕이 왕궁을 떠나 살았다면 왕위에 오를 수 없었다

진평왕이 선덕을 왕위 계승자로 선택한 데에는 명분이 있었다. 선덕공주가 왕궁에 살며 진평왕을 중심으로 한 성골 신분을 유지하는 한 아버지인 성골 진평왕의 성원권을 가질 수 있었기 때문이다. 천명이 출궁하여 그 신분이 성골에서 진골로 족강된 것과 달리 선덕공주는 궁을 떠나지 않았다. 이에 선덕은 여자지만 성골로서 왕위 계승자로 선택된 것이다.

선덕공주가 혼인하여 출궁했거나 어떤 정치적 이유로 출궁해 궁밖에서 오래 머물렀다면 성골 지위를 잃었을 것이다. 그 경우 선덕의 왕위 계승은 불가능했을 수 있다.

선덕을 여자가 아닌 왕으로 바라보아야 한다

선덕은 여자였다. 그러나 그것을 강조하기보다, 그가 왕위에 올랐다는 사실을 인정할 필요가 있다. 선덕은 여자로서 신라를 지배한 것이 아니라 왕의 지위로 신라를 지배했다. 물론 당시 고구려·백제는 물론이고 중국에서도 여자 왕이 배출된 일은 없다. 따라서 선덕여왕의 즉위는 당시로서는 비정상적인 일이었던 것이 사실이다. "여주불능선리女主不能善理" 즉 여왕이 나라를 잘 다스리지 못한다는 말이 나온 것도 그러한 배경 탓이다. 그러나 선덕은 분명히 신라의 왕이었다. 선덕왕을 여자로만 바라보지 말고 신라의 왕으로 보아야 함은 거듭 강조해도 지나치지 않다.

선덕은 몇 살에 왕이 되었을까?

다른 인물과 마찬가지로, 선덕여왕도 언제 태어났는지 정확히 알 수 없다. 다만 다음과 같이 유추할 수는 있다. 선덕의 아버지 진평왕은 579년 열세 살의 나이에 왕위에 올랐다. 진평왕과 마야왕후 사이에 출생한 두 딸 중 큰 딸 천명은 603년 용수와 혼인했다. 그때 천명의 나이는 대략 스무 살 정도로 짐작해볼 수 있다. 아울러 612년 천명이 출궁할 때 선덕이 왕위 계승자가 된 것을 보면 그때 선덕의 나이는 스무 살 남짓이었을 것으로 짐작된다. 결국 632년 왕위를 계승할 때 선덕의 나이는 마흔 살 정도, 혹은 그보다 조금 많았을 것으로 짐작해볼 수 있다. 세상을 떠날 때의 나이는 50대 중반 정도였을 것이다.

여왕 즉위에 대한 『삼국사기』의 사론

여왕의 즉위에 대한 평들이 있다. 여기서는 김부식이 『삼국사기』에 쓴 여왕 즉위에 대한 비판을 주목하겠다. 그는 중국에도 여왕은 없었다는 것을 강조한다. 어리고 나약한 임금을 만나 황후들이 천자처럼 정치를 행한 일은 있으나 그들을 측천황후 무씨 등으로 불렀지 왕이라 하지 않았다는 것이다. 아울러 그는 "하늘의 이치로 말하면 양은 굳세고 음은 부드러우며, 사람으로 말하면 남자는 존귀하고 여자는 비천한 것이니 어찌 늙은 노파가 규방을 나와 국가의 정사를 처단할 수 있는가? 신라에서 여자를 일으켜 세워 왕위에 올렸으니 실로 난세의 일이다. 나라가 망하지 않은 것이 다행이다" 했다.[121]

『삼국사기』 찬자는 이처럼 신라에 여왕이 존재한 것을 자못 못마땅해 하고 있다. 그는 앞서 설명한 여왕의 즉위 이유를 알지 못한 것이다.

선덕여왕과 진덕여왕 대에는 조정에 춘추와 칠성우와 같은 신하들이 있어, 나라가 망하기는커녕 오히려 삼한을 통합할 준비를 착

---

121 『삼국사기』 5, 「신라본기」 5, 선덕왕 16년 조 뒤의 논論.
122 『삼국유사』 1, 기이 2, 선덕왕 지기삼사.

실히 해나갈 수 있었다. 두 여왕의 재위 기간에 조정에서 정권을 장악해 중심 세력이 된 춘추와 그의 추종 세력인 칠성우 같은 사람들은 호국을 하고 국력을 강하게 만드는 일들을 국가의 목표로 삼아 후일 삼한통합을 할 수 있는 바탕을 마련했다.

이러한 사정을 무시하고 여왕이 즉위했음에도 나라가 망하지 않은 것이 다행이라 말한 '모델 1' 또한 신라의 역사를 옳게 파악하지 못했음이 분명하다.

선덕왕의 개인적 능력

여왕의 즉위에 정당성을 부여하는 작업도 이루어졌다. 그것은 선덕의 왕위 계승 자체가 신라의 전통 왕위 계승 방식과 달랐기 때문이다.

『삼국사기』의 기록을 통해서는 선덕여왕이 어떻게 왕위에 올랐는지 알 길이 없다. 『삼국사기』의 찬자들은 그러한 일에 관심이 없었다. 그와 달리 신라인 김대문이 쓴 『화랑세기』는 선덕여왕의 즉위와 관련된 이야기를 전해주고 있다. 그에 따르면, 선덕공주는 자라며 용봉의 자태와 태양의 위용을 갖추어 왕위를 이을 만했다고 한다. 왕위에 오른 선덕에 대해 "여왕은 나라를 잘 다스리지 못한다"고 한 후일의 평가와는 전혀 다른 이야기다.

선덕여왕의 재능에 대한 이야기가 있다. 『삼국유사』에 선덕여왕이 세 가지 일을 미리 알았다는 기록이 있다.[122] 첫째, 공주로 있을 때의 이야기다. 선덕은 당 태종이 보내준 붉은색, 자주색, 흰색의 모란꽃 그림을 보고 향기가 없을 것이라 했는데, 꽃씨를 심어보니 과연 그 말과 같았다고 한다. 같은 이야기를 『삼국사기』에서는 달리 전한다. 당나라에서 가져온 모란꽃 그림과 꽃씨를 진평왕이 선덕에게 보여주자 꽃이 아름답기는 하나 향기가 없을 것이라 말했다고 한다. 진평왕이 그 이유를 묻자 선덕은 "여자가 뛰어나게 아름다우면 남자들이 따르고 꽃에 향기가 있으면 벌과 나비가 따르는데, 이 꽃 그림에는 벌과 나비가 없어 그것을 알았다"고 대답했다고 한다.

둘째, 왕위에 오른 후의 이야기다. 선덕은 여근곡에 백제 병사가 들어온 일을 알아낸 사실이 있다. 겨울철 영묘사 옥문지玉門池에 많은 개구리가 모여 3~4일간 울었다. 사람들이 괴상하게 여겨 왕에게 묻자 왕이 급히 각간 알천과 필탄 등에게 정병 2000명을 뽑아 속히 서울의 서쪽 교외로 나가 여근곡을 찾을 것을 명했다. 그곳에 반드시 적병이 있을 것이니 그들을 엄습하여 죽이라 했다. 두 각간이 명을 받아 각기 1000명씩 거느리고 서쪽 교외로 향했더니 부산 아래에 과연 여근곡이 있었다. 백제 군사 500명이 그곳에 숨어있었다. 남산 봉우리 아래 바위에 숨어있는 백제 장군 우소를 포위해 활을 쏴 죽였다. 뒤이어 나타난 군사 1200명 또한 죽여 한 명도 남기지 않았다.

셋째, 뒤이어 나타난 이야기가 있다. 선덕이 아무런 병이 없었는데 군신群臣에게 말하기를 "내가 모년 모월 모일에 죽을 것이니 나를 도리천 안에 장사지내라" 했다. 군신들이 도리천이 어디인지 알 수 없어 그곳이 어디냐 물었더니 낭산 남쪽이라 했다. 때가 되자 과연 왕이 죽었다. 군신들이 낭산 남쪽에 장사 지냈다. 10여 년이 지난 후 문무대왕이 사천왕사를 선덕왕릉 아래에 창건했다. 불경에 사천왕천 위에 도리천이 있다고 했으니, 이로써 선덕왕의 신령스럽고 성스러움을 알 수 있다.

아울러 군신들이 선덕여왕에게 "어찌 꽃과 개구리 두 가지 일로 그런 줄 알았습니까?" 하고 물었다. 왕은 "꽃을 그리는데 나비가 없으니 향기가 없는 것을 알 수 있다. 이는 당 황제가 내가 배필이 없이 혼자 지내는 것을 조롱하는 것이다. 개구리는 노한 형상을 가졌으니 병사의 상이다. 옥문이라는 것은 여자의 생식기로, 여자는 음이고 그 빛은 흰데, 흰색은 서방을 가리킨다. 그러므로 군대가 서방에 있는 것을 알았다. 남근이 여근에 들어가면 반드시 죽으니 곧 적병을 쉽게 잡을 줄 알았다" 하고 대답했다. 이에 군신들이 모두 그 성스러운 지혜에 감복했다.

이 세 가지 이야기는 선덕여왕의 능력을 말하는 것이다. 첫째, 당시 당 태종이 그림을 통해 전하려는 이야기를 선덕여왕이 알아챈 것이 흥미롭다. 이는 문화를 통해 서로의 의중을 이야기한 것이라 할 수 있다. 한편 『삼국유사』의 찬자가 모란꽃의 삼색을 해석하기를, 당 태종이 신라에 세 명의 여왕이 날 것을 안 것이라고 했다. 이는 물론 후대에 이루어진 해석일 것이다. 둘째, 백제 군사를 잡아낼 수 있는 능력을 선덕여왕이 발휘한 것이다. 특히 알천을 동원했다는 점을 보면 칠성우들이 선덕여왕을 위해 활동한 것이 사실이며, 선덕여왕의 통치하에 유능한 인물들이 포진해있었음을 알 수 있다. 셋째, 선덕여왕은 636년 3월 병이 들었는데 의술과 기도도 효과가 없었다. 이에 황룡사에서 백고좌회를 열어 승려를 모아 인왕경을 강론케 하고 100명이 승려가 되는 것을 허락한 바 있다. 그때 선덕여왕이 무슨 병이 걸렸는지는 알 수 없다. 여하튼 선덕여왕은 죽음을 예감하고 자신이 묻힐 장소를 지정했을 것인데, 이 일화가 위와 같이 설화로 변형되어 신비화한 것으로 추측된다.

2. 선덕여왕과 용수·용춘
그리고 춘추

선덕여왕과 용춘

선덕여왕 대에 용춘은 왕과 특별한 관계에 있었다. 선덕공주가 왕위에 오르자 용춘을 지아비로 삼았는데, 용춘은 자식이 없다는 이유로 스스로 물러날 것을 청했다. 군신들이 이에 삼서의 제도를 의논하여 흠반공과 을제공을 다음으로 하도록 했다.

용춘공은 본디 아버지 금륜이 색에 빠져 폐위된 것을 슬퍼했고 색을 좋아하지 않는 성품이었던 탓에 왕을 미혹할 생각이 없어 물러나려는 뜻이 더욱 굳어졌다. 선덕은 이에 정사를 을제에게 맡기고 용춘에게 물러나 살기를 허락했다. 선덕여왕이 즉위한 즉시 을제에게 국정을 총괄토록 한 데는 그러한 내막이 있었다.

실제로 선덕여왕 원년(632) 2월에 대신 을제에게 국정을 총괄하게 했다. 선덕여왕 5년(636) 정월에는 이찬 수품을 상대등으로 삼았다. 선덕여왕 14년(645) 11월에는 이찬 비담을 상대등으로 삼았다. 이 시기 국정의 최고 책임자인 상대등에 칠성우 중 어느 누구도 임명되지 않은 것은 춘추의 지위가 아직 확고하게 자리 잡지 못했음을 말해준다.

용춘은 비록 물러나 살게 되었지만 그가 가진 왕실 세력으로서의 지위는 무시할 수 없는 것이었다. 특히 용춘은 선덕여왕과 사촌간이었고 부부로 지내기도 했다. 그러한 관계는 춘추의 정치적 지위에도 도움이 되는 일이었다.

선덕여왕 대 용수와 용춘의 활동

선덕여왕 대에 용수와 용춘은 왕의 측근에서 활동했다. 선덕여왕을 지켜준 가장 가까운 혈족이 바로 그들이었다.

선덕여왕 4년(635) 10월 이찬 수품과 용수(용춘이라고도 한다)를 보내 주·군을 돌며 백성들을 위무하게 했다는 기록이 있다. 이 기록만으로는 주·군에 갔던 사람이 용수인지 용춘인지 단정하기 어렵다. 『삼국사기』 찬자는 용수와 용춘을 동일 인물로 보았을 수도 있고, 용수가 갔는지 용춘이 갔는지 판단하기 어려워 두 이름을 아울러 기록한 것일 수도 있다. 구태여 생각하자면, 진평왕 22년(622) 2월 내성사신으로 임명된 용수는 지방으로 나가는 일이 없었을 것이므로 위 기록의 주인공을 용춘으로 볼 여지는 있다. 선덕여왕은 이찬 용수에게 황룡사 9층탑을 세우도록 했다. 이 탑은 645년 4월에 찰주가 섰고 이듬해에 완공되었다.[123]

---

123 「황룡사 찰주본기」.

용춘은 진덕여왕 원년(647) 8월, 일흔 살의 나이로 세상을 떠났다. 한편 위 기록에 따라, 용수는 645년 4월까지는 분명히 살아있었음을 알 수 있다. 용수는 용춘보다 먼저 세상을 떠났다. 용수는 647년 1월 8일 세상을 떠난 선덕여왕보다 먼저 세상을 떠났을 수도 있다.

선덕여왕 대에 용수와 용춘이 위와 같은 활동을 한 것은 춘추의 지위를 굳히는 데 큰 힘이 되었을 것이다.

선덕여왕에게 충성을 바친 춘추

춘추는 성골 왕인 선덕여왕에게 충성을 바쳤다. 『삼국사기』에 따르면, 선덕왕 11년(642) 춘추는 이찬의 관위를 가졌다.[124] 마흔 살이 된 춘추는 신라 최고의 관위에 올라있었던 것이다.

거듭 이야기한 대로, 선덕여왕과 춘추는 이모와 조카의 관계였다. 선덕이 왕위에 오른 뒤 춘추는 소외되기는커녕 왕의 주변에 있으며 커다란 역할을 한 것이 분명하다. 선덕여왕의 재위 기간에도 칠성우들은 관직을 갖고 춘추가 왕위를 계승할 날을 기다렸다. 이미 성골의 대가 끊기고 있는 상황에서 춘추를 왕위에 올리기 위해 춘추뿐 아니라 칠성우들도 기다린 것이다.

오늘날 한국 역사가들이 만든 '모델 2'는 진지왕의 폐위와 동시에 그의 아들들이 권력에서 소외되었다고 설명해왔다. 그러나 용수와 용춘 형제 그리고 춘추는 진평왕·선덕여왕·진덕여왕 대에 걸쳐 지속적으로 왕의 측근으로 활약한 게 사실이다. '모델 2'는 용수와 용춘, 그리고 진지왕의 서자이며 사자인 비형랑, 이 세 사람을 동일

---

124 『삼국사기』 5, 「신라본기」 5, 선덕왕 11년.

인물로까지 보는 실정이니, 그들이 만들어낸 신라의 역사, 나아가
한국고대사는 소설이나 마찬가지라고 할 수 있다.

3. 고타소의 죽음과
   목숨을 걸고 적국 고구려에 간 춘추

대야성의 함락과 춘추의 딸 고타소의 죽음

춘추가 일생에서 가장 커다란 분노를 느낀 순간은 바로 딸 고타소가 죽음을 당한 때였다. 그때 춘추는 복수를 다짐했다. 춘추 개인의 다짐은 후일 왕국의 국가 목표가 되었다.

한국의 사서에서 선덕여왕 대의 기록에 춘추가 등장하는 것은 선덕왕 11년(642) 8월 고타소의 죽음에 대한 것과 백제를 멸망시키기 위해 고구려에 청병하러 간 사건이다. 춘추의 딸인 고타소의 죽음은 선덕여왕에게는 남의 일이 아니었다.

641년 3월 백제 무왕이 죽고 그의 아들 의자왕이 즉위했다. 의자왕은 642년 7월 군사를 일으켜 신라의 서쪽 40여 성을 쳐서 빼앗았다. 8월에는 의자왕이 고구려와 모의해 함께 당항성을 빼앗아 신라가 당나라와 통하는 길을 끊으려 하자, 선덕왕이 당 태종에게 사신을 보내 위급함을 알렸다. 이처럼 의자왕의 즉위는 신라에 대한 전면적인 위협이 되었다.

642년 8월 백제 장군 윤충이 군사를 이끌고 대야성을 공격해 함락시켰는데, 도독 이찬 품석과 사지 죽죽과 용석 등이 죽었다. 대야성의 함락에 대한 이야기는 『삼국사기』 열전에 자세히 나온다.[125] 죽죽은 찬간 학열의 아들로 선덕여왕 대 사지가 되어 대야성 도독 품석의 군대에서 일을 보았다.

백제군이 쳐들어오기 전에 품석은 막객인 사지 검일의 처가 아름다워 빼앗았는데 검일이 이를 한스럽게 여기고 있었다. 642년 8월 백제 장군 윤충이 쳐들어왔을 때 검일이 백제군과 내통해 창고를 불태우자 성안의 사람들이 두려워하며 성을 굳게 막아내지 못했다.

품석을 보좌하던 아찬 서천이 성 위에 올라가 윤충에게 "만약 장군이 우리를 죽이지 않는다면 성을 들어 항복하겠다"고 했다. 윤충이 "만약 그렇게 한다면 그대와 우호를 함께하겠다. 태양을 두고 맹세한다" 했다. 서천이 품석과 여러 장수들에게 권하며 성을 나서려 하자 죽죽이 말리며 말하기를 "백제는 뒤집기를 잘하는 나라이니 믿으시면 안 됩니다. 윤충의 말이 단 것은 우리를 꼬이려는 것입니다. 만약 성을 나서면 반드시 적의 포로가 될 것입니다. 쥐처럼 엎드려 삶을 구하기보다는 호랑이처럼 싸우다 죽는 것이 옳습니다" 했다.

품석이 이 말을 듣지 않고 성문을 열어 사졸을 먼저 내보내니 백제

---

125 『삼국사기』 47, 「열전」 7, 죽죽.

의 복병이 나타나 모두 죽였다. 품석이 나가려 하다 장수와 병졸들이 죽었다는 말을 듣고 먼저 처자를 죽이고 스스로 목을 찔러 죽었다. 그때 품석이 죽인 처는 춘추와 보라궁주 사이에서 출생한 고타소였다. 고타소는 선덕여왕에게는 조카손녀인 셈이다.

죽죽이 남은 병졸을 모아 성문을 닫고 몸소 대적하니 사지 용석이 그에게 "지금 군대의 형세가 이와 같으니 반드시 온전할 수 없습니다. 살아서 항복하여 후일을 기약함만 못합니다" 했다. 죽죽이 답하기를 "그대의 말이 옳다. 그러나 아버지가 나의 이름을 죽죽이라 한 것은 추운 겨울에도 시들지 않는 절조를 지켜 부러질망정 구부러지지 말도록 한 것이니 어찌 죽음을 두려워해 살아서 항복하겠는가?" 했다. 마침내 힘써 싸워 성이 함락되자 죽죽은 용석과 함께 죽었다.

『삼국유사』, 「백제본기」에는 백제 장군 윤충이 1만 병사로 대야성을 치니 품석이 처자와 함께 나와 항복했으나, 윤충이 그들을 모두 잡아 죽여 그 머리를 백제 서울로 보내고 남녀 1만여 명을 포로로 삼아 백제 서쪽 주·현에 나누어 살게 했다고 기록되어 있다.[126]

한편 660년 7월 13일 신라 태자 법민은 말 앞에 꿇어앉은 백제 왕자 융의 얼굴에 침을 뱉으며 의자왕이 자기의 누이동생을 부당하게 죽여 옥 안에 묻었다고 한 바 있다.[127] 고타소의 죽음은 춘추만이 아니라 법민에게도 큰 슬픔이었음을 알 수 있는 대목이다.

여하튼 선덕여왕이 이 소식을 듣고 크게 슬퍼하며 죽죽에게는

---

126 『삼국사기』 28, 「백제본기」 6, 의자왕 2년.
127 『삼국사기』 5, 「신라본기」 5, 태종무열왕 7년.

급찬, 용석에게는 대나마의 관위를 추증해주고 처자에게 상을 내려 왕도로 옮겨 살도록 했다. 지방 사람이었던 죽죽과 용석은 전사한 후 왕경인들에게 주어지던 경위京位를 받았고 그 가족은 왕도로 이사해 왕경인이 되는 대우를 받았다.

고타소의 죽음을 알게 된 춘추의 슬픔과 결의

고타소의 죽음은 춘추에게 말할 수 없이 큰 슬픔이었다. 춘추는 그 소식을 듣고 기둥에 기대 서서 하루 종일 눈도 깜박이지 않고 사람이나 물건이 그 앞을 지나쳐도 알아보지 못했다고 한다. 이윽고 말하기를 "아! 대장부가 어찌 백제를 삼키지 못하겠는가!" 했다. 그러고는 선덕여왕을 찾아가 "신이 고구려에 사신으로 가서 군사를 청해 백제에게 원수를 갚고자 합니다" 했다. 선덕여왕이 이를 허락했다.

선덕여왕이 춘추의 고구려행을 허락한 이유는 무엇일까? 그것을 단순히 춘추 개인의 보복을 위한 행위로 보아야 할까, 아니면 오랜 기간 신라를 괴롭히고 특히 642년 신라의 서쪽 40여 성을 빼앗아간 백제를 물리치기 위한 것으로 보아야 할까? 아마도 두 가지 모두를 위한 것이 아니었을까 싶다. 고타소가 죽지 않았다면 춘추가 과연 그때 고구려에 청병을 하러 갔을까 하는 생각이 든다. 아울러 백제 의자왕이 신라를 끈질기게 공격하고 신라의 땅을 점령하지 않았다면 선덕여왕이 춘추의 고구려행을 승인하는 일도 없었을지 모른다.

적국 고구려에 청병함으로써 대사大私를 공公으로 만들다

신라인은 대사가 공이 된다는 생각을 가졌다. 『화랑세기』에 따르면, 문노의 부인인 윤궁이 문노에게 대사, 즉 커다란 사사로움은 공이

된다고 말한 사례도 있다.[128]

춘추가 백제를 정복하기 위해 목숨을 걸고 또 다른 적국인 고구려에 청병하러 간 것은 자기 딸 고타소의 죽음에 대해 복수하기 위해서였다. 『삼국사기』 김유신 전에, 춘추가 고타소의 죽음을 원통히 여겨 고구려에 군사를 청해 백제에 대한 원수를 갚으려 하니 왕이 이를 허락했다는 기록이 있다.[129] 중요한 점은, 비록 개인적인 원수를 갚기 위한 일이지만, 청병을 통해 백제를 멸망시킨다면 그것은 국가 전체를 위한 일이 된다는 사실이다. 선덕여왕의 허락을 얻고 떠나기 직전, 춘추가 유신에게 말했다. "나는 공과 한 몸이고 나라를 위한 팔다리입니다. 지금 내가 저곳에 가서 만약 해를 당하면 공은 무심하시겠습니까?" 유신이 말하기를 "만일 공이 돌아오지 않는다면 나의 말발굽으로 반드시 고구려와 백제 두 나라 왕의 마당을 짓밟겠습니다. 그렇게 하지 못한다면 어떤 면목으로 국인들을 보겠습니까?" 했다. 춘추가 감격해 유신과 더불어 손가락을 깨물어 피를 마시며 맹세하여 말하기를 "내가 날짜를 계산해보건대 60일이면 돌아올 것입니다. 만약 이 기일이 지나도 돌아오지 않으면 다시 만나볼 기약이 없을 것입니다" 했다. 마침내 서로 헤어졌다.

춘추가 사찬 훈신과 함께 고구려에 찾아가던 중 대매현에 이르니 현의 사람 두사지가 청포靑布 300보步를 주었다. 고구려 경내에 들어가니 고구려 왕이 태대대로 개금(연개소문)을 보내 숙소를 정해주고 잔치를 베풀어 우대했다. 어떤 사람이 고구려 왕에게 아뢰기를

---

128 『화랑세기』 8세 문노, pp. 130~131.
129 『삼국사기』 41, 「열전」 1, 김유신 상.

"신라 사자는 보통 사람이 아닙니다. 지금 온 것은 우리의 형세를 살펴려는 것이니 왕은 후환이 없도록 도모하시기 바랍니다" 했다.

『삼국사기』「신라본기」에 따르면, 고구려의 보장왕이 평소에 춘추의 명성을 들어 알고 있었기에 군사의 호위를 엄중히 한 후 춘추를 만났다고 한다. 그때 춘추가 "지금 백제가 무도하게 긴 뱀과 큰 돼지처럼 우리 강토를 침범하므로 우리나라 임금이 대국의 군대를 얻어 그 치욕을 씻고자 합니다. 이에 신하인 저를 보내 대왕께 명을 전하도록 했습니다" 했다.

고구려 왕은 곤란한 질문으로 대답하기 어렵게 해 춘추를 욕보이려는 심산으로 "마목현과 죽령은 본래 우리나라 땅이니 우리에게 돌려주지 않으면 돌아갈 수 없을 것이다" 했다. 이에 춘추가 대답하기를 "국가의 토지는 신하가 마음대로 할 수 없습니다. 신하로서 감히 그 말을 받아들일 수 없습니다" 했다.

고구려 왕이 노해 그를 가두고 죽이려 하다가 미처 행하지 않았는데, 춘추가 청포 300보를 은밀히 왕의 총신 선도해에게 주었다. 선도해가 음식을 차려와서 함께 술을 마셨다. 술에 취하자 선도해가 농조로 말했다.

그대 또한 일찍이 거북과 토끼 이야기를 듣지 않았는가? 옛날에 동해 용왕의 딸이 마음의 병(심장병?)이 심했는데, 의원의 말이 "토끼 간을 얻어 약을 지으면 고칠 수 있습니다" 했다. 그러나 바다 속에는 토끼가 없어 어찌할 수 없었다. 거북이 한 마리가 용왕에게 "제가 그 것을 얻어 오겠습니다" 했다. 마침내 뭍에 올라 토끼를 보고 "바다 가운데 섬 하나가 있는데 맑은 샘물과 흰 돌에 무성한 숲과 맛있는 과일이 있으며, 추위와 더위도 없고, 매와 새매가 침입을 못한다. 네가 만일 가기만 하면 편히 살아 근심이 없을 것이다" 했다. 토끼를 등에 업고 2~3리쯤 헤엄쳐 가다가 거북이가 토끼를 돌아보며 말하기를 "지금 용왕의 딸이 병들었는데 모름지기 토끼의 간이 약이 된다고 해 너를 업고 가는 것이다" 했다. 이에 토끼가 "아! 나는 신명의 후예라 능히 오장을 꺼내어 씻어 넣을 수 있다. 일전에 속이 조금 답답해서 간을 꺼내 씻어서 잠시 바위 아래에 누었는네 너의 감언을 듣고 서둘러 오느라 간이 아직 그곳에 있다. 어찌 돌아가서 간을 가져오지 않겠는가? 그리하면 너는 구하는 것을 얻고 나는 간이 없어도 살 수 있으니 어찌 모두 다 좋은 일이 아니겠느냐?" 했다. 거북이가 그것을 믿고 되돌아가 해안에 오르자마자 토끼가 풀숲으로 뛰어 들어가며 "너는 어리석다. 어찌 간 없이 사는 자가 있겠느냐?" 하니, 거북이가 아무 말도 못하고 돌아갔다.

– 『삼국사기』 41, 「열전」 1, 김유신 상.

642년 10월 고구려에서는 연개소문이 쿠데타를 일으켰다. 그때 연개소문은 100여 명의 대신을 죽이고 영류왕(건무)을 죽여 여러 토막으로 잘라 도랑에 버리고 영류왕의 동생 보장왕을 즉위시켰다. 그런데 춘추가 고구려에 들어간 시기는 언제일까? 연개소문이 쿠데타를 일으킨 후였을까, 아니면 그 전이었을까? 『삼국사기』 「고구려본기」 보장왕 즉위 조에는 연개소문이 쿠데타를 일으킨 후 신라가 춘추를 보내 청병한 이야기가 나온다. 이에 따르면, 연개소문이 쿠데타를 일으킨 후 춘추가 청병하러 갔다는 사실을 알 수 있다. 여기서 선도해가 왜 춘추를 도왔는지 짐작해볼 수 있다. 단정하기는 어려우나, 선도해가 연개소문의 쿠데타에 불만을 갖고 있었기 때문이 아닐까 싶다.

춘추는 선도해의 말뜻을 알아채고 고구려 왕에게 글을 보내 말하기를 "두 영嶺은 본래 대국의 땅입니다. 신이 귀국한 뒤 우리 왕에게 청해 돌려드리겠습니다. 제 말을 믿지 못한다면 저 밝은 태양을 두고 맹세하겠습니다" 했다. 왕이 이에 기뻐했다.

춘추가 고구려에 들어간 지 60일이 지나도 돌아오지 않자 유신은 국내의 용사 3000명을 뽑아 그들에게 말했다. "위험함을 보고 목숨을 바치며 어려움을 당해 자신을 잊는 것이 열사의 뜻이라 한다. 무릇 한 사람이 목숨을 바치면 백 명을 당해내고 백 명이 목숨을 바치면 만 명을 당해낼 수 있으니 그러면 천하를 마음대로 할 수 있다. 지금 나라의 어진 재상이 타국에 잡혀있는데, 어찌 두렵다고 하여 어려움을 감당하지 않겠는가?" 이에 용사들이 "비록 만 번 죽고 한 번 살 수 있는 곳에 가더라도 감히 장군의 명령을 따르지 않겠습니까?" 했다.

마침내 선덕여왕에게 청해 출동 기일을 정했다. 그때 고구려 간첩 승려 덕창이 사람을 시켜 이를 고구려 왕에게 알렸다. 고구려 왕은 이미 춘추의 맹세를 들었고 또 간첩의 말까지 들었으므로 춘추를 더 잡아둘 수 없게 되어 후하게 대접한 뒤 돌려보냈다. 춘추는 국경을 벗어나자 바래다준 사람에게 "나는 백제에 대한 유감을 풀고자 군대를 청하러 갔는데, 대왕이 허락하지 않고 도리어 땅을 내놓으라 요구하니, 이는 신하인 내가 마음대로 할 수 있는 것이 아니다. 앞서 대왕에게 서신을 올린 것은 죽음에서 벗어나려 한 것일 뿐이다" 했다.

춘추는 목숨을 걸고 고구려에 갔다. 이는 춘추의 인물 됨됨이를 보여주는 좋은 예가 아닐 수 없다. 어려서부터 왕위를 꿈꾸었을 만큼 지체 높은 인물이 나라를 위해 또한 개인의 원수를 갚기 위해 목숨까지 걸었던 것이다.

아울러 그때 유신이 보여준 태도를 주목할 수 있다. 『삼국사기』 「신라본기」에 따르면, 고구려에 잡힌 춘추가 몰래 사람을 보내 신라 선덕여왕에게 사정을 알렸다. 그때 선덕여왕은 대장군 유신에게 사 사死士 즉 결사대 1만 명을 거느리고 나가게 했다. 유신의 군사가 한강을 건너 고구려 남쪽 경계로 들어가니 고구려 왕이 이 사실을 알고 춘추를 풀어 돌려보낸 것으로 되어있다. 『삼국사기』의 「열진」 과 「신라본기」에 나오는 이야기가 조금 다르기는 하지만, 춘추와 유 신의 관계가 어떠했는지는 분명히 알 수 있다.

춘추에게 보스 기질이 있었나?

『화랑세기』의 찬자는 춘추에 대한 이야기가 다른 사책에 이미 기록 되어있기에 『화랑세기』에는 기록하지 않았다고 했다.[130] 그러한 사 정은 『삼국사기』나 『삼국유사』도 마찬가지다. 따라서 기록을 통해 서는 춘추에게 보스 기질이 있었는지 알기 어렵다. 그러나 분명한 점은, 춘추가 612년부터 616년까지 풍월주 유신의 부제로 있었고, 626년부터 629년까지 18세 풍월주를 지냈다는 사실이다. 그는 화랑 도를 거느림으로써 보스 기질을 기를 수 있었을 것이다.

642년의 고구려행은 춘추의 정치적 지위를 확고하게 만들어 준 행위라 할 수 있다. 당시 연개소문의 쿠데타로 살벌한 상황에 있던 고구려에 가서 청병을 한다는 것은 아무나 감행할 수 있는 일이 아

---

130 『화랑세기』 18세 춘추공, pp. 262~263.
131 『삼국사기』 5, 「신라본기」 5, 선덕왕 11년.

니었다. 춘추의 고구려행은 성공 여부를 떠나 춘추에게 왕국의 보스로서의 지위를 굳혀주는 사건이었다.

굴욕을 참은 춘추의 승부사적 기질과 배짱

춘추에게는 배짱·용기·끈기·인내력gut이 있었다. 춘추는 타고난 승부사였다. 그가 고구려에 가서 연개소문과 보장왕을 만나 백제를 치기 위한 청병을 한 것이 바로 그 증거다.

신라와 고구려는 551년 이후 영토 문제로 오랜 기간 전쟁 상태에 있었다. 더욱이 고구려에서는 642년 10월 연개소문이 쿠데타를 일으켜 영류왕을 죽이고 정권을 장악한 매우 살벌한 상황이었다.

보장왕(실제로는 연개소문일 가능성이 높다)은 춘추에게 죽령 이북을 내놓으라는 무리한 요구를 했다. 그때 춘추가 보장왕에게 한 말은 그의 기개와 배짱을 고스란히 보여준다. 춘추는 그에게 "사신을 위협하기만 하니 죽음이 있을 뿐"이라고 말했다. 551년 이래 80년 넘게 전쟁을 벌여온 고구려에 청병을 하러 들어간 춘추의 배짱은 삼한통합의 보이지 않는 원동력이 되었다.

춘추를 구해내려 한 선덕여왕

춘추가 신라에 몰래 사람을 보내 선덕여왕에게 자신이 감금된 사정을 알렸을 때 선덕여왕과 유신이 보여준 대응을 주목할 필요가 있다. 선덕여왕은 대장군 유신에게 명해 결사대 1만 명을 거느리고 고구려로 나아가게 했다. 유신의 군사가 한강을 지나 고구려의 남쪽 국경에 들어가니 고구려 왕이 춘추를 놓아 돌려보냈다.[131]

선덕여왕은 유신 장군에게 1만의 결사대를 주어 그의 조카인 춘추를 구해내도록 한 것이다. 구해야 할 사람이 춘추가 아니었다면 선덕여왕은 그와 같은 조치를 취하지 않았을 것이다. 선덕여왕은 조카인 춘추를 구한 것일까, 아니면 언제인가 왕위에 오를 인물인 춘추를 구한 것일까? 선덕여왕의 명을 받고 고구려 남쪽 경계를 넘어선 유신은 분명 왕위를 이을 춘추를 구하러 간 것이라 생각된다. 선덕여왕도 왕위 계승자로서 춘추를 구하기 위한 조치를 취한 것이라 볼 여지가 있다. 아울러 춘주가 태어날 때부터 가까이에서 지켜본 선덕여왕으로서는 사랑하는 조카가 고구려에 잡혀있다는 사실 또한 참을 수 없었을 것이다.

춘추가 택한 외세를 이용한 자주국방

현재 많은 한국인은 외세를 끌어들이는 것을 반민족적 행위라고 생각한다. 1945년 광복 이후 소위 민족사를 표방해온 한국사학이 그렇게 가르쳐왔기 때문이다. 1974년 이후 국정교과서 『국사』로 교육받은 세대가 특히 그렇다. 이는 국가가 주도해온 역사 교육에 큰 문제가 있음을 뜻한다.

신라는 553년 이후 고구려와 백제를 적으로 삼았다. 진흥왕 12년(551) 거칠부 등에게 명해 고구려를 침범하게 했는데, 이 전투에서 이긴 기세를 타서 10개의 군을 빼앗은 후 고구려와 전쟁 상태에 놓였다. 진흥왕 14년(553) 7월에는 백제의 동북쪽 변읍을 빼앗아 신주를 설치하고 아찬 무력을 군주로 삼은 이후 백제와도 전쟁 상태에 놓였다. 이듬해에는 백제 성왕이 관산성 전투에서 죽고 백제군은 대패한 일이 있었다. 그런데 642년 7월 백제 의자왕이 신라의 서변 40여 성을 함락하고 8월에는 백제 장군 윤충이 대야성을 함락하며 성주 품석과 그의 아내 고타소(춘추의 딸)를 죽인 일이 벌어졌다.

그때 춘추는 또 다른 적국인 고구려에 가서 청병을 했다. 춘추는 개인적 복수를 위해 고구려에 청병을 하러 간 것만은 아니다. 그는 신라의 토지와 인민을 빼앗는 백제를 막기 위해 고구려에 갔던 것이다. 이와 같은 춘추의 활동은 적으로써 또 다른 적을 물리쳐 신라를 지켜내려는 정치적 의도를 가진 것이었다.

여기서 춘추가 택한 자주국방의 방법을 확인할 수 있다. 그는 비록 적국이더라도 또 다른 적국을 물리치기 위해서는 과감히 연합하는 정책을 택한 인물이다. 당시 신라로서는 외세 모두를 배척하는 것만이 능사일 수 없었다. 백제를 물리치기 위해 고구려와 동맹을 맺는 방법을 택한 춘추를 다시 보지 않을 수 없다.

춘추가 외세를 끌어들이려 했다고 역사적 죄인으로 단정할 수 있겠는가? 반민족행위자의 표상으로 삼을 수 있는가? 목숨을 걸고 적국까지 가서 청병을 한 춘추에게서 교훈을 얻을 일이지 그를 매국노로 비판할 일이 아니다.

고구려에 다녀온 춘추가 얻은 것은?

춘추의 고구려행은 신라인들에게는 충격적인 일이었다. 특히 연개소문이 정변을 일으켜 왕과 대신들을 무참히 죽인 상황에서 춘추가 고구려에 들어간 것은 생명을 건 모험이 아닐 수 없다. 그러한 춘추의 모험을 목격한 신라인은 춘추를 새롭게 보고 그에 대한 믿음을 가질 수 있었을 것이다. 칠성우도 춘추의 결단을 높이 평가했고 그를 위해 목숨을 바칠 각오를 다졌을 것이다. 춘추는 이처럼 과감한 행동을 통해 왕위에 오르는 길을 스스로 개척해나갔다.

고구려에서 춘추는 무슨 생각을 했을까? 고구려에 몸소 들어가 그 곳의 정국을 소상히 알게 된 춘추는, 연개소문이 정변을 일으켜 국정을 장악한 상황에서 자신의 청병이 받아들여질 수 없음을 곧 깨달았을 것이다. 이로써 고구려 정복에 대한 그의 다짐은 확고해졌을 것이다.

642년의 춘추·의자왕·연개소문의 악연

642년은 삼국의 영웅들이 관계를 가진 해였다. 이때부터 세 사람의 운명은 서로 다른 방향으로 전개되었다.

641년 왕위에 오른 의자왕은 군사를 이끌고 642년 7월 신라 서쪽 40여 성을 함락했다. 642년 8월에는 장군 윤충으로 하여금 대야성을 함락하고 성주인 도독 품석과 그의 아내 고타소를 죽게 만들었다. 고타소의 죽음은 그의 아버지 춘추에게는 커다란 슬픔이었다. 춘추는 선덕여왕의 허락을 받아 백제를 멸망시키기 위해 고구려에 청병을 하러 갔다. 그해에 연개소문이 영류왕을 죽이고 보장왕을 즉위시켰다. 춘추가 고구려에 갔을 때 보장왕은 연개소문에게 그를 맞이하도록 했다.

이로써 백제의 의자왕, 고구려의 연개소문, 신라의 춘추 세 사람의 악연이 시작되었다. 세 사람이 자기 나라에서 갖고 있는 정치적 위상은 각각 달랐다.

백제의 의자왕은 무왕의 아들로 영웅스럽고 용맹하고 담력이 있었으며 부모를 효도로 섬겼고 형제와 우애가 도타웠기에 당시 해동의 증자曾子라 불렸다. 의자왕은 적어도 654년경까지는 국가를 이끌어 나가는 목표와 방향을 분명히 하고 있었다. 강력한 군사력을 가지고 신라를 공격해 여러 성을 빼앗는 등 강성한 백제를 만들기 위해 많은 활동을 한 것이 사실이다. 그러나 그는 재위 15년(655) 태자궁을 매우 사치스럽게 수리하고 왕궁 남쪽에 망해정을 세우는 등 사치와 향락에 빠져들었다. 656년 3월에 의자왕은 궁녀들과 더불어 황음荒淫하고 즐거움을 찾아 음주를 그치지 않았다. 좌평 성충이 이를 간諫하자 왕이 진노해 그를 옥에 가두었다. 이로써 왕에게 간언하는 자들이 사라졌다고 한다. 의자왕은 재위 15 · 16년인 655 · 656년부터 국가를 이끌어 가는 방향을 잃었다.

고구려에서는 642년 10월 연개소문이 정변을 일으켰다. 그는 100여 명에 달하는 대신을 죽이고 궁에 들어가 영류왕을 죽여 토막을 내어 도랑에 버렸다. 그러고는 영류왕 동생의 아들 장(보장왕)을 세워 왕으로 삼고 자신은 막리지가 되어 666년 죽을 때까지 (또한 고구려가 망할 때까지) 그의 일족과 더불어 고구려의 정권을 장악했다. 연개소문은 국가의 목적과 방향을 옳게 파악하지 못했고, 국가의 대신 대부분을 죽인 결과 나라를 온전히 운영하지 못했다.

신라의 춘추는 왕위에 오르기까지 13년을 더 기다려야 했다. 그러나 선덕여왕의 조카인 그는 칠성우의 강력하고 헌신적인 지원 속에서 왕위에 오를 작업을 착착 진행해나가고 있었다. 춘추뿐 아니라 그를 왕으로 세우려는 칠성우들은 국가가 추구해야 할 목표를 분명히 알고 있었다. 춘추는 신라의 다음 세대를 이끌어나갈 지배자로서의 자질을 확실히 준비해갔고, 그를 중심으로 한 지배 세력은 삼한통합이라는 목표를 설정하고 있었던 것이다.

642년 악연을 맺은 세 사람을 바라보면, 지배자의 능력과 국가를 이끌어나가는 방향과 목표, 그리고 그것을 실현하는 구체적인 수단 등에 따라 나라의 운명이 얼마나 달라지는지 분명히 알 수 있다.

4. 선덕여왕 대의 칠성우와 풍월주, 그들의 활동

칠성우의 활동

칠성우는 진평왕 대에 일종의 비공개 클럽으로 만들어졌고, 선덕여왕 대를 거쳐 진덕왕 대에는 자타가 인정하는 정치 세력이 되어 춘추의 왕위 계승을 준비했다.

그들 칠성우는 선덕여왕 대에 춘추를 왕으로 삼기 위한 작업을 본격적으로 추진하지는 않았다. 그러나 그들은 각기 신라의 중요한 직책을 맡아 활동하며, 성골 왕의 시대가 끝나면 춘추를 왕으로 삼기로 의중을 모았을 것이다.

칠성우, 은밀히 준비하다

선덕여왕 대에 칠성우가 왕정을 장악한 것은 아니었다. 그러나 시간이 지나며 칠성우는 점차 왕정의 최일선에 다가섰다.

선덕여왕 대에 신료의 우두머리인 상대등으로 있던 사람은 을제(632년 2월~636년 1월), 수품(636년 1월~645년 11월), 비담(645년 11월~647년 1월)이다. 한편 칠성우 중에는 상대등이 된 사람이 없었다. 이는 무엇을 의미할까?

선덕여왕 대에 칠성우들은 아직 최고의 정치적 지위를 차지하지는 못했던 것이다. 칠성우에게 선덕여왕 대는 춘추를 왕으로 삼기 위한 은밀한 준비 기간에 해당했다. 만천하에 그들의 세력을 노출시키기에는 아직 시간이 일렀다. 또한 경쟁자도 많았다.

귀천을 가리지 않고 인재를 등용한 문노파 계통의 칠성우

칠성우는 대체로 문노가 만든 호국선 계통에 속했다. 문노파는 귀천을 가리지 않고 내외에서 인재를 등용해 국력을 강화하려는 자들로 통합원류라고 불리기도 했다. 이들은 문노파 중 가장 정예였다.[132] 바로 그러한 문노파에서 칠성우가 나온 것이다. 칠성우는 삼한통합을 위해 신분에 구애되지 않고 인재를 등용해 세력을 키웠다. 이로써 춘추의 왕위 계승과 삼한통합에 힘을 제공하는 집단을 형성해갔다.

칠성우와 통일지업統一之業

여기서 칠성우들이 갖고 있던 국가 운영의 목표와 방향을 볼 수 있다. 칠성우는 남산에 모여 국가의 중대사를 의논했는데, 그 결과 삼

---

132 『화랑세기』 10세 미생랑, pp. 156~157.

한을 통일하는 일이 그들로부터 많이 시작되었다고 신라인들이 보았다.[133]

칠성우 중 유신은 백제와 고구려를 정복함으로써 삼한을 통합하는 데 가장 큰 역할을 한 인물이다. 임종공은 미생랑이 10세 풍월주로 있던 시기(585~588)에 나뉜 화랑도의 5개 파 중 첫 번째인 통합원류파의 우두머리였다. 이 파는 귀천을 가리지 않고 내외에서 인재를 등용해 국력을 강하게 만들려던 사람들로 대개 문노파 중 가장 정예들이었다.[134]

문노는 삼한통합 수십 년 전인 606년에 세상을 떠난 인물이다. 그러나 문노는 용맹을 좋아하고 문장에 능했으며 아랫사람 사랑하기를 자기를 사랑하는 것처럼 했으며 청탁에 구애되지 않고 자기에게 귀의하는 자는 모두 받아주었다. 따라서 명성이 크게 떨쳤고 낭도들이 죽음으로써 충성을 바치기를 원했다. 무사의 기풍이 이로써 일어났다. 통일 대업이 그로부터 싹트지 않음이 없었다고 한다.[135]

다른 사람들의 활동에 대해서는 뒤에서 다루기로 한다. 다만 칠성우들은 각기 특정한 부문의 전문가들로 모두 삼한통합을 이루는 데 기여한 것이 사실이다.

133 『화랑세기』 14세 호림공, pp. 230~231.
134 『화랑세기』 10세 미생랑, pp. 156~157.
135 『화랑세기』 8세 문노, pp. 122~123.
136 『화랑세기』 17세 염장공, pp. 258~259.
137 『화랑세기』 17세 염장공, pp. 256~259.

춘추와 유신에게 재물(정치자금)을 제공한 칠성우 염장

유신이 춘추를 왕위에 올리는 데에는 준비할 사항이 적지 않았다. 그중 재정적 후원도 필수적이었다. 염장이 그 문제를 해결했다.

염장은 칠성우의 한 사람이었다. 17세 풍월주에서 물러난 염장은 진평왕 53년(631) 5월 칠숙의 반란 때 선덕공주를 도와 공을 세웠다. 선덕여왕이 즉위하자 조정에 나가 활동했고, 이는 춘추와 유신에게 큰 힘이 되었다. 국가의 재정을 관장하는 조부調府의 장관인 영이 되어 유신과 춘추에게 정치자금을 공급한 것이다. 염장의 활동으로 춘추의 왕위 계승에 필요한 경제적 문제가 해결된 것은 중요한 의미를 지닌다.

한편 염장은 자신도 사적으로 치부를 했다.[136] 당시 신라 사람들이 염장의 집을 가리켜 수망택水望宅이라 불렀다. 금이 들어가는 것을 바라보면 마치 홍수와 같아 이른 말이다. 세상 사람들은 그를 10세 풍월주를 지낸 미생과 비교했는데, 미생은 극도로 사치를 했으나 염장은 검약을 몸소 실천했으니 그 부유함이 미생보다 많았다고 한다.[137]

한편 19세 풍월주를 지낸 흠순도 염장에게 재물을 얻어 썼다. 흠순은 치부에 밝지 못해 늘 염장에게 재물을 구했다. 염장이 웃으며 "네가 나를 곳간으로 삼는데 나의 아이들을 기르지 않는다면 나는 손해다" 했다. 흠순은 이에 여러 아들에게 염장의 딸을 아내로 맞게 해 그 딸들이 염장의 재산을 나누어 시집오게 했다. 그의 부인 보단은 "염(장공)형은 색을 좋아하고 재물을 탐하니 그 딸을 맞으면 가풍을 상하게 될까 염려됩니다" 했다. 흠순은 "색을 좋아하는 것은 성품이오. 나 또한 그대가 없었다면 곧 염형과 같았을 것이다. 내가 재물을 탐했다면 집이 부유해져서 그대를 고생시키지 않았을 것이니, 호색탐재好色貪財 또한 할 만하지 않는가?" 했다. 보단은 막을 수 없었다. 염장의 딸은 과연 행실이 없었다. 흠순은 심하게 책망하지 않았다. 흠순의 셋째 아들만 홀로 염장의 딸을 버리고 유신의 딸 영광을 아내로 맞아 아들 영윤을 낳았는데, 그가 곧 반굴이다. 부자가 마침내 전쟁에서 죽었으니 아름다운 이름이 백세에 남을 것이라 했다. 넷째 아들 원수, 여섯 째 아들 원선은 중시가 되었는데 모두 보단의 소생이다. 아홉째 아들 원훈 또한 중시였는데 이단의 소생이다. 모두 흠순의 음덕이 이룬 것이다.[138]

염장이 조부의 영이 된 것은 춘추에게 다행스런 일이었다. 염장은 춘추뿐 아니라 유신과 그의 동생 흠순에게도 재물을 공급해주었다. 물론 춘추와 유신에게는 조건 없이 재물을 주었고, 위에서 확인할 수 있듯 흠순에게는 조건을 달아 재물을 주었다. 염장으로부터 재물을 공급받은 사람들은 정치적 행동에 힘을 얻었을 것이다.

아울러 칠성우들은 모두 염장으로부터 재물을 공급받았을 것이다. 그 덕분에 칠성우는 각기 세력들을 거느릴 수 있었다. 염장이 제공한 재물은 춘추를 왕으로 삼기 위한 칠성우의 정치자금이었던 셈이다.

알천의 군사적 활동

알천은 선덕여왕의 명으로 636년 여근곡에 가서 백제 병사들을 모

---

138 『화랑세기』 19세 흠순공, pp. 270~273.
139 『삼국사기』 5, 「신라본기」 5, 선덕왕 5년.
140 『삼국사기』 41, 「열전」 1, 김유신 상.

두 죽인 일로써 선덕과 관련을 맺었다.[139]

선덕여왕 6년(637) 7월, 알천은 대장군으로 임명되었다. 638년 10월 고구려가 북쪽 칠중성을 침범하자 백성들이 놀라 산골짜기로 숨었는데, 선덕여왕이 대장군 알천에게 진압을 명했다. 11월에 알천이 고구려 군사와 칠중성 밖에서 싸웠는데 죽이고 사로잡은 자가 매우 많았다. 이처럼 알천은 선덕여왕 대에 대장군으로서 군사적인 면에서 핵심적인 역할을 수행했다. 결국 그는 진덕여왕 즉위 후 상대등으로 임명되었다.

유신의 활동[140]

진평왕 51년(629) 낭비성 전투에서 공을 세운 뒤 여러 해에 걸쳐 유신의 행적은 기록되어있지 않다. 그의 이후 활동은 선덕여왕 11년(642) 고구려에 억류된 춘추를 구하러 진격했다는 기록에서부터 확인할 수 있다.

춘추가 고구려에서 돌아온 후 유신은 압량주 군주가 되었다. 선덕여왕 13년(644)에 소판이 되었고, 그해 9월에 상장군이 되어 군사를 거느리고 백제의 가혜성, 성열성, 동화성 등 7개 성을 쳐서 크게 이겼다. 이로써 가혜진을 열었다.

이어 645년 정월, 백제 대군이 신라 매리포성을 공격한다는 봉인(封人, 국경을 지키는 관리)의 급보가 있었다. 왕이 다시 유신을 상주 장군으로 임명해 이를 막게 하니, 유신이 명을 받자마자 말에 올라 처자도 보지 않고 백제군을 맞아 적병 2000여 명의 목을 베었다.

645년 3월에 유신이 왕궁에 돌아와 복명했는데, 집에 돌아가기도 전에 또 급한 보고가 있었다. 백제 군대가 국경에 주둔해 장차 크게 병력을 일으켜 신라를 공격하려 한다는 것이었다. 급박한 상황이기에 왕은 "나라의 존망이 그대 한 몸에 달렸으니 수고로움을 거리끼지 말고 가서 일을 성취하기 바라오" 하며 그에게 다시 출정할 것을 명했다. 유신은 집에 돌아가지 않고 밤낮으로 군사를 훈련한 뒤 백제로 가는 길에 집 문 앞을 지나게 되었다. 집안 사람들이 모두 그를 바라보며 눈물을 흘렸으나 그는 돌아보지 않고 갔다.[141]

이 장면에 대해 『삼국사기』 열전은 다음과 같이 전한다. 이때 집안 사람들이 모두 문밖에 나와서 유신이 오기를 기다렸는데, 유신은 돌아보지 않고 문 앞을 지나갔다. 50보쯤 지나갔을 무렵, 그는 말을 멈추고 자기 집의 우물물을 떠오게 해 마시며 "우리 집 물은 아직 옛 맛 그대로구나" 했다. 이에 모든 병사가 말하기를 "대장군께서 이와 같이 하시는데 우리가 어찌 가족과 이별했다고 한탄하겠는가?" 했다. 국경에 이르니 백제 군대가 신라 군대의 방비를 보고 감히 쳐들어오지 못했다. 대왕이 이 소식을 듣고 매우 기뻐하며 유신의 작위를 올려 상을 주었다.[142]

645년, 유신은 51살이었다. 그 무렵 유신은 643년에 압량주 군주를 거쳐 645년 상장군이 되었다. 유신은 군사 엘리트의 길을 착실히 걸으며 춘추를 왕위에 올리기 위한 준비를 계속해나갔다. 칠성우들의 중심에 유신이 우뚝 선 것이다.

선덕여왕 대에 유신의 군사적 활동은 점차 중요해져갔다. 유신

---

141 『삼국사기』 5, 「신라본기」 5, 선덕왕 14년.
142 『삼국사기』 41, 「열전」 1, 김유신 상.

은 압독주(압량주) 군주를 거쳤다. 춘추의 둘째 아들 김인문도 압독주 군주를 거친 바 있다. 압독주는 백제나 고구려의 침략으로부터 왕경을 지키는 관문 구실을 하는 곳이었다. 왕경에 가까운 위치에 있던 압독주의 군주는 군대를 훈련시켜 전쟁 준비를 했으며, 유사시에 쉽게 백제와 고구려를 침공할 수 있는 위치에 있기도 해 중요한 전진기지 역할을 겸했다.

선덕여왕과 불교, 호림공의 아들 자장과 황룡사 9층탑

칠성우는 다양한 직책을 가지고 하나의 결집된 힘을 만들어나갔다. 그중 불교와 관련된 인물도 있었다. 바로 호림과 그의 아들 자장이다.

진흥왕 대에 축조된 황룡사는 성골 왕 시대 왕국의 사찰이자 왕실의 사찰이었다. 636년 선덕여왕이 병들었는데, 의술과 기도로 치료할 수 없자 황룡사에서 백고좌회를 열어 승려를 모아 인왕경을 강론케 하고 100명에게 도승(度僧, 승려가 되는 것)을 허락했던 사례가 이를 뒷받침한다.

그런데 선덕여왕과 관련해 주목할 사실은 황룡사에 9층탑을 건축한 일이다. 이 탑은 자장의 요청으로 축조되었다. 1964년 도굴되었다가 1966년에 회수된 바 있는 황룡사 9층탑 사리함의 기록 『황룡사 찰주본기』에는 신화화되기 이전의 사실을 보여주는 내용이 있다.

황룡사 9층탑은 선덕대왕 대에 세운 것이다. 일찍이 선종랑이라는 진골 귀인이 있었는데 어려서 살생을 좋아해 매를 놓아 꿩을 잡곤 했다. 하루는 꿩이 눈물을 흘리며 울자 이에 감동 받아 불교에 들어가기로 마음먹고 출가해 법호를 자장이라 했다. (선덕)대왕 즉위 7년째(인평

5년 무술)인 대당 정관 12년, 신라의 국사 신통을 수행하러 서국에 들어갔다. 선덕왕 12년(계묘)에 본국으로 돌아가려고 남산의 원향선사에게 머리 조아려 하직했는데, 선사가 "내가 관심觀心으로 그대의 나라를 보매, 황룡사에 9층탑을 세우면 해동의 여러 나라가 모두 그대의 나라에 항복할 것이다" 했다. 자장이 이 말을 듣고 돌아와 왕에게 보고하자, 왕은 이간 용수를 감군으로 삼아 대장大匠인 백제의 아비 등과 소장 2백여 인을 데리고 탑을 세우도록 했다. 선덕여왕 14년(을묘)에 처음 건립하기 시작해 4월에 찰주를 세우고 이듬해에 모두 마쳤다. 철반 위쪽은 높이가 7보이고 그 아랫부분은 높이가 30보 3자이다. 삼한을 통합해 지금까지 군신이 안락한 것은 이에 힘입은 것이다.[143]

이와 관련된 이야기가 『삼국유사』에도 나오는데 이는 신화화된 내용이다.[144] 따라서 그 구체적인 내용은 다루지 않기로 한다. 다만 주목되는 사실만 지적하겠다.

첫째, 자장이 만난 문수보살이 말하기를, 신라 국왕은 천축의 찰리종 왕인데 일찍이 불기를 받았으므로 특별한 인연이 있어 동이東夷나 다른 족속들과는 다르다고 했다는 것이다. 이는 신라의 성골 왕들이 불가의 일원이라는 믿음을 신라인에게 심어주려는 것이었다.

둘째, 자장이 태화지 변에서 만난 신인의 질문에 "우리나라는 북쪽에 말갈이 이어져있고 남쪽으로는 왜국이 인접해있으며, 고구

---

143 경문왕 12년(872)에 작성된 『황룡사 찰주본기』의 기록이다.
144 『삼국유사』, 3, 「탑상」, 4, 황룡사 9층탑.
145 『삼국유사』, 3, 「탑상」, 4, 황룡사 9층탑.

려와 백제 두 나라가 번갈아 변경을 침범하는 등 이웃의 구적寇賊들이 횡행하니, 이것을 백성들이 걱정하고 있습니다"하고 대답했다는 내용이다. 이는 유신이나 춘추 등 신라인 모두가 같은 생각을 가지고 있었음을 말해준다.

셋째, 신라는 여왕이 통치해 덕은 있어도 위엄은 없기에 이웃 나라가 침략을 꾀하는데, 9층탑을 세우면 이웃 나라는 항복해오고 구한九韓이 조공을 바치게 되어 국조國朝가 길이 태평할 것이라 했다는 내용도 주목할 만하다.

자장법사는 643년 3월 16일 당 태종으로부터 받은 불경·불상·가사·폐백 등을 가지고 신라에 돌아와서 탑을 세울 일을 선덕여왕에게 아뢰었다. 이에 따라 백제의 공장 아비지에게 석재와 목재로 건축하도록 했으며, 이찬 용춘(혹은 용수)이 그 일을 주관했는데 거느린 소장이 200명이었다고 한다. 「찰주기刹柱記」에는 철반 이상의 높이는 42자이고 이하는 183자라 했다고 기록되어있다.[145]

황룡사 9층탑을 세운 자장은 14세 풍월주를 지낸 호림공의 아들이다. 호림공은 칠성우의 한 사람으로 풍월주에서 물러난 후 불법을 일으키는 데 힘썼다. 이로써 호림공의 아들인 자장은 아버지의 뒤를 이어 불교계를 이끌어갔음을 알 수 있다. 아울러 자장 역시 칠성우와 마찬가지로 고구려와 백제의 침략을 국가의 가장 큰 걱정거리로 생각하고 있었음을 확인할 수 있다. 삼한통합 이전 신라인이 생각하는 국가의 목표는 뚜렷했다.

선덕여왕 대의 풍월주들

이 시기에도 풍월주는 있었다. 20세 예원(632~634), 21세 선품

(634~637), 22세 양도(637~640), 23세 군관(640~643), 24세 천광 (643~647), 이렇게 다섯 명이 풍월주로 재임했다. 이들 중에는 퇴임 후나 재임 중에 왕을 위해 활동한 사람이 있었다.

20세 풍월주 예원은 648년 춘추의 당나라행 당시 선화 3인 중 한 사람으로 갔었다. 그는 당나라에서 돌아온 후 품주가 되었다가 이어 예부, 이부의 영이 되었으며, 673년에는 집사부의 대등(쥬시)으로 관아에서 죽었다. 문무제가 슬퍼하여 상대등의 예로 장사를 지내주었다.[146]

21세 풍월주 선품은 풍월주를 물러난 후 예원을 따라 내성에 들어갔다가 예부로 옮겼다. 643년에 왕명으로 사신이 되어 당나라에 갔다가 병을 얻어 돌아와 곧 죽었다. 선품의 딸 자의는 문무제의 왕후가 되어 그를 파진찬으로 추증했다.

22세 풍월주 양도의 어머니 양명공주는 진평왕의 딸이었다. 진평왕은 양도의 총명함을 사랑해 늘 궁중에 불러들여 내사內賜를 많이 했다. 양도는 왕에게 받은 것들을 혼자 가지지 않고 번번이 양명공주에게 바쳐 동기들과 고르게 나누었다. 양도가 풍월주가 될 때 부제의 지위를 다투는 일이 벌어졌다. 그는 풍월주로 있으며 낭두 7급을 9급으로 고쳤고, 입망入望의 법을 개혁했다. 풍월주로서 전횡이 많아 그를 칭찬하지 않는 사람이 많았다. 그는 사람 섬기기를 잘하는 성품이었고 일의 추이에 밝았다. 부처를 숭상하는 것을 좋아했고 공명을 중히 여겼다. 문장을 잘했고 격검에 능했다. 늘 강개하

---

146 『화랑세기』 20세 예원공, pp. 286~287.
147 『화랑세기』 24세 천광공, pp. 334~335.

여 천하를 말하니, 마치 한 세대의 영웅과 같았다. 상선들에게 몸을 굽혀 존경을 표할 때에는 어린아이가 어머니에게 재롱을 떠는 것과 같아서 윗사람들의 기분을 잘 맞추었다. 그림도 많이 그렸는데 진도陳圖를 잘 그렸고 병장기를 정밀하게 그렸다. 훗날 그는 장군이 되었다.

23세 풍월주 군관은 선덕여왕을 입시入侍하여 작위를 뛰어넘어 받았기 때문에 당시 식자들이 그것을 잘못으로 여겼다.

24세 풍월주 천광 때는 국사가 점차 어지러워졌다. 천광과 여러 낭두가 낭도들을 거느리고 친히 활쏘기와 말타기를 익혔는데, 모인 자들 가운데 우수한 자를 선발해 병부에 보충했다. 천광이 5년간 풍월주의 지위에 있는 사이에 낭정은 무사武事로 많이 돌아갔다. 그 무렵 선덕여왕의 병이 위독해지자 비담과 염종이 모반을 했다. 유신이 신주(진덕여왕)를 도와 전쟁을 독려했다. 그때 서울의 군대가 부족하자 천광이 낭도를 모두 동원해 먼저 비담의 진으로 돌격했다. 비담이 패해 달아나고 난이 평정되었다. 천광은 그 공으로 발탁되어 호성장군이 되었다.[147]

5. 비담의 반란을 진압하며
루비콘 강을 건너다

선덕여왕 말년 지배 세력의 대립

선덕여왕 말년에 지배 세력들 사이에 대립이 생겼다. 천광이 풍월
주로 있던 시기(643~647) 국사가 어지러워졌다는 기록이 이를 뒷받
침한다. 정확한 정황은 잘 알 수 없다.

　다만 647년 정월 비담과 염종이 일으킨 반란을 통해 대립의 일
단을 엿볼 수 있다. 반란 세력은 646년 11월 상대등으로 임명된 비
담 일파였다. 비담 세력은 선덕여왕이 죽기 직전 여왕이 아니라 남
자로서 왕위를 이으려 했는데, 그때 상대등 비담은 왕위를 노린 것
으로 보인다.

　반란을 진압한 세력은 647년 2월 상대등으로 임명된 이찬 알천
을 중심으로 한 이들이었다. 바로 칠성우 세력이다. 오랜 기간 하나

의 세력으로 성장해온 칠성우는 주도적으로 비담란을 진압하고 진덕여왕을 추대함으로써 왕정을 장악할 수 있었다.

비담과 염종이 반란을 일으키다

646년 말 또는 647년 초에 선덕여왕은 병이 나 몹시 위독해졌다. 새로운 왕이 즉위해야 할 시기가 도래한 것이다. 그런데 647년 정월 비담과 염종 등이 "여자 임금이 나라를 잘 다스리지 못한다"는 이유로 모반하여 군사를 일으켰다. 그달 8일에 선덕여왕이 죽었다.[148] 진덕여왕 원년(647) 정월 17일 비담을 목 베어 죽였는데 연루되어 죽은 사람이 30명이었다.[149] 이와 같은 「신라본기」의 기록만으로는 비담의 난의 전말과 이면을 잘 알 수 없다.

여기서 『삼국사기』 「열전」을 볼 필요가 있다.[150] 647년은 선덕여왕 말년이고 진덕여왕 원년이다. 상대등 비담 등이 군사를 일으켜 왕을 폐하려 하자 선덕여왕은 스스로 왕성 안에서 막았다. 비담 등은 명활성에 주둔하고 선덕여왕의 군대는 월성에 주둔했다. 비담 세력과 유신을 중심으로 한 왕의 세력이 대치하는 상황이 벌어진 것이다.

심리전을 펴 비담의 난을 진압한 유신

반란을 진압하는 과정에서 유신은 심리전을 펼쳤다. 대치한 지 열흘이 지나도 결판이 나지 않던 중, 한밤중에 큰 별이 월성에 떨어지니 비담 등은 병사들에게 "내가 듣건대 '별이 떨어진 아래에는 반드

---

148 『삼국사기』 5, 「신라본기」 5, 선덕왕 16년.
149 『삼국사기』 5, 「신라본기」 5, 진덕왕 원년.
150 『삼국사기』 41, 「열전」 1, 김유신 상.

시 피가 흐를 것이다'고 하니 이는 여왕이 패할 징조다" 하고 말했다. 사졸들의 환호에 천지가 진동했다. 대왕이 이를 보고 받고 두려워 어쩔 줄 몰랐다.

유신이 왕을 뵙고 말하기를 "길함과 불길함은 정해진 것이 아니라 오직 사람이 초래하는 것입니다. 은의 주왕은 붉은 새가 나타났어도 망했고, 노나라는 기린을 얻었지만 쇠했으며, 은의 고종은 장끼가 울었어도 중흥했고, 정공은 두 마리 용이 싸웠으나 창성했습니다. 이처럼 덕은 요사함을 이깁니다. 별의 변함과 이상함은 두려워할 것이 아니니, 청컨대 왕께서는 두려워하지 마십시오" 했다.

그러고는 허수아비를 만들어 불을 붙인 후 연에 매어 띄우니 마치 하늘로 올라가는 것처럼 보였다. 다음날 사람을 시켜 길거리에서 사람들에게 전하기를 "어젯밤에 떨어진 별이 다시 올라갔다" 했다. 적군에게 의심을 품게 한 것이다. 또 백마를 베어 별이 떨어진 곳에서 제사를 지내고 다음과 같이 빌었다. "하늘의 도는 곧 양은 강하고 음은 부드러우며 사람의 도는 임금은 존귀하고 신하는 낮습니다. 만약 그 질서가 바뀌면 대란이 됩니다. 지금 비담 등이 신하로서 군주에게 모반을 하는데, 이는 아랫사람이 윗사람을 범하는 것입니다. 이 일은 난신적자로서 사람과 신이 함께 싫어하고 천지가 용납할 수 없는 것입니다. 지금 하늘이 이에 대해 뜻이 없는 듯하고 도리어 왕성에 별의 변괴를 보이니, 이는 신이 의심하고 깨달을 수 없는 것입니다. 바라건대 하늘의 위엄은 사람이 하고자 함에 따라 선을 선하게 악을 악하게 하여 신에게 수치를 만들지 말게 하옵소서."

이에 장졸들을 독려해 힘껏 치게 하니 비담 등이 패해 달아났고, 그를 추격해 목 베고 구족을 죽였다.

상대등 비담이 죽음을 무릅쓰고 반란을 일으킨 이유는?

역사의 기록에서 설명하는 반란의 이유는 액면 그대로 받아들이기 어렵다. 사료에 나오는 표면적인 이유와 숨은 이유를 구별해야 하기 때문이다.

비담은 646년 11월 상대등이 된 인물이다. 그런데 647년 정월 초에 반란을 일으켰고 1월 17일 진압되어 목이 떨어졌다. 상대등이 된 지 2개월도 채 되지 않은 그가 반란을 일으킨 데에는 분명 이유가 있을 것이다. 그때 내건 반란 이유는 "여자 임금이 나라를 잘 다스리지 못한다"는 것이었다. 이는 표면적 이유일 뿐이다.

이 사건의 본질은 정치 세력들 사이에 벌어진 죽고 죽이는 싸움이라고 볼 수 있다. 그 한 축에 비담과 염종 등이 있었고, 다른 한 축에는 유신을 비롯한 칠성우 세력이 있었던 것이 틀림없다. 칠성우 측에는 24세 풍월주 천광을 중심으로 한 화랑도가 행동대로 가담했다. 사실 칠성우는 문노 계통의 상선·상화들로 구성되어있었다. 따라서 화랑도가 칠성우의 편에 서는 것은 당연한 일이었다.

유신을 중심으로 한 칠성우는 춘추를 즉시 왕으로 세우려 하지 않았다. 그들은 마지막 남은 성골인 승만(진덕여왕)을 왕으로 삼기로 한 것이다. 비담 세력이 여왕의 즉위를 막겠다는 구실로 난을 일으켜 칠성우와 대결한 것도 바로 이 때문이다.

선덕여왕이 죽고 진덕여왕이 즉위하는 순간은 바로 신라의 정치적 주도권이 칠성우에게 넘어가는 순간이었다. 그런 면에서, 춘추가 표면에 등장하지는 않았지만, 비담의 난은 근본적으로 춘추를 제거하기 위한 반란일 수 있다.

비담의 정치적 모험은 실패로 돌아갔고, 그 결과 그는 난을 일으

.킨 역적으로 역사에 남게 되었다. 반면 비담의 난을 진압한 유신 등 칠성우는 정국의 주도권을 장악하며 춘추를 왕위에 올리는 계기를 마련했다.

비담의 난을 평정한 공을 세운 24세 풍월주 천광

일반적으로 화랑도 중 동도는 나이가 어려 군사로서 활동하기 어려웠다. 그러나 평도와 대도가 되면 사정이 달라졌다.

실제로 『화랑세기』를 통해, 비담의 난을 평정하는 데 화랑도가 공을 세웠다는 사실을 알 수 있다. 24세 풍월주 천광이 그 중심에 있었다. 그는 643년부터 647년까지 풍월주로 있었는데, 그 무렵 국사가 점차 어려워졌다. 앞서 확인한 대로, 천광과 여러 낭두들이 낭도를 거느리고 친히 활을 쏘고 말 달리는 것을 익혔는데, 모인 자들 중 선발해 병부에 보충했다. 천광공이 5년간 풍월주의 지위에 있는 동안 낭정은 무사로 많이 돌아갔다.

선덕여왕의 병이 몹시 위독해지자 비담과 염종이 모반했다. 그 때 서울의 군대가 적어 천광의 낭도를 모두 동원해 먼저 모반 세력을 향해 돌격하게 했다. 이에 비담이 패해 달아나고 난이 평정되었다. 천광은 그 공으로 발탁되어 호성장군이 되었다. 그는 풍월주의 지위를 부제인 춘장에게 넘긴 뒤 왕사에 전념해 변방에 나가 장군이 되고 조정에 들어와 재상이 되는 등 많은 공적을 쌓았다. 이로써 중흥(中興, 삼한통합) 28장將 중의 한 사람이 되었다.[151]

이처럼 화랑도는 비담의 난이 일어났을 때 군사가 부족한 선덕

---

151 『화랑세기』 24세 천광공, pp. 334~335.

여왕의 편에 서서 반란군을 진압하는 군사력을 제공했다. 이는 화랑도의 역할이 무엇이었는지 잘 알려준다.

화랑도의 정치 참여

신라는 화랑도라는 조직을 통해 국가를 이끌어나갈 인재를 공급받았다. 인재 양성 없이 국가는 유지될 수 없다. 특히 화랑도들이 지닌 호국 정신도 화랑도 활동을 통해 만들어진 것이다. 어린 나이부터 활동한 화랑과 낭도는 일찌감치 국가에 대한 충성과 부모에 대한 효도를 익혔다.

『화랑세기』에 나오는 근친혼 등의 현상을 꼬집어 화랑도가 갖는 중요성을 부인하는 것은 정당한 일이 아니다. 그것은 신라에 대해 제대로 알지 못해 갖게 되는 생각이다. 천광이 비담의 난을 진압하는 데 공을 세운 것을 보면 화랑도가 정치와 무관하지 않았음을 알 수 있다.

칠성우 역시 화랑도 활동을 통해 맺어진 세력이었다. 어린 나이에 화랑도 활동을 통해 만난 지배 세력 중 일부가 유신을 중심으로 한 칠성우로 발전했고, 그들은 선덕여왕 대에 이르러 왕정을 장악한 세력으로 성장해나갔다.

6. 중국 문명의 수용과 갈등

신라 국제화의 한 모습, 당 국학으로의 유학생 파견

신라의 왕이 중심이 되어 당나라에 유학생을 파견한 이유는 무엇일까? 유학을 마치고 귀국한 젊은이들은 신라 사회를 어떻게 변화시켰을까? 신라의 유학생들은 신라 사회에 중국의 문화를 소개하는 데 주도적인 역할을 한 것이 틀림없다.

선덕여왕 9년(640) 5월, 왕은 자제들을 당의 국학에 입학시켜주기를 청했다. 그때 당 태종은 천하의 명유들을 모아 학관을 삼았다. 당 태종은 자주 국자감에 들러 그들의 강론을 경청했다. 학생으로서 대경 중 한 가지 이상에 능통한 사람에게는 모두 관직을 주었고, 학사를 1200칸으로 증축해 3260명의 학생을 받아들이니 사방에서 공부하려는 자들이 경사(京師, 당의 서울)에 구름처럼 몰렸다. 고구려·

백제·고창·토번에서도 자제를 보내 입학시켰다.

당시 당나라의 수도 장안은 세계도시로서의 면모를 보여주고 있었다. 신라인도 당나라 국학에 입학해 유학을 공부했다. 이는 선덕여왕 대 신라가 국제화를 위한 조치를 취했음을 뜻한다.

648년 춘추가 당나라에 가서 당 태종에게 첫 번째로 청한 것은 바로 국학에 가서 유교 경전 강론을 보고 싶다는 것이었다. 이처럼 신라인들은 당나라의 국학에 관심이 컸다. 진덕여왕 대에 집사부를 설치하고 보다 행정적인 장치를 통해 국가를 통치하는 방법을 강구하면서부터 유학생들의 활동이 점차 확대된 것으로 보인다.

당나라에 유학한 신라 젊은이들은 유교 경전을 익힌 것은 물론, 당시 제국을 지배한 당나라의 정치제도, 교육제도 등을 몸소 배웠다. 그들은 신라에 돌아온 후 조정에 나가 활동했다. 물론 왕정을 장악한 지배 세력이 있는 한 그들이 할 수 있는 몫은 크지 않았다. 그러나 점차 신라 조정에서도 유능한 신료들이 활동하며 정부 조직을 새롭게 편제해나가게 되었다. 특히 진덕여왕이나 그 후 무열왕·문무왕·신문왕 대의 제도 개혁은 유학생들의 활동을 중심으로 추진되었을 것으로 판단된다.

당의 국학은 내외의 여러 종족을 중국화하는 장치였다

당나라는 제국이었다. 제국을 유지하기 위해서는 제국의 관료를 양성할 필요가 있었다. 국학은 바로 그러한 기능을 가진 기구였다.

한편 제국을 유지하기 위해서는 제국 안의 여러 종족이나 주변의 여러 나라들과 적절한 관계를 유지할 필요가 있었다. 당나라 국학은 국내외의 여러 종족을 한 곳에 모아 유교 경전을 교육시킴으로써 중국 문화권을 만들어나가는 결정적인 장치였다.

신라인들도 당나라 국학에 유학했다. 한편 선덕여왕 대에 국학 학생이 없었던 반면, 백제는 의자왕 대에 국학에 자제를 보내 유학시킨 것을 볼 수 있다.

신국의 도와 중하中夏의 도의 갈등

이 시기 신라인에게는 신국의 도가 있었다.[152] 양도공과 보량이 혼인하는 과정에 그러한 이야기가 나온다. 원래 보량은 진평왕의 후궁이 되어 보로전군을 낳았다. 그런데 승만왕후가 이를 질투해 보량에게 물러나 살도록 했다. 이때 후궁의 지위에서 물러난 보량의 혼인 문제가 불거졌다. 보량은 평소에 양도공을 사랑했던 터라 다른 곳으로 시집가기를 원치 않았다. 양명공주가 이에 진평왕에게 청하기를, 보량으로 하여금 양도를 배필로 맞게 한다면 보종의 혈통을 이었던 자를 얻을 수 있다고 했다. 진평왕이 이를 허락했고 보종공 또한 원했다. 그런데 양도는 본디 신라에서 동기간에 서로 결합하는 풍습을 싫어해 따르지 않았다. 그 때문에 보량은 병이 났다. 양도는 모종과 양명공주 사이에서 출생했고, 보량은 보종과 양명공주 사이에서 출생했다. 따라서 보량과 양도는 이부동모의 남매였던 것이다.

양명공주가 성을 내며 양도공을 책망하니 양도가 부득이 말하기를 "저는 누나를 사랑하지 않는 것이 아니나 사람들이 나무랄까 걱

---

152 『화랑세기』 22세 양도공, pp. 298~301.
153 『화랑세기』 20세 예원공, pp. 286~287.

정이 됩니다. 제가 오랑캐의 풍속을 따르면 엄한 아버지와 자애로운 어머니 그리고 사랑하는 누나 모두가 좋아할 것이지만, 중하의 예를 따르면 아버지, 어머니 그리고 누나 모두가 원망할 것입니다. 저는 오랑캐가 되겠습니다" 했다. 그러자 양명공주가 양도를 감싸 안으며 "참으로 나의 아들이다. 신국에는 신국의 도가 있다. 어찌 중하의 도로써 하겠느냐?" 했다. 이에 양도는 보량을 처로 삼았다.

보량은 보라와 자매간으로 보라는 춘추의 첫 번째 정궁부인이 되어 고타소를 낳은 인물이다. 신라인에게는 신국의 도가 있었는데, 특히 최고 지배 세력들이 혼인을 통해 얽히고설킨 관계를 가졌다. 이러한 신국의 도를 무시하고는 신라 사회를 이해할 수 없다.

그런데 시간이 지나며 지배 세력 사이에 중복된 혼인을 하는 신라의 혼도婚道에 대해 부끄럽게 여기는 사람들이 나타났다. 양도공뿐 아니라 20세 풍월주를 지낸 예원공 또한 그런 사람이었다.[153] 648년 춘추공을 따라 당나라에 갔던 예원공은 당나라 사람 유향이 신라의 혼도에 대해 묻자 부끄러운 마음에 신의 뜻에 따른다고 대답한 바 있다. 그는 귀국한 후 이를 의논해 고치려 했으나 관습이 오래되어 고치기 어려웠다. 그는 이를 항상 근심하며 자손에게 다시는 나쁜 풍습을 따르지 말라고 훈계했다.

그런데 예원공의 아들인 오기공이 사촌 누이 운명을 아내로 맞이했다. 예원공이 노해 이들을 보지 않았다. 그때 흠순공이 웃으며 말하기를 "선품의 딸이니 네가 마땅히 자식으로 여겨야 하는데 도리어 노여워하니 무슨 일인가? 산 자는 불안하고 죽은 자는 원망할 것이다. 네가 그것을 살펴야 한다" 했다. 이에 예원공이 어쩔 수 없이 두 사람의 관계를 허락했다.

운명은 『화랑세기』를 저술한 김대문의 어머니다. 오기공은 원래 『화랑세기』를 저술했던 인물이다. 예원공은 오기공과 운명 사이에서 김대문이 태어나자 기뻐하며 말했다. "하늘의 뜻이구나. 아니면 선품이 이 손자를 점지하려고 너희를 사랑에 빠지도록 했느냐?" 이로써 예원공은 다시는 혼도에 대해 말하지 않았다.

비담란을 진압한 춘추, 루비콘 강을 건너다

위대한 정치 천재 춘추에게도 왕위에 오르기 위해 넘어야 할 산과 건너야 할 강이 있었다. 비담란을 진압한 것은 춘추가 건너야 할 강 중의 하나였다. 647년 정월 17일 상대등 비담이 일으킨 반란을 진압한 세력은 유신을 중심으로 한 칠성우였다. 춘추와 칠성우는 진덕여왕이 즉위하며 신라의 왕정을 장악했다. 647년 2월에 칠성우 중 나이가 많았던 알천을 상대등으로 임명한 것이 그 증거라 하겠다. 춘추와 칠성우는 비담의 난을 진압하며 진덕여왕의 즉위를 도모했는데, 결국 그들은 춘추를 왕으로 삼기 위해 루비콘 강을 건넌 셈이었다. 이제 칠성우는 춘추를 왕으로 옹립하기 위해 여러 개의 산을 넘어야 했다.

7. 국제 정세의 변화

영류왕 대 고구려와 당나라의 관계

7세기 고구려와 중국의 수·당 제국 간에는 기본적으로 적대관계가 형성되어있었다.

627년 황제가 된 당 태종은 즉시 고구려를 침공할 수 없었다. 고구려의 영류왕(618~642)은 당나라와의 외교관계를 효과적으로 전개했다. 622년에는 당 고조의 요청에 따라, 과거 수나라가 고구려에 쳐들어왔을 때 잡아간 고구려인과 화인(華人, 중국사람)을 교환하기로 하고 1만여 명을 돌려보냈다.

영류왕 7년(624) 2월에는 사신을 당나라에 보내 책력을 나누어주기를 청했다. 당나라에서는 형부상서 심숙안을 보내 영류왕을 책명하여 상주국 요동군공 고구려왕으로 삼고, 도사道士에게 명해 천존

상과 도법을 가져가 고구려인에게 『노자』를 강론하게 하여 왕과 국인들이 들었다. 625년에는 영류왕이 당나라에 사람을 보내 불교와 도교의 교법을 배우기를 청하니 황제가 이를 허락했다.

628년 9월에는 사신을 당나라에 보내 태종이 돌궐의 힐리왕을 사로잡은 것을 하례하고 봉역도(고구려 지도)를 바쳤다. 영류왕 14년 (631)에는 당나라가 광주사마 장손사를 고구려에 보내 수나라 전사들의 해골이 묻힌 곳에서 제사지내게 하고, 또 그곳의 경관(京觀, 전공을 기념하기 위해 적군의 시체를 쌓아 흙으로 덮은 봉분)을 헐었다. 640년에는 영류왕이 자제를 당나라에 보내 국학에 입학하기를 청했다.

위 기록만 보면 고구려는 당나라에 많은 것을 양보한 것처럼 보인다. 그러나 고구려 영류왕은 631년 2월 많은 사람을 동원해 장성을 쌓기도 했다. 이 장성은 동북쪽 부여성에서 동남쪽 바다에 이르기까지 1천여 리나 되었으며 16년 만에 공사를 마쳤다고 한다.

영류왕 24년(641)에는 고구려의 태자가 당나라 조정에 참례參禮함에 따라 당 태종이 직방낭중 진대덕을 보내어 그 노고에 답했다. 진대덕은 고구려에 오가며 나라의 허실을 조사해 당 태종에게 보고했다. 그때 당 태종은, 고구려는 본디 한사군 땅이기에 군대를 보내면 그 땅을 빼앗을 수 있는데 산동의 주·현이 피폐해 회복되지 않았으므로 그들을 괴롭히지 않는 것일 뿐이라 했다.

연개소문의 쿠데타와 당 태종의 고구려 침공

연개소문의 쿠데타는 고구려의 운명을 바꾼 사건이었다. 연개소문, 의자왕, 춘추를 비교해보면 그러한 사정을 확인할 수 있다.

영류왕 25년(642)에 왕이 서부대인 연개소문에게 명해 장성 역사를 감독하게 했다. 그해 10월 연개소문이 영류왕을 죽이고 정권을 장악했다. 당 태종은 그 소식을 듣고 궁중의 동산에서 애도의 뜻을 표하고 조서를 내려 물품 300단을 내렸고 사신으로 하여금 부절을 가지고 가서 조상하고 제사지내게 했다.

보장왕 3년(643) 9월 신라는 당나라에 사신을 보내, 백제가 신라의 40여 성을 쳐서 빼앗고 다시 고구려와 군사 연합을 해 당나라에 입조하는 길을 끊고자 한다며 군대를 보내 구원해주기를 청했다. 644년 당 태종은 사신을 고구려에 보내 국서를 내려 신라는 당나라를 잘 섬겨 조공을 폐하지 않으니 고구려와 백제는 마땅히 군사를 거두어야 하며, 만약 신라를 공격한다면 명년에는 군사를 일으켜 고구려를 치겠다고 했다. 그때 연개소문은 신라의 2개 성을 빼앗은 상황이었는데 왕이 불러 돌아갔다. 당나라 사신 상리현장이 신라를 침공하지 말라고 하자 연개소문은 신라와 고구려가 틈이 벌어진 것은 이미 오래된 일이며, 과거 수나라가 고구려를 쳐들어왔을 때 신라가 그 틈을 타 고구려 땅 500리를 빼앗고 돌려주지 않았기에 고구려가 신라를 치는 것을 막을 수 없다고 했다.

상리현장이 돌아와 사정을 보고하자 당 태종은 "연개소문이 임금을 죽이고 대신을 해치고 백성들에게 잔학하고, 이제는 나의 명령까지 어기니 토벌하지 않을 수 없다"고 했다. 644년 7월에 당 태종은 고구려를 치기 위해 영주도독 장검 등을 보내 유주·영주의 군사와 거란·해·말갈의 군사를 거느리고 먼저 요동을 쳐 형세를 보게 하는 등 군대를 동원했다. 644년 9월 연개소문이 백금을 당나라에 바쳤는데 당 태종은 이를 받지 않았다. 또한 연개소문이 관인 50명을 보내 숙위할 것이라 하니 당 태종은 화내며 그들을 모두 옥에 가두었다.

645년 당 태종이 이끄는 당나라 군대가 고구려를 침공했는데 안시성을 함락하지 못하고 돌아가게 되었다. 당 태종은 고구려 침공에 성공하지 못한 것을 탄식하며 "만약 위징이 있었다면 나에게 이번 걸음을 하지 않도록 했을 것이다" 했다고 한다.[154] 646년 5월에 보장왕과 연개소문이 사신을 보내 사죄하고 아울러 미녀 두 사람을 보냈는데 당 태종이 이를 돌려보냈다.

647년과 648년에도 당 태종은 군대를 보내 고구려를 침공했다. 그러는 중인 647년 12월 보장왕의 둘째 아들 임무를 보내 당나라에 들어가 사죄하자, 당 태종이 이를 허락했다.

결국 연개소문의 집권은 신라가 삼한통합을 할 수 있는 원인遠因이 된 사건이었다.

---

154 『삼국사기』 21, 「고구려본기」 9, 보장왕 4년.

소결

선덕여왕 대에 춘추가 보여준 정치 천재의 모습

춘추는 국가의 방향과 공동 목표를 설정해 국론을 통일했다.

642년 8월 백제 장군 윤충에 의해 대야성이 함락되고 성주 품석과 아내 고타소가 죽었다. 그때 춘추는 딸 고타소의 죽음에 대한 복수로 백제를 멸망시킬 것을 결심했다. 그의 결심은 삼한통합으로 이어졌다. 백제를 삼키겠다는 춘추의 결심은 국가의 방향을 정한 것이라 할 수 있다. 비록 개인적 복수심에서 비롯된 일이었으나, 당시 신라인은 백제와 고구려의 전쟁에 피해를 받고 있던 상황이었던 만큼 수많은 신라인의 사적인 복수심은 신라인의 공동 목표가 되었고 결국 국가의 목표가 된 것이다. 이로써 춘추는 삼한통합이라는 국론을 통일한 인물이라 할 수 있다.

춘추는 승부수를 던질 수 있는 배짱을 가진 인물이었다.

642년 춘추는 고구려에 들어가 쿠데타로 정권을 장악한 연개소문과 보장왕을 만났다. 당시 신라와 고구려는 적대관계에 있었지만, 춘추는 백제를 멸망시키기 위해 적국인 고구려에 들어가는 모험을 감행했다. 그는 자신의 운명을 걸고 승부수를 던졌다. 물론 고구려는 신라를 도와주지 않았다. 한국 역사상 춘추만큼 자신의 운명을 걸고 개인적 원한을 갚고 나아가 국가의 위험을 덜려는 외교 활동을 한 인물을 찾아볼 수 없다. 춘추가 당나라에 가서 당 태종을 만난 것은 목숨을 건 활동은 아닐 수 있다. 하지만 돌아오는 길에 바다에서 고구려의 순라병에게 잡혀 죽을 뻔했고, 그때 온군해의 기신지계로 살아났다.

이처럼 춘추가 가진 배짱은 위험 속에서도 소기의 목표를 달성하고, 스스로 목숨을 보전하는 힘을 발휘했다.

춘추는 인맥 관리에 성공했다 : 연개소문·의자왕과 다른 점

백제 의자왕이 즉위한 것은 641년이었고, 연개소문이 쿠데타로 고구려의 왕정을 장악하고 전제한 것은 642년부터였다. 그 무렵 춘추는 선덕여왕의 조카로 왕실에서 중요한 위치에 있었으나 정권을 장악한 것은 아니었다. 춘추가 왕정을 장악한 것은 647년 진덕여왕이 즉위하면서부터이다.

세 사람의 운명은 각자의 선택에 따라 달라졌다. 의자왕은 655년경부터 왕정에는 관심을 버리고 신하들과 더불어 사치하고 음탕한 생활에 빠져들었다. 656년 왕의 잘못을 시정토록 간언한 성충을 옥에 가두자 왕에게 간언을 하는 사람들이 사라지게 되었다. 한편 연개소문은 642년 10월 100여 명의 대신을 죽이고 영류왕을 죽여 시체를 토막 내어 구렁에 버렸다.

춘추는 유신을 중심으로 한 칠성우를 거느리고 선덕여왕과 진덕여왕 대를 거쳐 왕위에 오를 수 있었다. 612년부터 유신은 춘추를 장래 왕위에 오를 인물로 떠받들었다. 그리고 칠성우를 만들어 춘추를 왕으로 삼기 위한 세력을 형성했다. 진덕여왕의 즉위에 그들 칠성우는 결정적 역할을 했다. 진덕여왕의 즉위는 춘추를 왕위에 올리기 위한 준비 과정이었다고 할 수 있다.

물론 칠성우를 중심으로 뭉친 세력도 진덕여왕이 왕위에 오르기까지 세력 다툼을 벌였다. 춘추와 칠성우에 반대하는 계파가 있었기 때문이다. 그러나 춘추의 세력에게는 의자왕이나 연개소문과 다른 점이 분명 있었다. 춘추와 칠성우는 전제를 하지 않았고, 사치와 향락에 빠져 왕정을 무너뜨리는 일을 하지 않았다. 오히려 그들은 삼한통합을 왕정의 목표로 삼아 무섭게 노력했다.

춘추는 유신의 부제와 풍월주를 지내며 화랑도를 거느릴 수 있게 되었다. 그 과정에서 춘추는 화랑과 낭도를 거느리며 위엄을 얻었다. 그들 중에 칠성우가 있었다. 칠성우는 자신들에게는 왕위 계승권이 없다는 사실을 잘 알고 있었기에 춘추를 왕위 계승자로 받든 것이다. 춘추는 인맥 관리에 성공한 인물이었다. 그 결과가 왕위에 오른 것이라 하겠다. 춘추는 왕이 될 훈련을 받았고 그렇게 만들어진 자질로써 칠성우를 비롯한 많은 세력의 추앙을 받을 수 있었다.

목숨을 건 외교 활동으로 보여준 리더십

거듭 이야기하지만, 춘추가 642년에 고구려에 들어가서 연개소문과 보장왕을 만난 것은 목숨을 건 외교 활동이었다. 648년 춘추가 당나라에 가서 당 태종을 만난 것 또한 춘추의 명성을 높이고 왕위 계승의 가능성을 높인 리더십의 표현이었다. 특히 당 태종을 만나 받아낸 약속은 신라의 운명을 결정하는 중요한 결실이었다. 신라인은 그러한 밀약을 알고 있었다. 결국 춘추는 외교 활동을 통해, 신라인들로 하여금 진덕여왕의 뒤를 이어 왕위에 오를 인물로 춘추를 생각하지 않을 수 없게 만든 것이다.

V.
쉼 없는 준비, 구체적인 실천
− 진덕여왕 대, 647~654, 마흔다섯 살~쉰두 살

647년 진덕여왕의 즉위와 함께

칠성우는 왕정을 장악했다.

그들은 춘추를 왕으로 세우기 위한 제도 개혁을

단행했고, 중국화를 시행해나갔다.

춘추는 648년 당나라에 가서 문화를 통한

외교 활동으로 당 태종을 감동시키고

20만 군사 지원을 약속받고 돌아왔다.

이 같은 춘추의 외교 활동은

그가 왕이 되는 정당성을 확보하는

또 하나의 길이 되었다.

1. 춘추의 왕위 계승의 전주곡이 된 진덕여왕의 즉위

마지막 남은 성골 진덕여왕의 즉위

선덕여왕이 죽고 비담의 난이 진압되었을 때 춘추가 왕위에 오를 수 있었을 것이다. 그러나 춘추는 기다렸다. 그 까닭은 무엇일까?

비록 여자지만 성골 진덕이 남아있는 상황에서 섣불리 왕위를 차지하려 했다면 반대 세력의 저항이 만만치 않았을 것이다. 군주로서의 자질을 키워온 춘추였지만, 선덕여왕이 죽자마자 왕이 되는 일은 실패 가능성도 높고 개인적으로도 어마어마한 부담이 되는 일이었을 것이다. 이에 춘추는 몇 년을 더 기다리기로 결심한 것으로 보인다.

진덕여왕은 마지막 남은 성골로서 왕위에 오른 인물이다. 『삼국사기』나 『삼국유사』에서 진덕왕을 마지막 성골로 기록하고 있는 것이 그 증거다.[155] 『삼국사기』는 시조 혁거세부터 28대 진덕여왕까지를 성골이라 한다고 했고, 『삼국유사』는 법흥왕부터 진덕여왕까지를 중고中古라 하고 이때를 성골이라 했다. 전자는 1대에서 28대 왕까지를, 후자는 23대에서 28대까지를 성골이라 한 것이다. 나는 성골에 대해서는 『삼국유사』의 기록이 옳다고 본다. 법흥왕 이전에는 성골의 구분이 없이 진골이란 구분만 있었는데, 법흥왕이 율령을 반포하며 진골 중에서 왕과 그 형제 그리고 그들의 가족으로 이루어진 성골을 만든 것이다.

647년 선덕여왕이 세상을 떠났을 때 성골 거주 구역인 삼궁에 남은 성골은 승만(진덕여왕) 뿐이었다. 따라서 마지막 남은 성골로서 진덕이 왕위에 올랐다. 물론 또 다른 성골 여자가 있었을 수는 있으나 654년 진덕여왕이 세상을 떠날 때까지 성골이 모두 사라진 것은 분명하다. 이처럼 진덕여왕은 마지막 남은 성골이었다. 진덕여왕의 죽음은 춘추의 왕위 계승에 대한 정당성을 부여했다. 춘추가 더 이상 기다릴 이유가 없어진 것이다. 그런 의미에서 진덕여왕의 즉위는 춘추의 왕위 계승을 위한 전주곡이었다고 볼 수 있다.

춘추와 칠성우, 진덕여왕을 즉위시키다

선덕여왕은 636년부터 병이 나 몸이 좋지 않았다고 한다.[156] 어떤 병이었는지는 알 수 없지만 분명한 것은 선덕여왕이 647년 1월 죽음의 문턱에 이르렀다는 사실이다. 실제로 1월 8일 선덕여왕은 세상을 떠났다. 그 열흘 후 비담의 난이 진압되고 그의 목이 떨어졌

155 『삼국사기』 5, 「신라본기」 5, 진덕왕 8년 ; 『삼국유사』 1, 「왕력」 1, 제28진덕여왕.
156 『화랑세기』 24 천광공, 334~335.

다. 또한 비담의 난에 가담했던 조정 신료 30명이 잡혀 죽었다. 그 숫자로 미루어, 조정의 주요 직책을 맡았던 신료 중 적지 않은 수가 반란에 가담했을 것으로 추정할 수 있다.

647년 정월 선덕여왕이 죽음을 맞을 상황에 이르러 상대등 비담 등이 반란을 일으킨 이유는 다음 세 가지로 정리해볼 수 있다. 첫째, 또 다른 여왕의 즉위를 막기 위한 것일 수 있다. 둘째, 상대등 비담 스스로 왕이 되려 한 것일 수 있다. 셋째, 춘추를 왕으로 삼으려는 칠성우 세력과 맞서기 위한 것일 수 있다.

비담의 난이 성공했을 경우 어떤 변화가 생겼을까? 우선 진덕여왕의 즉위가 불가능해졌을 것이다. 아울러 신라의 왕위는 비담이 차지했을 수 있다. 둘째, 진덕여왕을 왕위에 올린 칠성우 세력이 제거되었을 수 있다. 동시에 춘추 세력도 제거되었을 가능성이 크다.

이렇게 볼 때, 비담의 난은 신라의 운명을 바꿀 뻔한 사건이었음을 알 수 있다. 그러나 결국 춘추를 왕으로 세우고자 한 칠성우의 승리로 끝났다.

진덕여왕 즉위는 춘추 세력의 승리였다 : 대망을 드러내다

진덕여왕은 마지막 남은 성골로서 즉위했다. 선덕여왕을 왕으로 세울 때 진평왕은 망설인 바 있다. 비록 성골이지만 여자를 왕으로 세우는 것이 문제가 될 수 있었기 때문이다. 그러나 진평왕은 결국 선덕공주를 왕위 계승자로 삼아 20년을 기다리게 한 후 왕위에 올려주었다. 성골인 진덕여왕의 즉위에는 그와 같은 망설임이 필요 없었다. 이미 성골 여왕의 즉위를 경험한 덕분이었다.

그런데 진덕여왕의 즉위에는 또 다른 배경이 있었다. 칠성우는 여

자지만 엄연한 성골인 승만을 제쳐두고 춘추를 왕위에 올리기에는 아직 여건이 무르익지 않았음을 고려한 것이다. 춘추를 왕으로 세우려는 계획에 반대하는 세력이 남아있었을 가능성도 있다.

칠성우는 무리해서 춘추를 왕으로 세우기보다 좀 더 때를 기다리기로 한 것이다. 그 결정은 유신을 중심으로 한 칠성우들이 한 것일 수 있지만, 춘추 자신이 택한 것일 수도 있다. 어차피 진덕여왕이 죽으면 성골의 대가 완전히 끊기는데, 군이 당시 사람들의 반대를 무릅쓰는 무리수를 두지 않은 것이다. 이유가 어떻든 춘추는 또 기다렸다. 진덕여왕이 세상을 떠날 때까지 또 한 번 기다림의 세월을 보낸 것이다.

그러나 분명한 사실은 진덕여왕 대에 이르러 춘추와 칠성우는 그들의 대망을 숨기지 않았다는 점이다. 그들은 춘추를 왕으로 삼기 위한 치밀한 전략과 계략을 실행해나갔다.

진덕여왕을 추종한 세력은 있었을까?

진덕여왕 즉위 무렵, 그를 추종하는 세력이 있었을까? 앞서 본 바와 같이, 상대등 비담과 염종 등이 여왕이 나라를 잘 다스리지 못한다는 이유를 들어 반란을 일으켰다. 1월 17일 이들을 처형했는데, 이때 함께 처형된 사람이 30명이나 되었다. 조정 신료 중 많은 수가 진덕에게 등을 돌리고 있었던 것이다. 그렇다면 칠성우를 진덕여왕의 추종 세력이라 할 수 있을까? 칠성우는 춘추의 세력이었지 진덕여왕의 세력은 아니었다. 결국 진덕여왕에게는 추종 세력이 없었다고 보아야 할 것이다. 칠성우들은 일단 진덕여왕을 즉위시킨 다음, 언제인가 춘추를 즉위시키려는 의도를 가지고 있었다.

2. 진덕여왕 대의 춘추

춘추를 왕으로 세우기 위한 준비 기간으로서의 진덕여왕 대

647년 왕위에 오른 진덕여왕은 654년 세상을 떠났다. 진덕여왕의 재위 8년간은 춘추의 왕위 계승을 위한 준비 기간이었다. 이 기간은 춘추에게는 단순한 기다림의 시간이 아니었던 것이다.

이 시기 칠성우들은 조정의 요직을 차지하며 왕정의 표면에 나서 진골 왕의 시대를 준비했다. 선덕여왕 대까지 칠성우는 그와 같은 조정의 지위를 차지하고 왕정을 좌지우지할 수 없었다. 하지만 진덕여왕 대는 전적으로 칠성우의 세상이 되었다. 칠성우는 국가의 목표와 방향, 이를 실행할 구체적인 수단과 방법을 강구하고 실천했다. 그 구체적인 내용은 뒤이어 보겠다.

춘추와 육촌 간이었던 진덕여왕

춘추와 진덕여왕은 육촌 간이었다. 두 사람의 가계를 소급해 올라가면 춘추-용수공-진지왕-진흥왕으로, 진덕여왕-국반(진안갈문왕)-동륜-진흥왕으로 이어진다. 두 사람의 증조할아버지가 진흥왕이다.

진덕여왕의 즉위는 춘추와 칠성우의 작전으로 성사된 일이다. 사실 진덕여왕에게 어떤 추종 세력이 있었는지도 알 길이 없지만, 앞서 살펴본 대로 진덕여왕을 추종한 세력은 점차 사라진 것이 아니었나 생각된다.

춘추와 선덕여왕은 조카와 이모 사이였던 반면, 진덕여왕과 춘추는 촌수가 멀었다. 그러나 아무런 세력도 거느리지 못한 진덕여왕을 왕으로 내세워 춘추와 칠성우는 시간을 번 것으로 보인다.

진덕여왕 대에 춘추는 동궁이었나?

『삼국유사』에 따르면, 춘추는 동궁東宮으로 있을 때 고구려를 정복하려 청병을 하러 당나라에 들어갔다. 당 태종이 춘추의 풍채를 보고는 신성한 사람이라 칭찬하며 곁에 머물러 시위侍衛하도록 했으나 그는 힘써 청해 돌아왔다.[157]

648년 당나라에 다녀온 춘추를 동궁, 곧 태자로 표현한 까닭은 무엇일까? 그 무렵 그가 태자가 되어있었던 것일까? 아니면 결과적으로 춘추가 왕위에 올랐기에 후대에 『삼국유사』의 찬자가 그렇게 기록한 것일까? 또는 춘추가 당나라에 갈 때 거짓으로 동궁이라고

---

157 『삼국유사』 1, 「기이」 2, 태종춘추공.
158 『삼국사기』 5, 「신라본기」 5, 태종무열왕 즉위 조.

했던 것일까?

여기서 진덕여왕의 즉위가 춘추를 왕으로 세우려던 세력에 의해 이루어졌다는 사실을 눈여겨볼 필요가 있다. 진덕여왕 대에 공식적으로 춘추를 동궁으로 삼았는지는 알 수 없으나, 실질적으로 춘추는 동궁으로 인정되고 있었다고 추정할 수 있는 것이다. 설령 춘추가 동궁으로 책봉되지 않았을지라도 이미 춘추의 세력은 진덕여왕을 제압하고 있었다.

진덕여왕 대 칠성우의 정권 장악

진덕여왕의 즉위는 춘추와 칠성우가 기획한 작품이었다. 따라서 진덕여왕 대에 그들은 왕정을 완전히 장악할 수 있었다

『삼국사기』에는 춘추가 진덕여왕을 섬겨 이찬의 관위를 가졌고 당 태종은 특진을 제수했다는 기록이 있다.[158] 이처럼 춘추는 진덕여왕으로부터 최고의 관위를 받았다. 이는 그가 장차 왕위를 계승하는 데 큰 도움이 되었을 것이다.

진덕여왕을 책봉한 당나라

신라의 왕들은 중국으로부터 왕으로 책봉되기를 원했다. 중국의 책봉은 왕의 권위를 높여준 것이 사실이다.

진덕여왕 원년 2월(?) 당 태종이 사신을 시켜 부절을 보내 전왕(선덕여왕)을 증직贈職해 광록대부로 삼고, 이어 진덕여왕을 책봉해 주국으로 삼아 낙랑군 왕으로 봉했다.

한편 진덕여왕 대에 신라는 당나라에 사신을 파견했다. 진덕여왕 원년 7월 사신을 당나라에 보내 사은했다. 같은 달에는 연호를

태화太和로 고쳤다. 진덕여왕 2년(648) 겨울에는 한질허를 보내 당나라에 조공했다. 당 태종이 어사에게 명하여 묻기를 "신하로서 대조(大朝, 당나라)를 섬기는 신라가 어찌 달리 연호를 칭하는가?" 했다. 한질허는 "일찍이 천자의 조정에서 저희에게 정삭正朔을 반포하지 않았기에 선조 법흥왕 이래 사사로이 연호를 사용했지만 만약 대조의 명이 있으면 소국小國에서 어찌 다시 사용하겠습니까?" 하고 대답해 당 태종을 설득했다.

3. 칠성우, 왕정을 장악하다

알천, 상대등이 되다

647년에서 654년까지 8년 동안 칠성우와 그의 아들들이 신라 조정을 장악하는 상황이 벌어졌다. 우선 진덕여왕 원년(647) 2월 알천이 상대등에 올랐다. 그는 칠성우의 맨 윗자리에 있었던 인물이다. 알천의 아들 천존은 649년 대장군 유신과 죽지와 함께 백제와의 전쟁에 장군으로 참전했다.[159] 알천은 아들과 함께 조정에 참여해 왕사를 맡았던 것이다.

---

159 『삼국사기』 5, 「신라본기」 5, 진덕왕 3년.

유신, 위엄으로 칠성우를 복종시키다

유신은 648년 압독주 도독(군주)을 거쳐 649년에는 대장군이 되었다. 유신은 백제와의 전쟁을 이끈 중심인물이다. 진덕여왕 대 유신의 행적에 대한 자료는 많지 않다. 그러나 이때 유신은 더욱 활발하게 움직이며 춘추를 왕으로 삼기 위한 계획을 실현시켜 나간 것이 분명하다. 이와 관련해, 칠성우 중 여섯 명이 남산 우지암에 모여 국사를 의논할 때 알천이 석수에 있었지만, 모든 사람이 유신의 위엄에 복종했다는 『삼국유사』 진덕왕 조의 기록은 주목할 만하다.[160] 유신은 진덕여왕 대에도 칠성우를 이끌어 나간 중심인물이었다.

술종의 아들 죽지, 집사부 중시가 되다

칠성우는 시간이 지나며 그 구성원에 변화가 생기기도 했다. 술종공의 아들이 정치의 일선에 나서서 춘추를 위해 활동한 것이 그 대표적 사례다.

술종은 이 무렵 어떤 관직을 차지했는지 알 수 없다. 다만 『삼국유사』에 나오는 효소왕 대 죽지랑 조의 기록[161]을 보면, 언제인가 술종은 삭주 도독이 되었음을 알 수 있다. 술종이 임지로 갈 때 삼한에 병란이 일어났기에 기병 3000명으로 호위해 보냈다. 일행이 죽지령에 이르렀을 때 한 거사가 나와 그 고갯길을 닦고 있었다. 술종은 그 거사를 보고 감복했고, 거사도 술종의 위세가 매우 성한 것을 보고 감탄했다. 술종이 임지에 간 지 한 달 만에 거사가 방으로 들어오는 꿈을 꾸었다.

---

160 『삼국유사』 1, 「기이」 2, 진덕왕.
161 『삼국유사』 1, 「기이」 2, 효소왕 대 죽지랑.

그의 부인도 같은 꿈을 꾸었기에 더욱 이상하고 놀랍게 여겨 다음 날 사람을 시켜 거사의 안부를 묻게 했다. 심부름 갔던 사람이 돌아와 거사가 죽었다는 소식을 전했는데, 그가 죽은 날은 술종이 꿈꾼 날과 같은 날이었다. 술종이 말하기를, 아마 거사가 우리 집에서 태어나려는가 보다 했다. 술종은 군사를 보내 거사를 죽지령 북쪽 봉우리에 안장하고 돌미륵 한 구를 무덤 앞에 안치했다. 술종의 부인은 거사 꿈을 꾼 날부터 태기가 있었고, 아이가 태어나자 이름을 죽지라 지었다.

죽지는 훗날 유신공의 부수가 되어 삼한을 통합하는 데 힘을 보탰고, 진덕·태종·문무·신문 4대에 걸쳐 총재가 되어 나라를 평안하게 했다. 따라서 죽지가 태어난 시기를 진평왕 대로 추정할 수 있다. 한편 죽지는 진덕여왕 3년에 대장군 유신을 따라 백제와의 전쟁에 참전했다. 651년 2월 품주를 집사부로 고쳤을 때 파진찬 죽지를 집사부의 중시로 임명했다. 여기서 술종의 아들 죽지랑이 진덕여왕 대에 장군과 집사부의 장인 중시에 임명된 것을 확인할 수 있다. 그는 밖으로 나가 장군이 되고 조정으로 들어와 대신이 되는 출장입상出將入相을 한 것이다. 특히 죽지랑은 정부 조직을 총괄하는 행정 책임자가 되었음을 알 수 있다.

이처럼 칠성우 구성원들은 대를 이어 조정에 나갔다. 특히 집사부가 춘추의 당나라행 이후 그의 구상에 의해 설치된 관부였음을 상기하면 칠성우들이 아들 대에까지 걸쳐 춘추를 위해 활동했음을 알 수 있다.

칠성회를 연 칠성우들

『화랑세기』 보종공 조에, 나라에 큰일이 있으면 유신공이 칠성회를

열었다는 기록이 있다. 칠성우가 칠성회를 마음대로 열 수 있었던
시기는 진덕여왕 대였다. 주지하듯이, 당시 칠성우는 춘추를 왕으로
추대하려던 정치 세력이었다. 그 중심에는 알천과 유신이 있었다.
알천이 유신이나 춘추보다 연장자였기에 칠성우의 석수가 되었으
나, 유신은 위엄을 통해 칠성우를 실질적으로 이끌었다.

아울러 유신은 그의 누이 문희를 춘추에게 시집보내 그와의 관
계를 끊어질 수 없게 만들었다. 춘추와 유신의 관계는 결국 춘추를
왕위에 올리는 데 큰 힘이 되었다.

결국 진덕여왕은 춘추와 칠성우에게 정치 권력을 넘겨줌으로써
자신의 왕위를 보장받은 것이다. 진덕여왕으로서는 춘추나 유신을
통제할 수단이나 인적 집단이 없었다. 따라서 당시 왕정의 대부분
은 춘추와 유신의 손에서 나왔다고 보는 게 옳다.

칠성우의 모임은 화백이 아니다

신라에 화백和白이라는 귀족회의가 있었다는 것은 현재 정설로 받
아들여지고 있다. 『당서』 신라 조에 있는 "일(국사)은 반드시 무리가
의논하는데, 이를 화백이라고 했고 한 사람이라도 (의견이) 다르면
파했다"라는 기록이 그러한 주장의 주요 근거였다.

한편 『삼국유사』 진덕왕 조에 알천공·엄종공·술종공·호림공·
염장공·유신공이 남산 우지암에 모여 국사를 논의했다는 기록이 있
는데, 이를 신라 귀족회의의 귀중한 자료로 보는 견해가 있다. 진덕여
왕 때의 귀족회의는 진골 출신의 고관인 대신만이 참여하는 경우가

162 李基白, 「大等考」, 『新羅政治社會史硏究』, 一潮閣, 1974, pp. 79~80.

있었다는 견해가 그것이다.[162] 이것을 화백 회의의 예로 보아왔다.

알천공 등 6명의 모임을 적시한 이 기록은, 사실 칠성우의 모임을 묘사한 것이다. 기록에 보종공이 포함되어있지 않은 것은 그가 모임에 불참했기 때문일 것이다.

『화랑세기』를 보면 칠성우와 화백을 동일시하는 데 무리가 있음을 알 수 있다. 칠성우의 모임은 당시 왕정에 참여한 지배 세력을 모두 포함한 것도 아니기 때문이다. 예컨대, 무열왕 2년 상대등으로 임명된 금강 같은 사람도 진덕여왕 대에 중요한 지위에 있었지만 칠성우의 구성원은 아니었다. 따라서 칠성우는 사적인 정치 세력, 특히 진덕여왕 대에 춘추를 왕으로 삼기 위한 집단이었음을 알 수 있다.

그렇다면 진덕여왕 대에 칠성우가 남산에 모인 일은 어떤 의미를 지녔을까? 칠성우들은 필요에 따라 모임을 갖고 국사를 의논했을 텐데, 여기서 모인 의견은 춘추에게 간언으로 올라갔을 것이다.

4. 당나라에 간 춘추, 무엇을 성취하고 무엇을 기획하게 되었을까?

춘추가 만난 당 태종은 어떤 사람인가?

여기서 소개할 당의 건국과 당 태종에 대한 내용은 그것을 찬양하기 위함이 아니다. 이는 648년 춘추가 당나라에 가서 당 태종을 만나는 장면을 이해하기 위한 준비 작업이다.

당 태종에게는 여러 가지 미덕이 있었다고 한다.[163] 당 태종 재위시 당나라는 중국 역사상 흔치 않은 성세를 누렸다. 당의 판도는 전에 없이 넓어졌으며, 사회 질서가 안정되고 백성의 생활도 만족스러운 수준이었다. 그러한 성세는 당 태종의 개인적인 재식才識과 도량으로 이룩된 것이라 한다. 당 태종이 지닌 가장 중요한 미덕은

---

163 傅樂成 著, 辛勝夏 譯, 「中國通史」, 宇鍾社, 1974, pp. 437~440.

사람의 재능을 알아보고 지체 없이 채용했다는 점이다. 그는 인재를 등용할 때 출신을 따지지 않고 현능賢能하면 기용했다. 또한 마음을 비우고 학문을 좋아해 직간直諫을 용납했고, 다방면의 인물을 기용했으며, 그들과 서로 논의해 발전을 꾀했다.

당 태종이 학문을 좋아한 것은 또 다른 미덕이다. 황제가 된 후에는 궁중에 홍문관을 설치해 20만여 권의 서적을 수집하고 조정 신료를 학사로 겸직케 했다. 정사를 처리하고 난 뒤 여가에는 학사들을 이끌고 내전에 들어가 지난 일을 강론하고 치도治道에 대한 토론을 했다. 정관 시대(627~649)에 군신이 더불어 치도에 대한 토론을 벌인 일은 천년에 걸쳐 미담으로 전해졌다. 앞선 시대의 사람들을 좋아해 죽을 때에는 왕희지의 글씨를 배장陪葬하라는 유명遺命을 남기기도 했다. 국학을 크게 일으켜 국학생이 1만 명에 달했고 변방 자제의 유학을 받아들여 학술을 크게 성하게 했다.

당 태종이 직간直諫을 용납한 것도 유명한 미덕 중의 하나다. 그는 즉위 후 수 양제가 간언을 듣지 않았던 일을 계율로 삼아 진심으로 간언을 원했다. 조신 중 직간을 잘한 사람은 위징이었다. 태종은 군신 일체의 도리를 깨달아서 위징이 간할 때마다 진지한 자세로 성의를 다해 듣고 꼭 실행으로 옮겼다. 위징은 인정을 실행하고 군사를 쉬게 하고 사치를 없애고 예교를 존중할 것을 간했는데, 그 목적은 태종이 감정과 방종에 빠지는 것을 막으려는 것이었다. 643년 위징이 죽었다. 645년 당 태종은 고구려 원정에 실패한 후 위징을 생각하며 "그가 살았다면 내가 이렇게 했을까?" 하고 말했다고 한다.

당 태종에 대한 위징의 직간은 신라와의 관계에서도 빛을 발했다. 진평왕 31년(631) 7월 신라가 당나라에 사신을 보내 미녀 두 사람을 바친 일이 있었다. 위징이 미녀를 받는 것은 옳지 않은 일이라 하자 당 태종이 흔쾌히 말하기를 "저 임읍에서 바친 앵무새도 추위의 괴로움을 말하며 제 나라로 돌아가고파 하는데, 두 여자는 오죽하겠는가!" 했다. 그러고는 두 미녀를 사자에게 딸려서 돌려보냈다.[164]

당 태종에게 결점이 없는 것은 아니었다. 예를 들어, 그에게는 사치스러운 면이 있었는데 스스로 태자에게 따르지 말도록 했다. 신하들을 지나치게 아낀 탓에, 이적의 병을 수염의 재로 치료해야 한다는 의사의 처방을 듣고 자신의 수염을 잘라 약으로 쓰게 한 일도 있다. 고구려를 공격할 때 한 장군이 화살에 맞자 당 태종이 자기 입으로 피를 빨아 독을 제거하기도 했다.

당 태종은 648년 당나라를 찾은 춘추에게 『진서晉書』를 준 바 있다. 사실 당 태종 대에는 많은 역사책이 편찬되었다. 629년에 당 태종은 명해 북주사·북제사·양사·진사·수사를 수찬修撰하게 했다. 644년에는 『진서晉書』를 다시 수찬케 했고, 『양서』·『진서陳書』·『북제서』·『주서』·『수서』를 완성해 위진남북조 시대 각대의 역사를 완성했다. 정관 연간에 중국의 정사 24사 중 8개의 정사가 편찬되었다. 특히 『진서晉書』 편찬 당시 당 태종은 선제宣帝·무제武帝 2제와 육기陸機·왕희지王羲之 등 4명에 대한 것은 당 태종이 직접 지었기에, 이 책의 제목은 '어찬御撰'이 되었다.

이러한 활약을 통해 당 태종은 당나라를 강력한 제국으로 만드는 데 큰 힘을 보탰다.

---

164 『삼국사기』 4, 「신라본기」 4, 진평왕 53년.

당나라의 건국과 당 태종의 즉위

여기서 당나라의 건국과 당 태종의 즉위에 대해 잠시 살펴보겠다. 당나라는 618년에 건국되었다. 춘추도 수나라의 멸망과 당나라의 건국에 대한 이야기를 들었을 것이다.

수 양제는 616년 강도에 도착한 후 전보다 더욱 황음했다. 한편 612년 수 양제의 고구려 침공이 실패로 끝난 후 제국의 여러 곳에서 군대를 일으키는 세력이 나타났다. 그중 617년 5월 진양(현재의 산서 태원현)에서 기병한 당공 이연이 가장 중요한 인물이다. 이연은 당나라를 세운 장본인이다. 617년 10월 장안 부근에 도달했을 때 부하가 20만 명으로 늘어났다. 11월에 장안을 공격해 장악한 이연은 대왕인 유侑를 황제로 삼고 자신은 대승상이 되고 당왕에 봉해졌다. 아들 이세민을 보내 파촉 지역을 장악하고 관중이 함락되자 수나라는 멸망할 상황에 이르렀다. 618년 4월 양제가 살해되었다는 소식이 장안에 이르자 대왕 유가 이연에게 선위했다. 이연은 황제에 즉위한 후 연호를 무덕이라 고치고 국호를 당이라 하였으니 그 자신이 바로 당 고조가 된 것이다.

624년 무렵 대략 전국이 통일되었으나 당 황실 내부에 중대한 문제가 생겼다. 고조의 장자인 태자 건성과 차자인 세민 사이에서 황위 계승에 대한 쟁탈이 벌어진 것이다. 당 고조는 황후인 두씨와 사이에 건성·세민·현패·원길 등 네 아들을 낳았는데 현패는 일찍 죽었다. 그중 세민은 도량이 넓고 뛰어난 무용을 가진 인물로 군웅들과의 전쟁에서 큰 공을 세웠으니, 당나라의 강토는 대부분 세민에 의해 얻어진 것이라 할 수 있다. 고조가 즉위한 후 건성을 태자로 삼자 세민은 적장자의 자리를 빼앗으려는 마음을 가졌다. 622년 이후 건성과 원길이 연합해 세민에 맞섰다. 그러나 이세민은 626년 6월 4일 현무문의 정변을 일으켜 성공을 거두었다.

현무문은 장안성의 북문으로 그곳에는 많은 병력이 집결해있었고, 그 수는 궁성뿐 아니라 수도 전체를 장악할 정도였다. 원래 현무문의 병력은 건성이 장악했는데, 세민이 현무문의 장군들을 매수해 자기편으로 삼은 결과였다. 6월 3일 세민은 고조에게 건성과 원길이 후궁과 음란했다는 상주上奏를 했고, 고조는 6월 4일 이를 처리할 것이라 회답했다. 6월 4일 세민의 세력은 현무문에 도착한 건성과 원길을 죽이고, 그들의 세력과 전투를 벌여 승리했다.

궁중의 호수에서 뱃놀이를 하던 고조는 그 소식을 듣고 놀랐다. 조신들 중에 국무를 세민에게 넘겨야 무사할 것이라는 말을 하는 자가 있자 고조는 일찍부터 생각했던 일이라 말하며 모든 군대에게 세민의 명을 받들라 칙령을 내렸다. 이 칙령으로 세민의 변란은 성공하게 되었다. 3일 후 고조는 세민을 황태자로 삼고 일체의 정사를 맡겼다. 이어 8월에는 29세의 세민에게 선위하고, 스스로 태상황이 되어 635년에 죽었다.[165] 당 태종 정관 2년(628)에 이르러 당은 각지에서 기병했던 세력을 토벌해 중국 전국을 통일했다.

당나라 건국은 후일 춘추의 운명에 커다란 변화를 초래한 사건이기도 하다.

---

165 傅樂成 著, 辛勝夏 譯, 「中國通史」, 宇鍾社, 1974, pp. 433~437.
166 「삼국사기」 5, 「신라본기」 5, 선덕여왕 2년.

당 태종을 만나 밀약하다

648년 춘추는 당나라에 가서 당 태종을 만났다. 두 사람의 만남은 신라가 삼한을 통합하는 데 가장 중요한 길을 연 정치 행위라고 할 수 있다.

진덕여왕은 이찬 춘추와 그의 아들 문왕을 당나라에 보내 조공하도록 했다.[166] 당 태종이 광록경 유형을 보내 교외에서 그를 맞이해 위로했다. 마침내 궁에 간 춘추를 당 태종이 만났는데, 춘추의 영특하고 훌륭한 모습을 보고 후하게 대우했다.

춘추가 당 국학에 가서 석전(釋奠, 공자를 제사지내는 큰 제사)과 강론을 참관하기를 태종에게 청했다. 당 태종이 이를 허락하고 또한 자기가 손수 지은 『온탕비溫湯碑』와 『진사비晉祠碑』, 그리고 새로 편찬한 『진서』를 주었다.

당 태종이 잔치를 베풀어 춘추를 초대해 묻기를 "무슨 생각을 품고 있는가?" 했다. 춘추가 꿇어 앉아 "신의 본국은 바다 모퉁이에 치우쳐있는데도 엎드려 천자의 조정을 섬겨오기를 여러 해 동안 해왔습니다. 그런데 백제는 강하고 교활해 여러 차례 제 나라를 침탈했습니다. 더욱이 지난해에는 대거 깊이 쳐들어와 수십 성을 함락해 당나라에 조공하는 길을 막았습니다. 만약 폐하께서 당나라의 군대를 빌려주시어 흉악을 잘라버리지 않는다면, 저의 나라 인민은 모두 포로가 될 것입니다. 그러면 바다를 건너 직공職貢을 바치는 일을 다시 할 수 없을 것입니다" 하고 아뢰었다.

당 태종이 옳다고 여겨 출병을 허락했다. 그때 당 태종이 춘추에게 약속한 내용이 기록에 나온다. 671년 7월 26일 당나라 총관 설인귀가 임윤법사를 시켜 편지를 보내왔는데, 문무왕이 그에 대한 답서를 보내는 가운데 나오는 구절을 주목할 수 있다. 그에 따르면, 춘추가 648년 당나라에 가서 당 태종을 만났는데 그가 이르기를 "내가 지금 고구려를 정벌하려는 것은 다른 이유가 있어서가 아니라 너희 신라가 두 나라 사이에 끼어있어 매번 침략을 당해 편안할 때가 없음을 불쌍히 여기기 때문이다. 산천과 토지는 내가 탐내는 것이 아니고 옥백玉帛과 자녀들은 나도 충분히 가지고 있다. 내가 두 나라를 평정하면 평양 이남의 백제 땅은 모두 너희 신라에게 주어 영원히 평안하게 하겠다" 했다고 한다. 이를 통해 당나라와 신라가 맺은 동맹의 조건을 알 수 있다. 신라와 당나라가 연합해 백제와 고구려를 정복하면 그중 평양 이남의 땅은 신라에게 주겠다는 것이었다.

이와 관련해, 성덕왕 35년(736) 6월에 당나라에 사신을 보내 새해 인사와 함께 표를 올려 사례한 내용을 눈여겨볼 만하다. 여기에는 "패강 이남의 땅을 준다는 은혜로운 칙서를 삼가 받았습니다"라는 구절이 있다. 패강은 청천강이었다고 생각된다. 이로써 대신라(소위 통일신라)의 영역이 평양이 아니라 청천강까지 확대되었음을 알 수 있다.

또 춘추는 장복章服을 고쳐 중국의 제도에 따를 것을 청했다. 이에 당 태종은 내전에서 진귀한 옷을 내어 춘추와 그를 따라온 사람들에게 주었다. 아울러 조칙을 내려 춘추를 특진으로 삼았고 문왕은 좌무위장군으로 삼았다.

춘추가 신라로 돌아갈 때 당 태종은 3품 이상 신료들로 하여금 송별 잔치를 열게 하는 등 극진히 우대했다. 춘추가 아뢰기를 "신에게는 일곱 아들이 있는데 원컨대 폐하 옆을 떠나지 않고 숙위宿衛하도록 해주십시오" 했다. 이에 당 태종은 춘추의 아들 문왕과 대감한 명에게 숙위하도록 명했다.

『삼국유사』에 따르면, 춘추가 신라로 돌아오려 할 때 당 태종이 춘추를 신성한 사람이라 칭찬하며 자신의 곁에서 시위侍衛하라고 했으나 춘추가 극력 청해 돌아올 수 있었다고 한다.[167] 춘추는 그의 아들 문왕을 자기를 대신해 숙위하게 한 것이다.

춘추는 돌아오는 길에 해상에서 고구려의 순라병을 마주쳤다. 춘추를 따랐던 온군해가 높은 관과 큰 옷, 즉 귀한 사람이 쓰는 모자와 의복을 입고 배 위에 앉아있었더니 순라병이 그를 춘추로 착각하고 잡아 죽였다. 춘추는 작은 배를 타고 무사히 신라에 이르렀다. 그 소식을 들은 진덕여왕은 온군해를 대아찬으로 추증하고 그 자손들에게 후하게 상을 내렸다.

당 태종이 약속한 진짜 이유

춘추는 당 태종에게서 군사 20만 명 지원을 약속받고 돌아왔다.[168] 당 태종이 그러한 약속을 한 숨은 이유는 무엇일까?

당 태종이 648년에 춘추에게 약속을 한 것은 그가 645년 고구려 침공에 실패했기 때문일 것이다. 당나라가 고구려 정복에 성공했다면 오히려 신라를 정복하려고 덤볐을지 모른다. 당 태종은 고구려에 복수를 하기 위해 신라를 필요로 한 것이다.

춘추는 그러한 사정을 잘 알고 있었기에 당 태종의 조서를 받아낸 것이다. 뒤에서 보겠지만, 당 태종은 애초에 약속을 지킬 생각을

---

167 『삼국유사』 1, 「기이」 2, 태종춘추공.
168 『삼국사기』 41, 「열전」 1, 김유신 상.

하지 않았을 수 있다. 당나라는 고구려를 멸망시킨 다음 신라까지 장악하려던 의도를 숨긴 것이다.

『삼국유사』에 나오는 춘추의 입당入唐과 유신에 대한 이야기[169]
당 태종은 유신에 대해 알고 있었다. 한편 유신은 춘추가 당나라에 간 사이 그에게 줄 선물을 준비하고 기다렸다.

648년에 춘추는 당나라에 들어가서 군사를 청했다. 당 태종이 물었다. "그대 나라 유신의 명성을 들었는데 그 사람됨이 어떠한가?" 춘추가 답했다. "비록 유신이 재주와 지혜를 조금 가졌지만, 황제의 위력에 힘입지 않고서는 어찌 이웃 나라에서 쳐들어오는 근심을 쉽게 없앨 수 있겠습니까?" 황제가 말했다. "진실로 군자의 나라로다." 그러고는 춘추의 청병을 허락해 장군 소정방에게 군사 20만 명을 거느리고 가서 백제를 정벌하도록 했다.

그때 유신은 압량주의 군주로 있었는데, 군사에 아무런 관심이 없는 척하며 한 달 넘게 술을 마시고 풍악을 베풀어 즐기자, 주州의 사람들이 그를 용렬한 장수로 여겨 비방하며 말했다. "오랫동안 편히 산 덕에 힘이 남아돌아 한번 싸울 만한데 장군이 게으름을 피우니 이를 어찌할 것인가?" 유신이 그 말을 듣고 백성들을 쓸 수 있음을 알고 대왕에게 아뢰었다. "지금 민심을 보면 싸울 만하므로 백제를 쳐서 대량주의 싸움을 보복할까 합니다." 진덕여왕은 말했다. "적은 군사로써 대군을 대적하다 위태하게 되면 장차 어찌하겠는가?" 유신이 대답했다. "전쟁에 이기고 지는 것은 군대가 많고 적은

---

169 『삼국사기』 41, 「열전」 1, 김유신 상.

데 있는 것이 아닙니다. 인심이 어떤가에 달려있을 뿐입니다. 은의 주왕은 억조나 되는 많은 사람을 가졌지만, 마음과 덕이 떠났기에 주나라 난신 열 명이 마음과 덕을 모은 것만 못했습니다. 지금 우리 군사들이 한뜻이 되어 죽고 삶을 같이할 수 있사오니, 저 백제는 두려워할 것이 못 됩니다" 했다.

이에 왕이 허락했다. 유신은 드디어 압량주의 주병州兵을 뽑아 훈련하고는 적에게 나아갔다. 대량주 성 앞에 이르니 백제가 이를 막았다. 유신의 군사는 쫓기는 척하며 옥문곡에 이르렀고, 백제는 이를 깔보고 많은 군사를 거느리고 왔다. 유신의 복병이 일어나 그 앞뒤를 쳐서 백제의 장군 여덟 명을 사로잡고 군사 1000명의 목을 베었다.

유신은 백제 장군에게 사자를 보내 말했다. "우리 군주 품석과 그의 처 김씨의 뼈가 너희 나라 옥 안에 묻혀있다. 지금 너의 비장 여덟 명이 나에게 잡혀 살려달라고 애걸하고 있다. 나는 여우와 표범도 죽을 때 머리를 제 굴 쪽으로 둔다는 뜻을 알고 있으므로 차마 그들을 죽이지 못하고 있다. 이제 너는 품석과 그 처 두 사람의 뼈를 보내어 산 사람 여덟과 바꾸는 것이 좋지 않겠는가?"

백제 좌평 중상(충상)이 왕에게 아뢰었다. "신라인의 해골을 이곳에 둬봐야 소용이 없으니 이는 보내는 것이 좋습니다. 만약 신라인이 약속을 어기고 여덟 장군을 돌려보내지 않는다면 그른 것은 저쪽에 있고 옳은 것은 우리에게 있으니 무엇이 걱정이 되겠습니까?" 이에 품석 부부의 뼈를 파내어 널에 넣어 보냈다. 유신은 "나뭇잎 하나가 떨어진다고 해서 무성한 숲에는 아무런 손해가 없고 먼지 하나 모인다 해서 큰 산에는 아무런 보탬이 없다"고 말하고는 백제의 여덟 장군을 살려 돌려보내게 했다.

유신은 그 기세를 타고 백제 국경을 쳐들어가서 악성 등 열 두 성을 빼앗고 머리 2만여 개를 베고 9000명을 사로잡았다. 이 공으로 유신은 이찬으로 승진되고 상주행군 대총관이 되었다. 유신은 또 적의 국경을 쳐들어가서 진례 등 아홉 성을 무찌르고 머리 9000여 개를 베고 600명을 사로잡았다.

춘추가 청병을 마치고 돌아와 유신을 보고 말했다. "죽고 사는 것은 천명에 달려있는 까닭으로 내가 살아 돌아와서 다시 공을 만나게 되었으니 매우 다행한 일이오." 유신은 대답했다. "저는 나라의 위엄에 힘입어 다시 백제와 크게 싸워 성 20개를 빼앗고 군사 3만여 명을 목 베고 사로잡았으며, 품석공과 그의 부인의 뼈를 찾아 고향에 돌아오게 했습니다. 이는 모두 하늘이 주신 행복으로 된 것이지 내가 무슨 힘쓴 것이 있겠습니까?"[170]

이처럼 춘추는 왕국을 위해, 유신은 왕국과 춘추를 위해 크게 활약했다.

『구당서舊唐書』에 나오는 춘추의 입당

춘추의 입당에 대한 기록은 중국측 사서에도 있다. 그 기록에 따르면 『구당서』 정관 22년(648) 12월 계미에 신라 왕이 그 상相인 이찬 간 춘추와 그 아들 문왕을 보내 조공을 바쳤다고 한다. 또한 같은 해에 신라 여왕 김선덕이 죽었고, 이어 그 누이동생 진덕을 신라 왕으로 책립했다고 한다.[171]

---

170 『삼국사기』 41, 「열전」 1, 김유신 상.
171 『구당서』 3, 「본기」 3, 태종 하 정관 22년.

당 태종을 초조하게 만든 춘추의 배짱

춘추는 당 태종을 만날 때 이미 그의 마음을 읽고 있었다. 당 태종이 고구려 침공을 후회하고 있다는 것을 알고 그것을 이용한 것이다.

당 태종이 고구려를 침공한 표면적인 이유가 있다. 하나는 신라를 공격한 고구려를 응징하겠다는 것이다. 다른 하나는 연개소문이 영류왕을 죽였고 백성들에게 잔학하고 당 태종의 명령을 어겼기에 토벌한다는 것이다. 그러나 근본적인 이유는 당나라 주변에 마지막 남은 강국인 고구려를 그대로 두고 볼 수 없어서였다.

648년 겨울, 당 태종은 고구려 침공에 실패한 것을 두고 한창 후회하고 있었을 것이다. 바로 그때 춘추가 당나라에 가서 그를 만난 것이다. 이미 당 태종의 마음을 읽고 있었던 춘추는 조급해하지 않았다. 오히려 국학에 가겠다는 등 당 태종의 마음을 조급하게 만들었다. 당 태종으로서는 신라와 군사적 동맹을 맺어 고구려를 침공할 경우 고구려 정복 가능성이 커진다는 사실을 잘 알고 있었다. 따라서 그가 먼저 춘추에게 원하는 것을 묻지 않을 수 없었던 것이다.

당 태종 앞에 서면 모든 사람이 주눅 들어 꼼짝도 할 수 없던 그때, 춘추는 황제의 위엄을 한껏 뽐내고 있던 당 태종의 마음을 초조하게 만들었다. 춘추의 배짱과 능력은 이와 같았다.

춘추의 풍채와 문화를 통한 외교

춘추는 무모한 배짱으로 당 태종 앞에 선 것은 아니었다. 앞서 확인한 대로, 춘추는 우선 자신의 풍채로 당 태종을 감동시켰다. 당 태종이 그의 풍채를 보고 신성한 사람이라고 하고는 기어이 머물게 해 시위로 삼으려 했으나 춘추가 굳이 청해 신라로 돌아온 일이 그것을 증명한다.

660년 백제를 정복할 때와 668년 고구려를 정복할 때 당나라의
군대가 출동한 것은 바로 춘추와 당 태종의 만남에서 비롯한 일이라
할 수 있다. 한 나라의 지배 세력이 갖고 있던 학문적인 실력이 당
나라의 출병을 이끌어내 신라를 침탈해 들어오던 백제와 고구려를
정복하는 출발점이 된 것이다.

문화의 정통적 위치에 있던 유학을 이용하다

춘추는 문화적 식견을 발휘해 당 태종에게 감동을 주었다. 중국에서
는 일찍이 유학이 문화적 정통에 위치했다. 한漢 무제는 기원전 136
년 유술儒術을 제창하고 시·서·예·역·춘추공양의 5경박사를 두었
다. 이때 비유가의 박사를 축출하면서 유학이 중국 문화의 정통적
지위를 차지하게 되었다. 당 태종을 만난 춘추가 국학에 나아가 공
자에게 제사하는 의식과 경전을 강론하는 것을 보기를 청한 것은 당
시 유학이 중국 문화의 정통적 위치에 있었음을 알았기 때문이다.

중국화를 통해 신라 문화를 잡종강세로 만들다

춘추는 당 태종을 한 번 더 감동시켰다. 신라인의 장복章服, 즉 의복
을 고쳐 중화의 제도를 따르겠다고 한 것이다.

신라인은 649년 정월에 처음으로 중국 조정의 의관을 입었다.
664년 정월에는 왕이 명을 내려 여자들도 중국의 의복을 입도록 했
다. 당시 신라인이 중국의 의복을 입은 것은 지배 세력에 한정된 일
이었을 수 있다. 그렇더라도 신라인이 중국인의 의복을 입는다는
것은 자신의 의식과 문화를 바꾸려 한 것이 아닐 수 없다. 그렇게

함으로써 당나라 군대 동원을 앞당겨 백제와 고구려를 정복하는 데 도움을 얻으려는 정책적인 의도였다고 볼 수 있다.

이처럼 진덕여왕 대에 왕정을 장악한 춘추와 칠성우는 융통성 있는 대당 정책을 펼쳤다. 사실 춘추와 칠성우는 중국의 의복만 도입한 것은 아니었다. 650년에는 당나라의 영휘 연호를 채택함으로써 신라가 당나라의 속국임을 밝혔다. 이 또한 당나라를 안심시켜 신라가 추진한 국가적 목표에 한 걸음 다가가게 한 대외 정책으로 보는 게 옳다.

신라는 이렇게 외형적 변화를 중국에 보여줌으로써 군대를 끌어들여 백제와 고구려를 멸망시키려는 정책을 폈다. 신라인에게 어찌 자존심이 없었겠는가? 그들에게도 자존심은 분명 있었겠지만, 중국인의 옷을 입고 당나라의 연호를 사용함으로써 국가의 안위를 우선 돌보는 정책을 취했다.

이후 신라의 중국화는 가속화되었다. 비록 국학이라는 정부 조직은 만들어지지 않았지만 후일 국학에 설치된 관직은 651년에 이미 편제되었음을 볼 수 있다. 이는 진덕여왕 5년에 걸친 정치 개혁의 중심에 유학이 있었음을 뜻한다. 신라 왕정에서 유학으로 무장한 사람을 영입하고, 유학에서 중시하는 충·효·신·의·예 등을 통해 신국의 도를 넘어서서 왕정을 강화하며, 사람 사이의 관계를 새롭게 만들려는 움직임이 나타난 것이다.

춘추가 장안성에서 본 것은?

당나라에 간 춘추는 장안성에서 무엇을 보았을까? 그리고 어떤 생각을 했을까? 춘추가 당나라에서 얻은 감동은 신라의 왕정에 어떤 영향을 미쳤을까?

648년은 당 태종의 재위 22년인 정관 22년이었다. 그때 당나라에 도착해 장안으로 가는 과정에서 춘추는 당나라의 광대한 토지와 많은 인구를 몸소 관찰했을 것이다. 626년 29살의 나이로 즉위한 당 태종은 627년 연호를 정관으로 바꾸었다. 정관 연간은 23년에 불과했지만, 수나라 말기 이래 난국을 수습하고 당나라가 오랜 기간 부강하고 태평할 기반을 만들었기에 이 시기의 정치를 '정관의 치治'라고 부른다. 정관 시대 당 제국의 판도는 전에 없이 넓었고 사회 질서도 안정되었으며 백성들의 생활도 좋은 상황이었다. 그러한 당나라를 여행하며 춘추는 소국 신라가 추구해야 하는 길을 생각해봤을 것이다.

장안성에 도착한 춘추는 북문을 들어서며 큰 충격을 받았을 것이다. 견고하고 웅장하게 축조된 장안성과 그 안의 궁실 등을 처음 보았기 때문이다. 당시 당나라는 외국 문화를 배척하지 않았다. 서역 여러 지역의 음악·기예·무용이 수입되었고 호악胡樂도 유행했다. 포도주 등 호식과 호복도 유행했다. 이역에서 온 색다른 모습의 사람들도 춘추의 시선을 사로잡았을 것이다.

당시 당나라에는 외국에서 수입된 종교들도 발전하고 있었다. 그중 불교가 성행했는데, 일부 종파는 이때 특히 발달했다. 또한 배화교·회교·경교(기독교의 별파) 등도 장안성에 들어와있었다. 춘추가 그 모든 종교를 접하지는 않았을 터. 그러나 종교의 새로운 세상을 목격한 것은 분명하다.

장안에는 여러 나라에서 온 유학생이 머물고 있었고, 인도나 동로마제국에서 들어온 의술도 유행했다. 한편 중국의 문물이 세계로 퍼져나가기도 했다. 중국의 비단은 육로와 해로를 거쳐 로마인이나 페

르시아인에게 전해졌고, 중국의 자기도 국제시장에 퍼져나갔다.

춘추가 당 태종에게 신라인의 예복을 고쳐 중국의 제도를 따르 겠다고 한 것은 그가 당나라에 들어간 후 생각한 것일 수 있다. 신 라인의 의복까지 바꾸겠다고 한 춘추의 결심을 보면, 그가 당나라 에서 받은 충격이 어느 정도였는지 짐작할 만하다.

그 속에서도 신라를 생각하는 춘추의 마음과 행동은 변함이 없 었다. 학문을 좋아하는 당 태종을 만나 당당하게 자신의 학문적 식 견을 펼친 것이다. 춘추는 태어나면서부터 왕자王者 집단의 성원으 로서 왕이 될 훈련을 받았다. 출궁 후에는 왕이 되기 위한 준비를 더욱 철저하게 했다. 그 과정에서 춘추는 당 태종을 만나도 주눅 들 지 않을 정도의 배포와 학문적 식견을 갖추었다. 신라에 이러한 인 물이 있었다는 것은 신라인에게 큰 행운이었다.

춘추의 입당, 왕이 될 자격 시험 통과

춘추가 당 태종을 만나 평양 이남의 땅을 받기로 약속받은 것은 신라 인들에게는 큰 뉴스이자 위안이었을 것이다. 그와 같은 성과를 거둔 춘추는 왕이 될 자격 시험에 통과한 셈이었다. 그 이전 신라의 사신 중 중국의 황제를 당당히 만나 그 뜻을 이룬 사람은 없었다. 그들은 의견을 고할 경황도 없었을 것이다. 물론 그러한 사정은 그 이후에도 마찬가지였다. 당 태종과 마주한 춘추의 모습에 대해 전해들은 신라 사람들은 춘추를 왕으로 삼아야 한다는 생각을 확실하게 굳혔을 것 이다.

춘추의 인맥 만들기

춘추의 인맥 만들기는 신라 안에서는 이미 성공한 상태였다. 유신이 중심이 된 칠성우를 가졌다는 사실이 결정적인 증거다. 그런데 춘추는 당 태종까지 그의 편으로 만들었다. 당 태종을 신라 편으로 확실하게 만든 것이다. 660년 당 고종이 13만 명의 당나라 군대를 동원해 백제를 멸망시키고, 668년 당나라 대군이 참전해 고구려를 멸망시킨 것은 춘추의 활동에서 비롯된 것이다. 춘추는 이처럼 당나라 황제를 신라 편으로 만들어 신라의 운명을 지켜낸 인물이다.

춘추를 수행한 사절단의 구성

신라의 입당 사절단은 어떻게 구성되었을까? 『화랑세기』에 진덕여왕 2년 춘추가 당나라에 갈 때 사절단의 구성에 대한 기록이 있다.

우선 문장을 잘하고 풍채가 좋은 사람을 선발했다. 선화 즉 풍월주와 화랑을 지낸 사람 3인과 승려 3인이 따르도록 했다. 춘추를 따르는 사절단의 우두머리로는 예원공을 선발했다. 또한 당나라 사람들이 색을 좋아할 것이라는 생각에 유화 3인을 뽑아 종실의 여자로 꾸며 데리고 갔다.[172]

춘추를 따라 당에 간 예원

『화랑세기』에는 춘추를 수행해 당나라에 갔던 예원의 활동도 나와 있다. 예원은 1세 풍월주 위화랑-4세 풍월주 이화랑-12세 풍월주 보리공-20세 풍월주 예원공(606~673)-28세 풍월주 오기공-김대문

---

172 『화랑세기』 20세 예원공, pp. 280~283.

으로 이어지는 가계에 속한 사람이었다. 우선 예원이 어떤 사람이었는지 살펴보자.

20세 풍월주 예원공과 부제 선품공은 함께 낭정을 수행했는데, 진골정통, 대원신통, 가야파의 3파를 균등하게 등용해 중망을 크게 만족시켰다. 그때 선도는 보종을 따르고, 무도武道는 유신을 따랐다. 예원공은 풍월주로 3년간 있다가 선품공에게 물려주고 예부로 들어갔다가 조부로 옮겼다. 선덕여왕이 총애해 내성사신으로 발탁됐다. 선덕여왕이 세상을 떠나자 물러나 양진養眞을 했다. 양진은 천성과 타고난 진심을 기르는 것을 의미한다.

다음은 춘추를 수행한 사절단의 구성을 확인할 수 있는 대목이다.

춘추공이 장차 당나라에 들어가려 할 때 문장을 잘하고 풍채가 좋은 사람을 선발했다. 선화 3인과 승려 3인이 수행토록 했다. 그 우두머리가 없었는데 마땅한 사람을 구할 수 없었다. 흠순공이 "우리 예원이 아니면 누가 그것을 감당하겠는가?" 했다. 춘추공이 크게 기뻐하며 선발했다. 예원공은 한가롭게 있고자 사양했다. 춘추공이 말하기를 "이 같은 유사시에 어찌 한가로이 살 수 있겠는가?" 했다. 예원공은 이에 따랐다. 조정에서는 당나라 사람들이 색을 좋아한다고 하여 유화 3인을 뽑아 꾸며 태우고 거짓으로 종실의 여자라고 이르게 했다. 예원공이 "색으로 사람을 유혹하는 것도 도가 아닌데 하물며 골품을 속이는가?" 하며 따졌으나 어쩔 수 없었다.

춘추를 수행한 사절단에 문장을 잘하는 사람과 승려가 포함된 것을 주목할 수 있다. 문장을 잘하는 사람을 포함한 것은 춘추를 도와 당나라 사람들을 학문적으로 감동시키기 위해서였다. 승려를 포함한 것은 당시 당나라가 불교를 숭상함을 고려한 것이고, 아울러 불교는 국경을 초월한 종교였기에 그 힘을 빌리고자 한 것이라 생각된다.

춘추를 수행한 사절단이 당나라로 가는 중에 겪은 다음의 일화에서 예원의 행동을 주목할 수 있다.

> 도중에 풍랑을 만났는데 뱃사람이 여자를 바다에 빠뜨리면 된다고 생각했다. 예원공이 막으며 "인명은 지극히 중한데 어찌 함부로 죽이겠는가?" 했다. 그때 양도공 또한 선화로서 같이 배를 타고 있었는데, 다투어 말하기를 "형은 여자를 중하게 여기느라 주공(춘추공)을 중하게 여기지 않습니까? 만약 위험하면 장차 어떻게 하겠습니까?" 했다. 예원공이 침착하게 말하기를 "위험하면 함께 위험하고 안전하면 함께 안전해야지 어찌 사람을 죽여 삶을 꾀하겠는가?" 했다. 말을 마치자 바람이 고요해졌다. 사람들은 해신이 예원공의 말을 듣고 노여움을 풀었다고 생각했다.

예원은 당나라에 들어가 특별한 대우를 받았다. 또한 많은 질문을 받아 현명하게 대답했다.

> 당나라에 들어가자 많은 사람들은 예원공이 원광의 조카로 문장을 잘한다고 존중했다. 유향이 신선의 도에 대해 물었다. 예원공은 보종이 그 도를 능히 얻었다고 답했다. 또한 연서燕書에 대해 묻자, 공이

암송해주었다. 또 신라의 혼도에 대해 물으니, 예원공이 신의 뜻에 따른다고 답했다. 어떠한 신이 시조냐고 묻자, "일광日光의 신이다" 했다. 유향이 말하기를 "일광과 금천씨金天氏가 같은가?" 했다. 대개 전에 왔던 사신이 신라에서 금천씨를 조상으로 삼는다고 한 때문일 것이다. 예원공이 말하기를 "금천씨가 어떻게 신이 되겠는가?" 했다. 유향이 답을 할 수 없었다. 당나라의 재상이 묻기를 "너희 나라와 백제는 서로 혼인을 했는데, 지금 어찌하여 서로 다투는가?" 했다. 예원공이 말하기를 "백제가 고구려에 쫓겨 남쪽으로 내려왔는데, 우리나라가 군대와 땅을 빌려주어 보호했다. 그러므로 처음에는 우리에게 신하로서 의지했는데, 점차 안정이 되자 도리어 우리 땅을 침범했다. 또한 가야는 본래 우리의 부용국附庸國이었고 지금은 이미 우리나라에 들어왔는데, 백제가 그 서쪽 땅을 빼앗고 돌려주지 않는다. 대개 탐욕스럽고 도가 없다. 그러므로 천병天兵을 얻어 토벌코자 한다" 했다. "너희 나라에서 건원하고 칭제한 것은 언제부터인가?" 하는 질문에 공이 대답하기를 "멀리 상고부터였다. 먼저 온 사신이 법흥왕부터 시작되었다고 대답한 것은 단지 문자 사용을 말한 것이다" 했다. "가야가 너희 나라를 부용국으로 삼았다는 것과 너희 나라가 가야를 부용국으로 삼았다는 것 중 어느 것이 옳으냐?" 하는 질문에는 "우리나라는 한나라 선제 오봉 원년(기원전 57)에 섰고, 가야는 한나라 광무 건무 18년(기원후 42)에 섰으니, 누가 옳은지 알 수 있다" 하고 대답했다. 당나라의 재상이 그렇게 여겼다.

이처럼 당나라 사람들은 예원에게 신라의 신선의 도, 혼인의 도, 시조신, 칭제 건원稱帝建元 문제, 백제·가야왕과의 관계 등 많은 것에 대해 물었으나 그는 흐트러짐 없이 대답했다. 한편 춘추를 모신 사절단이 돌아올 때 유화를 버려두고 오려 했다는 사실과 기신의 계책으로 춘추가 살아 돌아온 사연도 『화랑세기』를 통해 알 수 있다.

> 돌아올 때 당나라 사람들은 유화가 말이 통하지 않고 풍토에 익숙하지 못하기 때문에 비록 아름다우나 머물게 할 수 없다고 했다. 유화도 함께 돌아오려 했다. 종자가 그들을 버리려 했다. 예원공이 "부모와 형제가 있는데 어찌 버릴 수 있는가?" 했다. 도중에 적병이 있는 곳을 지날 때 온군해로 하여금 기신의 계책을 쓰게 해 벗어났다.
>
> 작이 공으로 오르고 다시 품주가 되었다가 2년 후 예부의 영으로 나갔다. 이어 이방부의 영이 되었다. 여러 차례 요직에 있었으며 품이 이찬에 이르렀다. 문무왕 13년(673) 집사부의 대등(또는 위화부 금하)으로 있으며 관아에서 죽었다. 나이가 67살이었다. 문무왕이 슬퍼하여 상대등의 예로서 장사를 지내주었다.
>
> – 『화랑세기』 20세 예원공, 2005, pp. 280~287.

예원은 12세 풍월주 보리의 아들이며 28세 풍월주 오기의 아버지였다. 그리고 김대문의 할아버지이기도 했다. 춘추는 예원과 같이 문화를 아는 인재를 거느리고 당나라에 들어갔기에 사신으로서의 역할을 잘 수행할 수 있었던 것이다.

온군해의 희생으로 살아난 춘추

앞서 살펴본 바와 같이, 648년 춘추가 당나라에 갔다가 돌아올 때 바다에서 고구려 순라병을 만났다. 춘추를 따르던 온군해가 높은 사람이 쓰는 높은 관과 큰 옷을 입고 배 위에 앉아있자 고구려 순라병이 그를 춘추로 착각해 잡아 죽였다. 춘추는 작은 배를 타고 무사히 신라로 돌아왔다. 진덕여왕이 슬퍼하여 온군해를 대아찬으로 추증하고 그 자손에게 후한 상을 내려주었다.[173]

춘추는 그가 거느린 온군해를 희생시켜 살아남으로써 삼한통합을 할 기회를 갖게 되었다. 만일 당시 춘추가 온군해의 희생을 선택하지 않은 채 자신의 목숨을 바쳤다면 일국의 지배자로서 리더십을 포기한 것일 수 있다. 그것은 현명하고 판단력 있고 유능한 지도자가 할 일이 아니었다. 당시 온군해와 같은 신하들이 주군을 위해 목숨을 바침으로 그 후손은 대를 이어 국가의 우대를 받을 수 있었다. 이는 주군과 신하가 서로 주고받음이 있었음을 뜻한다.

고구려는 춘추가 당나라에 가서 당 태종을 만난 사실을 알고 있었을 것이다. 고구려의 왕정을 전제하던 연개소문이 순라병을 보내 춘추를 잡아 죽이도록 한 데서 미루어 알 수 있다. 순라병이 춘추를 죽였다는 보고를 접한 고구려 조정의 보장왕이나 연개소문은 어떤 행동을 취했을까? 642년 춘추를 죽일 기회를 놓친 적 있는 고구려 지배 세력들은 매우 기뻐했을 것이다. 그러나 춘추가 기신지계紀信 之計로 살아 돌아간 사실을 알게 된 후 그들의 실망은 이만저만이 아니었으리라.

---

173 『삼국사기』 5, 「신라본기」 5, 진덕왕 2년.

5. 춘추가 주도한 신라의 중국화

신라가 백제와 고구려의 침략을 받아 국가의 존망을 위협받는 상황에서 당나라의 군사적 도움을 받는 것은 운명을 건 일이었다. 그렇기에 신라 사람들은 당나라의 신뢰를 얻고 당나라 사람들의 도움을 받기위해 여러 가지 노력을 한 것을 볼 수 있다. 중국화 조치들이 그러한 노력의 결과다. 특히 진덕여왕 대에 이 같은 조치가 이루어진 것은 왕정을 장악한 춘추와 칠성우 세력의 열린 정책 때문이라 할 수 있다.

당나라 영휘 연호의 사용

신라가 당나라의 연호를 사용하는 것은 속국임을 드러내는 조치일 수있다. 그런데 진덕여왕 4년(650) 신라는 중국의 영휘 연호를 사용하기 시작했다. 본디 신라는 법흥왕 때부터 중국과 다른 연호를 사용했다.

법흥왕 23년 연호를 처음 사용하여 건원 원년이라 했다. 진흥왕 10년 (551)에는 개국 원년, 진흥왕 29년(568)에는 대창 원년, 진흥왕 33년 (572)에는 홍제 원년, 진평왕 8년(584)에는 건복 원년, 선덕왕 3년(634) 에는 인평 원년, 진덕여왕 원년(647)에는 태화 원년 등의 연호를 사용 했다. 그러다가 당 고종의 연호인 영휘 연호를 사용하게 된 것이다.

신라에서 독자적인 연호를 사용하는 데 대해 당나라 사람들은 큰 관심을 보였다. 진덕여왕 2년(648) 겨울에 당나라에 사신으로 갔던 한질허에게 당 태종이 어사를 시켜 신라가 독자적인 연호를 사용하는 문제를 묻기도 했다. 당나라는 신라에서 독자적인 연호를 사용하는 데 대해 끈질기게 묻는 것을 볼 수 있다. 앞에서 예원에게 유향이 신라의 연호 사용에 대하여 물은 일화도 그 한 예라 하겠다.

당나라 사람들은 신라가 독자적인 연호를 사용하는 데 대해 왜 그처럼 관심을 가졌을까? 이에 대해 『삼국사기』에 나오는 사론은 "삼대가 정삭을 고치고 후대에 연호를 칭하는 것은 크게 하나로 통치하고 백성들이 보고 듣는 것을 새롭게 하기 위함이다. 그러므로 둘이 천하를 다투거나 간교한 자가 제왕의 자리를 넘보는 경우가 아니면 한 쪽에 치우친 소국으로서 천자의 나라에 신속한 자라면 실로 연호를 칭할 수 없다. 신라는 중국을 섬겨 조공을 이었는데 연호를 칭한 것은 알 수 없는 일이다. 당 태종의 꾸지람을 듣고도 머뭇거리다가 당나라 연호를 받들어 사용한 것이다. 비록 어쩔 수 없어 한 일이라 하더라도 잘못을 저지르고 능히 허물을 고친 것이라 할 수 있다"고 그 이유를 밝히고 있다.[174]

---

174 『삼국사기』 5, 「신라본기」 5, 진덕왕 4년.

당나라 입장에서 보면 신라의 독자적인 연호 사용을 받아들일 수 없었음이 분명하다. 고려 사람 김부식도 『삼국사기』를 통해 신라의 연호 사용을 잘못된 것이라 말하고 있다.

648년 특별 사절로 당나라에 갔던 춘추가 신라에 돌아온 정확한 시기는 알 수 없다. 649년 초에 돌아왔을 가능성이 높은데, 이로써 즉시 연호를 사용하지 않고 그 이듬해부터 영휘 연호를 사용한 까닭을 이해할 수 있다.

당나라 연호를 사용한 것이 부끄러운 일일까? 그것을 부끄럽게 여기는 것은 '모델 2'나 할 일이다. 춘추를 중심으로 한 신라의 지배 세력은 국가의 운명을 결정할 꿈을 실현하기 위해 중국 연호를 사용했다. 정확히 말해, 당나라 군대를 끌어들여 백제와 고구려를 정복하기 위한 것이었다. 당시 조정의 지배권을 장악한 춘추와 칠성우는 당나라 사람들의 마음을 움직이기 위해 여러 조치를 궁리하던 중 당나라 연호 사용을 결정한 것이다. 현대 한국사학이 만들어낸 민족사에서 신라의 당 연호 사용을 부끄러운 사대주의의 발로 정도로 보는 것은 이미 완성된 신라의 거대한 운명을 뒤트는 행위에 불과하다. 거듭 말하지만, 신라는 당나라 사람들을 감동시키는 정책을 폈고, 그 결과 당군의 힘을 활용해 백제와 고구려를 평정할 수 있었다.

춘추, 세 아들을 입당·숙위시키다

신라 왕의 동생과 아들들이 당나라에 가서 황제의 측근에서 숙위한 것은 의미 있는 일이다.

진덕여왕 대에 춘추의 세 아들이 당나라에 사신으로 간 것을 주목할 수 있다. 648년 춘추가 당나라에 갈 때 셋째 아들 문왕이 따라

갔다. 춘추는 당 태종에게 문왕을 숙위토록 요청해 남겨두고 귀국했다. 진덕여왕 4년(650) 6월에는 진덕여왕이 비단에 「태평송太平頌」을 지어 춘추의 아들 법민을 보내 당 황제에게 바쳤다. 당 고종이 이를 가상하게 여겨 법민을 태부경으로 삼아 돌려보냈다. 진덕여왕 5년(651)에는 춘추의 둘째 아들 김인문을 당나라에 보내 조공하고 머물러 숙위하도록 했다. 이처럼 춘추는 자식들까지 당나라에 보내 숙위토록 하는 등 자신의 모든 것을 걸고 당나라와 긴밀한 유대 관계를 가지려 했다.

춘추가 세 아들을 당나라에 보낸 것을 어떻게 볼 것인가? 민족사가 만들어낸 '모델 2'의 관점에서 보면 이는 사대주의의 극치를 보여주는 것이 아닐 수 없다. 그러나 삼한통합이라는 국가적 목표를 설정한 춘추의 입장에서 당나라와 밀접한 관계를 갖는 것은 피할 수 없는 선택이었다. 춘추는 당나라와 관계를 강화할 수 있는 모든 방법을 취했다.

그 결과는 당군과의 연합을 통한 백제·고구려 평정으로 나타났다. 이 사실을 무시한 채 춘추가 당나라에 대해 사대주의적 태도를 취했다고 비난하는 것은 부당하다.

춘추의 세 아들이 당나라에 갔던 것은 또 다른 의미도 지닌다. 당시 당나라 수도 장안성은 국제도시로서 신라인으로서는 상상도 하기 어려운 모습을 선보였다. 그것은 춘추 부자에게는 말할 수 없는 충격이었을 것이다. 그러한 충격은 가본 사람이 아니고는 가질 수 없는 경험이었다. 이 경험을 통해 춘추는 신라의 중국화 즉 세계화를 구상하게 되었고, 그의 아들들과 더불어 이를 실행으로 옮기게 된 것이다.

중국 의관을 처음으로 착용케 하다

648년 춘추가 당 태종에게 받은 장복을 본보기로 삼아 신라인은 649년 정월 처음으로 중국의 의관을 착용했다. 일단 남자들의 공복을 중국식 옷으로 바꾼 것이다. 문무왕 4년(664) 교서를 내려 부인까지 중국 의복을 입게 한 것으로 보아 이를 알 수 있다. 『삼국유사』에 따르면 진덕여왕 대에 중국 의관과 상아홀을 사용케 했는데 이것은 자장법사가 당나라 황제에게 청해 가지고 온 것을 전한 것이라 한다.

진덕여왕, 「태평송」을 당 고종에게 보내다

진덕여왕 4년(650) 왕은 비단을 짜서 그 위에 「태평송」을 지어 법민을 통해 당 고종에게 보냈다.

> 대당이 나라를 세워 홍업을 개창하니, 제왕의 큰 업적이 융창하다
> 전쟁을 그쳐 천하를 평정하고, 문치를 닦아 전대의 왕들을 이었다
> 세상을 대자연처럼 다스리고, 만물을 땅처럼 포용한다
> 깊은 인덕은 일월 같이 조화롭고, 국운은 태평시대로 나아간다
> 깃발은 번쩍이고, 북소리는 웅장하다
> 외이로서 황제의 영을 거역하는 자는, 멸망되어 천벌을 받을 것이다
> 순후한 풍속이 곳곳에 퍼지니 원근에서 다투어 상서를 바친다
> 사시의 시후는 태평을 이루고, 일곱 빛의 광명은 만방에 비친다
> 산악의 정기는 보필의 재상을 낳고 황제는 어진 인재를 등용한다
> 오제삼황이 하나로 이룩되니, 우리 당나라 황도가 밝게 빛나리

「태평송」은 당 고종을 감동시키기 위한 것이 분명하다. 하지만

그 이면에는 당나라에 맞서는 고구려와 백제를 평정해달라는 바람이 있었다. 민족사는 이를 두고 사대주의적 행위라고 할 것이다. 그러나 문화적인 방법으로 강한 세력을 감동시킨 결과가 어땠는지 이해할 필요가 있다. 이는 분명 국가적 목표를 달성하기 위해 신라인이 취한 여러 가지 수단 중 하나였다.

6. 춘추를 왕으로 삼기 위한
제도 개혁을 단행하다

651년의 정치 개혁—새로운 시대를 준비하다

진덕여왕의 즉위를 통해 칠성우는 정국의 주도권을 장악했다. 춘추를 왕으로 모시고자 하는 칠성우를 중심으로 한 세력들은 정치 조직을 개편해 새로운 시대를 준비했다. 그중 진덕여왕 5년(651)에 이루어진 직관 개편은 중요한 의미를 지닌다.

651년 정월 초하루에 진덕여왕이 조원전에 나아가 백관으로부터 새해 축하 인사를 받았다. 신라가 이러한 하정賀正의 예를 행한 것은 중국의 제도를 받아들이기 시작했음을 의미한다. 2월에는 품주를 고쳐 집사부와 창부로 나누어 설치했다. 이는 관부의 분화를 의미한다. 그중 집사부에 파진찬 죽지를 중시로 임명해 기밀 사무를 담당하도록 했다. 집사부는 왕명을 출납하는 임무와 조정의 모든 관부를 통제하는 임무를 가졌다고 판단된다. 이처럼 국정 전체를 관장하는 관부인 집사부의 설치는 곧 국정의 강화를 뜻한다. 그러한 관부의 장이 된 사람은 칠성우의 한 사람이었던 술종공의 아들 죽지였다. 조정의 핵심이 되는 관부가 칠성우의 관할 하에 놓인 것이다.

651년에 품주를 나누어 집사부와 창부를 설치한 것은 앞에서 확인했다. 조부調府는 원래 584년에 설치되었는데 그때 영이 한 명 있었다. 그런데 651년에 영을 한 명 더 설치했다. 651년에는 영객부에 영 2인을 두었다. 651년에는 좌이방부도 설치했다. 공장부에는 651년 주서 2인을 두었다. 이처럼 하나의 관부에 복수의 장을 둔 것은 원래 있던 장 이외에 춘추를 지원하는 세력의 사람을 장으로 추가 임명하기 위한 것으로 볼 수 있다.

651년에는 예부의 대사를 설치했는데 2인을 두었다. 이때 설치한 대사는 682년에 설치한 국학의 대사와 같은 관직일 수 있다. 말하자면 국학이 설치되기 전에 예부의 대사가 국학에서 할 임무를 먼저 수행한 것이라 할 수 있다. 춘추가 648년 당나라에 갔을 때 국학에 가서 석전과 강론하는 것을 보고자 한 바 있다. 춘추가 주도해 국학을 설치하기 전에 그 직무를 맡을 관직부터 설치한 것이다.

무관으로는 651년 시위부를 설치한 것을 들 수 있다. 시위부에는 삼도가 있었는데 감이라는 무관직을 두었다. 시위부는 진덕여왕을 지키는 임무를 지녔다. 그런데 주목되는 것은 648년 당나라에 간 춘추가 동궁이었다면, 651년에 설치한 시위부의 삼도와 그 지휘관인 감은 춘추도 시위했을 것으로 볼 수 있다는 점이다. 더 나아가 생각하면, 시위부 설치는 춘추를 추대하던 칠성우들이 주도한 것으로,

춘추가 왕위를 차지할 때를 대비해 그를 시위하는 군단을 편성했음을 뜻한다. 아울러 시위부의 설치는 군사력의 집중화를 의미한다.

이처럼 651년의 정부 조직과 군사 조직 개혁을 통해, 춘추를 왕으로 삼고자 한 칠성우는 왕정을 확실하게 장악하게 되었다.

7. 무르익어가는 춘추의 대지大志

춘추가 진정으로 원한 대지大志 또는 대망大望은?

춘추가 꾼 꿈을 오늘날 다시 그려내는 것은 쉽지 않은 일이다. 그렇지만 춘추를 어떤 형태로든 그려내야 하는 역사가로서 그의 꿈을 조금이라도 그려낼 수 있다면 다행이라 하겠다. 왕위에 오르기 전 춘추가 가진 대망을 몇 가지 생각할 수 있다.

첫째, 그에게는 가장 중요한 바람이 있었다. 춘추의 말을 직접 들을 수 없어 유신의 말로 대신한다. 유신은 신라가 동해에 치우쳐 있어 삼한을 통합할 수 없다는 것은 수치스러운 일이며, 고구려와 백제를 평정하면 나라에는 외적들로 인한 걱정거리가 없어질 것이고 그렇게 되면 가히 부귀를 누릴 수 있다고 말했다.[175] 이는 유신의 뜻이자, 그가 평생 모신 춘추의 뜻이기도 하다.

둘째, 신라의 모습을 새롭게 디자인하겠다는 꿈을 가졌다. 당 태종을 만난 뒤 신라인의 복장을 중국식으로 바꾼 것이다. 이는 당시로서의 국제화, 곧 중국화의 의지를 보인 것이다. 진덕여왕 대에 왕정을 장악한 주인공인 춘추의 의지에 의해, 적어도 신라의 지배 세력만큼은 의복을 중국식으로 바꾸어 입게 되었다.

셋째, 국제적 감각을 가졌던 춘추는 신라의 정부 조직도 개혁하고자 했다. 진덕여왕 5년(651)의 집사부 설치는 그러한 의지의 결과라 하겠다. 왕정 전체를 총괄하는 관부를 만들어 춘추를 추종하던 세력이 장악함으로써 신라 조정은 그들의 수중에 확실하게 들어갔다. 그런데 춘추가 꿈꾼 정치 개혁은 중국의 제도를 직수입하는 것이 아니라 신라의 제도를 필요한 만큼 개혁해 왕정을 강화하고 춘추 세력의 지위를 굳히는 것이었다.

넷째, 춘추는 당나라의 제국적 위상을 인정했다. 그는 강력한 상대를 만나 덮어놓고 덤비는 무모한 정치 지배자가 아니었다. 국가의 존망이 풍전등화와 같은 상황에서 모든 나라를 적으로 만들어버리는 무모한 사람이 아니었다. 강대국을 강대국으로 인정하지 않고 맞서기만 하면 국수주의적인 사고방식을 갖고 있는 사람들에게는 환영받을지 모르지만, 실제 국가와 국인에는 조금도 도움이 되지 않고 오히려 국가의 존망을 위태롭게 만들 수밖에 없다. 그렇기에 춘추 자신이 직접 당나라에 가서 당 태종을 만나 당당하게, 오히려 당 태종이 초조하도록 만들며 당나라 출병을 통한 백제와 고구려 평정을 약속받은 것이다. 춘추가 가진 것은 당 태종이 감동할 정도의

---

175 『화랑세기』 15세 유신공, pp. 236~237.

풍채와 학문적인 식견이었다. 원가가 얼마 들지 않는 문화적인 힘으로 저 대단한 당 태종을 설복한 것이다.

다섯째, 당나라에 대한 정보를 놓치지 않으려했다. 648년 당 태종을 만나 그의 셋째 아들 문왕을 숙위토록 요청한 것이 그것이다. 그 이후 김인문 등이 당나라에 숙위하며 신라에 필요한 정보를 얻었고 당나라 사람들과 인맥을 형성해갔다. 당나라의 출병을 통해 백제와 고구려를 정복하기 위해 신라는 항상 당나라에 눈과 귀를 열어두었던 것이다. 당나라의 힘을 이용하기 위해서는 당나라의 동향을 주시하지 않을 수 없었다. 신라인이 당나라 황제를 숙위한 것은 자존심을 버린 행위가 아니라 국익을 위한 능동적 조치였다.

여섯째, 춘추의 개혁은 칠성우와 그 아들들 같은 소수 정예 집단에 의해 전개되었다. 신라라는 나라는 오늘날 한국처럼 국민에게 주권이 있는 곳이 아니었다. 따라서 진덕여왕을 추대하며 왕정을 장악한 춘추 집단이 주도해 새로운 모습의 신라, 고구려와 백제를 평정하기 위한 체제를 갖춘 신라로 만들어간 것이다.

일곱째, 춘추 자신은 국가를 위해서는 목숨을 걸고 적국에도 직접 가는 배포와 배짱을 가지고 있었다. 선덕여왕 11년(642) 살벌하기만 한 고구려에 가서 보장왕과 연개소문을 만난 일은 칠성우의 충성을 자아낸 사건이기도 하다.

춘추가 왕위 계승자로 굳어진 진덕여왕 대

춘추가 왕위 계승자로서의 지위를 굳힌 것은 647년 1월 일어난 비담의 난을 진압하면서부터였다. 진덕여왕의 왕위 계승에 대한 분명한 기록이 없어 단정하기 어려우나, 승만(진덕여왕)을 왕으로 세운 중심 세력은 칠성우였다고 생각된다. 사실 그들의 본심은 춘추를 왕으로 세우는 것이었다. 그러나 선덕여왕 대에 칠성우는 미처 정국을 주도하는 세력으로 성장하지 못했다. 645년 11월 비담을 상대등으로 임명한 것을 보면 그러한 사정을 알 수 있다.

그런데 선덕여왕 말년에 칠성우 세력과 비담을 중심으로 한 정치 세력이 충돌했다. 선덕여왕은 647년 1월 8일 세상을 떠나기 전에 몸이 아파 후계자를 정해야 했다. 선덕여왕은 636년 3월 병이 들었는데 의술과 기도로는 고칠 수 없어 황룡사에서 백고좌회를 열기도 했다. 어떤 병이 걸렸는지는 알 수 없으나, 그 후 10년간 병에 시달린 것으로 볼 수도 있다.

그 틈을 타 상대등 비담은 여왕이 나라를 잘 다스리지 못한다는 명분으로 647년 1월 반란을 일으킨 것이다. 비담이 반란을 일으킨 것은 선덕여왕을 제거하기 위한 것일 수 있으나, 그보다는 선덕여왕의 뒤를 이어 진덕여왕이 즉위하는 것을 막기 위한 것일 가능성이 높다.

선덕여왕의 죽음이 기정사실로 받아들여진 순간, 후계자를 선정하는 일은 중요한 의미를 지녔다. 선덕여왕에게는 혈족이 없었다. 성골로서 가장 가까운 혈족으로 승만(진덕여왕)이 있었으나 그들은 사촌 간이었다. 선덕여왕에게 가장 가까운 혈족으로는 언니 천명공주와 조카 춘추가 있었다.

선덕여왕의 후계자를 선정하는 과정에 왕실에서는 천명공주의 영향력이 컸을 가능성이 있다. 그리고 조정에서는 상대등 비담을 중심으로 한 세력이 있었다. 그때 칠성우는 비담이 아니라 천명과 그 아들 춘추의 편에 섰던 것이다. 비담의 세력과 천명과 춘추의 편에 선 칠성우 세력 사이에 벌어진 대결이 바로 비담의 난이었다. 비담의 난은 칠성우 세력의 승리로 끝났다.

그러나 칠성우는 곧바로 춘추를 왕에 즉위시킬 수는 없었다. 비담의 세력을 제거하기는 했지만 아직 조정에는 반대 세력이 있을 수 있었고, 선덕여왕 대에 칠성우는 미처 조정을 장악하지 못했기에 준비 기간이 필요하기도 했다. 그 때문에 마지막 남은 성골인 승만을 왕으로 삼아 춘추가 왕위 계승을 하는 데 필요한 준비 기간을 번 것이다. 진덕여왕에게는 정치 세력이 없었다. 칠성우는 진덕여왕을 추대하고는 춘추를 왕으로 삼기 위한 작업을 착착 진행해나갔다.

결국 춘추가 왕위 계승자로 굳어진 시기는 진덕여왕 대라 하겠다. 진덕여왕이 죽었을 때 군신이 알천에게 섭정케 한 것은 춘추를 왕위에 올리기 위한 고도의 정치행위일 수 있다. 칠성우의 한 사람인 알천이 춘추를 두고 왕위에 오를 수는 없는 일이었다. 그러나 상대등인 알천을 두고 춘추를 왕위에 올리는 일도 전혀 문제가 없는 것은 아니었다. 따라서 칠성우는 상대등 알천에게 섭정을 청하고 알천이 그것을 사양하며 직접 춘추공을 왕으로 추대하는 형식을 취한 것이다. 그때 춘추가 세 번 사양했다는 것 또한 춘추의 왕위 계승을 합리화·정당화하기 위한 조치였다.

골품제의 한계를 극복한 춘추의 왕정 장악

춘추는 골품제와 무관할 수 없었다. 신라에는 신국의 도가 있었고, 골품제가 있었다. 그것을 고려해 오늘날의 헌법을 고쳐보면 "신라 헌법 제1조 2항 : 신라의 주권은 국왕인 성골 왕에게 있고, 모든 권력은 국왕으로부터 나온다" 정도가 될 것이다.

신라인 전체를 하나의 신분 체제 속에 묶어놓았던 골품제는 사실상 왕을 축으로 편제·운용된 신분제였다. 왕이 사라지면 신라의 골품제는 무너질 수밖에 없었다. 왕이 국가의 모든 것을 장악하고 운용하는 축이 되었던 것이다.

그 밑에서 극히 소수의 세력이 진골 신분을 가지고 왕정에 참여할 수 있었고, 사적으로 토지와 노비 그리고 재물을 갖는 특권을 누렸다. 그러나 그들 모두의 특권을 합쳐도 왕이 가진 특권을 능가할수는 없었다. 진골 밑에는 6두품이 있었다. 그들의 수는 진골보다는 훨씬 많았지만, 그들의 모든 특권을 합쳐도 진골들이 가진 그것을 넘어설 수는 없었다. 5두품은 6두품을 넘어설 수 없었고, 4두품은 5두품을 넘어설 수 없었으며, 평인은 4두품을 넘어설 수 없었다.

이러한 신라 사회에서 춘추는 진덕여왕의 권력을 무력화하고 왕정을 장악했다. 이 왕정 장악이라는 정치 행위를 통해 춘추는 자신의 지위를 확고하게 만들었고, 성골의 소멸과 동시에 왕이 되어 명실상부한 신라의 정점에 오를 수 있었다.

진덕여왕의 죽음과 성골의 소멸

승만은 재위 8년이 되는 해 3월에 세상을 떠났다. 시호를 진덕이라 하고 사량부에 장사지냈다고 한다. 당나라 고종은 진덕여왕의 부고를 듣고 영광문에서 애도를 표하고 태상승 장문수를 사신으로 보내 부절을 가지고 조문케 했으며 개부의동삼사를 추증하고 비단 300단을 내려주었다. 국인들은 혁거세에서 진덕여왕까지 28명의 왕을 일컬어 성골이라 하고, 무열왕부터 마지막 왕까지를 진골이라 했다고 한다.[176]

현재 경주시 현곡면에 진덕여왕릉으로 알려진 고분이 있다. 그러나 현곡면은 사량부 지역이 아니다. 따라서 기록에 나오는 사량부가 잘못이 아니라면 진덕여왕의 능은 후대 사람들이 잘못 비정한 것일 수 있다.

진덕여왕의 죽음은 중요한 의미를 지닌다. 성골 왕의 시대가 끝나고 진골 왕의 시대로 넘어가게 된 것이다. 왕과 그 형제와 그들의 정궁부인 사이에서 출생한 자식들로 구성되어있던 성골 집단의 소멸은 진평왕이 죽을 때 성골 남자가 모두 없어졌다는 데서 시작되었다. 진평왕이 죽으며 신라는 성골이 소멸되지 않을 수 없는 상황이 된 것이다. 다만 부계제 사회에서도 여자들이 혼인한 뒤 출가하지 않고 태어난 곳에 그대로 사는 한 부계 성원권을 갖는다는 원칙으로 인해, 남자가 없어졌음에도 성골의 소멸 기간이 조금 연장되었다. 그렇게 선덕여왕과 진덕여왕이 왕위에 올랐고, 진덕여왕을 마지막으로 성골은 완전히 소멸되었다.

성골의 소멸은 진골 왕의 시대를 열게 만들었다. 춘추의 왕위 계승은 바로 진골 왕 시대가 열리는 것을 의미한다.

---

176 『삼국사기』 5, 「신라본기」 5, 진덕왕 8년.

소결
춘추, 진덕여왕 대의 왕정을 장악하다

춘추, 문화를 활용해 당 태종을 감동시켰을까, 아부를 통한 굴욕 외교를 폈을까?

648년 춘추가 당나라에 가서 당 태종을 만나 청병을 약속받은 방법 은 다음과 같다.

첫째, 춘추와 당 태종은 문화를 통해 교감했다. 당 태종은 국학을 크게 일으킨 바 있다. 춘추는 그러한 사정을 알고 국학에 가서 석전 釋奠에 참관하고 강론을 청강하겠다고 요청했다. 당 태종은 이때 춘 추를 새롭게 발견했음이 틀림없다. 국학에 가보겠다는 춘추의 말에 당 태종은 춘추, 나아가 신라에 대한 마음의 문을 열게 된 것이다.

둘째, 춘추가 문화를 통해 당 태종의 마음을 열자 당 태종이 먼 저 신라의 문제가 무엇인가 묻기에 이르렀다. 춘추는 입당의 목적 이 청병에 있었음을 밝혔고, 어렵지 않게 당 태종의 승낙을 받았다. 사실 645년 고구려 침공에서 패한 당 태종으로서는 신라와 군사적 동맹을 맺어 고구려를 멸망시키는 일을 자신이 먼저 제안하고 싶었 을 수 있다. 춘추는 당 태종의 그러한 속내를 알고 있었으며, 당 태 종이 먼저 말을 꺼내기를 기다린 것이다.

셋째, 춘추가 신라인의 복식을 바꾸겠다고 말함으로써 신라인의 모습을 중국인과 같게 만들겠다는 의지를 보여주었다. 이 또한 당 태종을 감동시켰다. 중국의 변방에 있는 신라가 스스로 중국의 문화를 받아들이겠다고 한 것은 춘추의 또 다른 전략이었다. 그러한 갑작스러운 전략을 통해 당 태종만이 아니라 당나라 사람 모두를 감동시킨 것이다. 춘추는 이를 실행으로 옮겼다. 649년 정월 신라의 신료들이 중국의 의관을 착용한 것이 그 증거다. 이는 훗날 신라와 당나라 사이의 군사적 동맹관계가 실현되는 수단이 되었다. 춘추는 정치적·군사적 목적을 달성하기 위해 문화를 이용한 것이다.

넷째, 춘추는 그의 아들 문왕을 당 태종 곁에서 숙위하도록 남겨 두었다. 이 또한 당나라의 군대를 이용해 신라의 존망을 위협하는 백제와 고구려를 멸망시키기 위한 춘추의 결단성 있는 조치였다. 문왕을 당나라의 심장부에 남겨둠으로써 춘추는 당나라와의 연결고리를 확보한 것이다.

춘추가 당 태종을 만나 벌인 위와 같은 외교를 굴욕 외교로 볼 것인가, 아니면 신라를 위한 현명한 외교로 볼 것인가? 고구려·백제의 침입을 받아 국가가 존망의 위기에 처한 신라로서는 나라를 지키기 위한 최선의 방책으로 당나라에 청병을 해야 했다. 춘추의 외교 활동은 긍정하고 칭찬할 일이지, 욕하고 비판할 일은 아니다. 외교 문제에서 자존심을 있는 대로 내세울 수 있는 나라는 당나라 같은 초강대국뿐이다. 그렇지 못한 나라로서는 상대국을 잘 살피고, 필요한 만큼 그들을 존중하는 자세도 필요하다. 이를 굴욕 외교로 본다면 외교 활동이란 필요 없게 된다. 강하게 맞서다가는 피해만 입게 될 뿐이다.

복식을 바꾸어 중국화 의지를 보이다.

649년 신라의 신료가 중국의 의관을 착용한 것은 신라인의 모습을 바꾼 사건이었다. 춘추는 한국 역사상 최고의 디자이너였다고 할 수 있다. 이는 당나라 사람들을 감동시키려는 의도에서 결정된 일이다. 그러한 감동은 결국 당나라와 신라의 군사적 동맹으로 이어졌고, 무열왕 대에 백제 정복이라는 성과로 귀결되었다.

664년에는 문무왕이 教교를 내려 부인들 또한 중조(중국)의 의상을 입도록 했다. 이처럼 겉모습을 중국인과 같이 바꾸는 일은 정신적인 면에서 중국화를 추진하겠다는 의지를 보여주었다.

춘추는 소小를 버리고 대大를 취한 인물이었다.

중국의 복장을 입고 영휘 연호를 사용하는 등의 중국화 정책은 일종의 이벤트였다. 이는 춘추가 소를 버리고 대를 취한 증거라 하겠다. '모델 2'를 발명한 민족사의 역사의식으로 보면 춘추는 사대주의자에 불과할 것이다. 그러나 춘추는 그와 같은 중국화 이벤트를 통해 당나라 사람의 마음을 움직이는 데 성공했다. 고구려나 백제와 달리 신라는 그와 같은 이벤트를 전격적으로 단행함으로써 당나라와 신라의 군사적 동맹을 현실화했다.

온군해의 죽음에서 보는 춘추의 리더십

춘추가 온군해를 희생시켜 목숨을 구한 사실을 어떻게 볼 것인가? 춘추는 당나라에서 돌아오는 도중에 적병을 만나자 온군해로 하여금 기신의 계책을 쓰게 해 위험에서 벗어났다.[177] 여기서 기신은 한 고조의 신하로, 자기를 희생해 고조를 구해낸 사람이었다. 고조가

---

177 『화랑세기』 20세 예원공, pp. 284~285.

하남성 영양에서 항우의 군사에게 포위되었을 때, 기신은 고조의 수레에 타고 초군을 속여 고조를 살리고 대신 죽었다.

현대인의 관점에서 보면 기신의 계책은 용납할 수 없는 것이 분명하다. 그러나 한나라나 신라의 경우 사정이 달랐다. 주군을 위해 목숨을 바치는 일은 곧 국가를 위해 목숨을 바치는 일이었다. 온군해의 죽음을 통해 춘추의 현실적인 리더십을 읽어내는 것은 무리한 일만은 아닐 것이다.

국가 시스템을 활용해 왕정을 장악하다

춘추는 근본적이고 핵심적인 국가의 목표를 설정한 장본인이다. 시대의 요청에 부응한 그러한 목표를 실현하기 위해, 그는 다양한 수단과 방법을 상황에 맞게 이용했다. 아울러 효과적인 통치술과 강력한 리더십으로 국정을 주도한 인물이었다.

춘추와 칠성우 세력이 통치술을 실제로 발휘한 시기는 진덕여왕의 즉위 이후였다. 647년 진덕여왕의 즉위를 가능케 한 춘추와 칠성우는, 장차 일국을 이끌어나갈 지배 세력으로서 사용 가능한 모든 통치 수단을 활용했다.

왕정 장악을 위해 결정적 순간에 군사력을 동원하다

춘추와 칠성우는 결정적인 순간에 군사력을 동원해 왕정의 주도권을 장악했다. 647년 정월 선덕여왕의 병이 깊어지자 상대등 비담의 무리가 여왕이 나라를 잘못 다스린다는 명분으로 반란을 일으켰다. 비담이 선덕여왕의 뒤를 이어 왕위에 오르고자 한 것이다. 그때 유신을 중심으로 한 세력이 군사적으로 비담의 난을 막아냈다. 이 시기에 선덕여왕이 세상을 떠난 것으로 보인다. 그러자 유신은 진덕여왕을 즉위시키고 새 왕을 도와 비담을 물리치는 전쟁을 독려했다. 그때 왕경에 군사가 적어, 24세 풍월주로 있던 천광공이 낭도를 모두 동원해 먼저 비담의 진으로 돌격했다. 이로써 난이 평정되었다. 천광공은 그 공으로 발탁되어 호성장군이 되었다.[178] 결국 춘추와 칠성우는 왕경에 군대가 적자 화랑도를 동원해 반란을 진압하고 왕정을 장악한 것이다. 춘추와 칠성우의 군사적 리더십은 이와 같았다.

정치 조직을 적극적으로 이용해 왕정을 장악하다

647년 1월 17일 춘추 세력은 비담을 죽이고 서른 명이 넘는 사람을 연좌해 죽였다. 왕정을 장악한 그들은 2월에 칠성우 중 한 명인 알천을 상대등으로 삼았다. 이로써 춘추를 왕으로 삼으려는 칠성우 세력의 목표는 현실에 가까워졌다.

651년 2월 품주를 고쳐 집사부로 하고 파진찬 죽지를 중시로 임명해 기밀 사무를 맡겼다.[179] 집사부는 새로 설치된 관부로, 이전에 설치된 관부들과 달리 왕명을 출납하는 중요한 업무를 관장했다. 칠성우는 선덕여왕 대부터 활동을 해왔으나 이 무렵까지는 왕정을 맡은 신료 중 칠성우와 성향이 다른 세력도 있었을 것이다. 춘추를 왕으로 삼기 위해서는 그들을 제압해야 하는데, 속성상 그들은 억누르고 무너뜨리기 쉽지 않았다.

178 『화랑세기』 24세 천광공, pp. 334~335.
179 『삼국사기』 5, 「신라본기」 5, 진덕왕 5년.

춘추와 칠성우들은 한층 커다란 시각과 전망을 가진 집단으로, 기존의 신료 집단과 정부 조직을 제거하는 방법 대신 새로운 조직인 집사부를 설치하는 방법을 택했다. 그들은 집사부를 기존의 정부 조직과 신료들 위에 위치시켜 왕정을 장악하는 길을 택했다. 집사부는 칠성우 중 한 명인 술종공의 아들 죽지를 중시로 임명했다. 이는 기존의 기득권을 가진 신료들과 갈등을 최소화하는 방법이기도 했다. 이것이야말로 훌륭한 정치적 리더십이라 할 수 있다.

율령 개정을 통해 왕정을 장악하다

춘추의 세력은 율령을 바꾸었다. 649년 정월 중국의 의관을 착용하게 한 것이 그 예다. 신라의 의관을 중국의 의관으로 바꾸기 위해서는 율령 중 공복에 대한 영을 바꾸어야 했을 것이다. 공복령의 개정은 신라인의 의식구조를 개혁하려는 의도에서 비롯한 것일 수 있다. 곧, 중국화의 시작을 알리는 상징적 의미를 지닌 조치였다. 그러한 변화의 중심에 춘추가 있다는 사실을 신라인은 새삼 직시하게 되었을 것이다.

중국화(세계화)를 통해 왕정을 장악하다

진덕여왕 4년(650) 신라에서는 당나라의 영휘 연호를 사용하기 시작했다. 『화랑세기』를 통해, 648년 춘추가 당나라에 갔을 때 중국이 신라의 독자적 연호 사용에 문제를 제기했음을 확인할 수 있다. 당나라 재상이 춘추를 따라간 예원에게 신라에서 건원하고 칭제한 것은 언제부터인지 묻자 예원이 말하기를, 멀리 상고부터이며 먼저 온 사신이 법흥왕부터라고 한 것은 단지 문자 사용을 말한 것이라

했다고 한다.[180]

신라가 중국의 연호를 사용한 것에는 여러 가지 이유가 있을 것이다. 물론 당나라의 마음을 사기 위한 것일 수도 있지만, 그보다는 중국화의 한 의지로 보는 게 보다 정확할 것이다. 그러한 중국화의 중심에 춘추가 있었음을 신라인 모두가 알고 있었을 것이다. 당시 중국화는 세계화를 의미하는 것이었다.

춘추, 기다림으로 왕위 계승의 정당성을 얻다

선덕여왕 대에 춘추가 왕위에 오르기에는 여건이 성숙되지 않았다. 선덕여왕과 춘추는 이모와 조카 사이로 쌓아온 정이 깊었고, 비담과 같은 세력도 도사리고 있어 왕위 계승을 꿈꾸기에는 위험이 큰 게 사실이었다. 추측건대, 선덕여왕의 뒤를 이어 춘추가 왕위에 오를 수도 있었을 것이다. 이 경우 진덕여왕은 존재하지 않았을 것이다.

그러나 춘추는 기다렸다. 진덕여왕을 즉위시킨 뒤, 왕이 되기 위한 충분하고도 결정적인 준비를 했다. 진덕여왕의 죽음은 마지막 남은 성골의 소멸을 의미했다. 춘추의 기다림은 결국 그의 왕위 계승에 정당성을 부여하기 위한 것이었다.

춘추, 인재 관리의 천재였다

그가 왕위에 오르기 전에 보여준 리더십은 다음과 같다.

첫째, 춘추는 인재를 최대한 자기편으로 만든 리더였다. 춘추는 그를 왕으로 즉위시키려는 칠성우를 거느렸다. 춘추는 그들에게 무

---

180 『화랑세기』 20세 예원공, pp. 284~285.

엇을 해주었을까? 진덕여왕이 즉위하자 칠성우 중 가장 연장자인 알천을 상대등으로 삼았다. 실질적으로 이를 결정한 사람은 바로 춘추였을 것이다. 진덕여왕의 즉위와 동시에 칠성우는 왕정을 장악했다. 알천을 상대등으로 삼은 것은 춘추의 추종 세력인 알천에 대한 보답이자, 춘추를 왕위에 올리려는 세력의 정치권력 장악을 뜻한다. 집사부를 처음 설치하며 그 장으로 술종공의 아들 죽지를 임명한 것도 알천을 상대등으로 삼은 것과 같은 이유에서였다. 춘추는 칠성우만 거느린 것은 아니다. 신라 왕정에 참여하던 많은 인재와 화랑도에서 활동하던 예비 인재들까지 그의 세력이 되었다.

둘째, 춘추는 그가 거느린 인재들을 하나의 목적과 목표를 향해 나가도록 이끌었다. 춘추는 목숨을 걸고 고구려나 당나라에 감으로써 그가 거느린 인재들에게 신라의 국가적인 위기를 인식하게 만들었고, 그러한 인식을 바탕으로 그들을 하나의 방향으로 나가게 만든 것이다.

셋째, 춘추는 그가 거느린 인재들의 네트워크를 잘 조정했다. 칠성우들은 각기 능력을 발휘해 춘추를 위한 인재 풀pool을 형성했고, 춘추는 그러한 인재들을 적재적소에 활용했다. 춘추는 측근들을 무리하게 등용해 지배 세력의 능력을 소모하는 일을 하지 않았다.

넷째, 춘추는 칠성우를 비롯한 최고 지배 세력들로 하여금 신라를 위해 목숨을 바칠 수 있는 사명감을 갖도록 만들었다. 그들의 사명감은 삼한통합의 원동력이 되었다.

다섯째, 춘추는 그를 지지하는 인재들뿐 아니라 신라 왕정에 참여한 모든 사람을 공포로 몰아넣지 않았다. 춘추의 카리스마는 공포를 통해 만들어진 것이 아니라 솔선으로써 얻어진 것이다. 642년에 고구려에 갔던 일이나 648년 당나라에 가서 당 태종을 만난 일은 춘추가 아니면 할 수 없었다.

여섯째, 당연한 일이지만, 신라인으로서 고구려나 백제를 추종하는 세력이 없었다. 적국의 지배자 연개소문이나 의자왕을 높이 받드는 사람은 물론, 적국과 내통해 신라의 국력을 소모시키고 국론을 분열하는 신라인은 존재하지 않았다.

춘추, 동아시아인으로 도약하다

춘추의 시대에 신라는 홀로 굳건히 설 수 없었다. 결국 춘추는 고구려와 백제의 침략을 막기 위해 당 태종을 직접 찾아가 밀약을 맺었다. 그것을 실현하기 위해 춘추는 신라의 중국화를 추진했다. 춘추는 스스로는 물론이고 신라인 전체를 이끌고 동아시아의 무대로 나아가는 정책을 취한 것이다.

VI.
드디어 즉위 그리고 백제 정복
– 태종무열대왕, 654~661, 쉰두 살~쉰아홉 살

603년 탄생 후 52년,

612년 출궁 후 43년 만에 춘추는 왕위에 올랐다.

오랜 기다림 끝에 춘추는

대지大志 또는 대망大望을 실현했다.

이제 제세의 주인공, 영걸한 군주, 천하를 통일한

위대한 정치 천재 춘추의 왕위 계승과 통치,

그리고 삼한통합의 기획과

백제 정복 과정을 살펴보겠다.

1. 제세濟世의 군주 왕위에 오르다

1) 왕이 되기 위한 52년 프로젝트를 완성하다

유신이 알천과 의논해 춘추를 왕으로 추대하다

춘추가 왕위에 오른 것은 654년이었다. 출생 후 왕이 되기까지 52년이 걸린 것이다. 춘추의 왕위 계승으로 왕이 되기 위한 52년간의 프로젝트는 완성되었다.

춘추의 왕위 계승 순간을 보자. 『삼국사기』 「신라본기」는 다음과 같이 전한다. 654년 3월 진덕여왕이 8년간의 재위를 마감하고 세상을 떠났다. 그때 군신이 알천에게 섭정을 청했다. 진덕여왕 원년 2월에 상대등이 되었던 알천은 섭정을 굳이 사양하며 "신은 늙었고 이렇다 할 만한 덕행도 없습니다. 지금 덕망이 높기로는 춘추공만

한 사람이 없습니다. 실로 제세영걸(濟世英傑, 세상을 다스릴 영웅호
걸)이라 이를 만합니다" 했다. 마침내 춘추를 받들어 왕을 삼으니,
춘추가 세 번 사양하다가 마지못해 왕위에 올랐다.[181]

한편 『삼국사기』 「열전」은, 654년 진덕여왕이 세상을 떠나고 뒤
를 이을 계승자가 없었기에 유신이 재상인 이찬 알천과 의논해 이찬
춘추를 왕위에 올리니 그가 태종대왕이었다고 전한다.[182] 이 기록에
따르면, 알천은 섭정을 요청받은 것이 아니라 유신과 함께 왕위 계
승에 대한 논의를 했을 뿐이다. 단정하기는 어려우나, 이 이야기가
사실에 부합한다고 생각된다. 「신라본기」에 나오는 이야기, 즉 알천
을 섭정으로 삼으려 했는데 그가 춘추에게 왕위를 양보했고, 춘추
가 세 번 사양한 후에 왕위에 올랐다는 이야기는 후대에 춘추의 왕
위 계승을 합리화하기 위해 조정된 내용으로 추정할 수 있다.

진덕여왕이 세상을 떠났을 때 군신이 어떤 이유로 알천에게 섭정
을 청하는 모양새를 갖춘 것일까? 그가 신료 중 최고의 관직인 상대
등의 위치에 있었기에? 그것만으로는 답이 되지 않는다.

알천에게 섭정을 청한 것이 실제 왕위 계승을 요청한 것이었을

---

181 『삼국사기』 5, 「신라본기」 5, 태종무열왕 즉위 조.
182 『삼국사기』 42, 「열전」 2, 김유신 중.
183 알천의 세계를 전하는 자료로는 '실록편수용지'에 그려진 계보도가 있다. 이 자료는 남당
박창화가 그린 것으로 '실록편수용지'는 조선의 마지막 왕 순종의 실록 편찬 용지였을 가
능성이 크다. 이 계보도는 그 후 몇 차례 추가되어 그려졌다. 따라서 이 계보도를 이용하
는 데에는 문제가 있다. 그러나 원래 남당 박창화가 그렸던 계보에 알천의 부모에 대한 내
용이 나온다. 또한 1989년에 공개된 발췌본 「화랑세기」 위쪽 여백에 그려진 계보도에도
알천의 부모에 대한 내용이 나온다. 따라서 「화랑세기」 본문에 알천의 부모에 대한 기록은
없으나, 여기서는 일단 두 자료에 나오는 내용을 인정했다.

까? 전왕이 죽고 새로운 왕이 계승하는 데 힘을 발휘할 수 있는 세력은 일반적인 경우 태후나 왕비다. 그런데 진덕여왕의 경우 그러한 사람들이 없었다. 따라서 최고의 관직을 가진 알천이 새로운 왕의 즉위에 중요한 역할을 할 수 있었다. 과연 알천이 자신을 위해 사사로이 그러한 기회를 이용할 수 있었을까? 그럴 수 없었음이 틀림없다. 실제로 알천이 굳게 사양하고 춘추공을 추천한 것에 주목할 필요가 있다.

당시 신라 왕실에서 알천은 어떤 위치에 있었을까? 알천의 아버지는 숙흘종이고 어머니는 보리였다.[183] 숙흘종의 아버지는 입종갈문왕이고 어머니는 금진이었다. 보리의 아버지는 진흥왕이고 어머니는 옥리였다. 숙흘종은 진흥왕과는 동부이모 형제였다. 그런데 숙흘종의 어머니 금진은 입종의 정궁부인이 아니었기에 숙흘종은 성골 신분을 가질 수 없었다. 숙흘종이 왕실에서 위치한 혈연적인 지위는 춘추와는 비교할 수 없는 것이었다. 춘추가 왕자 출신 용수와 공주 천명 사이에서 출생한 것과 비교하면 숙흘종의 왕실 내 지위는 격이 낮았다. 숙흘종의 아들 알천은 왕이 될 자격이 없었던 것이 사실이다.

알천은 상대등으로서 새로운 왕을 즉위시키는 데 중요한 역할을 한 것이 분명하지만, 칠성우의 오랜 바람을 무시할 수는 없었을 것이다. 그 자신이 칠성우 중 한 사람이었기 때문이다. 결국 군신이 알천에게 섭정을 요청한 것은, 전왕이 죽고 새로운 왕이 즉위할 때까지의 기간 동안 왕정을 맡아달라는 의미였을 것이다.

〈표 11〉 알천과 춘추의 관계

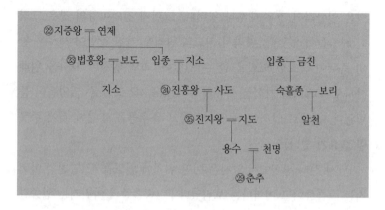

춘추, 대지大志를 이루다

『삼국사기』는 춘추의 용모에 대해, 영특하고 늠름해 어려서부터 세상을 구제할 뜻이 있었다고 전한다. 또한 진덕여왕을 섬겨 이찬의 지위를 거쳤고, 당나라 황제에게 특진의 관작을 받았다고 한다.[184] 한편 『화랑세기』의 찬에서는 춘추를 제세의 군주라고 표현하고 있다.

612년 출궁한 춘추는 왕위에 오를 대지 또는 대망을 키워나가게 되었다고 생각된다. 그가 가진 대지는 제세濟世의 지志[185] 즉 왕이 되어 세상을 지배하려는 뜻이었다. 춘추는 태어나면서부터 왕이 될 길을 걸었고, 출궁한 후에는 대지를 갖고 다양한 자질을 연마하며 준비해나갔다.

654년 3월 진덕여왕이 세상을 떠나고 춘추가 왕위에 올랐다. 춘

---

184 『삼국사기』 5, 「신라본기」 5, 태종무열왕 즉위 조.
185 『삼국사기』 5, 「신라본기」 5, 태종무열왕 즉위 조.
186 『삼국사기』 7, 「신라본기」 7, 문무왕 21년 유조.

추의 대지, 대망이 이루어진 것이다.

춘추의 왕위 계승은 역사의 순리를 따른 것이다

성골 왕의 시대가 막을 내리고 진골로서 왕위에 오른 춘추는 순리를 어긴 것일까? 성골이 아닌 진골이 왕위에 올랐다는 면에서 춘추의 왕위 계승은 정당하지 못한 것으로 보아야 할까?

진평왕을 마지막으로 성골 남자가 사라졌다. 진평왕은 여자가 아닌 남자를 왕으로 삼기 위해 용수를 사위로 삼아 자신의 뒤를 이어 왕위에 오르도록 했다. 후에 진평왕이 선덕공주를 왕위 계승자로 삼았다. 여자를 왕으로 삼기로 한 이 결정은 진평왕으로서도 쉽지 않은 것이었다. 그런데 진덕여왕을 마지막으로 누군가 왕위를 이어야하는 상황이 벌어졌다. 왕위는 한시도 비워둘 수 없는 자리였기 때문이다.[186]

진덕여왕이 세상을 떠나고 성골이 사라진 순간, 왕위에 오를 수 있는 가장 적합한 인물은 누구였을까? 많은 진골 인물이 있었다. 그 중 춘추만큼 왕위에 적합한 인물은 없었다. 혈연을 보면 춘추는 성골 왕과 가장 가까운 혈족이었다. 더욱이 아버지 용수는 한때 성골이었고, 진평왕에 의해 왕위 계승자로 선택된 일도 있었다. 춘추의 어머니 천명공주도 진평왕의 딸로 성골 신분이었다. 따라서 당시 춘추는 왕위에 오를 가장 적합한 인물이었다.

게다가 고구려나 당나라에 다녀오는 등 춘추가 보여준 과감한 행동은 그의 왕위 계승에 더욱 정당성을 부여했다. 백성들은 춘추에게서 희망을 보았다. 춘추는 누군가를 물리치고 그 자리를 뺏은 게 아니라 자신을 위해 준비된 자리를 차지했을 뿐이다. 춘추는 진덕여왕의 재위 기간까지 기다린 결과 그러한 위치를 갖게 되었다.

춘추는 역사의 순리를 따라 왕이 된 인물이다. 그는 누구에게도 자신의 왕위 계승에 대해 변명할 필요가 없었다.

2) 왕위에 오를 때까지 춘추가 보여준 대기大器

654년 왕이 될 때까지 춘추의 활동에 대한 기록은 많지 않다. 『화랑세기』는 무열왕의 대업이 사책史冊에 있어 굳이 기록하지 않는다고 했다.[187] 그러한 사정은 『삼국사기』나 『삼국유사』도 마찬가지다. 그렇지만 우리에게 주어진 자료만 가지고도 춘추의 활동과 면모에 대해 파악할 수 있다.

『화랑세기』에는 유신이 춘추를 대기大器로 여겨 풍월주로 받들려 했으나 그가 겸양해 부제가 되었다는 기록이 있다.[188] 대기는 위대한 인물이나 임금의 자리를 뜻한다. 유신이 춘추를 대기로 여긴 것은 왕이 될 인물로 보았다는 뜻이다. 그 시기는 유신이 풍월주가 된 612년경이었을 것이다. 이처럼 춘추는 일찍부터 대기를 보여주었다.

진덕여왕 대에 왕정을 장악한 칠성우가 춘추를 왕으로 삼으려 했을 때, 춘추 자신의 능력과 자질이 부족했다면 그 일은 불가능했을 것이다. 진덕여왕이 세상을 떠났을 때 왕이 될 대기를 갖춘 사람

---

187 『화랑세기』 18세 춘추공, pp. 262~263.
188 『화랑세기』 18세 춘추공, pp. 260~261.

은 오직 춘추뿐이었다. 춘추가 갖춘 대기는 어떤 것들일까?

용모

먼저 그의 모습에 대한 기록을 볼 수 있다. 『화랑세기』에 따르면, 춘추의 얼굴은 백옥과 같고 온화한 말씨로 말을 잘 했으며 커다란 뜻을 가졌고 말을 적게 했으며 행동이 치밀하고 법도가 있었다고 한다.

　『삼국사기』 태종무열왕 즉위 조에는 왕의 의표가 영특하고 훌륭했으며 어려서 나라를 다스릴 뜻이 있었다고 기록되어있다. 같은 책의 진덕여왕 2년 조에는 춘추가 당나라에 갔을 때 그의 용모가 영특하고 훌륭함을 보고 당나라 측에서 후하게 대우했다는 기록이 있다.

　『삼국유사』의 태종 춘추공 조에는 춘추가 동궁으로 있을 때 고구려를 정벌하고자 당나라에 가서 청병을 했는데, 당나라 황제 태종이 그의 풍채를 칭찬해 신성神聖한 사람이라 일컬었다는 기록도 있다.

지성

춘추는 지성을 갖추고 있었다. 그는 당나라에 가서 당 태종에게 국학에 나가가 공자에게 제사하는 의식과 경전을 강론하는 것을 보기를 청해 허락받은 바 있다. 춘추가 공자나 국학에서 다루는 유교 경전에 대한 지식이 없었다면 그와 같은 청을 할 수 없었을 것이다. 유교는 당시 국가와 사회의 윤리와 인간 간의 관계를 결정하는 원리를 제공하고 있었고, 유교 경전을 배워 익힌 신료들에 대한 등용도 늘고 있었다. 대망을 갖고 있던 춘추가 유교에 대한 지식을 갖고 있었던 것은 당연한 일일 것이다. 그러한 지성으로 춘추는 당 태종을 감동시킬 수 있었다.

설득력

춘추는 외교적 설득력을 갖고 있었다. 고구려에 대한 청병 요구는 무위로 돌아갔지만, 당 태종으로부터 백제와 고구려를 정복하는 데 군대를 지원하겠다는 약속을 받는 것은 성공했다. 춘추는 신라인 어느 누구도 할 수 없는 일을 이루어낸 것이다. 오랜 기간 동안 백제와 고구려의 침공을 받아 하루도 편안한 날이 없었던 신라인에게, 춘추가 신라와 당나라의 군사적 동맹을 성사한 일은 커다란 위안이 되었을 것이다.

복수

춘추는 복수를 아는 인물이었다. 642년 8월 대야성에 있던 그의 딸 고타소와 사위 품석의 죽음은 그로 하여금 백제를 멸망시킬 각오를 다지게 만들었다. 그는 기다리고 준비한 끝에 훗날 백제를 멸망시키고 딸의 죽음에 대해 복수했다. 춘추의 이러한 사적인 복수는 결국 신라의 삼한통합으로 이어졌다.

인내심

춘추는 기다릴 줄 아는 사람이었다. 그는 어려서부터 제세의 군주가 되기 위한 자제력을 갖추었다. 612년 부모와 함께 출궁하며 왕위 계승권에서 멀어지는 듯했던 그는 654년 왕위에 오를 때까지 43년이라는 세월을 포기하지 않고 기다렸다. 그동안 춘추는 왕위에 오르기 위해 쉬지 않고 준비했다. 고구려나 당나라에 다녀온 일도 그러한 준비의 하나였다.

배짱

춘추는 어느 누구보다 강한 대범함과 배짱을 가졌다. 642년 그는 당시 신라와 전쟁 중이었던 고구려에 갔다. 그가 백제를 멸망시키기 위한 청병을 하러 고구려에 간 것은 목숨을 건 여행이었다. 유신이 결사대를 거느리고 국경에 머문 것이 그 증거다. 실제로 고구려는 춘추를 죽이려고도 했다. 춘추가 아니었다면 그와 같은 모험을 하지 못했을 것이다. 춘추는 고구려행을 통해 얻은 것이 있다. 그것은 바로 신라인으로부터의 신뢰다. 춘추는 뜨거운 가슴을 가진 용기 있는 인물이었다. 그는 냉정한 현실 인식 하에 사지死地로 걸어 들어갔고, 죽음의 구덩이에서 다시 살아나올 수 있었다.

자긍심

춘추는 왕자王孫로서 누구보다 강한 자긍심을 갖고 있었다. 그는 스스로 장차 왕이 될 사람임을 인식하고 있었다. 훗날 나라를 다스리겠다는 큰 뜻을 품고 있었기에 말을 잘하면서도 그것을 삼갔고, 행동 또한 치밀하게 하는 등 법도에 맞게 생활한 것이다.

자신감

자신감은 자긍심의 또 다른 표현이라 할 수 있다. 모든 사람이 주눅 들고 말았다는 당 태종 앞에서 청병을 말하지 않고, 다른 일부터 청한 것은 그가 그만큼 자신감을 갖고 있었기 때문일 것이다. 당 태종 역시 그의 자신감 있는 태도를 보고 신성함마저 느끼기도 했다.

냉정함과 판단력

춘추에게는 냉정함이 있었다. 어떤 상황에서도 당황하지 않고 방법을 강구했다. 뿌리 깊은 나무가 바람에 흔들리지 않듯 그는 경박하지 않았고, 항시 자중하며 큰 뜻을 품었다. 고구려에 갔다가 죽음의 문턱을 넘어 돌아올 수 있었던 것은 그의 냉정함과 판단력 덕분이었다.

수단과 방법 강구 능력

춘추는 정부 조직을 개편하는 데 힘을 기울였다. 651년 집사부나 시위부 등 관부와 무관 조직을 설치한 것을 예로 들 수 있다. 집사부를 통해 조정의 조직을 일사불란하게 통제하고, 시위부를 통해 왕자王者로서의 지위를 보호받을 수 있게 조치했다. 이들은 진골 왕시대, 즉 춘추가 왕위에 오른 후 필요한 조직이었다. 집사부와 시위부 설치에 춘추가 관련되었다는 기록상 증거는 없다. 그러나 칠성우가 이미 춘추를 왕위 계승자로 받들고 있었기에 그러한 조직 개편은 춘추를 위한 것일 수밖에 없다. 춘추는 장차 왕위에 오를 인물로서 그가 활용할 수 있는 모든 자원과 방법을 마련했다. 특히 진덕여왕 대에 칠성우를 통해 왕위 계승과 그 이후 필요한 요건을 충실히 갖추어갔다.

인맥 관리 능력

춘추는 수십 년 동안 그를 추종해온 칠성우 세력을 잘 관리했다. 유신을 중심으로 한 칠성우 세력은 대를 이어 춘추를 받들어 결국 그를 왕위에 올려놓았고, 왕이 된 춘추를 위해 신료가 되어 충성을 다하는 양신이 되었다. 춘추는 그러한 칠성우 세력을 거느렸고 그들에게 보답해나갔다. 춘추는 한 세력의 리더로서, 그리고 일국의 왕으로서 인맥 관리에 능한 인물이었다.

중국화(세계화) 의지

춘추에게는 중국화, 곧 세계화의 의지가 있었다. 진덕여왕 대에는 몸소 앞장서 중국화를 단행해나갔다. 춘추는 제국 당나라의 장안을 방문했던 경험을 통해 신라를 새롭게 만들어야겠다는 각오를 다졌다. 중국 의관의 착용과 중국 연호의 사용 등을 통한 중국화는 중국인을 신라 편으로 끌어들이는 힘이 되었다. 그로 인해 당나라는 백제와 고구려를 멸망시키는 전쟁에 군사를 보내 동참하게 되었다. 춘추의 국제화 의지는 여러 면에서 신라를 한 단계 발전시키는 결과를 가져왔다.

국가 경영 능력

춘추는 신라의 역대 왕들과 달리, 직접 이찬으로서 국정에 참여한 경험을 갖고 있었다. 그 과정에 춘추는 국가를 경영하는 실력을 키웠고 백성들의 어려움 또한 알게 되었다. 춘추는 성골 왕 대의 다른 왕들과 출발점이 다른 왕이었다.

국가의 목표 설정

춘추는 신라가 가야 할 방향과 목표를 정했고, 그것을 성취하기 위한 수단과 방법을 강구했다. 신라의 평화를 위해 백제와 고구려를 정복해 삼한통합을 이루는 일이 그것이었다. 삼한통합은 춘추뿐 아니라 칠성우 역시 그 뜻을 같이했다. 삼한통합은 시대가 요청하는 가장 중요한 사업이었다. 춘추가 고구려와 당나라에 들어가 청병을 한 것은 그러한 시대적 요청을 이루기 위한 활동이었다.

영웅의 존재를 인정케 하는 춘추

역사의 전개에 강한 영향을 미치는 주체가 영웅적인 개인이냐 아니면 사회라는 구조 전체냐 하는 논란이 있을 수 있다. 나는 영웅적 개인의 중요성을 무시해서는 안 된다고 본다. 642년이라는 시간, 그리고 삼국이라는 일정한 공간 안에서 서로 관계를 맺으며 활동한 신라의 춘추, 백제의 의자왕, 고구려의 연개소문을 주목해보자. 그들 중 국가를 평화롭게 만든 사람이 누구였던가? 결국 춘추가 갖는 개인적인 능력과 자질, 의지를 높이 평가하지 않을 수 없다. 춘추는 영웅의 존재를 인정하지 않을 수 없게 만드는 인물이다.

역사의 방향을 결정한 춘추

춘추는 삼한통합을 이루어 한국사를 새로운 방향으로 이끈 인물이다. '모델 2'가 그려낸 춘추는 헛다리를 짚은 역사다. 춘추는 현대 한국사학이 만든 민족사의 이야기대로 동족의 나라를 멸망시킨 주인공이 아니라, 신라라는 나라를 끈질기게 위협해 멸망으로 이끌 수 있었던 적국 백제와 고구려를 정복한 인물이다. 그가 삼한통합을 성사한 결과는 현재 한국·한국인에게 이어지고 있다. 한국·한국인은 고구려나 백제가 아니라 신라의 역사적 유산을 잇고 있는 것이다. 이 같은 사실을 은폐해온 민족사와 그 산물인 '모델 2'는 거짓말을 하고 있다. 실제의 역사는 관학파가 중심이 되어 발명한 민족사나 '모델 2'가 만들어낸 이야기와 다르다. 민족사나 '모델 2'는 현재 한국인의 자부심을 창출하기 위해, 만주를 지배했던 고구려를 위대한 나라로 만들어냈다. 그리고 한국·한국인이 고구려의 후손이기를 바라는 역사를 만들어냈다. 그러나 현재 한국·한국인이 신라에 멸망 당한 고구려가 아니라 고구려를 정복한 신라의 역사적 유산을 잇고 있음은 엄연한 사실이다. 한국인의 성씨와 본관을 예로 들어보자. 현재 한국인의 성씨와 본관은 대부분 신라인을 시조로 하고 있다. 신라를 깎아내리고 고구려를 위대한 나라로 만든 민족사와 '모델 2' 는 자신의 조상에게 침을 뱉는 일을 자행하는 셈이다. 춘추는 역사 의 방향을 틀어 새로운 역사를 창조한 인물이다. 한국 역사에서 역 사의 방향을 바꾼 왕으로는 춘추만 한 사람을 찾을 수 없다.

신라 왕국의 앞날을 준비한 군주, 춘추

춘추의 왕위 계승은 신라의 국가 경쟁력을 높이는 일이었다. 그는 당나라와 국제관계를 개척한 사람이었다. 특히 당 태종에게서 삼한 통합을 위한 군사 지원을 약속받은 일을 들 수 있다. 그러한 약속은 춘추 개인의 능력 덕분에 가능했다. 영웅적 개인이 중요한 이유가 여기서도 확인된다.

춘추는 국가의 진로를 바꾼 왕이었다. 춘추의 왕위 계승은 신라 에 새로운 시대가 닥친 것을 의미한다. 성골 왕이 아닌 진골 왕으로 서 왕정을 장악하고 왕권을 강화하는 길은 신성함이 아니라 행정적 인 방법으로 왕국을 지배하는 것이었다. 율령 격식의 필요성은 성 골 왕 시대보다 한층 커졌다. 춘추 이후 왕은 신적 존재가 아니라 정치적 군주가 되었다. 신정 통치가 아니라 행정·정치적 통치를 하 게 된 것이다. 유교적 윤리는 춘추의 왕정 수행을 위한 원리로 받아들여졌다.

아울러 춘추가 연개소문과 같은 폐쇄적이고 국수주의적인 인물이었다면, 신라의 삼한통합은 불가능했을 것이다. 그는 삼한통합을 기획하고 실천해감으로써 백성을 지켜낸 군주였다.

3) 춘추를 둘러싼 세력

춘추를 왕으로 추대한 특등공신 유신

춘추의 왕위 계승을 준비하며 기다린 사람이 있었다. 바로 유신이다. 612년 춘추가 그의 부모를 따라 출궁했을 때 15세 풍월주 유신공은 춘추가 언제인가 왕위에 오를 인물이라고 판단했다. 그의 판단은 틀리지 않았다.

춘추의 왕위 계승은 유신이 없었다면 불가능했을지도 모른다. 612년부터 햇수로 43년간 유신은 자신이 왕으로 모시기로 마음먹은 춘추를 위해 준비하고 결정하고 노력하고 실천했다.

한국의 역사가들은 유신을 위대한 인물로 본다. 그는 춘추를 떠나지 않고 항상 준비하며 때를 기다렸다. 유신의 위대함은 춘추를 왕위에 올리는 일로 빛을 발했다. 춘추가 왕위에 오르지 않았다면 유신의 위대함은 후대에 알려지기 어려웠을지도 모른다.

유신은 단순히 개인적으로 춘추를 받든 것이 아니었다. 그는 화랑도를 중심으로 춘추의 왕위 계승을 위해 활동할 인재들을 모았다. 그중 대표적인 사람들이 바로 칠성우였다.

명령만 내리면 알아서 일 추진한 칠성우 세력

칠성우는 각기 능력에 따라 춘추의 왕위 계승을 위한 힘을 축적하고 기다리다가 결정적인 순간에 행동을 취해 춘추를 왕으로 세웠다. 춘추가 그들 칠성우를 직접 거느렸는지는 알 수 없다. 다만 유신이 위엄으로 칠성우를 거느린 것은 사실이다.

유신의 노력으로 칠성우는 춘추를 위해 일할 수 있었다. 춘추는 칠성우를 직접 거느리지 않음으로써 더욱 자유롭게 활동할 수 있었을지 모른다. 아울러 춘추의 정치·사회적 위치가 칠성우들과 차이가 있어 그가 직접 칠성우를 거느리지 않았을 가능성도 있다.

춘추를 추대한 세력, 칠성우

654년 3월 진덕여왕이 죽었을 때 춘추를 왕으로 추대한 사람은 상대등 알천이었다. 하지만 알천 한 사람이 추대했다고 하여 춘추가 왕위에 오를 수는 없는 일이었다. 춘추를 왕으로 세워 그를 도울 수 있는 세력 집단이 있어야만 했다. 비담의 난을 진압한 세력의 중심, 칠성우가 바로 그것이었다. 칠성우야말로 춘추를 왕으로 삼기 위해 수십 년간 공들인 집단이었다.

칠성우가 왕정을 장악한 것은 진덕여왕 대였다. 『삼국유사』에 그러한 사정이 나온다.[189] 진덕여왕의 시대에 알천공, 임종공, 술종공, 호림공(자장법사의 아버지), 염장공, 유신공이 남산 우지암에 모여 국사를 의논했다. 그때 호랑이 한 마리가 자리에 뛰어들었다. 여러 사람들이 놀라 일어났는데 알천공은 꿈쩍도 않고 태연스럽게 호랑이

---

189 『삼국유사』 1, 「기이」 2, 진덕왕.

꼬리를 잡아 땅에 메쳐 죽였다. 알천공은 이처럼 힘이 셌기에 모임의 우두머리가 되었다. 그럼에도 모든 사람은 유신의 위엄에 복종했다.

진덕여왕 대에 알천은 칠성우의 대표 격이었으나, 실제로 칠성 우는 유신의 위엄에 복종했다는 사실에 주목할 필요가 있다. 이는 칠성우가 만들어진 이유와 목적을 밝히는 단서가 될 수 있기 때문이 다. 나는 칠성우가 춘추와의 관계에서 출발한 것으로 본다.

왕실의 중심 세력이 된 여자들―문희(문명부인)

춘추가 왕위에 올랐을 때 왕실에는 사람이 귀했다. 성골이 모두 사 라졌고, 왕을 둘러싼 왕실 세력은 그 수가 많지 않았다. 그중 여자 들을 살펴보면 다음과 같다.

우선 문정태후로 추봉된 천명공주를 볼 수 있다. 문정태후는 진 평왕의 맏딸로, 654년 당시 이미 세상을 떠난 사람이었기에 태후로 추봉되었다. 춘추가 왕위에 오를 수 있었던 근본적 배경을 제공한 사람 중 한 명이 바로 천명공주였다.

춘추가 왕위에 오른 후 왕실에는 또 한 사람의 여자가 있었다. 바로 유신의 동생 문희(문명부인)였다. 춘추의 즉위로 왕비가 된 문 희는 점차 왕실에서 지위를 굳혀나갔다. 당시 왕비들은 정치의 일 선에 나서지는 않았지만 궁중의 일을 맡아 처리하며 그 세력을 다졌 다. 문희의 뒤에는 유신이 있었다. 문희는 춘추의 왕위 계승에 무엇 인가 공을 세웠을 것이다.

무열왕의 재위 기간에 문희는 큰 힘을 발휘하지는 않았다. 그러 나 무열왕이 죽자 태후가 된 문명은 그의 동생 정희가 낳은 흠돌을 도왔다. 신문왕이 즉위하자 흠돌 일당은 반란을 일으키기까지 했다.

반대 세력 제거의 기회가 된 반란

춘추가 처음부터 신라 지배 세력을 모두 거느린 것은 아니었다. 크게 두 차례의 반란 진압을 통해 춘추의 반대 세력들은 제거되었다.

진평왕 말년 일어난 이찬 칠숙의 난이 진압되면서 춘추의 왕위 계승을 가로막을 가능성이 있는 일부 세력이 제거되었다. 선덕여왕이 세상을 떠나고 진덕여왕이 왕위를 이을 순간 일어난 상대등 비담의 난 또한 춘추의 왕위 계승을 막는 세력을 한 번 더 제거하는 계기가 되었다. 이찬 칠숙과 상대등 비담의 난은 춘추에게는 위기이자 기회였다. 비담의 난을 마지막으로 춘추가 왕위에 오르는 데 걸림돌이 되는 세력은 모두 사라지게 된 것이다. 이로써 칠성우는 진덕여왕 대에 마음 놓고 각자 능력에 따라 춘추를 왕위에 올릴 준비를 해 나갈 수 있었다.

천하를 병탄할 조짐

춘추가 처음 왕위에 올랐을 때 어떤 자가 머리는 하나이고 몸은 둘이고 다리는 여덟인 돼지를 바친 일이 있었다. 이를 해석하는 사람이 말했다. "이는 반드시 천하를 통일할 상서입니다."[190] 무열왕과 관련된 상서로운 조짐을 기록한 자료는 쉽게 찾을 수 없다. 그러나 위 기록을 통해 그가 왕이 되며 삼한통합의 기운이 무르익은 당시 분위기의 일면을 확인할 수 있다.

그 이전에도 신라가 삼한을 통합할 것이라는 믿음을 준 사건이 있었다. 황룡사 9층탑의 축조가 그것이다. 황룡사 9층탑은 해동 제

---

190 『삼국사기』 5, 「신라본기」 5, 태종무열왕 2년.

국이 신라에 항복할 것이라는 믿음을 갖고 세운 것이다. 특히 춘추의 아버지 용수가 감군이 되어 그것을 축조했다는 사실을 주목할 필요가 있다. 해동 제국을 병합하겠다는 의지로 축조한 황룡사 9층탑은 춘추의 왕위 계승에 도움이 되었다. 춘추가 왕위에 오른 후 삼한 통합을 추진한 것도 그러한 믿음과 무관하지 않을 것이다.

2. 무열왕의 영걸英傑한 활동

1) 무열왕이 연 신라의 성대

즉위와 함께 죽은 부모를 추봉하다

된 654년 4월 즉위 후 무열왕이 제일 먼저 한 일은 죽은 그의 부모를 추봉한 것이다. 아버지 용수를 문흥대왕으로, 어머니 천명부인을 문정태후로 추봉하고, 죄수들에 대한 사면을 단행했다.[191]

무열왕은 왜 그의 부모를 대왕과 태후로 추봉했을까? 『화랑세기』에 용춘은 용수갈문왕의 동생이었다는 기록이있다.[192] 무열왕의 아버지 용수는 생전에 갈문왕이 된 것이다. 단정할 수는 없지만, 천

---

191 『삼국사기』 5, 「신라본기」 5, 태종무열왕 원년.

명과 혼인해 진평왕의 사위가 되었을 때 갈문왕이 되었을 가능성이 크다. 무열왕은 진골 왕 시대를 새로 열면서 자신의 아버지를 대왕으로 추봉했다. 아울러 그가 왕위에 오른 이후 신라에서는 갈문왕을 봉하는 일이 사라졌다. 갈문왕은 성골 왕 시대 또는 그 이전에만 봉해진 것이다.

갈문왕과 대왕의 차이?

갈문왕과 대왕은 어떤 차이가 있었을까? 위에서 확인했듯, 무열왕의 아버지 용수는 갈문왕이었다. 정확하지 않지만, 그는 생전에 갈문왕에 봉해진 것으로 생각된다.

한편 용수의 동생 용춘을 주목할 수 있다. 『화랑세기』에는 용수가 죽기 전에 부인 천명과 아들 춘추를 용춘에게 맡겼다는 기록이 있다.[193] 용수의 동생 용춘은 647년 8월 세상을 떠났다. 그때 나이가 일흔 살이었다. 춘추는 왕위에 오른 뒤 용춘을 갈문왕으로 추존했다.[194] 이로써 진지왕의 두 아들인 용수와 용춘은 모두 갈문왕이 되었다.

용춘이 갈문왕으로 추존된 것은 무슨 의미를 지닐까? 무열왕은 세상을 떠난 용춘을 대우해 신궁에 그의 자리를 만들어 준 것이다.

아울러 무열왕이 그의 생부인 용수를 문흥대왕으로 추봉한 것은 아버지의 지위를 갈문왕보다 높이고 자신보다 높인 것으로 볼 수 있다.

---

192 『화랑세기』 13세 용춘공, pp. 212~213.
193 『화랑세기』 13세 용춘공, pp. 222~223.
194 『화랑세기』 13세 용춘공, pp. 224~225.
195 『화랑세기』 8세 문노, pp. 132~133.

문노의 아들 금강을 상대등으로 임명하다

칠성우는 문노를 높이 받들었다. 무열왕이 즉위했을 때 문노는 세상을 떠난 지 오래였다.

무열왕 2년(655) 정월 이찬 금강을 상대등으로 임명했다. 금강은 문노와 윤궁 사이에서 출생한 아들이다. 문노와 윤궁은 대강·충강·금강의 세 아들을 낳았다.[195] 문노는 538년에서 606년까지 살았다. 그의 셋째 아들 금강은 상대등이 될 때 나이가 많았을 것이다. 595년에 태어난 유신보다도 연장자였을 터. 이처럼 금강은 당시 신라 조정의 신료 중 원로였다.

무열왕이 문노의 아들 금강을 상대등으로 임명한 데에는 이유가 있었다. 춘추를 왕으로 삼는 데 큰 역할을 담당한 것은 대체로 문노의 문하에 있던 사람들이다. 문노는 이미 세상을 떠났지만, 그가 만든 화랑도는 계속 이어지며 여러 풍월주를 배출했고, 그들이 칠성우가 되었다. 그리고 또 다른 많은 화랑도 출신 인재들이 조정의 신료가 될 수 있었다.

문노는 죽은 후 수십 년이 지나서도 여러 가지로 대접을 받았다. 무열왕이 그런 문노의 아들 금강을 상대등으로 임명한 것은 문노의 문하에서 나온 화랑도를 하나로 묶고 대우하는 상징적 의미를 지녔다고 할 수 있다. 이러한 사실에서 무열왕의 인사 정책에 담긴 정치적 의도를 파악할 수 있다.

당나라의 무열왕 책봉

무열왕이 즉위한 해에 당나라에서는 사신을 보내 부절을 가지고 예를 갖추어 그를 개부의동삼사 신라왕으로 봉했다. 무열왕은 당나라에 사

신을 보내 감사의 뜻을 표했다.[196] 성골 왕의 시대가 끝내고 진골 왕
으로 즉위한 무열왕을 당나라가 신라 왕으로 봉한 것은 의미 있는 일
이다. 이로써 무열왕의 왕위 계승의 정당성은 더욱 확충되었다.

당나라 황제가 무열왕을 신라 왕으로 책봉한 일을 부끄러워 할
필요는 없다. 당시 고구려·백제·신라의 왕은 모두 당나라로부터
책봉을 받았다. 책봉을 거절할 경우 삼국은 당나라와 관계를 끊을
수밖에 없었다. 당시 삼국의 왕이 당나라로부터 책봉을 받는 것은
국가를 지키기 위한 하나의 방법이었다.

2) 무열왕을 위해 활동한 아들과 동생

무열왕의 아들들, 조정에서 활동하다

성골 왕 시대 왕의 아들들이 정치적으로 어떤 활동을 했는지는 잘
알 수 없다. 그러나 무열왕의 아들들은 아버지와 국가를 위해 많은
활동을 했다. 무열왕이 즉위하기 전부터 그의 아들들은 조정의 신
료로 활동했다. 그중 법민, 인문, 문왕 세 아들은 진덕여왕 대에 사
신으로 당나라에 다녀왔거나 숙위했다. 무열왕 대에도 조정의 신료
로 활동했다.

무열왕은 즉위 후 장자 법민을 파진찬으로서 병부령을 삼았
다.[197] 무열왕 2년(655) 3월에 법민을 태자로 삼고, 문왕을 이찬으

---

196 『삼국사기』 5, 「신라본기」 5, 태종무열왕 원년.
197 『삼국사기』 6, 「신라본기」 6, 문무왕 즉위 조.

로, 노차를 해찬으로, 인태를 각찬으로, 지경과 개원을 이찬으로 삼았다. 이때 둘째 아들 인문은 관위 부여에서 빠졌다. 진덕여왕 5년(651) 파진찬 인문은 조공차 당나라에 갔다가 머물러 숙위하고 있었기 때문이다.

인문은 656년 당나라에서 돌아와 군주에 임명되어 장산성을 쌓는 일을 감독했다. 656년 7월 좌무위장군 문왕은 당나라에 가서 조공했고, 658년 정월에는 중시가 되었다. 무열왕의 아들들은 조정에서 실질적인 업무를 담당하며 왕을 보필했다.

왕자들이 군주가 되고 중시가 되는 일은 성골 왕 시대에는 찾아보기 어려운 일이었다. 무열왕 7년(660) 6월 21일에는 왕이 태자 법민으로 하여금 병선 100척과 군사 13만 명을 거느리고 백제를 침공하러 온 소정방을 맞이해 함께 백제를 평정하도록 했다. 태자 법민과 대장군 유신 등은 5만 병력을 거느리고 당나라 군사와 함께 백제를 침공했다. 그 결과 법민은 7월 13일 의자왕의 아들 부여융 등의 항복을 받았다.

무열왕의 아들 중 태자 법민은 무열왕 때 전개된 이와 같은 백제 평정 작전에 참전함으로써, 무열왕의 뒤를 이어 왕위에 오른 후 고구려 평정을 계속할 경험을 쌓았다. 무열왕이 그의 아들들을 신료로 임명한 것은 성골 왕 시대와 달리 더욱 행정적인 방법으로 국가를 통치했음을 의미하고, 그 중심에는 왕자들을 배치한 것이다.

무열왕의 아들들, 당나라의 관직을 받다

648년 춘추가 당나라에 갔을 때 당 태종은 춘추를 특진特進으로 삼고, 춘추의 셋째 아들 문왕을 좌무위장군으로 삼았다. 무열왕 3년(656) 7

월에는 문왕을 당나라에 보내 조회토록 했다. 무열왕 5년(658) 정월에는 문왕을 중시로 삼았다. 무열왕 8년(661) 2월 백제의 잔적들이 사비성을 공격했을 때 왕은 이찬 품일을 대당장군으로 삼고 잡찬 문왕 등을 부장으로 삼아 사비성을 구원하게 한 일도 있다.

진덕여왕 4년(650)에는 춘추의 맏아들 법민이 여왕이 지은 「태평송」을 가지고 가서 당 고종에게 바쳤는데, 이때 고종은 법민을 대부경으로 임명해 돌려보냈다. 무열왕 7년(660) 6월 21일 당나라의 수륙군이 백제를 침공하러 올 때 무열왕은 태자 법민에게 병선 100척을 거느리고 덕물도에 가서 소정방을 만나도록 했다. 이때 법민은 당나라의 대부경인 동시에 신라의 태자로서 활동했다.

무열왕의 아들들이 받은 당나라의 관직은 당나라와의 관계에서 유용하게 쓰였다.

무열왕의 아들 인문[198]

인문은 무열왕의 둘째 아들이다. 그는 어려서부터 글을 배워 유가의 글을 많이 읽고 노자·장자·불교의 학설까지 두루 익혔다. 또 예서를 잘 쓰고 활쏘기와 말타기를 잘했다. 향악도 잘했다. 행실과 예능이 무르익었고 식견과 도량이 넓었기에 사람들이 그를 존경했다.

진덕여왕 5년(651) 2월에 춘추는 23살 된 아들 인문을 당나라에 보내 조공하고 머물러 숙위토록 한 바 있다. 그때 파진찬 인문도 당나라의 관직을 받았다. 무열왕 7년(660) 3월 당나라 고종은 소정방을 좌무위대장군에 임명해 신구도 행군대총관으로 삼고 인문을 부대총

---

198 『삼국사기』 44, 「열전」 4, 김인문.

관으로 삼아 수륙군 13만 명을 거느리고 백제를 치게 했다.

인문은 일곱 번이나 당나라에 들어가 숙위했는데 그 기간을 합하면 22년에 달한다. 674년에는 당나라에서 문무왕의 관작을 뺏고 인문을 신라 왕으로 삼아 보낸 일까지 있었다. 인문은 694년 4월 29일 당나라 수도 장안에서 병으로 세상을 떠났는데 나이가 66살이었다. 당나라 황제는 그의 영구를 신라로 호송케 했다. 효소왕은 그를 태대각간으로 추증하고 695년 10월 27일 서울의 서쪽 언덕에 장사 지냈다.

인문은 당나라 사정에 매우 익숙한 인물이었다. 무열왕의 삼한 통합에는 인문 같은 아들들의 힘도 큰 보탬이 되었다고 할 수 있다.

3) 계속된 유신과의 관계

무열왕, 유신을 사위로 삼다

무열왕과 유신은 중복된 혼인관계를 맺기도 했다. 무열왕 2년(655) 왕은 딸 지조智照를 유신에게 시집보냈다. 지조는 무열왕과 문희 사이에서 출생한 딸이 아닐까 싶다. 유신과 지조는 외삼촌과 조카 사이였다. 이때 유신의 나이는 예순한 살이었다. 한편 무열왕과 문희가 관계를 가진 시기가 625~626년경이었으므로, 유신에게 시집갈 때 지조의 나이는 서른 살이 채 되지 않았음을 알 수 있다.

이로써 무열왕과 유신 사이에 여자를 한 번씩 주고받은 관계가 성립되었다. 무열왕은 유신에게 최고의 대우를 해준 것이다. 유신에게 상대등의 직을 줄 수 없었던 무열왕은 그에 대한 보상으로 지조를 그에게 시집보낸 것일 수 있다.

성리학적 윤리로 신라를 보면 안 된다

유신은 그의 동생 문희를 춘추의 정궁으로 들여보냈다. 한편 보희는 동생 문희에게 꿈을 판 것을 후회해 다른 사람에게 시집가지 않았다. 춘추는 이에 보희를 첩으로 삼아 아들 지원과 개지문을 낳았다. 이 이야기는 『문명황후사기』에 나온 것이라 한다.[199] 아울러 춘추와 문희 사이에서 출생한 지조는 유신의 부인이 되었다. 이는 분명 중복된 혼인이다.

이 같은 혼인관계는 현재 한국인의 윤리 관념을 통해 보면 분명 문제가 있다. 그러나 신라 지배 세력의 혼인은 그들 소수 세력이 사회 최고의 지위를 점유하기 위한 행위였다. 특히 왕국의 정상에서 활동하던 사람들은 서로 혼인을 통해 연결되어있었다. 당시 혼인은 하나의 정치 행위였던 것이다. 신라인의 이러한 근친혼이나 중복된 혼인 풍습을 은폐할 게 아니라 있는 그대로 드러내어 신라의 모습을 제대로 전할 필요가 있다.

무열왕의 유신에 대한 대우와 상대등 임명

무열왕과 유신의 관계는 신라의 운명을 바꿔놓았다. 유신이 열여덟 살이고 춘추가 열 살이었을 때 이미 유신은 춘추를 언젠가 왕위를 계승할 인물로 보고 모시기 시작했다. 진덕여왕 때 유신은 칠성우를 이끌고 춘추를 왕으로 삼는 작업을 전개했다. 한편 즉위 후 무열왕은 유신을 각별히 대우했다.

---

199 『화랑세기』 18세 춘추공, pp. 262~263.

무열왕 7년(660) 정월에 상대등 금강이 죽었다. 이에 이찬 유신을 상대등으로 삼았다. 660년에 있었던 백제 평정을 성공적으로 이끈 점을 아울러 살펴볼 때, 유신은 출장입상에서 모두 최고의 지위에 올랐음을 알 수 있다. 백제를 평정하는 전쟁에서 신라군의 대장군이 되었고, 조정에서는 상대등이 된 것이다. 신라의 삼한통합 전쟁을 이끈 사람은 바로 유신이었다.

4) 신라와 백제의 엇갈린 운명

칠성우를 양신으로 거느린 무열왕, 그리고 신라의 번성

양신良臣이란, 신하 자신은 아름다운 이름을 얻고, 군주에게는 성군의 칭호를 갖게 하고, 자손에게는 대를 이어 복을 받고 관직을 갖게 하는 신하를 의미한다.

춘추는 일찍부터 칠성우를 거느렸다. 칠성우는 춘추를 왕위에 오르게 한 중심 세력이 되었다. 춘추가 왕위에 오른 후 칠성우와 그 아들들은 무열왕을 위해 일하는 신료가 되었다. 유신을 비롯한 그들은 모두 무열왕의 신료로서 백제를 멸망시키는 대업에 앞장섰다. 훗날 문무왕 대에 이르러 고구려를 멸망시킨 신라는 백제와 고구려의 토지와 인민을 장악했다. 이로써 외적의 침입이 사라졌고 국가의 조調·용庸·조租 수취가 크게 늘어나 신라는 대평화를 누리게되었다. 그리고 신라인을 시조로 하는 씨족이나 종족들은 대신라는 물론, 고려·조선을 거쳐 오늘날까지 이어져 한국인의 다수를 점하게 되었다.

무열왕은 칠성우를 양신으로 거느렸다. 유신은 춘추의 양신 중에서도 최고의 양신이었다. 무열왕은 양신을 거느렸기에 신라의 번성을 가져올 수 있었다.

충신을 거느린 의자왕과 백제·백제인의 소멸

충신忠臣이란, 신하인 자기는 물론 일족이 모두 죽게 되는 반면, 군주는 나날이 대악에 빠져 폭군이 되고, 나라와 집안이 모두 사라져 이름만 남게 되는 신하를 의미한다. 그런 면에서 의자왕은 많은 충신을 배출했다.

그중에는 성충이 있다. 의자왕 16년(656) 3월 왕이 궁인들과 더불어 황음 탐락함을 그치지 않자 성충이 힘써 간했다. 왕은 노해 성충을 옥에 가두었다. 이로써 왕에게 간하는 자가 없어지게 되었다. 성충은 몸이 여위어 죽게 되었을 때 왕에게 글을 올려 말했다. 그는 충신은 죽어도 임금을 잊지 않는다며 한 말씀 하고 죽겠다는 말과 함께, 만약 다른 나라의 군대가 오면 육로로는 침현(탄현)을 넘지 못하게 하고, 수군은 기벌포 기슭으로 들어오지 못하게 해야 하며, 험한 곳에 웅거해 적병을 막아야 할 것이라고 했다. 그러나 의자왕은 그의 말을 받아들이지 않았다.

660년 당나라와 신라군이 백제를 침공했을 때 의자왕이 그 소식을 듣고 군신을 모아 방책을 물었다. 좌평 의직과 달솔 상영이 서로 다른 의견을 내자 왕은 어찌할 바를 몰랐다. 왕은 귀양 가있던 좌평 흥수에게 사람을 보내 의견을 물었다. 흥수는 당나라 군대가 백강에 들어서지 못하게 하고, 신라의 군대가 탄현을 지나지 못하게 하고, 왕은 성문을 닫고 지키다가 그들의 양식이 떨어지고 사졸이 피곤해지기를 기다려 치면 이길 수 있을 것이라 했다. 대신들은 흥수가 죄를 지어 귀양 중에 있기에 임금을 원망하고 나라를 위하지 않을 것이니 그 말을 따르면 안 된다고 했다. 그러고는 당나라 군대를 백강에 들어오게 하되 배를 나란히 타고 오지 못하게 하고, 신라는 탄현에 올라와 좁은 길을 내려오게 하되 말을 나란히 타고 오지 못하게 한 뒤 군대를 풀어 적군을 친다면, 닭장에 든 닭과 그물에 걸린 고기처럼 될 것이라 했다. 왕은 그 말을 들었다.

당나라와 신라의 군대가 백강과 탄현을 지났다는 말을 듣고 의자왕은 장군 계백을 보내 결사대 5000명을 거느리고 황산에 나가서 싸우게 했다. 계백이 자신의 처자를 모두 죽이고 황산벌에 이르러 진영을 설치하고 전진과 후퇴를 네 번 하다가 마침내 힘이 모자라 전사했다.

의자왕은 자신의 대악으로 많은 충신을 만들어냈다. 그 결과 백제는 망했고, 의자왕은 물론 백제의 지배 세력은 종족을 이어나갈 수 없게 되었다.

5) 행정적 방법으로 통치한 무열왕

율령 격식을 통한 왕정

무열왕이 즉위하며 왕정은 한층 행정적인 방법으로 이루어졌다. 무열왕은 왕위에 오른 해(654) 5월 이방부령 양수 등에게 명해 율령을 상세하게 살펴 이방부격 60여 조를 고쳐 정하도록 했다.

율령 격식 중 율律은 제도를 위반했거나 죄악을 저질렀을 때 처벌하는 형사법전이고, 영令은 명령적·금지적 법률로 비형벌 법규이자 제도를 규정하는 민정법전이고, 격格은 율령을 수시로 보정한 조칙을 모은 것으로 신료가 항상 시행해야 하는 율령의 개정법전이며, 식式은 율령에 관계된 사항의 세목을 규정하는 법률로 율령에 종속되며 격으로 고쳐지기도 하는 율령격의 시행세칙이다. 무열왕은 그중 이방부의 격을 고쳐 정하도록 한 것이다.

이방부는 진덕여왕 5년(651)에 설치되었다. 이방부의 영은 두 사람으로, 급찬에서 잡찬까지인 자를 임명했다. 경은 2명으로 진덕여왕 대에 설치되었다. 문무왕 18년(678)에는 여기에 1명을 더했다. 그 밑에 좌 2명을 두었는데, 이는 진덕여왕 대에 설치되었다. 그 밑에 대사·사가 설치되어있었다. 문무왕 7년(667)에 우이방부를 설치하며 진덕여왕 대에 설치된 이방부의 이름을 좌이방부로 고친 것으로 보인다.

무열왕 대에 이방부격만 고친 것은 아닐 것이다. 왕정을 수행하는 과정에 율령 격식은 개장되게 마련이다. 따라서 왕이 율령 격식을 고쳐 정하도록 한 것은 통치 행위를 효율적으로 하기 위해 법규를 필요에 따라 고쳤음을 의미한다. 즉, 무열왕 스스로 율령에 따라 통치를 하되 필요에 따라 고친 것이다.

소경을 주로 바꾸어 말갈에 대비하다

현재 태백산맥 동쪽 지역 중 신라의 북쪽 변경에 해당하는 곳은 말갈과 연접해있었다. 말갈은 고구려의 지배하에 있던 말갈족으로 비록 고구려의 통제를 받았으나 자치적인 활동을 했을 것이다.

고구려는 자신들이 정복한 광활한 토지에 지방관을 파견해 피정복민을 직접 지배하는 방식이 아니라, 각 종족의 우두머리를 중심으로 일종의 자치를 인정하는 통치 방식을 택했다. 이는 피정복 지역에 대한 통치를 중앙집권적으로 행할 수 없는 정치적 취약성 때문에 이루어진 일이다. 그렇더라도 말갈은 신라 북경을 위협한 세력이었음이 분명하다.

무열왕 5년(658) 3월 하슬라의 땅이 말갈과 연접해있어 인민이 편안치 못했다. 이에 소경을 폐지하고 주_州로 삼아 도독을 두어 지키게 했다. 또한 실직을 북진으로 만들었다.[200] 무열왕은 이처럼 지방 통치 조직을 새롭게 편성해 왕국을 통치했다.

6) 무열왕 대의 풍월주 진공과 흠돌

무열왕 재위 시 26세 진공(652~656)과 27세 흠돌(656~662)이 풍월주로 있었다. 진공은 풍월주가 되자 흠돌을 부제로 삼았다. 흠돌은 풍월주가 되자 흥원을 부제로 삼았다. 681년 8월 신문왕이 즉위했을 때 소판 흠돌, 파진찬 흥원, 대아찬 진공이 반란을 일으킨 바 있다.

그중 반란의 주역 흠돌을 주목할 필요가 있다. 흠돌은 원래 마음이 험악하고 간사한 꾀가 많아 사람들이 모두 꺼렸다. 그는 자의_{慈義}의 아름다움을 보고는 어머니 보룡이 과부임을 업신여겨 자의를 첩으로 삼고자 했다. 그러나 보룡이 이를 막았다. 얼마 안 있어 보룡이 당원전군을 낳았다. 흠돌이 사람을 시켜 보룡의 추함을 떠들

---

200 『삼국사기』 5, 「신라본기」 5, 태종무열왕 5년.

게 하며 위협했다. 흠돌은 무열왕이 보룡을 총애한다는 사실을 알
지 못한 것이다.

자의가 법민태자의 비가 되자 흠돌은 장차 화가 미칠까 두려워
사람들로 하여금 자의가 덕이 없다고 험담하게 해 궁지로 몰았다.
흠돌은 무열왕의 왕비인 문명왕후의 조카인 까닭에 권세가 내외를
압도했다. 자의는 마음을 졸이며 조심했다. 그때 흠돌은 문명왕후
를 설득해, 유신의 딸로 태자의 첩이 되었던 신광을 태자비로 삼도
록 설득했다. 문명왕후의 마음이 거의 기울었으나 태자가 받아들이
지 않아 흠돌의 계책은 깨졌다.

7) 현실을 직시하고 당나라에 청병을 계속한 무열왕

앞에서 확인한 대로, 648년 춘추는 당나라에 들어가 당 태종을 만나
청병을 했다. 당 태종은 당군 20만 명을 파견할 것을 약속했다. 그
러나 실제 당나라 군대가 백제와 고구려를 평정하기 위해 파견된 것
은 그 후의 일이다.

무열왕이 즉위한 후에도 백제·고구려·말갈이 신라를 계속 위협
했다. 신라는 군대로 이에 맞서기도 하고, 소경을 주로 바꾸어 도독
을 보내 지키기도 했으나, 근본적인 위협을 제거할 수는 없었다. 무
열왕은 백제와 고구려를 평정하기 전에는 신라에 평화가 찾아올 수
없음을 잘 알고 있었기에 두 나라를 멸망시키기 위한 결정적인 방법
을 찾았다. 무열왕이 여러 차례 당나라에 청병을 한 것은 그 때문이
었다.

무열왕 2년(655) 정월 고구려가 백제·말갈과 함께 군사를 연합해 신라 북쪽 변경을 쳐들어와 33성을 빼앗았다. 이에 왕은 당나라에 사신을 보내 구원을 청했다. 3월에 당나라가 영주도독 정명진과 좌우위중랑장 소정방을 보내 고구려를 공격했다.

무열왕 6년(659) 4월 백제가 여러 차례 신라의 경계를 침범하자, 왕이 이를 정벌하고자 당나라에 사신을 보내 군사를 요청했다. 8월에는 이찬 진주를 병부령으로 임명했다.

무열왕이 왕위에 오른 후 국가와 백성의 운명은 그의 손안에 놓이게 되었다. 그는 신라에 평화를 가져오기 위해서는 당나라 군대를 동원해 백제와 고구려를 평정해야 한다는 현실을 직시하고 노심초사했다. 결과적으로 무열왕의 신라는 당군을 동원하는 데 성공했다.

3. 삼한통합의 기착지, 백제 평정

1) 무열왕, 삼한통합의 길에 나서다

무열왕과 의자왕의 서로 다른 길

654년 왕위에 오른 뒤 무열왕은 한 번도 삼한통합의 꿈을 포기한 일이 없다. 그와 달리 백제 의자왕은 642년 몸소 군사를 이끌고 신라의 서쪽 40여 성을 점령했을 때와는 전혀 다른 모습을 보이기 시작했다.

655년 9월 유신이 백제에 쳐들어가 도비천성을 공격해 승리했다. 그 무렵 백제의 왕과 신하들은 사치하고 음탕한 생활에 빠져 국사를 제대로 논하지 않았는데, 이에 백성들이 원망하고 신들이 노해 재앙과 괴변이 자주 나타났다고 한다. 그때 유신이 왕에게 아뢰기를, "백제는 무도해 그 죄가 중국의 걸·주보다 심하오니 진실로 하늘의 뜻

에 따라 백성을 불쌍히 여겨 백제를 토벌해야 할 시기입니다" 했다.[201]

무열왕 즉위 무렵, 신라와 백제의 왕은 이처럼 서로 다른 길을 걸었다. 신라와 백제의 국가적 운명은 이미 서로 다른 방향을 향해 가고 있었던 것이다.

미래를 개척해 신라를 자랑스럽게 만든 무열왕

무열왕은 신라의 외우를 없애는 큰일을 했다. 비록 그의 과업은 백제를 정복하는 데 그쳤지만, 그가 백제를 정복하지 않았다면 후대의 고구려 정복은 불가능했을 것이다. 그런 면에서 무열왕의 백제 정복은 한국사에서 가장 중요한 사건 중 하나가 아닐 수 없다.

무열왕이 기획하고 시작한 삼한통합의 대업은 그의 아들 문무왕 대에 완성되었다. 무열왕은 당나라의 군대와 동맹해 백제를 멸망시킴으로써 신라의 미래를 개척했다. 나아가 한국·한국인의 역사적 근원을 신라에 두도록 만들었다.

무열왕은 신라인의 오랜 숙망을 실현케 한 군주였다. 오랜 전쟁으로 국가의 운명조차 잇기 어려운 상황에서 백제를 멸망시킨 일은 신라인에게는 말할 수 없이 커다란 수확이자 기쁨이었다. 백제에 이어 고구려까지 멸망시키고 백제와 고구려 땅에서 당나라를 축출한 이후, 신라의 재정은 그 어느 때보다 풍족해졌다. 지배 세력은 전에 없는 사치를 할 수 있게 되었고, 왕국의 문화적 융성이 실현되었으며, 백성들의 삶도 안정되었다. 백성 정전丁田의 지급 등으로

---

201 『삼국사기』 42, 「열전」 2, 김유신 중.

백성의 생계를 보장하게 된 일이 그 증거라 하겠다.

춘추가 설정한 국가의 목표는?

춘추는 삼한통합을 개인의 목표에서 국가의 목표로 승화시켰다. 삼
한통합은 양백성(養百姓, 백성을 보살핌), 무사이(撫四夷, 외적을 진압
함)를 실현하려는 것으로, 신라인 모두가 공감하는 목표였다.

유신은 611년 그의 나이 열일곱에 고구려·백제·말갈이 신라의
강토를 침범해 노략질하는 것을 보고 강개했다. 이에 외적을 평정
할 뜻을 품고 홀로 중악에 들어가 대계하고 하늘에 아뢰어 맹세했
다. "무도한 적국이 승냥이와 범이 되어 우리 강토를 침략해 편안한
해가 없습니다. 저는 한갓 보잘 것 없는 신하지만, 재주와 힘을 헤
아리지 않고 화란을 없애겠다고 마음을 먹었사오니, 오직 하느님이
이를 살피셔서 손을 제게 빌려주옵소서." 나흘이 지나자 갑자기 갈
포 옷을 입은 노인이 나타나 말했다. "이곳에는 독한 벌레와 사나운
짐승이 많아 두려워할 법한데, 귀한 소년이 와서 홀로 있으니 무슨
까닭인가?" 유신이 대답했다. "장자께서는 어디서 오셨으며, 존명
은 어찌 되시는지 알고 싶습니다." 노인이 말했다. "나는 거주하는
곳이 없으며, 가고 그침을 인연에 따라 한다. 이름은 난승이다." 유
신은 그가 비상한 사람임을 알고 두 번 절하며 앞으로 나아가 말했
다. "저는 신라 사람입니다. 나라의 원수를 보고 마음이 상하고 머
리가 아파 이곳에 와서 누군가 만나 뵙기를 기다렸습니다. 삼가 원
하건대, 장자께서는 제 정성을 불쌍히 여겨 방술方術을 가르쳐주십
시오." 공이 눈물을 흘리면서 거듭 간절히 청하자 노인은 그제야 말
했다. "그대는 나이가 어린데도 삼국을 병합하려는 마음을 가졌으

니 어찌 장하지 않으랴?" 이에 비법을 가르쳐준 뒤 말했다. "이 비법은 부디 함부로 남에게 전하지 말라. 만약 불의한 일에 이를 쓴다면 도리어 그 앙화殃禍를 받을 것이다." 유신이 노인과 작별하고 2리쯤 가다가 뒤돌아 보았으나 노인은 보이지 않고, 다만 산 위에 찬란한 오색 광채가 있었다.

612년에 적이 한층 더 핍박해오자 유신은 더욱 웅대한 뜻을 품고, 홀로 보검을 가지고 인박산의 깊은 골짜기에 들어가 향불을 피워놓고 하늘에 빌었다. 맹세하고 이내 기도하기를 "천관신은 빛을 내리시어 보검에 영험을 나타내주소서" 했다. 사흘 째 되는 날 밤에 허성과 각성 두 별의 환한 빛이 칼에 내려오니 칼이 살아 움직이는 듯했다.[202]

유신이 611년 중악에 들어가서 기도한 것은 고구려·백제·말갈 등 외적의 침범을 물리치기 위한 것이었다. 열일곱 살에 불과한 유신이 품은 삼국 병합의 꿈은 바로 모든 신라인이 공감하는 목표였다고 생각된다. 이 같은 신라인의 목표는 결국 무열왕을 만나 국가의 목표로 승화된 것이다.

백제 멸망의 조짐

멸망 전 백제에는 여러 가지 흉조가 나타났다고 한다. 659년 백제의 오회사(또는 오합사)에 크고 붉은 말이 나타나 주야로 여섯 시간이나 절을 돌아다녔고, 2월에는 여우가 의자왕의 궁 안에 들어왔는데, 흰 여우 한 마리가 좌평의 책상 위에 올라앉았다.

---

202 『삼국사기』 41, 열전 1, 김유신 상.

4월 태자궁의 암탉이 작은 참새와 교미했으며, 5월에는 사비수 언덕에 큰 고기가 나와 죽었는데, 길이가 서른 자나 되었으며 그 고기를 먹은 사람은 다 죽었다. 9월에는 궁중의 홰나무가 사람이 우는 것처럼 울었고, 밤에는 귀신이 대궐 남쪽 길에서 울었다.

660년 2월에는 왕도의 우물물이 핏빛이 되었고, 서쪽 바닷가에 작은 고기가 나와 죽었는데 백성들이 이것을 다 먹을 수 없었으며, 사비수의 물이 핏빛이 되었다.

4월에는 개구리 수만 마리가 나무 위에 모여들었고, 서울 사람들이 까닭 없이 놀라 달아나다 엎어져서 죽은 자가 100여 명이나 되었고, 재물을 잃은 사람은 이루 다 셀 수 없었다.

6월에는 왕흥사의 모든 중이 배가 물결을 따라 절 문으로 들어오는 듯한 광경을 보았고, 들사슴과 같은 큰 개가 서쪽에서 사비수 언덕까지 와서는 왕궁을 향해 짖더니 별안간 사라졌다. 성중의 개들이 길에 모여서 울부짖다가 한참 만에야 흩어졌다. 한 귀신은 궁중에 들어와서 "백제는 망한다, 백제는 망한다" 하고 부르짖다가 땅속으로 들어갔다. 왕이 이를 괴이하게 여겨 사람을 시켜 땅을 파보니, 석 자 가량 내려간 곳에서 거북 한 마리가 나타났다. 거북의 등에 글이 씌어있었는데 "백제는 온달 같고 신라는 초승달 같다" 했다. 왕이 그 뜻을 물으니 무당이 답했다. "온달이란 꽉 찬 것이니 곧 이지러지는 법이오며, 초승달은 아직 차지 않은 것이니 점점 차게 되는 것입니다." 왕은 노해서 무당을 죽였다. 어떤 이가 말했다. "온달은 꽉 찬 것이고 초승달은 미약한 것이니, 우리나라는 성해지고 신라는 점점 미약해진다는 뜻이 아니겠습니까?" 왕은 이 말을 듣고 기뻐했다.[203]

2) 무열왕은 역사를 바꾼 제세의 군주였다

(1) 신라의 평화를 위해 백제·고구려 정복을 기획한 무열왕

무열왕이 위대한 왕인 까닭은 자기가 다스리는 왕국에 평화를 가져오고 번영을 누리게 하는 길을 찾았다는 데 있다. 그는 신라의 왕으로서 왕국을 위해 최우선적으로 해야 할 일이 무엇인지 잘 알고 있었다. 그리고 그 일을 성취할 수단과 방법도 강구해냈다.

신라 왕국이 나아가야 할 방향으로 그가 선택한 길은 전쟁을 통해 평화와 번영을 불러오는 것이었다. 642년에 의자왕이 신라를 쳐들어와 서쪽의 40여 성을 빼앗아간 바 있다. 655년에는 고구려가 백제·말갈과 더불어 신라 북쪽 변경을 쳐들어와 33개 성을 탈취했다. 신라는 고구려·백제·말갈의 침략을 받아 자칫하다가는 멸망할 수 있는 상황이었다. 무열왕은 신라를 지켜내기 위해 전쟁을 선택하지 않을 수 없었다.

문제는 신라의 국력만으로는 고구려·백제·말갈로 구성된 연합군의 침략을 막아낼 수 없다는 것이었다. 이에 따라 무열왕은 왕위에 오르기 전부터 외부의 군사력을 활용하는 방법을 구상해냈다. 642년 백제군의 침공으로 딸 고타소가 죽었을 때 고구려군을 끌어들여 백제를 침공하려 했다. 648년에는 직접 당나라에 가서 당 태종에게 청병해 허락을 받았다. 왕이 된 후인 655년에는 고구려·백제·말갈 연합군의 침공을 받아 수십 개 성을 빼앗기자 당나라에 사

---

203 『삼국유사』 1, 「기이」 2, 태종춘추공.

신을 보내 원조를 청했다. 이처럼 무열왕이 왕위에 오르기 전이나 후에 택한 방법은 당나라의 군대를 동원하는 것이었다.

전쟁을 통해 신라 왕국에 평화와 번영을 가져오기로 한 무열왕의 선택은 성공적인 결과를 가져왔다. 한국 역사에서 한 왕국이 다른 왕국을 정복한 일은 찾아보기 쉽지 않다. 물론 고려가 대신라의 항복을 받고 후백제를 멸망시킨 일이 있긴 하나, 이는 신라가 완전 독립국인 백제와 고구려를 정복한 것과는 비교가 되지 않는다.

고구려와 백제를 평정하는 이유

661년 10월 당나라 함자도 총관 유덕민이 평양으로 군량을 보내라는 당나라 황제의 명을 신라에 전했다. 문무왕은 유신과 인문, 양도 등 아홉 장군에게 수레 2000여 대에 쌀 4000섬과 조 2만 2000여 섬을 싣고 평양으로 가게 했다. 그해 12월 23일 칠중하를 건너 산양에 이르렀을 때 유신이 장사將士들에게 말하기를 "고구려·백제 두 나라가 우리 강토를 침범해 인민을 죽이거나 젊은이를 포로로 잡아가 목 베어 죽이고 어린아이들을 잡아가 종으로 삼은 지 오래되었다. 어찌 통탄스러운 일이 아니겠는가? 내가 지금 죽음을 두려워하지 않고 어려운 곳으로 나가는 것은 대국의 힘에 의지해 두 나라를 멸망시키고 나라의 원수를 갚고자 하는 것이다. 마음속으로 맹세하고 하늘에 고해 신령의 도움을 기대하지만, 그대들의 마음이 어떤지 몰라 말한다. 적을 가벼이 보는 자는 반드시 성공해 돌아갈 것이나, 적을 두려워하면 어찌 포로로 잡힘을 면할 수 있겠는가? 마땅히 한마음으로 협력하면 한 사람이 백 사람을 당해내지 못함이 없을 것이니, 이것이 내가 여러분에게 바라는 바이다" 했다. 모든 장졸이 말하기를 "원컨대 장군의 명을 받들겠으며, 감히 살겠다는 생각을 갖지 않겠습니다" 했다. 이에 북을 치며 평양으로 향했다. 길에서 적병을 만나면 역습해 승리하니 얻은 무기가 매우 많았다.[204]

여기서 신라가 고구려와 백제를 멸망시킨 이유를 분명히 알 수 있다. 고구려와 백제가 신라의 영토를 침범하고 신라인을 죽이거나 포로로 삼았기 때문이다. 또한 백제와 고구려를 멸망시키는 데 대국 당나라의 힘을 빌렸다는 사실도 알 수 있다. 대국의 힘을 빌리는 데에는 신라의 부담이 따랐다. 군량을 평양까지 운송해 전달했다는 기록에서 이를 알 수 있다.

(2) 백제를 멸망시키기 위한 준비

첩보전에서 승리한 유신

무열왕이 살아있을 때 전쟁을 이끈 사람은 바로 유신이었다. 그는 첩보전에도 능했다. 그러한 유신의 능력은 무열왕의 백제 정복에 큰 도움이 되었다.

신라와 백제, 신라와 고구려 사이에는 끊임없이 첩보전이 벌어졌다. 『삼국유사』에 유신이 국선(풍월주)이 된 612년에 그를 죽이러 신라에 온 고구려인 백석에 대한 이야기가 나온다.[205] 유신이 국선이 되었을 때 출신을 알 수 없는 백석이란 자가 여러 해 동안 낭도 중에 있었다. 유신이 고구려와 백제를 치려고 밤낮으로 모의했는데

---

204 『삼국사기』 42, 「열전」 2, 김유신 중.
205 『삼국유사』 1, 「기이」 2, 김유신.

백석이 그 계획을 알고 유신에게 말하기를, 자신과 함께 은밀히 적국을 정탐한 후에 일을 도모하는 것이 어떻겠느냐 했다. 유신이 기뻐하며 백석을 데리고 밤에 길을 떠났다. 유신이 고개 위에서 쉬고 있는데, 두 여자가 나타나 그를 따랐다. 골화천(현재의 영천)에 이르러 유숙하는데 또 한 여자가 나타났다. 낭자들과 즐겁게 이야기하던 유신은 그들이 준 과자를 받아먹으며 사정을 이야기했다. 낭자들이 그 말을 듣고는 들려줄 것이 있으니 자신들과 함께 가자고 유신에게 권했다. 유신이 그들을 따라 숲에 들어가자 낭자들은 문득 신의 모습으로 변했다. 그들은 내림·혈례·골화 세 곳의 호국신으로, 유신이 적국의 사람을 따라가는 것을 말리러 왔다고 했다. 말을 마친 낭자들은 사라졌다.

유신이 그 말을 듣고 놀라 쓰러졌다가 두 번 절하고 숲에서 나와 골화관에 유숙하며 백석에게 말했다. 요긴한 문서를 잊고 왔으니 함께 돌아가서 가지고 오자는 것이었다. 드디어 집에 돌아와 백석을 결박하고 고문하자 그가 사정을 말했다. 그는 자신이 고구려 사람이라 하며 신라에 온 이유를 말했다. 그의 말에 따르면, 유신은 원래 고구려의 점쟁이 추남이었는데 일찍이 대왕이 그에게 국경 지역의 역류수逆流水에 대해 점치게 했다고 한다. 추남은 대왕의 부인이 음양의 도를 역행해 나타난 표징이 이와 같다고 했다. 대왕이 깜짝 놀라며 괴이하게 여겼고, 왕비도 노해 요망한 여우의 말이라 하며 왕에게 말하기를, 다른 것에 대해 물어 그 말이 틀리면 그를 중형에 처하자고 했다. 이에 쥐 한 마리를 함 속에 감추고 그것이 무엇인가 물으니 추남은 틀림없이 쥐인데 수가 여덟 마리라고 했다. 이에 추남을 죽이려 하자 그가 맹세하기를, 내가 죽은 후 대장이 되어 반드시 고구려를 멸망시킬 것이라 했다. 추남을 목 베어 죽인 뒤 쥐의 배를 갈라보니 새끼 일곱 마리가 들어있었다. 그날 밤 대왕의 꿈속에서 추남이 신라 서현(유신의 아버지)의 부인 품속으로 들어갔다. 왕이 이를 신하에게 이야기하자 그들은 추남이 맹세하고 죽더니 그 일이 과연 들어맞았다며 걱정했다. 백석이 유신에게 접근한 것은 바로 이러한 이유 때문이었다고 했다. 유신은 이에 백석을 죽이고 온갖 음식물을 갖추어 삼신에게 제사지내니 모두 나타나서 제물을 흠향歆饗했다고 한다.

이 같은 이야기는 설화화된 것이기에 그대로 받아들이기 쉽지 않다. 그러나 고구려는 신라에 사람을 보내 유신을 죽이려 했을 뿐 아니라 여러 가지 정보를 캐내려고 한 것이 사실이다.

유신이 한가윗날 밤에 자제들을 거느리고 대문 밖에 서있었는데, 갑자기 한 사람이 서쪽으로부터 왔다. 유신이 그가 고구려 첩자인 것을 알고 불러 세워 말하기를 "너희 나라에 무슨 일이 있느냐" 했다. 그가 엎드려 감히 대답하지 못했다. 유신은 그에게 "두려워하지 말고 다만 사실을 고하라" 했다. 다시 말을 하지 않자 유신이 말하기를 "우리 국왕은 위로 하늘의 뜻을 어기지 않고, 아래로 백성의 마음을 잃지 않았으므로 뭇 백성이 기뻐하며 모두 그 생업을 즐기고 있다. 지금 네가 이를 보았으니 가서 너희 나라 사람들에게 알려라" 하고는 그를 위로해 보냈다. 고구려인들이 이를 전해 듣고 말하기를 "신라는 비록 소국이지만, 유신이 재상으로 있으니 가볍게 볼 수 없다" 했다. 유신은 고구려 첩자를 역이용해 고구려인의 마음을 흔들어놓은 것이다.

또 다른 예가 있다. 642년 춘추가 고구려에 청병하러 가서 60일이 지나도 돌아오지 않자 유신이 용사 3000명을 뽑아 춘추를 구하러 갈 기일을 정했다. 그때 고구려 첩자인 승려 덕창이 사람을 시켜 그 일을 고구려 왕에게 알렸다. 고구려 왕은 전에 춘추가 맹세한 말을 들었고 또 첩자의 말까지 들었으므로 춘추를 감히 더 붙잡아두지 못하고 후히 대접해 돌려보냈다.[206] 덕창은 승려 신분이었기에 간첩 활동이 쉬웠을 것이다.

유신은 첩보전을 역이용해 전쟁에서 승리를 거두기도 했다. 진덕여왕 2년(648) 8월 백제 장군 은상이 쳐들어와 석토성 등 7성을 공격하자 왕이 유신과 죽지, 진춘, 천존 등의 장군에게 나아가 방어하게 했다. 신라와 백제가 열흘이 넘게 전투를 벌였으나 승패가 나지 않고 넘어진 시체가 들판에 가득했다. 흐르는 피에 방패가 떠내려갈 정도였다고 한다. 유신이 도살성 아래 진을 치고 말을 쉬게 하고 군사를 밥 먹여 다시 쳐들어갈 것을 계획하고 있었다. 그때 물새가 동쪽에서 날아와 유신의 군막을 지나가니 장수와 병사들이 이를 보고 좋지 않은 징조라 했다. 유신이 이는 괴이하게 여길 일이 아니라 하며 군사들에게 말하기를, 오늘 반드시 백제 첩자가 올 것이니 모두 모른 체하고 힐문詰問하지 말라 했다. 또한 성벽을 굳게 지키고 있다가 다음날 도착하는 후원군과 함께 백제에 맞서 결전하라고 했다. 백제 첩자가 이를 듣고 돌아가 은상에게 보고하니 은상 등은 신라의 병사가 증강될 것이라며 두려워했다. 이에 유신 등이 한꺼번에 힘을 내어 적을 쳐서 크게 이겨 장군 달솔 정중과 사졸 100명을

---

206 『삼국사기』 41, 「열전」 1, 김유신 상.
207 『삼국사기』 42, 열전 2, 김유신 중.

사로잡고, 좌평 은상, 달솔 자견 등 10명과 병사 8980명을 목 베고, 말 1만 필과 갑옷 1800벌을 얻고, 수많은 병기를 얻었다.[207]

　한편 유신은 백제 좌평 임자를 통해 백제의 사정을 파악하기도 했다. 655년보다 앞서 급찬 조미곤이 부산현령으로 있다가 백제에 잡혀가서 좌평 임자의 집에 종이 되었는데, 하는 일이 부지런하고 조심하며 게으르지 않았으므로 임자는 그를 가엽게 여겨 의심하지 않고 마음대로 드나들게 했다. 이에 조미곤은 도망해 돌아와서 백제의 실정을 유신에게 알렸다. 유신은 조미곤이 충성스럽고 정직해 쓸 만한 점이 있음을 알고 이렇게 말했다.

　"내가 들으니 임자가 백제의 일을 마음대로 좌우한다던데, 내가 그와 더불어 모의하려고 했으나 아직 기회가 없었다. 너는 나를 위해 다시 임자에게 돌아가서 말을 전해라." 조미곤이 대답했다. "공이 저를 불초하다고 여기지 않고 그런 일을 시키시니 비록 죽더라도 후회하지 않겠습니다." 그러고는 다시 백제에 들어가서 임자에게 알렸다. "제가 이미 국민이 되었으니 마땅히 나라의 풍속을 알아야 하겠기에 나가서 여러 곳을 구경하느라 수십 일 동안 돌아오지 못했습니다만, 개와 말처럼 그 주인을 그리워하는 마음을 억제할 수가 없어서 지금 돌아왔습니다." 임자는 그 말을 믿고 조미곤을 책망하지 않았다. 그는 기회를 엿보아 임자에게 말했다. "지난번에는 제가 죄를 입을까 두려워 감히 바른대로 말하지 못했습니다만, 사실 신라에 갔다가 돌아왔습니다. 유신이 제게 이런 말을 좌평께 전하라고 했습니다. 나라가 흥하고 망하는 것은 미리 알 수 없으나, 만약 그대 나라가 망한다면 그대가 우리나라에 와서 의탁하고, 우리나라가 망한다면 내가 그대의 나라에 가서 의탁할 것이다."

임자가 이 말을 듣고 아무 말도 하지 않았다. 조미곤이 몹시 두려워하며 물러나서 몇 달 동안 죄받기를 기다리고 있었는데, 어느 날 임자가 그를 불러 물었다. "네가 전일 유신의 말을 전했는데 그 내용이 무엇인가?" 조미곤은 두려워하며 먼저 말한 대로 답하니 임자가 말했다. "네가 전하는 말은 내가 이미 다 알고 있으니 돌아가서 그렇게 하자고 알려라." 조미곤이 신라에 돌아와 말을 전하고 백제의 국내 사정도 상세히 알렸다. 이에 유신은 백제를 병탄할 계획을 더욱 급히 추진했다.

유신은 655년경부터 백제 좌평 임자에게서 백제의 사정에 대한 최고급 정보를 얻었던 것이다. 이처럼 정보전에서 이미 승리했기 때문에 신라는 백제를 이길 수밖에 없었다.

(3) 백제를 먼저 멸망시킨 이유

신라는 독자적으로 백제를 정복할 만한 군사력을 갖고 있지 못했다. 이에 무열왕은 당나라 군사와의 동맹으로 백제를 평정하는 구상을 했다. 당나라 입장에서도 주변의 모든 나라를 정복했으나, 고구려는 정복하지 못한 터라 신라와 군사적 동맹을 맺을 필요가 있었다. 이로써 648년 당 태종이 신라의 청병 요구를 들어주기로 했지만, 실제로 당나라에서 군대를 동원하는 일은 쉽지 않았다. 시간이 좀 더 필요했다.

신라와 당나라가 힘을 합해 백제를 평정하러 나선 것은 무열왕 7년(660)이었다. 백제를 먼저 평정하기로 한 정확한 이유는 알 수 없다. 여기서 642년에 백제군의 침공을 받아 대야성이 함락될 때 춘추의 딸 고타소가 죽었다는 사실을 주목할 수 있다. 그때 춘추는 백제를 멸망시키기 위해 목숨을 걸고 고구려에 가서 청병을 했다. 춘추가 왕위에 오른 후 고구려보다 백제를 먼저 멸망시키기로 결정한 데에는 그의 딸 고타소의 죽음이 영향을 미쳤음을 짐작할 수 있다. 앞에서 이야기했듯, 고타소의 죽음에 대한 보복으로 백제를 멸망시키기로 결정한 것은 매우 사적인 것으로 보일지 모른다. 그러나 이는 매우 공적인 성과로 귀결된 게 사실이다.

658년 말갈의 침략에 대비한 무열왕의 조치

고구려의 영역 안에는 말갈족이 살고 있었다. 고구려 안에 살던 말갈족은 속말말갈이었다. 고구려 조정에서는 말갈족을 직접 다스리는 대신 그들의 자치를 인정했다. 고구려는 당나라와 전쟁하거나 신라를 쳐들어갈 때 말갈족을 동원하기도 했다. 신라는 이러한 말갈족의 침입에 대비했다.

하슬라의 땅이 말갈과 연접해 있어 백성들이 편안할 수 없자 무열왕 5년(658) 3월 왕이 소경을 폐하고 도독을 두어 지키게 했으며 실직을 북진으로 삼았다. 하슬라 소경을 폐지하고 주를 설치해 군사령관인 도독을 두어 하슬라를 지키게 한 것이다. 아울러 실직을 군대 주둔지인 북진으로 편제해 말갈의 침략에 대비했다. 무열왕은 이처럼 왕국을 지켜내기 위해 끊임없이 노력했다.

659년 무열왕의 근심

무열왕이 왕위에 오른 후 가장 크게 도모한 일은 백제를 멸망시키는 것이었다. 백제를 멸망시키기 한 해 전인 659년 4월, 백제가 빈번히 국경을 침범해오자 무열왕은 이를 치려고 당나라에 사신을 보내 청병을 했다. 8월에는 아찬 진주를 병부령으로 삼았다.

10월에 무열왕의 얼굴에 근심스러운 빛이 나타났다. 당나라에 청병을 했으나 답이 없었던 것이다. 그때 어떤 사람이 왕 앞에 나타났는데, 죽은 신하인 장춘과 파랑으로 보였다. 그들이 말했다. "신은 비록 살이 썩어 없어진 뼈이오나 보국을 하려는 마음으로 어제 당나라에 갔는데, 황제가 소정방 등에게 명해 군사를 거느리고 백제를 치게 될 것을 알았습니다. 대왕께서 걱정하며 기다리고 계시기에 이를 알려드립니다." 그들은 말을 마치고 사라졌다. 왕은 그들 집안의 자손들에게 후하게 상을 내리고, 한산주에 장의사를 지어 그들의 명복을 빌게 했다.[208]

무열왕 5년(659) 왕은 온통 백제를 정복하기 위한 걱정에 사로잡혀있었다. 660년 정월에는 상대등 금강이 세상을 떠났다. 이에 왕은 이찬 유신을 상대등으로 임명했다. 백제를 멸망시키기 위한 전쟁에 유신은 상대등의 지위를 가지고 참전했음을 알 수 있다.

(4) 신라와 당나라 동맹군의 백제 평정

9년 전쟁의 시작

660년에 시작된 삼한 정복 전쟁은 668년 고구려를 멸망시킬 때까지 계속되었다. 나는 이를 9년 전쟁이라 명명한 바 있다.[209] 그중 신라와 당나라의 동맹군이 백제를 멸망시키는 전쟁이 시작된 것은 당나

---

208 『삼국사기』 5, 「신라본기」 5, 태종무열왕 6년.
209 이종욱, 『신라의 역사』 2, 김영사, 2002, p. 22.

라의 백제 침공군이 출동하면서부터였다.

백제 침공군의 편성

660년 3월 당 고종은 소정방을 신구도행군대총관으로 삼고 인문을 부대총관으로 삼아 수군과 육군 13만 명을 거느리고 백제를 정벌케 했다. 당 고종은 무열왕을 우이도행군총관으로 삼아 신라 군사를 거느리고 당나라 군대를 성원토록 했다. 소정방은 산동성 내주에서 출발했는데 연이은 배의 앞과 뒤가 1000리에 달했다. 이들은 동쪽으로 항해해왔다. 신라 쪽에서는 5월 26일 무열왕이 유신·진주·천존 등과 함께 군사를 거느리고 왕경을 떠났다. 이들 신라군은 6월 18일에 남천정에 이르렀다.

법민과 소정방, 7월 10일을 기약하다

당나라군과 신라군은 백제 침공 계획을 세웠다. 6월 21일 태자 법민을 보내 병선 100척을 거느리고 덕물도에서 소정방을 맞게 했다. 소정방이 법민에게 말하기를 "나는 7월 10일 백제 남쪽에 이르러 대왕의 군대와 만나 의자(왕)의 도성을 무너뜨리고자 한다" 했다. 법민이 말하기를 "대왕께서 대군을 기다리십니다. 대장군이 왔다는 보고를 받으시면 반드시 새벽밥을 드시고 오실 것입니다" 했다. 소정방이 기뻐하며 법민을 돌려보내 신라의 병마를 동원토록 했다.

법민이 무열왕에게 돌아와 소정방이 거느린 군대의 위세가 매우 성함을 고하자 왕은 기뻐했다. 왕은 태자에게 다시 명해 대장군 유신, 장군 품일과 흠춘(흠순) 등에게 정병 5만 명을 거느리고 응하도록 했다. 왕은 금돌성에 행차해 머물렀다.

황산들黃山之原 전투

신라군이 백제를 진격하는 일은 쉽지 않았다. 계백장군이 거느린 백제의 결사대가 있었기 때문이다.

7월 9일 유신 등이 황산들로 진군하니 백제 계백장군의 군사가 미리 험한 곳을 차지하고 세 개의 군영을 세워 기다리고 있었다. 유신 등은 군대를 세 방면으로 나누어 네 번 싸웠으나 불리했고, 사졸들의 힘이 다 빠졌다. 이 같은 상황을 벗어나게 한 것은 흠순의 아들 반굴과 품일의 아들 관창(관장)의 전사였다.

장군 흠순이 아들 반굴에게 말하기를 "신하로서 충성만 한 것이 없고 자식으로서 효도만 한 것이 없다. 위급함을 보고 목숨을 바치면 충과 효 두 가지를 모두 갖출 수 있다" 했다. 반굴이 "삼가 명을 받들겠습니다" 하고 적진으로 들어가 힘껏 싸우다 죽었다.

좌장군 품일도 아들 관창을 불러 말 앞에 세우고 여러 장수들을 가리키며 말했다. "네 나이 겨우 열여섯이지만 뜻과 기개가 매우 용감하니, 오늘 전투에서 능히 삼군의 표적이 되도록 해라!" 이에 관창이 갑옷 입힌 말에 창 한 자루를 들고 적진에 빠르게 달려 들어갔으나 곧 적에게 사로잡혀 계백에게 끌려갔다. 계백은 어리지만 용감한 관창의 모습을 아껴 차마 해치지 못하고 탄식하며 말했다. "신라에게 대적할 수 없겠다. 소년이 이 같은데, 하물며 장사들은 어떻겠는가!" 그러고는 그를 살려보내도록 했다.

관창이 돌아와 아버지에게 말했다. "제가 적진에 들어가 장수를 베지 못하고 깃발을 뽑아오지 못한 것은 죽음이 두려워서가 아닙니다." 말을 마친 그는 손으로 우물물을 떠서 마시고 다시 적진에 들어가서 날쌔게 싸웠는데, 계백이 그를 사로잡아 머리를 베어 말안장에 매달아 보냈다. 품일이 그 머리를 들고 흐르는 피에 옷소매를 적시며 "내 아이의 얼굴이 살아있는 것 같다. 왕사에 목숨을 바쳤으니 다행이다!" 했다. 이를 본 삼군이 죽음을 각오하고 북 치고 고함 지르며 진격하자 백제군은 크게 패했다. 계백은 죽고 좌평 충상과 상영 등 20여 명은 포로가 되었다.

반굴과 관창의 죽음 이후 그 일족에게는 정치·사회·경제적 혜택이 뒤따랐다. 그 후손들은 왕에게서 관직과 재물, 토지, 노비 등을 받았다.

계백이 거느린 백제의 5천 사사死士

의자왕의 백제는 충신들을 만들었다. 그 과정에 군대를 제대로 동원할 수 없는 상황이 벌어졌다. 그때 신라의 침공에 맞선 사람은 계백장군이었다. 계백은 소정방이 거느린 13만 명의 당나라 군대와 태자 법민이 거느린 5만 신라군을 맞아 싸웠다.

계백장군은 사사 즉 결사대 5000명을 뽑아 신라군을 막으려 하면서 말했다. "한 나라의 군사가 되어 당나라와 신라의 많은 군대를 막아내야 하게 되었으니 나라의 존망은 알 수 없는 일이 되었다. 나의 처자가 잡혀서 노비가 될까 염려되니, 그들이 살아서 욕보는 것보다 죽는 것이 마음이 편하다." 마침내 그는 처자를 모두 죽였다. 황산의 들판에 이르러 진영을 설치하고 신라 군대에 맞서 싸우고자 할 때 군사들에게 맹세했다. "옛날 구천은 5000명의 군사로 오나라 70만 군사를 물리쳤으니, 오늘 우리도 마땅히 각자 기운을 다해 최후의 승부를 냄으로써 나라의 은혜를 갚아야 할 것이다."

마침내 힘을 다해 최후까지 싸웠는데 한 사람이 1000명을 당해내지 않은 이가 없었으니, 신라 군사들이 그제야 물러났다. 이같이 진퇴를 네 차례나 했으나 마침내 힘이 다해 계백의 결사대는 전멸했다.

당군과 결전한 뒤 백제를 깨뜨리겠다

당나라 군대는 신라 군대에 대해 우월감을 갖고 있었다. 그들은 백제 침공의 주도권을 갖고 있었던 게 사실이다.

7월 9일 소정방은 부총관 인문 등과 함께 기벌포에 도착해 백제군과 싸워 크게 승리했다. 유신 등이 당나라 군영에 이르자 소정방은 이들이 약속한 기일보다 늦게 도착했다는 이유로 신라 독군 김문영을 군문에서 목 베려 했다. 앞서 법민이 덕물도에 가서 소정방을 만났을 때, 소정방은 바닷길로, 법민은 육로로 가서 7월 10일에 백제 왕도王都 사비성에서 만나자고 한 바 있었던 것이다. 신라군은 계백과의 전투 때문에 그 약속 기일을 어기게 되었다.

유신이 무리에게 말하기를 "대장군이 황산의 전투를 고려하지 않고 약속한 날짜를 어긴 것으로 죄를 삼는데, 나는 죄가 없이 모욕당할 수 없다. 당군과 먼저 결전하고 난 뒤 백제를 깨뜨리겠다"했다. 이에 군문에서 월鉞을 잡고 서니 그의 성난 머리털이 섰고 허리에 찬 보검은 저절로 칼집에서 튀어나왔다. 소정방의 우장 동보량이 말하기를 "신라군이 변란을 일으킬 것 같습니다"했다. 이에 소정방이 김문영의 죄를 풀어주었다.

신라와 당나라 군의 백제 침공—전의를 상실한 백제

신라와 당나라의 연합군이 백제 사비성을 침공했을 때 백제는 전의를 상실해가고 있었다. 나라를 지킬 힘도 의욕도 잃은 것이다.

7월 11일 백제 왕자가 좌평 각가를 시켜 당나라 장군에게 편지를 보내 군사를 철수할 것을 애걸했다. 12일에 당나라와 신라군이 의자 도성을 포위하고자 소부리들로 나아가던 중 소정방이 꺼리는 바가 있어 전진할 수 없었다. 홀연히 나타나 군영 위를 선회하는 새를 본 소정방이 사람을 시켜 점을 쳤는데 "원수께서 반드시 부상당할 것입니다" 하는 대답에 겁을 먹어 군사를 머물게 한 것이다.[210] 유신이 그를 달랜 뒤에야 두 나라 군대가 용감하게 네 길로 나란히 진격했다. 그때 유신은 소정방에게 "어찌 나는 새의 기이함을 가지고 하늘이 준 기회를 어기겠습니까? 하늘의 뜻을 따르고 사람의 도리를 따라 죄악을 정벌하는 이때에 어찌 나쁜 일이 있겠습니까?" 하고 말했다. 그러고는 신검神劍을 뽑아 그 새를 겨누어 던져 소정방 앞에 떨어뜨렸다. 이에 소정방은 강 왼쪽으로 나와 산 아래에 진을 치고 더불어 전투를 했다. 백제군이 크게 패했다.

밀물을 탄 당나라 병선은 꼬리를 물고 북을 울리며 진격했다. 소정방이 보병과 기병을 거느리고 곧바로 달려가 도성 30리 밖에 머물자 성중의 모든 군대가 이를 막았으나, 또 다시 패해 죽은 자가 1만여 명에 달했다. 7월 12일 백제 왕세자가 다시 상좌평을 통해 잘 차려진 음식을 보냈으나 소정방이 물리쳤고, 왕의 서자가 몸소 좌평 6인과 함께 찾아와 죄를 빌었으나 또한 물리쳤다.

백제의 항복

백제는 여러 차례 항복의 의사를 표했다. 전쟁다운 전쟁도 치르지

---

210 『삼국유사』 1, 「기이」 2, 태종춘추공.

못한 채 사비성을 들어 항복한 것이다.

7월 13일 의자왕은 좌우의 신료를 거느리고 밤에 도망해 웅진성을 지켰다. 이에 소정방은 백제 도성을 포위했다. 의자왕의 아들 융은 대좌평 천복 등과 함께 나와서 항복했다. 법민은 융을 말 앞에 꿇어앉히고 얼굴에 침을 뱉으며 꾸짖었다. "전에 너의 아비가 나의 누이를 억울하게 죽여 옥중에 묻었기에 나로 하여금 20년간 마음이 아프고 머리를 앓게 하였다. 오늘 너의 목숨은 내 손안에 있도다!" 융은 땅에 엎드려 말을 하지 못했다.

7월 18일 의자왕이 태자 및 웅진방령의 군대를 거느리고 웅진성에서 와 항복했다. 무열왕은 의자왕이 항복했다는 보고를 받고 7월 29일 금돌성에서 소부리성으로 와서 제감 천복을 당나라에 보내 승리를 알렸다.

『삼국유사』에는 다른 이야기가 나온다.[211] 당나라 군대가 승리의 기세를 타고 성을 육박해오자 의자왕이 탄식하며 말하기를 "성충의 말을 듣지 않은 것을 후회한다. 이 지경에 이르렀도다!" 했다. 마침내 의자왕이 태자 융과 함께 북쪽 지역으로 도망하니 소정방이 백제 도성을 에워쌌다. 이때 의자왕의 둘째 아들 태가 스스로 왕이 되어 무리를 이끌고 성을 굳게 지켰다. 태자의 아들 문사가 태에게 말하기를 "왕과 태자가 함께 떠났는데 숙부가 마음대로 왕이 되었습니다. 만약 당나라 군대가 물러나면 우리가 어찌 목숨을 부지하겠습니까?" 했다. 그러고는 측근들을 거느리고 줄을 타고 성 밖으로 나갔다. 백성들이 모두 그를 따랐으나 태가 말리지 못했다.

---

211 『삼국유사』 1, 「기이」 2, 태종춘추공.

소정방은 사람을 시켜 성에 당나라의 기를 세웠다. 태가 어쩔 수 없이 성문을 열고 목숨을 빌었다. 이에 의자왕과 태자 융, 왕자 태, 대신 정복 등이 여러 성을 들어 항복했다.

승리의 잔치를 벌이다

백제 의자왕이 항복한 후 10여 일이 지나 신라와 당나라의 군대를 위로하는 잔치가 벌어졌다.

8월 2일 주연을 크게 베풀고 장사들을 위로했는데, 왕과 더불어 소정방 및 여러 장군들은 당상에 앉고 의자왕과 그 아들을 당하에 앉혀 이따금 의자왕에게 술을 따르게 하니 백제 좌평 등 군신들이 오열했다.

그날 모척을 잡아 목 베었다. 본래 신라인이었던 모척은 백제로 도 망해 들어갔는데 대야성의 검일과 공모해 성을 함락되게 한 자다. 또 검일을 잡아 죄를 추궁하기를 "네가 대야성에서 모척과 도모해 백제 군사를 끌어들이고 창고에 불 질러 성안에 식량이 부족하게 만들어 패 하게 한 것이 첫 번째 죄다. 품석 부부를 핍박해 죽였으니 두 번째 죄 다. 백제와 더불어 본국을 공격했으니 세 번째 죄다" 했다. 이에 사지 를 찢어 그 시체를 강물에 던졌다.

8월 2일 벌어진 승리의 잔치는 참전한 장수와 병사를 위한 것이 었다. 신라 본국에서는 백성들이 승리의 잔치를 벌였을지 궁금하다.

소정방의 편의종사便宜從事—유신에 대한 포상과 그의 거절

백제를 정복한 전쟁에서 유신의 공이 컸으므로 당나라 황제 고종이 사신을 보내 그를 칭찬했다.

그때 소정방이 유신, 인문, 양도 세 사람에게 "나는 황제의 명령을 받아 편의종사(편의에 따라 일을 처리함)하게 되었다. 지금 **빼앗은** 백제의 땅은 공功들에게 나눠주어 식읍으로 삼음으로써 공에 대한 보수로 삼고자 하는데 어떤가?" 하고 물었다. 유신이 대답하기를 "대장군이 천병(당나라 군대)을 거느리고 와서 우리 임금의 소망을 도와 소국의 원수를 갚아주었으니 우리 임금과 온 신민이 기뻐 말할 겨를이 없습니다. 그런데 우리만이 은혜를 받아 이익을 취한다면 의리에 어긋나는 일이 아니겠습니까?" 하며 받지 않았다.

신라를 치려는 당나라의 의도를 간파한 유신의 대응
당나라 군대는 백제를 멸망시킨 뒤 사비성 언덕에 진을 치고 신라를 침공하려는 계획을 꾸몄다. 무열왕이 그것을 알고 군신을 불러 대책을 물었다.

　다미공이 나아가 아뢰기를 "우리 백성에게 백제인 복장을 입혀 도적질하는 척하게 하면 당나라 군대가 반드시 이를 칠 것이니 그때를 틈타 그들과 전투를 벌이면 뜻을 이룰 것입니다" 했다. 유신이 이에 동의해 "이 말이 쓸 만하오니 그대로 따르기 바랍니다" 했다.

　왕이 말하기를 "당나라 군사가 우리를 위해 적국을 멸망시켰는데 도리어 그들과 싸운다면 하늘이 우리를 돕겠는가?" 했다. 유신이 아뢰기를 "개는 주인을 두려워하지만 제 다리를 밟는 자가 있으면 그게 주인일지라도 물게 되니, 어찌 국난을 당하고서도 자신을 구원하지 않겠습니까? 부디 대왕께서는 허락해주십시오" 했다. 당나라 군대는 신라가 방비를 하는 것을 정탐하고는 신라를 치지 못했다. 그리고 9월 3일 소정방은 백제 왕과 백성들을 포로로 삼아 당나라로 돌아갔다.

　백제를 멸망시킨 직후 당나라는 신라까지 정복할 생각이었던 것이다. 그러한 당나라의 계책을 알아챈 무열왕은 서둘러 그것을 막아냈다. 한국·한국인의 운명이 틀어질 뻔 한 순간에 신라인 무열왕과 유신 등이 발 빠르게 조치를 취해 당나라의 불순한 의도를 막아낸 것이다.

　당나라로 돌아간 소정방이 백제 포로를 바치자 황제는 "어찌 신라까지 정벌하지 않았는가?" 하고 물었다. 소정방이 답하기를 "신라는 그 임금이 어질어 백성을 사랑하고 신하들은 충성으로써 나라를 섬기고 아랫사람은 윗사람을 친부모와 형제처럼 섬기고 있으니, 비록 나라는 작지만 도모할 수 없었습니다" 했다.

　단정할 수는 없으나, 백제를 정복하러 올 때 이미 당나라 군대는 신라까지 정복할 계획을 가졌을 것이다. 이는 당나라 황제 고종의 생각이었다고 짐작된다.

당나라 군대의 주둔과 본진의 귀향

백제를 정복한 당나라는 군대를 완전 철수하지 않았다. 이는 당나라의 의도가 무엇인지를 말해준다.

　9월 3일 당나라 낭장 유인원이 군사 1만을 거느리고 사비성에 남아 지켰는데, 왕자 인태가 사찬 일원, 급찬 길나와 함께 군사 7000명으로 그를 보좌했다. 소정방은 백제 왕, 왕족, 신료 등 93명과 백성 1만 2000명을 데리고 사비에서 배를 타고 당나라로 돌아갔다. 그때 인문과 사찬 유돈, 대나마 중지 등이 그와 함께 갔다.[212] 『삼국유사』에는 소정방이 의자왕, 태자 융, 왕자 태와 연, 대신, 장

사 88명과 백성 1만 2807명을 데리고 당나라 서울로 갔다고 기록되어 있다.[213]

　전쟁 후 백제왕을 잡아간 것이 당나라 측이었다는 사실을 볼 때, 백제 멸망의 주역이 누구였는지 알 수 있다. 신라는 백제를 멸망시키는 데 보조 역할을 한 것이다. 아울러 당나라 군대가 사비성에 머물렀는데, 그 병력이 신라군보다 컸다. 이후 신라는 여러 해 동안 당군에게 병참 지원을 했다.

　『삼국유사』에 따르면, 백제의 규모는 원래 5부 37군 2백 성 76만 호였는데, 멸망 후 당나라가 웅진, 마한, 동명, 금련, 덕안 등 5도독부를 설치하고 우두머리를 뽑아 도독과 자사를 삼아 다스렸다. 낭장 유인원을 시켜 도성을 지키게 하고, 낭장 왕문도를 웅진 도독으로 삼아 남은 무리를 위무하게 했다.

　소정방이 포로를 거느리고 당 고종을 찾아뵈니 황제가 이들을 책망만 하고 모두 용서했다. 의자왕이 병들어 죽자 당 고종은 금자광록대부 위위경을 추증하고, 옛 신하들이 장사 지내는 것을 허락했다. 아울러 손호와 진숙보의 무덤 옆에 장사 지내고 비를 세우도록 했다.

당 고종의 칙사 왕문도의 죽음

당나라는 백제를 점령한 후 그 영역을 차지하려는 의도를 가졌음이 분명하다. 당나라 황제가 좌위중랑장 왕문도를 보내 웅진도독으로

---

212 『삼국사기』 5, 「신라본기」 5, 태종무열왕 7년.
213 『삼국유사』 2, 「기이」 2, 태종춘추공.

삼은 것에서 그러한 사정을 알 수 있다. 9월 28일 왕문도가 삼년산성에 이르러 조서를 전달했는데, 왕문도는 동쪽을 향해 섰고 대왕은 서쪽을 향해 섰다. 칙명을 전한 후 왕문도가 당 황제의 예물을 왕에게 주려고 하다가 갑자기 병이 나서 곧바로 죽었으므로 그를 따라온 사람이 대신해 일을 마쳤다.

백제 평정에 대한 논공

660년 11월 22일 왕이 백제에서 돌아와 논공論功했다. 계금졸 선복을 급찬으로 삼고, 군사 두질을 고간으로 삼았으며, 전사한 유사지·미지활·보홍이·설유 등 네 사람에게 관작을 차등해 내렸다.

백제 평정에 대한 논공은 유신 등 정복 전쟁에 참전한 지배 세력에 대한 것이 우선이었을 것이다. 유신이 대각간이 된 것도 그 예라 하겠다. 다만 11월 22일의 논공에 대한 기록에는 지위가 높은 사람들에 대한 내용은 나오지 않는다. 그것은 이미 그들에 대한 논공이 이루어졌기 때문일 수 있다.

승자의 권리를 허용했나?

백제를 정복한 당나라 군대는 승자의 권리를 행사한 것이 사실이다. 그 권리 행사가 지나쳐 부작용이 뒤따랐다.

소정방이 백제를 평정하자 흑치상지는 부하들을 거느리고 항복했다. 소정방이 늙은 왕(의자왕)을 포로로 삼은 뒤 당나라 병사들을 풀어놓자 그들은 곧 약탈을 자행했다. 이를 두려워한 흑치상지가 측근의 추장 10여 명과 함께 도망해 무리를 모아 임존성에 웅거하니, 열흘이 못 되어 모인 자가 3만 명이나 되었다고 한다. 소정방이 군사를 거느리고 이를 공격했으나 이기지 못했다. 흑치상지는 마침내 200개 성을 되찾았다. 용삭 연간에 당 고종이 사자를 보내 타이르니 흑치상지는 유인궤에게 나아가 항복했고, 당나라에 들어가 좌영군 원외장군 양주자사가 되어 여러 차례 정벌에 나서 공을 쌓았다. 당에서 그에게 작위를 주고 특별한 상도 내렸다.[214]

위의 이야기로 볼 때, 당나라와 신라의 동맹군이 백제를 정복한 후 당나라는 승자의 권리를 행사했음을 알 수 있다. 당시 신라 병사도 함께 승자의 권리를 행사하며 약탈을 일삼았다는 기록은 없으나, 그러지 않았다고 단정하기는 어렵다.

정복당한 백제인에 대한 당병의 약탈은 소정방의 허락이 있었기에 가능했다. 항복했던 흑치상지가 반란을 일으켜 백제인을 불러 모은 것도 그 때문이었다고 볼 수 있다.

백제를 멸망시킬 때 신라의 역할은?

백제를 멸망시킬 때 당나라의 역할이 주도적이었음은 부인할 수 없다. 실제로 백제 왕성을 함락하고 의자왕의 항복을 받는 데 당나라 군대는 주된 역할을 했다. 그러나 백제를 멸망시킨 후 당나라의 주력군 대부분은 본국으로 돌아갔다.

당군이 돌아간 후 신라의 군대는 옛 백제 지역에 남아 부흥 운동을 벌이는 백제 잔적을 물리치는 주역이 되었다. 아울러 백제를 멸망시키는 전쟁에서 신라군이 신라에서 사비도성까지 백제 지역을 점령했던 사실도 그대로 지나칠 수 없다. 당나라 군대는 일시에 쳐

---

214 『삼국사기』 44, 「열전」 4, 흑치상지.

들어와 백제를 멸망시켰을 뿐, 옛 백제 지역을 결과적으로 장악한 것은 신라였다. 그와 같은 사실은 후일 문무왕이 고구려를 정복할 때도 마찬가지였다. 신라는 적어도 청천강에서 함흥평야에 이르는 지역을 장악했다.

당군이 의자왕 등을 잡아갔을 때 춘추는 어떤 생각을 했을까?
무열왕은 소정방이 의자왕과 왕자들, 신료, 백성을 포로로 거느리고 당나라로 가는 것을 보고 어떤 생각을 했을까? 백제를 멸망시키기는 했으나 신라의 완벽한 승리라고 할 수는 없는 일이었다.

　백제 정복이 당나라와 신라의 동맹으로 가능했음은 분명한 사실이다. 그중 당나라가 백제 멸망의 주역이었기에 의자왕을 비롯한 포로를 차지한 것이라 하겠다. 신라는 백제 정복에 보조적인 역할을 했다. 신라가 백제 지역을 완벽하게 장악한 것은 그의 아들 문무왕이 당나라 군대를 몰아낸 후였다.

신라군의 양과 질
백제를 정복할 때 동원된 신라군은 잘 훈련되고 전쟁의 목표 또한 분명히 알고 있던 군대들이었다. 특히 유신을 사령관으로 한 군대가 잘 준비되어있었다. 신라에는 화랑도가 있었다. 화랑도는 양장과 용졸을 배출하는 조직이었다. 백제 침공 당시에도 군 사령관이나 병사는 화랑·낭두·낭도로 활동한 사람들이 중심이 되었다. 오랜 기간 화랑과 낭두, 낭도가 함께 활동하며 맺어진 이들의 관계는 전쟁에서도 훌륭히 기능했을 것이다.

신라가 삼한통합에 성공한 까닭

신라가 백제 멸망을 성사할 수 있었던 데에는 이유가 있다. 이는 고구려를 멸망시키는 데에도 그대로 적용되었다.

첫째, 신라에는 춘추를 왕으로 추대한 유능한 신료 집단이 있었다. 유신을 중심으로 한 칠성우 세력이 그들이다. 칠성우는 일찍부터 춘추를 왕으로 삼기 위한 활동을 했다. 그들 중 여러 명은 화랑 중의 화랑인 풍월주를 지내며 화랑과 낭도를 거느린 바 있다. 결국 신라의 현좌충신賢佐忠臣이었을 뿐 아니라 양장용졸良將勇卒을 배출하고 이끌어나간 세력이었던 셈이다. 그들 칠성우를 중심으로 한 세력은 춘추를 왕으로 삼기 위해 수십 년간, 때로는 대를 이어 하나로 뭉쳤다. 612년부터 기다린 끝에 654년 춘추가 왕이 되자 칠성우와 그 자식들이 춘추의 신료가 되어 삼한통합을 국가의 목표로 삼았고, 실제 백제와 고구려를 멸망시켜 나갔다.

둘째, 신라는 골품제라는 특유의 신분제가 작동한 사회였다. 골품제는 역사적 산물로 항상 변천 과정을 겪었다. 춘추가 왕위에 오르기 전에는 성골 왕이 재위했다. 성골이 소멸되며 진골인 춘추가 왕위에 올랐다. 진골 밑에는 두품 신분이 편제되어있었다. 골품제는 상급 신분이 바로 아래 신분을 가진 사람을 통제하는 방식으로 운용되었다. 실제로 신라의 정치 조직도 골품 신분과 연관되어 편제되고 운용되었다. 그와 같은 인적 자원 통제 방식은 신라의 국력을 조직화하는 데 결정적인 힘을 발휘했다.

셋째, 신라에는 중앙집권적인 방식으로 국력을 조직화하고 인적·물적 자원을 동원하는 체계가 잘 발달되어있었다. 신라는 오늘날의 면面에 해당되는 규모의 지방 행정 조직에까지 지방관을 파견했다. 이들을 도사道使라고 불렀는데, 도사는 왕경인으로 지방에 있던 촌주와 군사軍師라는 토착 세력과 촌사村司를 구성하고, 인적 자원과 물적 자원을 동원해 신라 국력을 확실하게 강화시켰다. 신라는 진한과 가야의 소국들을 병합하면서 대체로 직경 10킬로미터 규모의 지방 행정 구역인 행정촌을 편성해 지방관을 파견했다.

넷째, 신라는 당나라와 동맹을 맺어 적국인 백제와 고구려를 멸망시켰다. 이는 국가를 지키기 위한 불가피한 선택이었다. 신라와 당나라의 동맹은 이처럼 '신라의 자주'라는 관점에서 바라볼 필요가 있다.

다섯째, 8세 풍월주 문노는 호국선이었다는 사실을 주목해야 한다. 신라의 화랑도는 일찍부터 고구려와 백제를 평정해 나라의 외우를 없애고 부귀를 누릴 생각을 하고 있었다.[215] 신라 정복군의 장군이나 지휘관은 대부분 화랑도 출신이었다. 호국 정신을 갖춘 화랑도 출신이 백제와의 전쟁에 참전한 것은 신라가 전쟁에서 승리한 중요한 이유일 수 있다.

백제 멸망의 의미는?

백제의 멸망은 신라의 위기 해소를 의미했다. 유신은 이미 15세 풍월주로 있을 때(612~616) 고구려와 백제를 평정하면 나라에 외우, 즉 외적의 침입이 없어질 것이라 한 바 있다. 무열왕이 백제를 평정함으로써 신라의 외우 중 절반이 사라졌다고 할 수 있다. 물론 고구려를 평정하는 전쟁이 뒤따라야 했지만, 신라로서는 대평화를 위한

---

215 『화랑세기』 15세 유신공, pp. 236~237.

길의 반쯤 전진한 셈이었다.

삼한통합에서 무열왕이 차지하는 의미는?
무열왕은 백제를 평정했다. 이러한 그의 업적은 어떤 의미를 지닐까? 무열왕은 삼한통합을 기획하고 실행에 옮긴 사람이었다. 문무왕은 "나는 능히 정해진 유업을 이어받아 마침내 선왕의 뜻을 이루었다"고 말한 바 있다. 삼한통합은 무열왕이 아니었다면 시작도 하지 못했을 것이다.

4. 백제 정복, 그 이후

성대聖代를 연 무열왕

백제를 멸망시킨 후 신라는 어떤 상황에 처했을까? 평화가 찾아왔
을까? 그렇게 보기는 어렵다. 백제 부흥 운동군과의 전투는 물론 고
구려와의 전쟁도 치러야했기 때문이다.

그러한 사정은 무열왕의 식사량 변화를 통해 알 수 있다. 그는 하
루에 쌀밥 서 말, 수꿩 아홉 마리를 먹다가 경신년(660)에 백제를 멸
망시킨 후부터는 점심은 없애고 아침과 저녁만 먹었다. 그러나 이는
하루에 쌀 여섯 말, 술 여섯 말, 꿩 열 마리를 먹은 셈이었다고 한다.

한편, 당시 신라 왕경 시장의 물가는 베 한 필에 벼가 30~50석에
달할 정도여서 백성들이 성대라 칭했다고 한다.[216] 백제를 멸망시킨
후 왕경의 물가가 내려 살림살이가 좋아진 것이다.

신라, 당군에 부담을 지다

660년 9월 3일에 무열왕은 왕자 인태에게 7000명의 병사를 주어 사비성에서 당군과 함께 주둔하도록 했다. 이후 4년 동안 신라는 백제에 머무는 당군에게 식량, 소금, 씨앗을 주었고 제철에 맞는 의복을 공급했다. 이는 신라인에게 큰 부담이 되었을 것이다. 신라는 아직 고구려를 멸망시키기 전이었기에 당군에게 군량을 공급하느라 많은 부담을 진 것이 사실이다.

백제 잔적의 항전

백제가 망했다고 하지만, 당나라와 신라의 군대가 백제의 모든 지역을 장악하고 지킬 수는 없었다. 이에 백제인들이 군대를 편성해 이곳저곳에 주둔하며 당과 신라의 군대에 맞섰다.[217]

백제군은 남잠성와 정현성 등 여러 성에 머물러 버렸다. 또한 좌평 정무가 무리를 모아 두시원악에 진을 치고 당나라와 신라 사람들을 잡아갔다. 660년 8월 26일에는 임존의 대책을 공격했는데, 군대가 많고 지세가 험해 이기지 못하고 소책小柵만 부쉈다.

9월 23일에는 백제의 잔군이 사비성에 들어가 항복해 살아남은 사람들을 잡아가려 하자 유수 유인원이 당과 신라 사람을 동원해 이를 물리쳤다. 백제 군대가 물러나 사비성의 남쪽 산봉우리 위에 4~5개의 목책을 세우고 진을 쳐 성읍을 노략질하니, 이에 부응한 성이 20여 개에 달했다.

---

216 『삼국유사』 1, 「기이」 2, 태종춘추공.
217 『삼국사기』 5, 「신라본기」 5, 태종무열왕 7년, 8년 조.

10월 9일 왕이 태자와 여러 군사를 이끌고 이례성을 쳤다. 18일에는 그 성을 빼앗아 관리를 두고 지키게 하니 백제의 20여 성이 두려움에 떨어 모두 항복했다. 30일에는 사비의 남쪽 산봉우리에 있던 군대의 목책을 공격해 1500명을 목 베었다. 11월 5일에는 왕이 계탄을 건너 왕흥사의 봉우리에 있던 성을 공격해 7일 만에 이겨 700명을 목 베었다.

661년 2월 백제의 잔적이 사비성을 공격해오자 왕이 이찬 품일을 대당 장군으로 삼고 잡찬 문왕, 대아찬 양도, 아찬 충상 등에게 그를 보좌케 했으며, 잡찬 문충을 상주 장군으로 삼고 아찬 진왕에게 그를 보좌케 했다. 아찬 의복을 하주 장군으로, 무훌과 욱천을 남천 대감으로, 문품을 서당 장군으로, 이광을 낭당 장군으로 삼아 가서 구원케 했다. 3월 5일, 행로의 중간쯤에 이르렀을 때 품일이 휘하의 군사를 나누어 먼저 가서 두량윤성 남쪽에 군영을 만들 만한 땅을 살펴보게 했다. 신라군의 진영이 정돈되지 않았음을 본 백제군이 출격해 불의에 치니 신라 군사는 놀라 흩어져 도망했다.

3월 12일에는 대군이 고사비성 밖에 와서 주둔하며 두량윤성으로 나아가 공격했지만 한 달 엿새가 되도록 이기지 못하고 4월 19일에 군사를 되돌렸다. 대당과 서당이 먼저 가고 하주의 군대는 맨 뒤에 가게 되었는데, 빈골양에 이르러 백제군을 만나 싸우다 패해 물러났다. 죽은 자는 적었으나 병기와 군수품을 많이 잃었다. 상주와 낭당은 각산에서 적을 만났으나 진격해 이겼다. 마침내 백제의 진지에 들어가 적군 2000명을 목 베었다. 군대가 패했다는 소식을 들은 왕은 장군 김순·진흠·천존·죽지를 보내 군사를 거느리고 구원토록 했다. 가시혜진에 이르러 군대가 물러나 가소천에 당도했다는 말을 듣고 곧 돌아왔다.

왕은 전투에서 패한 여러 장군의 벌을 논했는데 각기 차등 있게
했다.

유신의 지성, 하늘을 감동시키다

661년 봄, 신라가 백제 잔당과 전쟁을 벌여 이기지 못하고 있을 때,
고구려와 말갈이 "신라의 강한 군대는 모두 백제에 가 있으니 나라
가 비어있어 가히 공격할 수 있다"고 하며 군사를 일으켜 수륙으로
쳐들어와 북한산성을 포위했다. 고구려가 서쪽에 진을 치고 말갈이
동쪽에 주둔해 열흘 동안 공격하니 성안의 사람들이 위협을 느끼고
두려워했다. 그때 갑자기 큰 별이 적진에 떨어지고 천둥이 치고 비
가 왔다. 이에 적들이 놀라 포위를 풀고 달아났다. 이에 앞서 유신
은 적군이 성을 포위했다는 말을 듣고 "사람의 힘은 이미 다했으니
신불神佛의 도움을 바랄 수밖에 없다"하며 절에 가서 제단을 만들
어 기도했다. 그 후 천변이 일어 적이 달아나는 것을 보고 사람들은
"유신의 지성이 하늘을 감동시켰다"고 했다.

고구려와의 전쟁

660년 7월 신라가 백제를 침공했을 당시 백제와 고구려는 군사 동
맹을 맺지 않은 상태였다. 따라서 고구려는 이때 신라를 공격하지
않았는데, 이는 신라의 백제 침공을 가능케 해 백제 멸망을 실현하
는 요인이 되었다.

660년 11월 1일 고구려가 칠중성을 침공해 군주 필부가 전사했
다. 661년 5월 9일에는 고구려 장군 뇌음신과 말갈 장군 생해가 군대

를 합쳐 술천성을 공격해왔다. 그들은 여의치 않자 북한산성으로 옮겨 공격했는데, 투석을 하는 포차를 벌려놓고 돌을 날리니 그것에 맞는 성가퀴의 지붕이 속속 무너졌다. 성주 동타천이 사람을 시켜 마름쇠를 성 밖으로 던져 사람과 말이 다니지 못하게 했다. 또 안양사의 창고를 헐어 거기서 나온 목재로 성의 무너진 곳에 망루를 만들고 밧줄을 그물같이 얽어 우마의 가죽과 솜옷을 걸고 그 안에 노와 포를 설치해 적의 공격을 막았다. 그때 성안에는 남녀 2800명밖에 없었다. 성주 동타천은 어린이와 노약자까지 독려해 강적과 맞서 싸우기를 20여 일 동안 했다. 그러나 식량이 다하고 힘이 지쳐 지극한 정성으로 하늘에 빌었더니 갑자기 큰 별이 적의 진영에 떨어졌고 또 벼락과 비가 쏟아지니 적들이 두려워 포위를 풀고 물러났다. 왕은 동타천을 표창하고 관위를 대나마로 올려주었다.

백제인을 임용하다

660년 11월 22일 무열왕은 신라인을 논공함과 동시에 백제인을 임용하는 조치를 취했다. 좌평 충상과 상영, 달솔 자간에게 일길찬의 관위를 주어 총관의 직을 맡기고 은솔 인수에게 대나마의 관위를 주어 제감의 직을 맡기는 등 각자의 재능을 헤아려 임용했다. 이들 백제인은 신라의 백제 침공을 도운 사람들이다. 물론 백제인으로 신라의 관위와 관직을 받은 사람은 많지 않았지만, 이처럼 현지 사정에 익숙한 백제인을 임용한 사실에서 신라의 피정복국 통치 방식을 확인할 수 있다.

소결

무열왕, 군주가 되어
정치 천재로서의 자질을 보여주다

52년 프로젝트를 수행한 춘추는 인내의 대가였다

한국 역사상 가장 오랜 인내 끝에 자신의 목표를 달성한 인물은 누구일까? 바로 춘추다. 춘추는 본디 태어날 때 왕위 계승의 운명을 가졌다. 그의 아버지 용수가 진평왕의 장녀 천명과 혼인해 진평왕의 뒤를 이을 왕위 계승자가 되어있었기 때문이다.

그런데 612년 진평왕은 천명의 동생 선덕을 왕위 계승자로 선택하며 천명과 용수, 그 아들 춘추를 출궁시켰다. 천명은 출궁하며 성골 신분을 잃고 진골이 되었다. 춘추는 용수의 아들이었기에 태어나면서부터 진골 신분이었다.

한편 유신은 출궁한 춘추를 삼한의 주인, 즉 신라의 왕이 될 인물로 받들었다. 그 기다림은 654년 춘추가 왕이 될 때까지 계속되었다. 603년 출생 때부터 따지면 햇수로 52년에 이르는 시간이다. 612년부터 따져도 43년이 된다. 춘추는 왕위 계승을 위한 52년 프로젝트에 성공하며 왕위에 올랐다. 그 일등공신은 바로 유신 등의 칠성우 세력이었다.

무열왕, 새로운 시대를 열다

『삼국사기』는 신라를 상대(1대 혁거세왕~28대 진덕여왕)·중대(29대 무열왕~36대 혜공왕)·하대(37대 선덕왕~56대 경순왕)로 구분하고 있다. 무열왕은 중대中代를 시작한 왕이었다. 한편 『삼국유사』는 신라를 상고(1대 혁거세왕~22대 지증왕)·중고(23대 법흥왕~28대 진덕여왕)·하고(29대 무열왕~56대 경순왕)로 나누는데, 무열왕은 이 가운데 하고下古를 시작한 왕이었다.

『삼국사기』에 나오는 중고라는 시대는 무열왕의 직계 후손이 왕위를 계승한 시기다. 『삼국유사』에 나오는 하고라는 시대는 성골 왕시대인 중고 시대 종료 후에 도래한 진골 왕의 시대를 가리킨다. 어느 경우든 무열왕은 새로운 시대를 연 게 분명하다.

춘추는 한국 역사상 최대의 M&A를 성사한 군주였다

642년 백제 의자왕이 신라의 성 40여 개를 빼앗았다. 655년에는 고구려·백제·말갈의 군대가 연합해 신라의 북쪽 국경을 쳐들어와 33성을 빼앗았다. 신라로서는 토지와 인민을 잃을지 모르는 국가적 위기 상황이었다.

춘추는 국가의 위기를 당나라와의 동맹으로 해결하는 방법을 찾았다. 그 결과 위기는 백제와 고구려를 정복하는 기회로 전환되었다. 신라는 삼한통합으로 멸망 직전의 국가를 살리고 토지와 인민을 늘려 평화를 맞이했다. 백제와 고구려를 정복함으로써 새로운 토지와 인민을 지배하게 되어 조·용·조의 수입이 늘어난 것이다. 그 결과 대신라는 조세제도를 개편할 수 있었고 번영과 평화를 누렸다.

삼한통합은 한국 역사상 가장 커다란 M&Amergers and acquisitions였다. 그 중심에 춘추가 있었다. 춘추는 곧 한국 역사상 가장 위대한 경영자였다.

춘추는 시대적 열망과 역사적 요구에 부응한 인물이었다

『삼국사기』에는 "668년 9월 고구려를 멸했을 때 신라 병사들이 정벌을 시작한 지 9년이 지나서 인력이 모두 다했는데, 마침내 두 나라를 평정해 여러 대의 오랜 바람을 오늘에야 이루었다"는 기록이 있다.[218] 여기에서 신라인의 역사적 요구가 무엇이었는지 확인할 수 있다. 고구려와 백제를 멸망시키는 일이 바로 신라인의 오랜 바람이었던 것이다. 춘추는 그러한 시대적 열망에 부응하고 그것을 실현한 인물이다.

전쟁을 통해 신라인의 숙망인 평화를 얻기로 한 무열왕의 결단은 한국사의 방향을 전환한 최고의 정책 결정이었고, 오늘날의 한국과 한국인을 만들어낸 위대한 선택이었다.

유신의 첩보전을 통해 리더십을 얻다

유신은 백제와 고구려의 첩자를 잘 식별했고, 또한 그들을 잘 이용했다. 그는 고도의 심리전으로 백제와 고구려를 혼란에 빠뜨렸고, 첩보전을 통해 전쟁을 승리로 이끌기도 했다. 또한 백제 좌평 임자는 신라인 조미곤을 통해 유신에게 포섭되어 백제의 최고급 정보를 신라에 넘겨주기도 했다. 유신의 성공적인 첩보전은 춘추의 왕위 계승을 위한 리더십 확보에 도움이 되었다.

춘추, 백성의 희망이 되다

춘추가 왕위에 오르기 전부터 보여준 리더십은 고구려와 백제의 오

---

218 『삼국사기』 7, 「신라본기」 7, 문무왕 11년 설인귀의 편지에 대한 답서 중.

랜 침략으로 괴로움을 당하던 신라인에게 희망을 주었다. 신라인은 춘추가 고구려와 백제를 물리쳐주기를 기대했고, 춘추와 칠성우는 그러한 신라인의 여망에 부응했다. 춘추가 660년 백제를 멸망시킨 것은 그 한 예라 하겠다.

지도자로서 춘추의 자질

춘추는 탁월한 정치 지배자였다. 그는 한국 역사상 최대의 M&A인 삼한통합의 토대를 마련했다. 그로써 현재 한국인이 고구려나 백제가 아니라 신라에 근원을 두게 했다.

춘추에게는 지성, 배포, 대담성, 판단력, 분별력, 과단성, 인내, 지구력, 자제력, 위엄, 강한 자부심, 세계화(중국화) 의지, 지배 구조 개혁 의지, 백제 정복을 위한 전쟁 수행 능력, 설득력, 외교적 능력, 모험심, 정확한 현실 인식 능력, 방법 강구 능력, 자기를 아는 능력, 정력 등이 있었다. 신라의 중흥을 이끈 이러한 능력과 덕목이 춘추의 정체고, 그러한 춘추는 한국·한국인을 만들었던 것이다.

고구려·백제를 멸망시켜 평화를 꿈꾸다

춘추, 그리고 유신이 중심이 된 칠성우는 고구려와 백제를 평정해 밖으로부터의 걱정을 없애고 국가의 부귀를 도모하겠다는 의지를 가졌다. 춘추는 실제로 전쟁을 통해 백제를 멸망시켰고, 문무왕은 고구려를 멸망시켰다. 그 이후 대신라는 망할 때까지 다른 나라의 침략을 받지 않고 대평화를 누렸다. 춘추는 전쟁을 통해 또 다른 전쟁을 없애고 평화를 불러온 영걸한 군주였다.

삼한통합에서 춘추의 공은?

춘추는 백제를 멸망시켰고 그의 아들 문무왕은 고구려를 멸망시켰다. 그리고 그 시기에 걸쳐 유신은 커다란 활동을 했다. 유신이 없었다면 삼한통합은 불가능했을지 모른다. 삼한통합에서 이들 세 사람이 세운 공의 비중은·대략 어느 정도씩일까? 나는 춘추가 삼한통합을 시작했다는 점에서 우선 2분의 1의 공을 세웠다고 본다. 나머지 2분의 1을 다시 셋으로 나누어 춘추·문무왕·유신에게 주면, 춘추는 삼한통합의 공 중 3분의 2를 차지하는 셈이다. 문무왕과 유신은 각각 6분의 1의 공을 세웠다고 볼 수 있다.

한편 춘추·문무왕·신문왕을 두고 삼한통합의 공을 따진다면 어떻게 될까? 역시 춘추에게 3분의 2의 공을 우선 돌리고 싶다. 문무왕에게 9분의 2, 그리고 삼한통합을 제도적으로 완성시킨 신문왕에게 나머지 9분의 1정도의 공을 돌리면 어떨까.

삼한통합은 무열왕의 기획이었다. 그는 백제를 평정했다. 문무왕은 선왕의 유업을 이어 고구려를 평정하고 삼한통합을 마무리했다. 삼한통합은 무열왕이 아니었다면 생각지도 못했을 사업이다.

춘추, 시대를 초월한 위대한 인물

춘추는 시대를 초월한 천재적 정치가였다. 훌륭한 위기 관리 능력을 보여주었고, 때로는 승부수를 던질 줄도 알았다. 신라인은 춘추의 그러한 모습에서 왕의 자질을 확인했다.

문무를 겸비한 무열왕, 신라 중흥의 군주가 되다

신라의 중흥은 삼한통합으로 이루어졌다. 그중 백제를 평정한 것은 무열왕이다. 신라 중흥의 출발이 무열왕에게서 비롯한 셈이다. 무열왕은 격검에 능하지 못했을지 모른다. 학문적인 식견도 신라인 중 최고는 아니었을 것이다. 그러나 춘추는 군주로서 국가의 인적·물적 자원을 총동원했고, 당나라의 군대까지 동원해 백제를 멸망시킨 탁월한 군주였다. 신라인은 신라 중흥에 대한 무열왕의 공을 인정했다. 그의 묘비에 태종무열대왕이라고 써넣음으로써 그것을 표현했다. 신라인은 무열왕을 당 태종에 비견할 만한 인물로 생각했던 것이다.

VII.
신라 중흥, 위업이 완성되다
– 문무왕 · 신문왕

삼한통합을 기획하고

백제를 평정한 사람은 무열왕이었다.

무열왕이 세운 삼한통합의 유업을

완성한 이는 문무왕이었다.

그리고 삼한통합으로 늘어난 토지와

인민을 지배하기 위한 통치 체제를

새롭게 확대·개편한 것은 신문왕이었다.

결국 무열왕의 백제 평정은

그 후 한국의 역사가 신라에 기원을 두게 된

중요한 사건이라 하겠다.

661년 무열왕이 세상을 떠난 후

그 직계 후손들은 그를 신격화하는 조치를 취했다.

1. 태종무열대왕의 죽음

무열왕의 죽음

무열왕이 죽기 전, 그의 죽음을 암시하는 조짐이 있었다. 『삼국사기』에 따르면, 무열왕 8년(661) 6월 대관사의 우물물이 피가 되었고, 금마군의 땅에 피가 흘렀는데 그 넓이가 5보나 되었다. 이 같은 조짐이 나타난 후 정말 왕이 세상을 떠났다.

왕의 시호는 무열이라 했고, 영경사의 북쪽에 장사지냈으며, 호(묘호)를 올려 태종이라 했다. 당나라 고종은 무열왕이 세상을 떠났다는 소식을 듣고 낙성문에서 애도를 표했다고 한다.[219]

『삼국유사』에는 진덕여왕이 죽고 영위 5년 갑인(654)에 춘추공

---

219 『삼국사기』 5, 「신라본기」 5, 무열왕 8년.

이 즉위해 8년 동안 나라를 다스리다가 용삭 원년 신유(661)에 죽으니 수가 59세였으며, 애공사 동쪽에 장사를 지냈는데, 비석이 있다는 기록이 있다.[220]

『삼국사기』와 『삼국유사』에 나오는 무열왕의 죽음과 관련된 내용에 대해 좀 더 살펴볼 필요가 있다.

춘추의 시호

세상을 떠난 왕의 시호는 무열武烈이다. 시호는 생전의 행적을 사정해 사후에 정하는 이름이다. 무열은 굳세고 용맹스러움을 뜻한다. 백제를 정복한 주인공인 춘추에게 무열이라는 시호를 붙인 것은 당연한 일이라 생각된다.

춘추의 묘호와 당나라의 개칭 요구

무열왕의 묘호廟號[221]를 높여 태종太宗이라 했다. 태종이란 나랏일의 훈덕이 임금의 선조 가운데 태조와 견줄 만한 임금을 뜻한다. 그의 묘호는 후일 당나라와의 관계에서 문제가 되었다.

신문왕 12년(692) 당나라 중종이 사신을 보내 칙명을 전했다. "우리 태종 문황제는 신묘한 공과 성스러운 덕이 천고에 뛰어났기에 세상을 떠나던 날 묘호를 태종이라 했다. 그런데 너희 나라 전왕 춘추의 묘호가 이와 같으니 진실로 분수에 넘치는 일이다. 그러니 칭호를 급히 고쳐라." 신문왕은 군신과 함께 논의한 뒤 대답했다.

---

220 『삼국유사』 1, 「기이」 2, 태종춘추공.
221 종묘의 명칭. 임금의 영(靈)을 태묘에 향사할 때 추존하는 시호를 뜻한다.

"소국의 전왕 춘추의 호는 우연히 성조(당 태종)의 묘호를 범했는데, 칙령으로 이를 고치라 하시니 신이 어찌 감히 명령을 따르지 않겠습니까? 그러나 선왕 춘추는 자못 어진 덕이 있었고, 생전에 양신 유신을 얻어 한마음으로 정치를 해 삼한을 하나로 통일했으니 그 공업이 크다 하지 않을 수 없습니다. 세상을 떠났을 때 온 나라의 신민이 애모하는 마음을 이기지 못해 추존한 호가 성조의 묘호를 범했음을 알지 못했는데, 지금 교칙을 받으니 두려움을 견디지 못하겠습니다. 삼가 사신이 대궐의 뜰에 복명하여 이로써 황제께 보고를 드립니다." 그러자 중종은 더 이상 이를 문제 삼지 않았다.

같은 문제가 『삼국유사』 「태종춘추공」 조에도 나온다. 신문왕 때 당나라 고종이 신라에 사신을 보내 말했다. "나의 성스러운 아버지께서 현신賢臣 위징과 이순풍 등을 얻어 마을을 합하고 덕을 같이해 천하를 하나로 통일했다. 그러므로 태종 황제라 했다. 해외의 소국인 너희 신라가 태종이라는 호를 사용해 천자의 이름을 참람僭濫하게 사용함은 그 뜻이 불충한 데 있으니 속히 그 호칭을 고쳐라."

이에 신라 왕이 표를 올려 말했다. "신라는 비록 소국이지만 성신聖臣 유신을 얻어 삼국을 하나로 통일했습니다. 그러므로 태종이라 한 것입니다." 당 황제는 신라 왕이 올린 글을 보고 자신이 태자로 있을 때 하늘에서 "삼십삼천의 한 사람이 신라에 태어나서 유신이 되었다"고 해서 책에 기록해둔 것이 생각나 꺼내보고 크게 놀랐다. 이에 다시 사신을 보내 태종의 칭호를 고치지 않아도 좋다고 했다.

이처럼 춘추 사후에 올린 묘호가 당 태종의 그것과 같아 문제가 된 것을 알 수 있다. 그 시기가 당 태종의 아들인 고종 때(650~683)인지 손자인 중종 때(684~709)인지 분명하지는 않지만, 당나라 사람들이 신라에서 태종이라는 묘호를 사용함을 문제 삼은 것은 사실이다. 신라에서 당나라 황제 이세민의 묘호가 태종이라는 사실을 몰랐을 리 없다. 이처럼 신라는 중국화를 추진하면서도 필요하다 싶은 일은 중국과의 마찰을 감내하면서라도 실현했다.

태종무열왕릉의 위치

무열왕릉의 위치는 분명하다. 신라의 왕 중 능의 위치를 알 수 있는 경우는 많지 않다. 하지만 무열왕과 흥덕왕은 왕릉비가 있어 그 위치를 분명히 알 수 있다.

여기에 더해 혁거세왕, 미추왕, 문무왕, 어쩌면 내물왕의 능까지도 현재 전하는 위치가 옳다고 추정해볼 만하다. 신라가 망한 후에도 경주 지역에는 신라 시대에 왕을 배출하던 박씨, 김씨와 6촌장의 후손들인 이씨, 정씨, 최씨, 손씨 등의 세력이 줄곧 거주했기 때문이다. 그들은 고려의 향리, 조선의 양반 세력으로 대를 이어 경주 지역에 살며 그들 조상의 묘를 지켰을 것이다.

여기서 이야기하려는 것은 무열왕의 능이 아니라 무열왕의 직계 조상의 능이 어디에 있었는가 하는 문제다. 이와 관련해, 현재 경주의 서악동에 위치한 4기의 고분을 주목하게 된다. 나는 강인구 교수의 추정이 사실에 부합한다고 본다.[222] 그는 서악동 고분을 서쪽에서부터 법흥왕릉, 진흥왕릉, 진지왕릉, 문흥대왕릉으로 보고, 그 동쪽에 무열왕릉이 있었던 것으로 보았다. 실제로 기록을 보면 법흥

222 姜仁求, 「新羅王陵의 再檢討(1)」, 『古墳研究』, 學研文化社, 2000, pp. 418~428.
223 『화랑세기』 13세 용춘공, pp. 212~213.

왕릉은 애공사 북봉 또는 애공사 북에 위치한 것으로 나온다. 진흥 왕릉은 애공사 북봉에, 진지왕릉은 애공사 북 또는 영경사 북에 위치한 것으로 나온다. 무열왕릉은 영경사 북 또는 애공사 동에 있었던 것으로 나온다. 이 경우 무열왕릉을 포함해 5기의 고분 남쪽에 두 개의 절이 있었음을 생각할 수 있다. 서쪽에는 애공사, 동쪽에는 영경사가 있었던 것이다.

다만 강인구가 문흥대왕릉을 용춘의 무덤으로 본 것과는 달리, 나는 춘추의 아버지인 용수갈문왕[223]의 능으로 추정한다. 무열왕 원년에 죽은 아버지를 문흥대왕으로 추봉한 바 있는데, 앞서 확인한 것과 같이 무열왕의 아버지는 용춘이 아니라 용수이기 때문이다.

한편 신문왕 7년 4월 대신을 조묘에 보내 제사를 올렸다. 그때 제사지낸 조묘에는 태조대왕, 진지대왕, 문흥대왕, 태종대왕, 문무대왕이 있었다. 태조대왕은 김씨로서 최초로 왕이 된 미추왕이다. 그리고 진지대왕-문흥대왕-태종대왕-문무대왕은 신문왕의 직계 조상들이다. 이에 서악동 고분 중 제4기를 문흥대왕인 용수의 무덤으로 추정해보는 것이다. 이로써 신문왕은 고조까지의 조상들에게 제사지냈음을 알 수 있다.

무열왕릉의 규모가 크지 않은 이유는?

무열왕릉은 그 서쪽 언덕에 연한 4기의 고분과 비교하면 규모가 크지 않다. 사실 무열왕릉의 모습은 이전 중고 시대 또는 마립간 시대의 고분과 구조가 비슷해 보인다. 봉분의 밑에 몇 개의 호석護石이 노출된 것이 내물왕릉 등의 봉토분과 비슷하다. 분명한 사실은 무열왕릉이 신문왕릉이나 그 이후 왕릉과는 전혀 다른 모습을 하고 있다는 것이다.

　무열왕릉의 규모가 크지 않은 이유는 무엇일까? 왕권이 강해지고 율령에 의한 통치가 이루어지면 왕릉을 크게 만드는 일이 사라지는 경향을 볼 수 있는데, 무열왕의 경우 이처럼 왕의 권위가 율령을 통해 강화되었기에 구태여 무덤을 크게 만들 필요가 없었던 것이다.

2. 선왕의 유업을 완성한 문무왕

무열왕의 아들 법민은 용모가 영특해 보였으며, 총명해서 슬기로운 계략이 많았다고 한다.[224] 그는 태자로 있으며 백제를 정복하는 전쟁에 몸소 참전했다. 왕위에 오른 후에는 고구려를 정복했다.

무열왕에게는 법민·인문·문왕·노단·지경·개원 등의 아들이 있었다. 『삼국유사』에는 그들 모두 문희가 낳았다고 기록되어있다.[225] 『삼국사기』에는 무열왕 2년(655) 3월 맏아들 법민을 태자로 삼고, 서자 문왕을 이찬으로, 노단을 해찬으로, 인태를 각찬으로, 지경과 개원을 각각 이찬으로 삼았다는 기록이 있다.[226] 문왕 이하

---

224 『삼국사기』 6, 「신라본기」 6, 태종무열왕 즉위 조.

225 『삼국유사』 1, 「기이」 2, 태종춘추공.

226 『삼국사기』 5, 「신라본기」 5, 무열왕 2년.

의 아들이 서자인지 문왕이 서자인지는 분명치 않다. 여기서는 무열왕의 큰아들 법민에 대해 살펴보겠다.

법민은 왕위에 오르기 전부터 많은 활동을 했다. 그는 650년 진덕여왕이 비단을 짜서 그 위에 지은 「태평송」을 당나라 황제 고종에게 바쳤다. 고종은 법민을 대부경으로 임명해 돌려보냈다.[227] 무열왕이 즉위한 뒤에는 파진찬으로 병부령이 되었다가 곧 태자로 책봉되었다.[228]

660년 6월 당나라의 소정방이 내주에서 출발했는데 1000리에 걸쳐 꼬리를 문 전함들이 동쪽으로 왔다. 그때 무열왕은 태자 법민에게 병선 100척을 거느리고 덕물도에 가서 소정방을 맞이하도록 했다. 소정방은 법민에게 7월 10일 만나 사비성을 공파하자고 했다. 법민이 돌아와 소정방의 군세가 강성함을 말하자 무열왕이 기뻐했다고 한다.

무열왕은 태자에게 대장군 유신 등과 더불어 날랜 군사 5만을 거느리고 지원하게 했다. 7월 13일에는 의자왕의 아들 융과 대좌평 천복 등이 왕성에서 나와 항복했다. 법민은 융을 말 앞에 꿇어앉히고 얼굴에 침을 뱉으며 꾸짖었다. 융은 땅에 엎드려 아무 말도 하지 못했다고 한다. 이처럼 법민은 태자로 있으며 백제를 정복하는 전쟁에 직접 종군해 큰 공을 세웠다.

227 『삼국사기』 5, 「신라본기」 5, 진덕왕 4년.
228 『삼국사기』 6, 「신라본기」 6, 태종무열왕 즉위 조.

옛 백제 지역에 대한 지배

신라와 당나라가 연합해 백제를 멸망시킨 후 백제 땅은 당나라가 장악했다. 신라가 옛 백제의 토지와 인민을 지배하는 일은 쉽지 않았다. 백제가 망한 직후부터 부흥 운동이 일어났기 때문이다. 그러한 부흥 운동은 663년까지 이어졌다. 663년 5월에는 백제의 옛 장수 복신과 승려 도침이 옛 왕자인 부여풍을 왕으로 세우고 당나라 유진 낭장 유인원이 지키던 웅진성을 포위했다. 얼마 후에 복신은 도침을 죽였으나 세력을 떨쳤다. 당나라 군대와 신라 군대가 힘을 합해 백제 잔적이 점령한 주류성 등 여러 성을 쳐서 항복을 받았다. 부여풍은 도망했고 왕자 충승·충지 등은 무리를 거느리고 항복했다. 유독 지수신만 임존성에 웅거하며 항복하지 않았는데, 끝내 이기지 못하고 군사를 돌이켰다.

663년 4월에는 당나라가 신라를 계림대도독부로 삼고 문무왕을 계림주대도독으로 임명했다. 당나라는 신라와 백제의 동맹을 요구했으나 신라는 백제가 간사하고 반복무상해 맹세를 해도 곧 후회하게 될 것이라 하며 맹세를 거부했다. 그러나 664년 당에서 다시 엄한 조서를 내려 맹세토록 했다. 이에 664년 2월 각간 인문, 당의 칙사 유인원, 백제 부여융이 웅진에 모여 단을 쌓고 동맹했다. 665년 8월에는 문무왕이 칙사 유인원, 웅진도독 부여융과 함께 웅진의 취리산에서 맹세했다. 계속되는 백제의 공격에 시달리던 신라가 당나라에 청군했고, 당이 이에 응해 군사를 보내 신라군과 연합해 백제를 평정한 사실은 앞서 살펴보았다. 하지만 백제의 잔적이 계속 신라를 괴롭혔고, 이에 신라는 당군과 함께 이들을 평정했다. 당 고종은 융으로 하여금 돌아가서 남은 무리를 어루만지고 신라와 사이좋

게 지내도록 했다. 이때에 이르러 비로소 백마를 잡아 맹세하고 천신과 지신, 천곡川谷의 신에게 제사지낸 후 피를 입에 발랐다. 맹세가 끝나자 희생과 폐백을 제단의 북쪽에 묻었고, 맹세를 적은 글은 신라의 종묘에 보관했다. 이때 유인궤는 신라·백제·탐라·왜국의 4국 사신을 거느리고 당나라로 돌아가 태산에서 제사를 지냈다.[229]

신라가 백제의 옛 땅과 그 인민을 지배하게 된 것은 고구려를 정복하고 당군을 몰아낸 후였다.

무열왕의 유업을 이룬 문무왕

문무왕에게는 즉위와 동시에 하나의 숙명이 안겨졌다. 바로 무열왕이 기획했던 고구려 정복이다. 문무왕은 아버지 무열왕의 유업을 끝내 이루어냈다.

661년 6월 당나라에 가서 숙위하던 인문 등이 돌아와 문무왕에게 이르기를, 당 고종이 소정방을 보내 수륙 35도道의 군사로 고구려를 치기로 하고 문무왕에게는 군사를 동원하여 응원하라는 명을 내렸으니, 비록 상중이기는 하지만 명령을 어기기 어려울 것이라 했다. 문무왕은 7월 17일 유신을 대장군으로, 인문, 진주, 흠돌을 대당장군으로 삼는 등 여러 군단의 장군을 임명했다. 8월에 문무왕은 여러 장군을 거느리고 시이곡정으로 나아가 머물렀다. 그때 백제의 잔적이 옹산성에 웅거해 길을 막았다. 9월 27일 왕은 옹산성을 포위해 대책을 불사르고 수천 명을 목 베고 항복을 받았으며 논공을 했다. 10월 29일 서울로 돌아왔다. 당나라 함자도 총관 유덕민이 와서

---

229 『삼국사기』 6, 「신라본기」 6, 문무왕 5년.

당 고종의 명을 전해 평양에 군량을 수송토록 했다.

662년 정월 당나라 사신이 와서 문무왕을 개부의동삼사 상주국 낙랑군공 신라왕으로 책봉했다. 왕은 유신·인문·양도 등 아홉 장군에게 수레 2000량에 쌀 4000섬과 벼 2만 2000섬을 싣고 평양으로 가게 했다. 2월 1일 유신 등은 평양에서 3만 6000보 거리에 있는 곳이 이르렀고, 2월 6일 유신은 양도 등에게 명해 군량을 당나라군에게 갖다주게 했다. 소정방은 군량을 받고 갑자기 돌아갔다. 유신 등도 돌아오게 되었다. 이해에 탐라국 왕 도동음률이 와서 항복했다. 탐라는 위덕왕 이래 백제에 신속했기에 좌평의 관호를 썼는데, 이때 비로소 신라의 속국이 된 것이다.

문무왕 역시 중국화를 추진했다. 664년 정월 왕은 교를 내려 부인들도 중국의 의상을 입도록 했다. 3월에는 성천과 구일 등 28명을 웅진부성에 보내 당나라의 음악을 배우게 했다.

666년 4월 문무왕은 고구려를 멸망시키려고 당나라에 군사를 청했다. 12월에 당나라는 이적을 행군대총관으로 삼아 고구려를 공격했다. 고구려 귀신貴臣 연정토는 12성 763호 3543명을 이끌고 와서 항복했다. 연정토와 그를 따라온 관인 24명에게는 의복, 식량, 집을 주어 왕도와 주, 부에 살게 했다. 12성 중 8성은 온전했으므로 군사를 보내 지키게 했다.

667년(문무왕 7년) 7월 당나라 황제가 칙명으로 지경과 개원을 장군으로 삼아 요동의 역役에 나가게 했다. 왕은 지경을 파진찬으로, 개원을 아찬으로 삼았다. 또 당나라 고종은 칙명으로 대아찬 일원을 운휘장군으로 삼았는데, 왕은 일원에게 명해 궁의 마당에서 칙명을 받게 했다. 왕은 대나마 즙항세를 당나라에 보내 조공했다. 당 고종은 유인원·김인태에게 명해 비열도에서 신라군을 징발해 다곡과 해곡의 두 길을 따라 평양에 모이도록 했다.

8월에 문무왕은 대각간 유신 등 30명의 장군을 거느리고 왕경을 나와 9월에 한성정에 이르러 영공을 기다렸다. 10월 2일 영공이 평양성 북쪽 200리 되는 곳에 이르러 이동혜촌주 대나마 강심을 시켜 거란 기병 80여 명을 거느리고 아진함성을 거쳐 한성에 가서 글을 보내 군사를 일으키는 기일을 독촉했다. 문무왕은 이를 따라 11월 11일 장새에 이르렀으나 영공이 돌아갔다는 소식을 듣고 군대를 돌렸다. 강심에게는 급찬의 관위를 주고 조 500섬을 주었다. 12월에 당나라 유진장군 유인원이 고구려 원정을 하라는 황제의 칙명을 전하며 문무왕에게 대장군의 정절을 내렸다.

문무왕 8년(668) 봄에 왕은 원기와 연정토를 당나라에 보냈는데, 연정토는 그곳에 머물러 돌아오지 않았다. 6월 12일 유인궤가 당나라 고종의 명령을 받들어 숙위하던 사찬 김삼광과 함께 당항진에 이르렀다. 왕은 인문을 시켜 대례로써 그를 맞이하게 했다. 유인궤는 바로 천강으로 향했다. 6월 21일 문무왕은 대각간 유신을 대당총관으로 삼고 각간 인문·흠순·천존·문충과 잡찬 진복, 파진찬 지경, 대아찬 양도·개원·흠돌을 대당총관으로 삼는 등 여러 도의 총관을 임명했다. 22일 부성의 유진장군 유인원은 귀간 미힐을 시켜 고구려의 대곡 한성 등 2군 12성이 귀순하게 했다. 이에 왕은 일길찬 진공을 보내 칭하했다. 인문·천존·도유 등이 일선주 등 7군과 한성주 병마를 거느리고 당나라 진영에 나아갔다. 27일에는 왕도 서울을 떠나 당나라 군중으로 나아갔다. 29일 여러 도의 총관이 떠났으나 유신이 풍병을 앓고 있었으므로 왕은 그를 서울에 머물게 했다.

인문 등은 영공을 만나 영류산 밑으로 진군했다. 7월 16일에 문무왕은 한성주에 이르러 여러 총관에게 당나라 군사를 만나도록 명했다. 문영 등은 사천벌에서 고구려 군사를 만나 그들을 크게 쳐부수었다.

9월 21일 신라 군대가 당나라 군대와 연합해 평양을 포위하자 고구려 왕은 먼저 천남산 등을 보내 영공에게 와서 항복했다. 이에 영공은 보장왕과 왕자 복남·덕남, 대신 등 20만여 명을 이끌고 당나라로 돌아갔다. 이때 각간 인문 등이 영공을 따라 당나라로 갔다. 당나라 군사가 고구려를 평정할 때 문무왕은 한성을 떠나 평양을 향했는데, 힐차양에 이르러 당나라의 장수들이 떠났다는 소식을 듣고 한성으로 돌아온 바 있다.

10월 22일 문무왕은 유신에게 태대각간의 관위를 내렸고 인문에게 대각간의 관위를 내리는 등 대규모의 논공을 했다. 11월 5일 문무왕은 고구려인 포로 7000명을 거느리고 서울로 돌아왔다. 6일에 왕은 문무 신료를 거느리고 선조의 묘에 가서 아뢰었다. "삼가 조상의 뜻을 이어 당나라와 함께 의병을 일으켜 백제와 고구려의 죄를 물었는데, 원흉들이 죄에 복종했으므로 나라의 운명이 태평하게 되었습니다. 이에 감히 아뢰오니, 신이시여 들어주소서." 18일에는 전쟁에서 죽은 사람 중 소감 이상에게 폐백을 주고 그들의 종자들에게도 20필씩을 주었다.

669년 문무왕의 명령—민심 수습책을 펼치다

2월 21일 문무왕은 군신을 모아 놓고 명령을 내렸다. 고구려와 백제를 평정한 후 내부 민심 수습책을 발표한 것이다.

지난 세월 신라는 고구려와 백제 두 나라에 가로막혀 북벌하고 서침하느라 편안한 날이 없었다. 전사들의 해골이 벌판에 널렸고, 그들의 머리는 경계의 뜰에 흩어져있었다. 선왕께서는 백성이 해를 입음을 불쌍히 여겨 천승(제후)의 귀중함을 잊고 바다를 건너 당나라에 들어가 천자에게 청병을 했다. 두 나라를 평정해 영원히 전쟁을 없애고 여러 대에 깊이 쌓인 원한을 갚아서 백성들의 쇠잔한 목숨을 지켜주기 위함이었다. 이로써 백제는 평정되었지만 고구려는 미처 멸하지 못했다. 나는 능히 정해진 유업을 이어받아 마침내 선왕의 뜻을 이루었다. 지금 두 적이 이미 평정되었고 사방이 안정되어 평안하다. 전쟁터에 나가 공을 세운 자에게는 이미 모두 상을 주었고, 전쟁에서 죽어 혼이 된 자에게는 죽어서 쓸 재물을 추증해주었다. 다만 옥에 갇혀있는 사람들은 죄인을 보고 울어주는 은혜를 입지 못했고, 칼을 쓰고 쇠사슬에 묶여 고통을 받고 있는 사람들은 아직 갱신의 은택을 입지 못했다. 이 같은 일을 생각하니 침식이 편치 않다. 국내의 죄수를 용서해 총장 2년 (669) 2월 21일 먼동이 트기 전에 5역죄를 범해 사형에 처해질 죄 이하를 범한 자는 죄의 대소에 관계없이 모두 석방해 내보내고, 그 전에 사죄해준 이후 또 죄를 범해서 벼슬을 빼앗긴 자도 모두 복직하게 할 것이다. 도둑질한 자는 그 몸을 놓아줄 것이며, 배상할 만한 재물이 전혀 없는 자에게는 갚을 기한을 두지 않게 할 것이다. 가난 때문에 다른 사람의 곡식을 취한 자의 경우, 흉년이 든 지방의 사람은 이자와 본곡을 모두 갚지 않아도 되고, 풍년이 든 지방의 사람은 금년 추수 때 본곡만을 갚고 이자는 갚지 않아도 된다. 30일을 기한으로 맡은 관청에서 시행토록 하라.

– 『삼국사기』 6, 「신라본기」 6, 문무왕 9년.

위의 조치는 다음과 같이 요약할 수 있다. 첫째, 전쟁에서 죽은 사람에 대한 보상이 있다. 둘째, 죄인을 사면하는 내용이 있다. 셋째, 도둑질한 자등에 대한 조치가 있다. 넷째, 빚을 진 사람에 대한 조치가 있다. 문무왕은 이러한 조치를 통해 전쟁으로 어려움을 겪은 인민을 위로하고 민심을 얻기 위해 노력했다.

당군을 몰아낸 문무왕

당나라 군대는 백제와 고구려를 멸망시킨 후 그대로 주둔했다. 두 나라의 영역을 당나라가 지배하고자 한 것이다. 신라로서는 백제와 고구려를 평정해 외우를 없애고자 했으나 더 큰 적을 대면하게 된 셈이다. 신라는 당나라 군대를 몰아내지 않을 수 없었다. 그 임무를 수행한 사람이 바로 문무왕이다.

668년 9월 21일 고구려의 멸망과 함께 신라의 북쪽 경계가 정해진 것은 아니었다. 648년 당 태종은 춘추에게 백제와 고구려를 평정한 후 평양 이남의 땅을 신라에 주겠다고 약속한 바 있다. 그런데 백제와 고구려를 평정한 당 고종은 당군을 옛 백제와 고구려 땅에 주둔시켰다. 신라로서는 고구려를 평정한 후 당나라 군대를 몰아내는 일이 급선무였다. 그 과정에서 신라와 당나라 사이에 충돌이 벌어졌다. 670년 흠순이 땅의 경계를 긋고자 지도를 살펴보니 백제의 옛 땅을 모두 돌려주는 셈이었다고 한다. 신라가 백제의 땅을 차지하는 일은 그만큼 쉽지 않았다.

669년 5월에는 각간 흠순과 파진찬 양도가 당나라에 들어가 사죄한 일이 있다. 이듬해 정월 당 고종은 흠순을 신라로 돌려보내고 양도는 그대로 옥에 가두었는데 그는 옥에서 죽었다. 문무왕이 백제의 토지와 남은 백성을 마음대로 가졌기에, 황제가 꾸짖고 노해 거듭 사자를 잡아둔 것이라 한다. 신라가 옛 백제 땅과 백성을 차지한 것은 대략 668년 고구려를 멸망시킨 후부터가 아닌가 싶다.

670년경 신라는 옛 백제 땅을 차지하는 조치들을 취했다. 그중하나가 고구려 유민이 세운 나라를 인정해준 것이다. 문무왕 10년 (670) 6월 고구려인 검모잠이 유민을 모아 남하하던 중 서해 사야도에서 연정토의 아들 안승을 만나 왕으로 삼고는, 신라에 사람을 보내 사정을 알리고 대국(신라)의 번병藩屛이 되어 충성을 다하게 해달라고 청했다. 문무왕은 그들을 나라 서쪽 금마저에 살게 했다. 670년 8월 1일 문무왕은 안승을 고구려 왕으로 책봉하고 고구려 선왕에 대한 제사를 주관토록 해주며 고구려 유민을 잘 보살피라 했다. 안승을 고구려 왕으로 봉한 것은 옛 백제 땅을 차지하기 위한 조치임이 분명하다.

· 670년에는 신라군이 옛 백제 지역을 공격해 품일 등이 63성, 천존·죽지 등이 7성, 군관 등이 12성을 빼앗았다. 신라는 671년 8월경 소부리주를 설치하고 아찬 진왕을 도독으로 삼은 바 있다.

674년 9월 안승을 보덕왕으로 삼았고, 문무왕 20년(680) 3월에는 왕의 누이동생(또는 김의관의 딸)을 그의 아내로 삼게 했다. 신문왕 3년(683) 10월 보덕왕을 서울로 불러 소판의 관위를 내렸으며 김씨 성을 주고 집과 땅을 내려주었다. 이로써 보덕국은 사라졌다. 보덕국의 영역이 얼마나 되었는지는 알 수 없으나, 신라는 보덕국을 장악함으로써 고구려 유민을 다스릴 수 있었고, 옛 백제 지역을 당나라 웅진도독부의 관할에서 벗어나게 할 수 있었다.

한편 668년 고구려를 멸망시킨 후 신라와 당의 경계가 정해진 것은 아니었다. 670년 3월 문무왕은 사찬 설오유와 고구려 태대형 고연무에게 당군과 싸울 것을 명했다. 각기 정병 1만을 거느리고 압록강을 건너서 옥골에 이르렀는데, 당군을 돕는 말갈의 병사가 개돈양에 와서 기다리고 있었다. 4월 4일 신라의 군사가 이겼으나, 당군이 계속 진격해오자 그만 물러나 백성을 지켰다.

671년 9월에는 당나라 장군 고간 등이 4만의 번병을 거느리고 평양에 와서 도랑과 성벽을 쌓고 대방을 침범했다. 672년 7월 당나라 장군 고간의 1만 병사와 이근행의 3만 병사가 평양에 이르러 8개의 영을 만들어 머물렀다. 이들은 8월에 한시성과 마읍성을 쳐서 이기고 군대를 전진시켜 백수성에 이르렀는데, 신라군이 고구려군과 함께 그들을 물리쳤으나 신라군이 계속 쫓아가다가 패했다. 673년에는 당나라 군대가 말갈과 거란병과 함께 북변을 침범했는데, 아홉 차례 싸움에서 신라가 이겨 호로(현재 임진강)와 왕봉 두 강에서 익사한 당병이 수를 헤아릴 수 없이 많았다고 한다. 673년에는 무열왕 대에 없앤 바 있는 수병戌兵을 다시 설치했다.

674년에 당 고종은 조서를 내려 문무왕의 지위와 관작을 삭탈하고 인문을 신라 왕으로 세워 나라로 돌아가게 했다. 또한 유인궤를 계림도 대총관으로 삼아 신라를 토벌하게 했다. 문무왕이 고구려인을 받아들이고 백제의 옛 땅을 점거해 지키게 했기 때문이라고 했다. 675년에 문무왕이 사신을 당에 보내 조공하고 사죄하니 당 황제는 그를 용서하고 관작을 되돌려주었다. 이때 신라는 백제의 땅을 많이 빼앗고 마침내 고구려의 남쪽 지경을 주군州郡으로 삼게 되었다.

당나라는 이를 그대로 두지 않았다. 675년 9월 29일 이근행이 20만 군대를 거느리고 매초성에 진을 쳤다. 신라군이 이들을 공격해 말 3만 380필을 얻었고, 그에 상당하는 병기도 얻었다. 그 후 당병이 거란과 말갈병과 함께 신라를 쳐들어와 18차에 이르는 크고 작은 전투를 벌였는데 신라군에 이기지 못했다. 676년에는 22번의 전투를 벌여 신라가 이겼다. 이로써 신라는 당나라의 군대를 물리치고 패강 이남 지역을 장악하게 되었다. 성덕왕 34년(735) 정월 하정사로 당에 갔던 김의충이 돌아올 때 당나라 현종이 조서를 내려 패강 이남의 땅을 신라에 주었다.

무열왕과 문무왕이 백제와 고구려를 정복하고 당군을 물리친 것은 중요한 의미를 지닌다. 현재 한국인 중 많은 수가 신라의 왕을 배출하던 종성인 김씨, 박씨와 6부성인 이씨, 최씨, 정씨, 손씨 등의 성을 사용하고 있다. 만일 고구려가 신라와 백제를 정복했다면 현재 한국인은 고씨, 을씨, 연씨 등 고구려 지배 세력이 사용한 성을 많이 쓰고 있을 것이다. 한편 백제가 신라와 고구려를 정복했다면 한국인은 부여씨, 진씨, 해씨 등 백제 지배 세력이 사용한 성을 가진 사람이 다수일 것이다. 그러나 삼한을 통합한 것은 바로 신라다. 그렇기에 현재 한국인은 신라인을 시조로 하는 사람이 다수일 수밖에 없다. 또한 그 후 한국의 사회·정치·문화 등 제 분야도 신라에 기원을 두게 되었다. 백제와 고구려의 역사적 유산은 한국사에서 살아남을 수 없었던 것이다

한 가지 짚고 넘어가야 할 사실은, 신라의 삼한통합이 민족 통일과 관련된 문제인가 하는 것이다. 민족사를 표방해온 '모델 2'는 신라의 삼한통합을 불완전한 통일이라고 주장한다. 또한 춘추의 청병 활동이나 신라가 당나라 군대를 끌어들여 백제와 고구려를 정복한 것을 반민족적 행위라고 이야기해왔다. 그러나 당대 신라·고구려·

백제 사람들은 자신들이 단군을 시조로 하는 순수 혈통의 단일민족이라는 생각을 한 적이 없다. 신라의 삼한통합은 신라를 멸망시키고자 끊임없이 쳐들어오던 백제와 고구려를 평정한 결과였다.

신라 중흥을 완성한 문무왕

삼한통합은 신라의 중흥을 의미한다. 『화랑세기』에 따르면, 24세 풍월주 천광이 그 지위를 물려주고 출장입상해 많은 공적이 있었기에 중흥 28장 중의 한 사람이 되었다고 한다. 천광은 비담의 난이 일어났을 때 낭도를 동원해 비담의 진으로 돌격함으로써 큰 공을 세웠다. 그 결과 호성장군이 되고 승승장구했다.[230]

　『삼국사기』에는 문무왕 8년(668) 6월 21일 아찬 천광을 서당총관으로 삼아 고구려를 평정하러 나가게 했다는 기록이 있다. 고구려를 멸망시킨 후인 9월 21일에는 천광이 인문을 따라 당나라에 갔다.[231] 문무왕 13년(673) 8월에는 파진찬 천광을 중시로 삼았다.[232] 천광이 중흥 28장 중 한 사람이 된 시기는 잘 알 수 없다. 한편 문무왕 3년(663)에 왕은 유신 등 28(또는 30) 장군을 거느리고 두릉윤성과 주류성 등 여러 성을 쳐서 모두 항복받았다.[233] 663년에 동원된 장군 28명 중 천광이 있었는지는 알 수 없다. 그러나 분명한 사실은, 천광이 삼한통합 전쟁에 참전하여 중흥 28장 중 한 명이 되었다는 점이다.

---

230 『화랑세기』 24세 천광공, pp. 334~335.
231 『삼국사기』 6, 「신라본기」 6, 문무왕 8년.
232 『삼국사기』 7, 「신라본기」 7, 문무왕 13년.
233 『삼국사기』 6, 「신라본기」 6, 문무왕 3년.

결국 신라의 중흥을 시작한 왕은 무열왕이었고, 그것을 완성시킨 왕은 문무왕이었다.

문무왕의 유언─왕의 임무를 말하다

신라는 혁거세를 왕으로 세움으로써 국가를 형성했다. 그 후 왕은 국가 통치의 최정상에 있으며 최고의 신분을 차지했고, 막대한 부를 가졌으며, 왕국 전체를 통치하는 권력을 행사했다. 왕은 토지·인민·정사政事를 장악해 권위를 세울 수 있었다.

　문무왕의 유조遺詔에 보다 구체적인 왕정의 내용이 나온다. 그에 따르면, 왕에게는 전쟁을 이끌고, 강토를 평정하고, 반역한 자를 치고, 협조하는 무리를 불러들여 다스리는 모든 곳을 평안케 할 임무가 있었다. 위로 조종祖宗의 염려를 안심시키고, 아래로는 부자父子의 오랜 원수를 갚았고, 살아있는 자와 죽은 자에게 상을 내렸고, 중앙과 지방의 관직을 고루 나누어주었고, 병기를 녹여 농구를 만들었으며, 백성들이 인수의 경지를 누리게 했다. 또한 부세를 가볍게 하고, 요역을 덜어주어 백성을 풍요롭게 함으로써 민간은 안정이 되고, 나라 안에 걱정이 없어졌고, 창고에는 곡식이 쌓여갔고, 감옥은 비었으며, 신과 인간 모두에 부끄럽지 않게 되었고, 관리나 백성의 뜻을 들어주었다. 문무왕이 왕으로서 한 이 같은 일들이 다른 왕에게 그대로 적용되는 것은 아니다. 그러나 왕은 국가 통치의 최정상에서 정사政事를 장악하며 권력을 행사한 것이 틀림없다.

3. 신문왕, 개혁으로 평화를 부르다

김흠돌의 난 진압

지금까지 '모델 2'가 김흠돌의 난을 보는 시각은 다음과 같았다. 성골
왕 시대는 중앙집권적 귀족국가였는데, 무열왕 이후 전제왕권이 강화
되었고, 김흠돌이 이에 맞서 반란을 일으켰다는 것이다. 아울러 난이
진압된 후 전제왕권이 더욱 강화되었다는 주장이다. 이 같은 주장은
『화랑세기』를 보면 완전히 잘못된 것임을 알 수 있다.

　　신문왕(681~692)은 할아버지 무열왕과 아버지 문무왕이 정복한
백제와 고구려의 토지와 인민을 지배할 숙명을 가졌다. 문무왕이
681년 7월 1일 세상을 떠난 후 신문왕이 즉위했다. 그런데 이때 김
흠돌 등이 반란을 일으켰다. 무열왕의 대가 끊길 수 있는 상황이 벌
어진 것이다. 김흠돌의 난에 대해 잠시 살펴보겠다.

무열왕이 죽고 문무왕이 즉위하자 자의를 왕후로 삼았다. 자의는 흠돌의 악함을 알았으나 문명태후(유신의 동생이자 무열왕의 왕비)에게 효도했으므로 한마디도 발설하지 않았다. 후에 흠돌은 아첨으로 문명태후를 섬기며, 유신의 외손인 그의 딸을 태자(후일 신문왕)에게 바쳤다. 태자와 자의왕후는 흠돌의 딸을 좋아하지 않았다.

흠돌은 그의 이모 문명태후가 죽자 그간 문명태후를 등에 업고 자의태후에게 저지른 악행의 책임에서 벗어날 수 없게 되었다. 신문왕이 즉위하며 태후가 된 자의가 흠돌에 대한 처벌을 미룰 이유가 없어졌기 때문이다.

흠돌은 스스로 죄가 무거움을 알고 두려워했다. 게다가 흠돌의 딸도 총애를 잃었다. 이에 흠돌 등이 모반을 꾀했다. 27세 풍월주 흠돌과 26세 풍월주 진공, 흠돌의 부제였던 흥원 등이 반란을 일으킨 것이다. 흠돌은 문무왕의 후궁 야명이 낳은 인명전군을 왕으로 옹립했는데, 사실 그는 스스로 왕이 되려 했다.

문무왕의 병이 크게 악화되자 김대문의 아버지 오기공이 북원으로부터 들어와 호성장군이 되었는데, 이는 사실 자의왕후의 명령으로 성사된 일이다. 그때 삼간 중의 한 사람이었던 진공이 호성장군이었는데, 오기공에게 인부印符를 내어주지 않으며 말하기를 "주상이 병으로 누웠고 상대등이 문서를 내리지 않았는데 어찌 중요한 직을 가벼이 주겠는가?" 하면서 물러서려 하지 않았다. 흠돌 일당의 모의는 이처럼 치밀했다. 이윽고 문무왕이 죽었으나 흠돌 일당은 이를 비밀에 부쳐 발설하지 않은 채 몰래 경외의 군대를 입성시켜 야명궁과 군관공의 집을 포위해 난을 일으키려 했다.

난은 오기공 등에 의해 진압되었다. 신문왕은 681년 8월 8일에 소판 김흠돌, 파진찬 흥원, 대아찬 진공 등을 반역죄로 참형에 처했다. 이 반란에서 상대등 군관은 흠돌의 난을 진압하는 데 참여하지 않았다. 군관은 흠돌의 반역을 알면서 그 사실을 알리지 않은 것이다. 이에 흠돌의 난이 진압된 후인 8월 28일 군관을 죽였고, 맏아들도 함께 죽여 이를 널리 알리도록 했다.

이처럼 김흠돌의 반란은 전제주의에 대한 반란이 아니었다. 흠돌의 악행에 의한 사건일 뿐이다. 흠돌의 난에 대한 '모델 2'의 주장은 터무니없다.

대평화를 이루기 위한 개혁

신문왕 대에 신라의 대평화가 이루어졌다. 대평화를 이루는 데에는 여러 요인이 작용했다.

김흠돌 일당을 제거함으로써 신문왕에게는 걸림돌이 없어졌다. 왕은 확대된 토지와 인민에 대한 지배 체제를 강화해나갔다. 삼한통합은 신문왕에게 왕정의 강화라는 부담을 안겨주기도 했지만, 확대된 토지와 인민은 신라의 대평화를 보장해주는 것이었다.

신문왕은 689년 9월 달구벌(대구) 천도를 계획했으나 이루지 못했다. 아마도 천도는 경주 지역에 자리 잡고 있던 지배 세력의 마음에 들지 않는 정책이었을 것이다. 아울러 막대한 부담이 가는 사업이기도 했다. 신문왕은 당나라 장안성과 같은 계획도시로서 왕경을 만들고자 했지만, 이는 삼한통합을 이루어 국력이 강화된 신라로서도 부담이 가는 일이었을 것이다. 이로써 천도를 포기할 수밖에 없었다.

신문왕은 682년에 예작부와 국학과 같은 관부를 설치했다. 또한 정부의 관직을 영-경-대사-사 체제(4단계)에서 영-경-대사-사-지-사 체제(5단계)로 편성했다. 국가 통치 업무가 확대되어 신료의 수를 늘릴 필요가 있었기 때문이다.

신문왕은 주-군-현의 지방 통치 조직을 편성했다. 신라·백제·고구려의 땅에 각기 3주를 설치하여 9주를 편성했다. 주 밑에 군을 설치한 것은 이보다 앞서 이루어진 일이다. 아울러 원래 군 밑에는 행정촌이 편제되어있었는데, 일부 행정촌을 현으로 설치했다. 또한 5소경을 설치했다. 주·군·현·소경, 그리고 주의 직할 현 밑에는 행정촌을 설치했다. 행정촌 밑에는 자연촌을 두었다. 왕은 주·군·현·소경에 지방관을 파견했다. 그리고 행정촌에는 조·용·조의 수취를 담당하는 내시령을 파견해 촌주와 함께 촌사를 이끌도록 했다. 이 같은 지방 통치 체제 편성을 통해 대신라는 국력을 조직화할 수 있었다.

신문왕 2년(682)에 국학을 설치한 것도 의미 있다. 원래 신라의 인재 양성은 화랑도가 주된 역할을 하고 있었다. 그런데 681년 8월 일어난 김흠돌의 난에 화랑도가 많이 참여했기에 자의태후가 명해 화랑도를 폐지했다. 그로써 신라의 인재 양성 기구는 공식적으로 사라졌다. 물론 화랑도제가 곧 부활되기는 했지만 신라에는 보다 새로운 인재 양성 기구가 필요했다. 이에 국학을 설치해 유교적 가르침으로 무장된 신료를 양성하기 시작한 것이다. 이로써 확대된 토지와 인민을 효율적으로 지배할 수 있게 되었다.

4. 신라는 그를 영원히 기억한다

신라인의 조상 숭배 이유

무열왕과 문무왕은 삼한통합을 이룬 주인공이다. 신라 중흥의 군주 무열왕과 문무왕은 후대 신라인에 의해 특별하게 기억되고 신격화 되었다.

신문왕 7년 4월 조묘에 제사할 때 한 말을 주목할 수 있다. "왕 아무개는 머리 숙여 재배하고 태조대왕, 진지대왕, 문흥대왕, 태종 대왕, 문무대왕의 영전에 아룁니다. 저는 허박虛薄한데 숭고한 왕위 를 이어 자나 깨나 걱정하고 애쓰느라 편안할 겨를이 없습니다. 종 묘의 돌보심과 하늘과 땅이 내리신 복에 힘입어 사방이 안정되고 백 성들이 기뻐 화목하며 다른 나라에서 오는 손님은 보배를 실어다 바 치고 형벌이 분명하고 송사가 사라져 오늘에 이르렀습니다. 하지만 지금에 이르러 도는 군주가 나라 다스림을 잃었고, 의는 하늘의 감계에 어긋나 괴이함이 별의 형상에 나타나 화성이 빛을 감추니 두렵고 조심스러움이 마치 깊은 골짜기 물에 떨어진 것 같습니다. 이에 모관에 있는 아무개를 보내 변변치 못한 제물을 차려놓고 살아계신 듯한 영靈께 정성을 올립니다. 삼가 바라옵건대, 이 작은 정성을 밝게 살피시고 보잘것없는 몸을 불쌍히 여기시어 사시의 기후를 순조롭게 해주시고 5사의 징조가 어긋남이 없게 해주시고, 곡식은 풍족해지고 질병은 없어지고 의식이 넉넉해지며 예의가 갖추어져서 안팎이 편안하고 도적이 없어져서 유족한 것을 자손에게 남겨 길이 많은 복을 받게 해주십시오. 삼가 아룁니다." 앞에서 본 것과 같이 신문왕은 자신의 직계 조상에 대한 제사를 지냈다. 그 대상은 아버지에서 고조까지였다.

36대 혜공왕 대(765~780)에 이르러 비로소 5묘를 정했다. 미추왕은 김씨 왕의 시조였기에, 그리고 태종대왕과 문무대왕은 백제와 고구려를 평정한 큰 공덕이 있기에 영원히 헐지 않는 종묘로 삼았고, 거기에 아버지와 할아버지의 묘를 더해 5묘로 정했다.[234]

38대 원성왕은 785년 2월 즉위하면서 성덕대왕과 개성대왕의 2묘를 헐고, 시조대왕, 태종대왕, 문무대왕, 할아버지 흥평대왕, 아버지 명덕대왕으로써 5묘를 삼았다.[235] 원성왕이 헌 2묘는 37대 선덕왕 때 세운 것이었다. 이때에도 태종대왕과 문무대왕의 묘는 5묘에 포함된 것을 알 수 있다.

---

234 『삼국사기』 32, 「잡지」 1, 제사.
235 『삼국사기』 10, 「신라본기」 10, 원성왕 원년.
236 『삼국사기』 32, 「잡지」 1, 제사.

애장왕 2년(801) 2월에는 태종대왕과 문무대왕의 2묘를 따로 세우고 시조대왕 및 왕의 고조에서부터 아버지까지를 5묘로 삼았다. 이때에 이르러 태종대왕과 문무대왕의 묘를 별도로 세운 것을 주목할 수 있다. 애장왕은 태종대왕과 문무대왕의 직계 후손이 아니었다. 세월이 한참 지났기에 애장왕은 5묘에서 태종대왕과 문무대왕의 묘를 뺀 것이다.

하지만 후대에도 태종대왕과 문무대왕의 2묘를 완전히 헐지 않았다는 것은 엄연한 사실이다. 5묘에는 일 년에 여섯 번, 곧 정월 2일과 5일, 5월 5일, 7월 상순, 8월 1일과 15일에 제사했다.[236] 태종대왕과 문무대왕의 2묘를 따로 세운 후에도 그와 같은 제사를 지낸 것이 틀림없다. 삼한통합을 이룬 태종대왕과 문무대왕은 신라인에게 특별한 왕이었기 때문이다.

현재 한국 사학계는 삼한통합을 이룬 태종대왕과 문무대왕의 역사적 의의를 옳게 인식하지 못하고 있다. 물론 삼한통합에 대한 신라인과 한국인의 생각에는 차이가 있을 수 있다. 그러나 역사는 신라인이 삼한통합에 대해 어떤 생각을 갖고 있었는지 밝힐 의무가 있다.

소결

무열왕·문무왕·신문왕 시대의 특성

성골 왕 시대가 끝나고 진골 왕 시대를 연 무열왕·문무왕·신문왕 대의 시대적인 특성은 다음과 같다.

첫째, 신라는 백제·고구려와 국가의 존망을 건 전쟁을 벌였다. 신라는 당나라 군대와 힘을 합해 660년 백제를 정복했고, 668년 고구려를 정복했다. 676년에는 옛 백제와 고구려 땅은 물론 신라까지도 지방 행정 구획으로 편제해 지배하려던 당나라 세력을 완전 축출했다.

둘째, 삼한통합 결과 신라는 역사상 유례없는 평화와 안정을 구가하게 되었다. 신라의 토지는 크게 확대되었고, 신라 왕이 지배하게 된 백성의 수도 크게 늘어났다. 사회는 안정되었고, 백성들의 생활은 만족스러워졌다. 무열왕 대 성중의 시가는 포 1필에 조 30~50석 수준이었다. 이로써 백성들은 성대라 했다고 한다.[237] 신라의 백성은 두 차례에 걸친 9년 전쟁(백제 및 고구려 멸망 전쟁과 당나라 축출 전쟁)을 참고 견뎌주었다. 이때 무열왕과 그를 추종한 칠성우 집단은 백성의 희망이었을 것이다.

셋째, 삼한통합으로 신라는 중흥의 기상을 드높였다. 호국과 상무 정신은 신라인의 기상으로 자리 잡았다. 또한 신라는 늘어난 토

---

237 『삼국유사』 1, 기이 2, 태종춘추공.

지와 인민을 지배하기 위해 통치 체제를 정비했다.

넷째, 신라의 대평화와 중흥은 무열왕과 문무왕의 능력과 도량으로 이룩된 것이다. 무열왕은 국가가 추구해야 할 목표를 분명히 파악했고, 구체적인 수단을 강구해 그것을 성취했다. 아울러 유학을 애호해 유교의 가르침을 통해 신료를 거느렸다.

다섯째, 무열왕은 중국의 발달된 정치제도와 문화를 수용해, 점차 신라는 신국의 도를 넘어 중하의 도를 받아들이기 시작했다.

여섯째, 무열왕과 문무왕은 인재 등용에 성공한 군주였다. 중국에서 정통 학문으로 받아들여진 유교의 가르침을 익힌 유학생이 신라 조정에 들어오기 시작한 것이다. 이들은 신라 사회에 중하의 도를 널리 알렸다. 그러나 신국의 도 전부가 중하의 도로 바뀔 수는 없는 일이었다. 특히 신국의 도 중 혼인의 도는 그 후에도 오랫동안 유지되었다.

일곱째, 춘추는 이찬의 관등을 가진 것으로 보아 일정한 관직을 갖고 활동했을 가능성이 높다. 진덕여왕 대에는 동궁이 되었을 가능성도 있다.

여덟째, 무열왕은 그의 아들들과 동생을 적극적으로 등용해 왕정에 참여시켰다. 나아가 당나라와의 관계에서도 그들이 중심적인 활동을 했다. 이는 무열왕의 왕권 강화에 커다란 힘이 되었다. 또한 왕위의 강화에도 큰 도움이 되었을 것이다. 진골 왕 시대의 왕의 자제들은 그저 놀고먹는 사람들이 아니라 왕정에 참여해 중요한 일을 하는 세력이 된 것이다.

한국·한국인을 만든 신라의 피

역사는 만들어진다. 학문 권력을 장악한 집단의 이야기는 국가를 등에 업은 덕에 옳건 그르건 정답이 되고 국민의 역사 지식, 나아가 역사관으로 자리 잡게 된다. 1945년 이후 관학파官學派가 만들어낸 춘추에 대한 민족사가 그 대표적인 예다. 민족사는 춘추를 을사오적과 같은 매국노로 만들어놓았다. 신라의 삼한통합에 대해서도 비난을 가했다. 그러나 춘추는 민족사의 평가처럼 비난을 받아야 할 인물이 아니다.

이 책을 통해 민족사가 만들어낸 것과는 전혀 다른, 새롭고 당당한 모습의 춘추—태종무열왕을 발견하게 될 것이다. 정치 천재 춘추는 오랜 기다림 속에서 정치적 자질을 축적하며 삼한통합의 대업을 기획했고, 왕이 된 후에는 백제를 평정함으로써 이를 실천했다. 춘추의 대망인 삼한통합은 그의 아들 문무왕 대에 이르러 현실이 되었다. 이 순간이 바로 한국·한국인·한국 사회·한국 문화의 근원이고, 그 물줄기는 대신라·고려·조선을 거쳐 오늘날 한국에까지 도도히 이어지고 있다.

한국·한국인은 신라의 역사적 유산이 만든 산물이다. 이 같은 역사적 사실을 무시하고 고구려만을 그리워하고 자랑스러워하는 것은 민족사가 만든 역사의식 또는 역사관을 따르기 때문이다. 이제 우리는 냉철하게 자신을 뒤돌아보고 왜곡된 역사를 바로잡아야 한다. 인문학의 위기를 논하기에 앞서, 한국사의 구석에 유폐된 춘추에 대한 역사만이라도 제대로 재구성된다면, 적어도 민족사의 역사 왜곡이 자아낸 한국사의 위기만큼은 벗어날 수 있을 것이다. 이 책에서 밝히고 있는 춘추와 신라에 대한 이야기가 그러한 인식 전환의 출발점이 되기를 바란다.

1. 역사의 새 방향을 결정하다

춘추는 한국 역사상 가장 치열했던 격동의 시대를 이끈 영걸한 군주다. 현대 한국인이 겪은 6·25전쟁, 조선 시대 사람이 겪은 임진왜란과 병자호란, 고려 사람들이 겪은 몽고의 침입, 고구려인이 겪은 수·당 제국과의 전쟁 등을 신라인이 겪은 삼한통합 전쟁과 단순 비교하기는 어렵다. 그러나 신라의 삼한통합 전쟁은 신라가 가진 모든 힘을 쏟아붓고 당나라의 군대까지 동원해 벌인 국제 전쟁이었다. 그 결과 신라는 삼한을 통합했고, 한국 역사의 방향을 새롭게 결정한 것이 사실이다.

고구려나 백제가 아니라 신라가 삼한을 통합했다는 사실은 중요한 의미를 지닌다. 그 결과 현재 다수의 한국인은 김씨, 박씨, 이씨, 정씨, 최씨, 손씨 등 신라인을 시조 또는 중시조로 하는 성을 가진 씨족에 속하게 되었다. 이는 신라가 백제와 고구려를 평정한 후 피정복국이 된 백제와 고구려인을 사회·정치적으로 차별대우해 도태시키는 정책을 쓴 결과다. 당시 신라·백제·고구려인은 같은 민족이라는 생각을 가진 적이 없었다. 그들을 순수 혈통의 단일민족으로 발명해낸 것은 해방 후 민족사를 내세운 한국의 역사가들이다. 세 나라는 각기 다른 왕국으로서 정복하느냐 정복당하느냐 하는 전쟁을 치렀을 뿐이다. 그 전쟁에서 신라가 승리했고, 백제와 고구려는 멸망했다. 그 결과, 한국의 역사에서 신라의 삼한통합 이후 백제와 고구려 사람은 물론, 역사적 유산까지 사라져버렸다. 현재 한국인 중 백제나 고구려인을 시조로 하는 성을 가진 씨족을 찾기 어려운 것은 그 때문이다.

백제와 고구려를 정복한 신라가 패망한 왕들과 왕위를 교대해 계승했을 리 없다. 백제와 고구려의 사회·정치 체제를 받아들여 새로운 체제를 편성했을 리도 없다. 신라는 정복자로서 당연히 정복자의 권리를 행사했다.

이쯤에서 한국 역사에서 삼한통합이 갖는 의의를 생각할 수 있다. 삼한통합을 이룬 신라는 대신라로 발전했다. 대신라는 그 이전 삼국 시대 신라의 연장선상에서 사회·정치 체제를 확대·발전해 나갔다. 그중 하나가 신라인을 시조로 하는 성을 가진 씨족의 존재라 하겠다. 대신라의 역사적 유산은 거의 그대로 고려에 이어졌다. 고려의 지배 세력인 향리는 대체로 신라의 지배 세력 출신으로 구성되었다. 또한 조선의 지배 세력인 양반층은 고려의 향리 출신이 대부분이었다고 한다. 이와 같은 역사의 연속선상에 현재 한국인이 있게 된 것이다. 현재 한국인은 286개 성(2000년 인구 및 주택 센서스 기준)을 가진 씨족들로 이루어져 있다. 그중 대성大姓은 모두 신라인을 시조 또는 중시조로 한다. 이는 신라의 역사적 유산을 현재 한국이 고스란히 이어받았음을 의미한다.

결국 신라의 삼한통합은 현재 한국·한국인을 만든 역사의 중간

지점이 되었다고 볼 수 있다. 무열왕 춘추는 삼한통합을 기획한 주인공이고 실제로 백제를 평정했다. 문무왕은 무열왕의 유업을 완수했다. 삼한통합은 다양하게 전개되어온 한국의 역사를 하나로 묶어 대신라를 만들어냈다. 그 이후 한국의 역사는 고려·조선으로 왕조가 바뀌어갔으나, 그 왕조들도 신라의 역사적 유산을 이어온 것이 사실이다. 고려와 조선을 거쳐 오늘에 이르기까지 신라인의 후손이 한국인의 대다수를 차지하고 있다는 사실이 그 증거다.

춘추는 한국 역사를 하나로 묶어 역사의 방향을 결정했고, 그러한 역사를 대신라·고려·조선을 거쳐 오늘의 우리에게 전해준 영걸한 군주이다.

2. 춘추는 어떻게 평가되었는가

분명히 말하지만 춘추는 삼한통합으로 신라의 중흥을 불러온 위대한 군주다. 또한 한국·한국인을 만든 영걸한 군주다. 이러한 춘추를 한국 역사 속의 다른 위대한 인물들과 비교할 수 있을까? 한국의 TV 드라마에서 다룬 영웅으로는 세종대왕, 이순신, 광개토대왕, 왕건, 연개소문, 대무신왕, 주몽 등이 있다. 그런데 지금까지 춘추는 영웅으로 다루어진 일이 없다. 여기서 『조선일보』(1998. 7. 16자 4면)의 여론조사(「대한민국 50년 역사상 베스트 20, 워스트 20」)가 주목된다. 현대의 인물을 빼고 추린 베스트 인물로는 세종(1), 이순신(2), 광개토대왕(6), 이성계(9), 김유신(12), 신사임당(13), 이율곡(16), 단군(17) 등이 있다. 워스트 인물로는 이완용(1), 이성계(11), 김유신(12), 연산

군(15), 김부식(17), 김춘추(19)가 있다(괄호 안 숫자는 순위). 이 조사를 보면, 김춘추는 베스트에는 없고 워스트의 19위를 차지하고 있다. 현대 한국인의 대다수가 춘추를 부끄러운 인물로 생각하고 있는 것이다.

그렇다면 대한민국 이전의 역사에서는 춘추를 어떻게 보았을까?

1) 춘추에 대한 신라 시대 사람들의 평가

앞에서 춘추에 대한 신라 사람의 평을 제시한 바 있다. 『화랑세기』 18세 풍월주 춘추공의 찬에 "세상을 구제한 왕이고, 영걸한 군주이며, 천하를 하나로 바로잡으니 덕이 사방을 덮었다. 나아가면 태양과 같고 바라보면 구름과 같다"라는 기록이 그것이다. 681년에서 702년 사이 편찬된 『화랑세기』의 찬자 신라인 김대문은 이처럼 춘추에 대해 더할 수 없는 극찬을 바치고 있다.

2) 춘추에 대한 고려 · 조선 시대의 평가 — '모델 1'

삼한통합에 대한 고려 · 조선 시대 사람의 평으로, 『삼국사기』에 있는 김부식의 이야기를 들 수 있다. 그는 "당나라 군대의 위엄을 빌려 백제와 고구려를 평정하고 그 땅을 얻어 군현을 삼았으니, 융성한 시대라 이를 만하다"[238]고 했다. 이는 당나라 군대를 끌어들여 백제를

---

238 『삼국사기』 12, 「신라본기」 12, 논.
239 孫晉泰, 『韓國民族史槪論』, 乙酉文化社, 1979, p. 135.
240 孫晉泰, 『國史大要』, 乙酉文化社, 1949, p. 77.
241 李基白, 『國史新論』, 第一出版社, 1961; 재판 1963, p. 95.
242 국사편찬위원회, 고등학교 『국사』, 교육인적자원부, 2008, 55쪽.

평정한 춘추에 대한 평이라 할 수 있다. 보다시피, 이 평에서 고구려·백제를 신라와 동등한 위치에 놓는 견해를 찾아볼 수 없다.

삼한통합에 대한 이 같은 김부식의 평은 고려뿐 아니라 조선의 역사가들도 공유했다. 춘추에 대한 '모델 1'의 평은 이와 같았다. 그런데 1945년 해방 후 한국사학은 춘추를 긍정적으로 평가하지 않고 전혀 다른 이야기를 하기 시작했다.

3) 춘추에 대한 현대 한국사학의 평가 — '모델 2'

1945년 일제가 물러난 해방 공간에는 제대로 된 한국사 개설서 한 권 없었다. 당시 서울대 교수, 문교부 편수국장 및 차관 등을 역임한 손진태는 춘추에 대한 새로운 평을 제시해 국민의 역사 지식으로 공급했다. 이를 '모델 2'라 칭해본다. 민족사를 탄생시킨 그는 춘추가 비동족인 당의 대세력을 이용하는 데 성공했다고 하며,[239] "신라로 하여금 외민족의 병력을 빌어서 동족의 국가를 망하게 한 반족적(反族的) 행위를 하게 한 것은 귀족국가가 가진 본질적 죄악이요, 그로 말미암아 민족의 무대는 쪼부라 들었다"고 했다.[240]

한편 이기백은 『국사신론』을 통해 "신라의 삼국 통일은 불완전한 것이다. 과거 삼국의 활동무대에 속하던 만주의 넓은 지역이 그 영역에서 벗어났기 때문이다"라고 밝혔다.[241] 이 같은 춘추에 대한 역사는 고등학교 『국사』 교과서에 실린 "신라의 삼국 통일은 외세를 이용했다는 점과 대동강에서 원산만까지를 경계로 한 이남의 땅을 차지하는 데 그쳤다는 점에서 한계성을 가지고 있다"[242]는 이야기로 이어진다.

손진태는 해방 전 일제와 해방 후 남북한에 진주한 미국과 소련의 군대를 보며 외세를 몰아내고 남북통일을 이루어야겠다는 생각을 했을 것이다. 그 과정에서 춘추를 외세를 끌어들인 반민족적 행위자의 표상으로 만들어냈다. 반면 광개토왕 등은 외세를 물리친 위인의 표상으로 만들었다. 그 결과 현재 한국인은 신라를 부끄럽게 여기는 반면 고구려를 자랑스럽게 여기게 되었다.

2002년 제7차 교육과정에 의한 한국사 교육을 보면, 신라에 대한 비판을 극화 학습으로 전개하는 광경을 목격할 수 있다. 그 대표적인 예로, 김신라의 죄를 기소하고 재판하는 장면을 들어보겠다.[243] 변호사 측 증인으로 무대에 올라야 하는 김춘추는 신라가 삼국을 통일할 수 있었던 내재적 능력을 통해 신라의 삼국통일의 의의를 역설하여 신라가 무죄임을 변론하게 된다. 한편 검사 측 증인으로 속말말갈족인 대조영이 세운 발해를 등장시켜 신라의 유죄를 주장하게 한다. 교수·학습 활동의 한 부분으로 되어있는 이 재판의 방법과 유의점으로 제시되는 것은, 평이한 진행보다 감정적으로 대응하는 장면이 연출되도록 재판 진행을 꾸미라는 것이다. 이는 고등학교 학생들에게 신라와 춘추를 감정적으로 비판하라고 주문하는 것과 다름없다.

이 같은 극화 학습은 관학파가 만든 민족사의 틀 속에서 신라가 외세를 끌어들여 동족의 나라인 백제와 고구려를 멸망시킨 반민족적인 행위를 한 나라로 만들기 위한 교육 행위다. 이러한 교육을 받은 학생들이 신라를 부끄럽게 여기고 고구려·발해를 자랑스럽게 여기는 역사의식과 역사관을 갖게 되는 것은 지극히 당연한 일이다. 이처

---

243 고등학교 『국사』, 교사용 지도서, 2007, p. 41.

럼 현재 한국은 국가가 주도하여 고등학생에게 김춘추를 외세를 끌어들여 동족의 나라를 멸망시킨 반민족 행위자로 비판하도록 만들고 있다. 심지어 고구려인·백제인·신라인과는 언어가 달랐던 발해(말갈)를 끌어들여 대신라를 재판하도록 만드는 것은 대한민국 국사 교육의 황당함을 여실히 보여주는 것이다.

하나의 사건·사실을 놓고 역사가들 사이에 서로 다른 해석이 나올 수는 있다. 삼한통합과 그것을 주도한 춘추에 대한 평가에서 『화랑세기』의 평가와 『삼국사기』, 즉 '모델 1'의 평가는 서로 같은 방향을 걷고 있는 게 사실이다. 그러나 해방 후 처음으로 만들어진 '모델 2'는 전혀 다른 이야기를 하고 있다. 이와 같이 평행선을 달리는 견해를 보며 역사가의 재량권이 어디까지 허용되어야 하는가에 대한 의문이 생긴다. 문제는 '모델 2'가 해방 후 외세를 몰아내기 위해, 춘추를 외세를 끌어들여 동족의 나라를 멸망시킨 반민족적 행위자의 표상으로 삼았다는 것이다. 이는 민족사를 표방해온 한국사학이 스스로 역사임을 포기하고 충실한 정치의 시녀로 자임했음을 뜻한다. 그러한 역사가 오늘도 한국사학의 정전正典으로 둔갑해 자리 잡았다는 사실이 부끄럽기만 하다.

4) 춘추에 대한 '모델 3'의 이야기

나는 이 책을 통해 춘추의 참모습, 즉 '모델 3'을 구축했다. 이 '모델 3'은 신라인도 모르는 이야기다. 신라인은 춘추가 기획한 삼한통합이 고려·조선은 물론이고 현재 한국·한국인·한국 사회·한국 문화의 기원을 신라에 두게 만들었다는 사실을 알 수 없었기 때문이다.

그런 면에서 『화랑세기』의 출현은 '모델 3'에게는 행운이라 하겠다. 신라인 김대문의 저술인 『화랑세기』는 신라인이 아니면 전할 수 없는 내용을 밝히고 있다. 따라서 '모델 1'로는 알 수 없던 사실을 새롭게 밝히게 되었다. 그렇다고 '모델 3'이 『화랑세기』에만 얽매여 이야기를 할 수는 없는 일이다. 『화랑세기』는 그 저술 목적에 부합하는 이야기를 전할 뿐, 다른 많은 이야기는 다루지 않기 때문이다. 따라서 나는 '모델 3'을 구축하기 위해 『화랑세기』를 넘어서서 춘추에 대한 여러 가지 사실을 그려내지 않을 수 없었다.

한국의 역사를 거슬러 올라가면 조선을 거쳐 고려로, 고려에서 대신라(소위 통일신라)로 가게 된다. 현재 한국은 조선의 역사적 전통을 이어받았고, 조선은 고려의 역사적 전통을 이어받은 것이 사실이다. 대신라는 삼국 중 어느 나라의 역사적 유산을 이어받았을까? 관학파의 '모델 2'가 무시 또는 은폐해온 것이 바로 이 질문이다.

대신라는 고구려와 백제가 아니라 엄연히 삼국 시대 신라의 역사적 유산을 확대·발전시켰다. 고구려와 백제는 패망 후 그 역사적 유산을 남길 길이 없었다. 고구려와 백제는 사라진 왕국일 뿐이다. 그런데 '모델 2'는 이와 같은 역사적 사실을 애써 외면해왔다. 이는 한국사 왜곡의 근본적인 이유라 하겠다.

고려·조선을 거쳐 오늘에 이르는 동안 역사 속의 한국인은 신라인의 후손으로 채워졌다. 피정복국 사람들인 고구려인과 백제인은 대신라의 하층 신분으로 편제되었고, 점차 도태되어갔다. 현재 한국인 중 고구려인이나 백제인을 시조로 하는 사람을 찾기 어려운 것은 그 때문이다. 한국인 다수가 신라인을 시조로 하는 성과 본관을 갖고 있는 것은 신라가 고구려와 백제를 정복했다는 역사적 사실의 결과다. '모델 2'는 이러한 역사적 사실을 무시해왔다.

현재 한국인이 신라인의 후손이 아니라고 아무리 강변해도 실제 역사는 한국인이 신라인의 후손임을 말해주고 있다. '모델 2'가 춘추를 반민족적 행위자의 표상으로 삼은 것은 자신의 조상에게 침을 뱉는 행위에 불과하다. 춘추는 반민족적 행위자가 아니라 오히려 현재 한국인을 만들어준 장본인이 아닐 수 없다. 나는 관학파의 주도로 현대 한국사학이 만들어낸 '모델 2'의 마당을 떠나, 새로운 마당에서 '모델 3'의 이야기를 풀어왔다.

'모델 3'은 춘추에 관련된 여러 가지 사실에 주목한다. 그중 당나라 군대를 끌어들여 백제를 정복한 일을 반민족적 행위로 보지 않는다는 점이 중요하다. 오히려 '모델 3'은 춘추가 648년에 당나라에 가서 문화를 통해 당 태종을 감동시켰기에 당나라 군대의 지원이 성사되었고, 이를 통해 백제를 멸망시킬 수 있었다는 사실을 주목한다. 그때 춘추가 당나라 군대를 동원해 백제와 고구려를 쳐들어가 두 나라를 멸망시킨 후 평양 이남의 땅을 주겠다는 당나라의 약속을 받지 않았다면 이후 역사는 어떻게 되었을까? 당나라 군대의 도움이 없었다면 백제나 고구려가 신라를 멸망시켰을지 모른다. 그렇게 되었다면 현재 한국인은 신라인이 아니라 고구려인이나 백제인의 후손으로 채워졌으리라.

이러한 사실 하나만 인정하더라도 춘추에 대한 이야기는 출발부터 다른 것이 되지 않을 수 없다. '모델 3'은 춘추를 한국·한국인을 존재케 한 가장 위대한 인물로 본다. 나아가 '모델 2'가 만들어낸 고구려·백제·신라를 보는 역사의식을 무너뜨리게 된다. 삼국 시대의 고구려·백제·신라는 서로 독립된 왕국으로 대등한 위치에서 다루어야 한다. 그러나 고구려와 백제 두 왕국은 신라에 정복당한 후 사라졌다는 사실을 인정할 필요가 있다.

김춘추를 정당하게 재구성해내는 '모델 3'의 작업은, 한 걸음 더 나아가 한국사를 새롭게 살려내는 일이기도 하다. '모델 2'는 고구려·백제·신라를 단일 민족으로 보는 민족사의 틀로 만들어낸 것이다. 그러나 '모델 3'은 고구려·백제·신라를 단일 민족 국가로 보지 않는다. 당시 삼국 사람들 사이에는 단일 민족이라는 개념이 없었다.

이와 같이 생각하고 보면 '모델 3'이 역사를 보는 새로운 관점을 제시할 수 있다. '모델 2'가 한국사에 존재한 모든 나라를 민족의 국가로 보는 것과 달리 '모델 3'에는 민족의 국가라는 개념이 없다. 현재 한국·한국인·한국 사회·한국 문화의 직접적인 출발점은 신라가 된다. 그중에서도 '모델 2'가 은폐·말살·왜곡해온 신라 내물왕 이전의 역사에 그 출발점이 있는 것이다.

그렇다면 고구려·백제는 한국사에서 어떤 의미를 지닌 나라로 보아야 할까? 고구려·백제뿐 아니라 고조선·부여·가야 등의 나라도 모두 한국사에서 다루어야 한다. 그 나라들도 한국사인 이유가 있다. 그러한 왕국에 살던 사람들은 중국인을 구성한 한족漢族과 구별되는 종족이다. 또한 숙신·말갈·거란·여진족과 같은 북방민족과도 구별되는 종족으로 한족韓族을 구성하는 종족들이다. 한족의 왕국을 한국사에서 다루는 것은 당연한 일이다.

그런가 하면 국가 형성의 연쇄를 주목할 수도 있다. 고조선은 한국 역사상 최초의 왕국이었다. 고조선은 그 후 한국사에 등장하는 부여나 고구려 또는 신라의 국가 형성의 방아쇠를 당겨주었다. 부여, 고구려, 백제, 가야로 이어지는 국가 형성의 연쇄 또한 한국사의

범위를 말해준다고 하겠다. 이러한 연쇄 속에는 신라도 포함된다.

여하튼 김춘추에 대한 '모델 3'의 이야기는 한국사를 보는 출발점을 새롭게 설정한 것이 사실이다. 이제 '모델 2'는 죽은 춘추에 대한 일방적인 폭력을 멈추어야 한다. 나를 있게 한 아버지(조선), 할아버지(고려), 증조할아버지(신라) 중 증조할아버지를 심판하는 일을 멈추어야 한다는 것이다.

나는 역사를 바로 알기 위한 노력 없이, 덮어놓고 위대한 군주만을 요구하는 독자나 한국 사회에 아부할 생각이 없다. 이 책에서 나는 신라인 춘추에 대해 다룰 수 있는 모든 것을 다루었다. 춘추는 신라인이다. 따라서 현대 한국인이 기대하고 요구하는 모습을 하고 있을 수는 없다. 신라인에게는 현재 우리가 받아들이기 어려운 신국의 도가 있었기 때문이다. 나는 이 책에서 온 힘을 다해 전투하듯 신라인 춘추를 살려냈다. 민족사처럼 현대 한국인이 욕망하는 이야기만 살려내고, 그렇지 않은 사실은 은폐하는 역사는 진정한 역사가 아니다. 역사라는 그럴싸한 옷만 입혀 오늘의 한국인에게 아부하는 허구의 이야기가 더 이상 생산되어서는 안 된다.

3. 춘추에게 강요하지 말아야 할 것

1) 춘추에게 민족을 강요하지 말라

춘추는 현재 한국인이 신앙처럼 믿고 있는 '단군을 시조로 하는 순수 혈통의 단일 민족인 한민족'의 존재를 몰랐다. 춘추뿐 아니라 백제의 의자왕, 고구려의 보장왕이나 연개소문 등 모든 삼국 시대 사람들은 그들이 순수 혈통의 단일 민족이라고 생각하지 않았다. 춘추·유신·의자왕·보장왕·연개소문 등은 1945년 이후 대한민국의 초·중·고등학교에서 가르쳐온 한민족이라는 민족에 대한 교육을 받은 일이 없기 때문이다. 춘추도 대한민국의 학교에서 공부했다면 꼼짝없이 단군을 시조로 하는 민족을 정답으로 받아들였겠지만, 신라인은 현대 한국의 역사가들이 발명해낸 민족에 대한 환상을 알 수 없었다. 한국사에서 민족이란 원래 없었던 것으로, 현대 한국사학, 특히 '모델 2'가 발명해낸 것이기 때문이다.

2) 춘추에게 민족 융합책을 요구하지 말라

백제를 멸망시킨 춘추와 고구려를 멸망시킨 문무왕이 과연 삼한통합 후 민족 융합책을 폈을까? 고등학교 교과서 『국사』는 대신라가 민족 융합책을 편 것으로 이야기하고 있다. 단일 민족의 개념이 애초에 존재하지 않는다는 사실을 상기하면, 일단 이 주장 자체가 성립되지 않는다. 게다가 고구려와 백제를 멸망시킨 신라가 피정복국에 대해 정복자의 권리를 행사하지 않은 채 융합책을 썼을 리도 없다. 신라인은 분명 정복자로서의 권리를 포기한 일이 없었다. 신라는 옛 고구려와 백제 사람들에게 골품제 가운데 하급 신분까지만 주었다. 아울러 9서당에 백제, 고구려, 말갈 사람의 군단을 편성했다는 것을 민족융합책의 증거로 이야기하고 있는데, 일반 병졸은 그랬을지 몰라도 지휘관은 모두 신라인이었다. 신라인은 그들이 정복한 고구려인이나 백제인에 대해 동등한 자격을 부여하는 등 민족 융합책을 편 일이 없음이 분명하다.

3) 춘추를 반민족 행위자로 보지 말라

손진태는 고구려가 아니라 신라가 민족과 영토를 통일한 것이 민족적 불행이라 했다.[244] 또한 그는 신라가 외민족의 병력을 끌어들여 동족 국가를 망하게 한 것은 반민족적 행위이고, 그로 인해 민족의 무대가 쪼그라들었다고도 했다.[245] 이 같은 견해는 무열왕과 문무왕이 당나라의 군대를 끌어들여 동족의 나라인 고구려와 백제를 멸망시킴으로써 한민족이 지배하던 만주를 한국사의 무대에서 잃게 되었다는 것을 안타까워하고 있다. 그렇기에 삼한통합은 불완전한 통일이라는 것이다.

그러나 앞에서 말한 바와 같이 고구려·백제·신라 사람들은 그들이 같은 민족이라고 생각한 일이 없다. '단군의 자손 한민족'이라는 개념은 현대 한국사학이 발명해낸 이야기일 뿐이다. 따라서 신라의 삼한통합을 반민족적이라거나 불완전한 통일이라 할 수는 없는 일이다.

4) 춘추에게 평등과 민주를 요구하지 말라

신라는 왕이 국가 전부를 장악하는 왕국이었다. 그러한 신라를 현재의 법적 기준으로 재판할 수는 없는 일이다. 춘추의 시대에는 국민주권이나 평등에 대한 개념이 없었다. 춘추는 당시 최고의 지배세력이었고 왕위에 오른 후에는 최고의 군주로 군림했을 뿐이다. 따라서 춘추에게 민주와 평등을 요구할 수는 없는 일이다.

---

244 孫晉泰, 『韓國民族史槪論』, 乙酉文化社, 1979, p. 179.
245 孫晉泰, 『國史大要』, 乙酉文化社, 1949, p. 77.

5) 춘추를 비틀어대지 말라

현재 한국인의 역사의식은 학교에서 배운 민족사의 틀에 얽매여있
다. 춘추는 세종대왕이나 이순신 장군 같은 베스트 인물이 아니라
이완용과 같은 워스트 인물에 속한다. 이러한 현대 한국인의 역사
의식을 춘추가 알게 된다면, 그는 무어라 말할까?

　춘추는 현대 한국사학이 만든 민족사, 민족사가 만든 '모델 2'
에 대해 아무런 말을 하지 않는다. 이유는 간단하다. 춘추는 661년
에 죽었기 때문이다. 그의 억울함을 대변하는 것은 '모델 3'이다.
그렇기에 이 책을 쓰게 되었다.

4. 민족·민족사를 보는 관점을 버려야 한다

한민족의 시조는 누구인가? 그 답이 단군이라는 것은 대한민국에서
역사를 배운 사람이라면 누구나 알고 있다. 그러나 이것만큼은 분
명히 해두자. 민족이라는 용어가 한국인에게 지고의 이념이자 신앙
으로 주입된 때는 1945년 해방이후부터였다는 사실이다. 이 땅에
민족이라는 용어가 처음 나타난 것은 20세기 초 제국주의 일본의
한국 강점을 전후해서였다. 온 국민이 한민족의 존재를 당연한 것
으로 받아들인 것은 해방 후 학교 교육을 통해서였다. 서울대 교수
였던 손진태는 자기가 민족의 발견에 노력했다며 민족·민족사를
외쳤고, 국가를 등에 업고 민족·민족사를 국민의 역사 지식, 역사
의식, 역사관으로 만들어낸 것이다.

　나도 대학 시절 '민족'이라는 말만 들어도 가슴이 뛰는 경험을

했던 것을 기억한다. 민족사를 통해 배운 대로, 한국사 속에 살던 사람이라면 구석기를 사용하는 사람부터 한민족이라고 보는 게 옳다고 생각했다. 고조선은 물론이고 고구려·백제·신라·고려·조선 그리고 대한민국까지 역사 속의 모든 사람을 한민족이라 배운 것이다. 우리 한민족은 단군의 자손이고, 그 때문에 순수 혈통의 단일 민족이라는 것이었다.

하지만 고구려·백제·신라·고려·조선까지 역사에서 민족·민족사를 논할 수는 없는 일이다. 다만 민족이라는 용어의 의미를 한정해 쓸 수는 있다. 해방 후 남북 분단 상황에서 한국인은 두 개의 서로 다른 국가의 국민이 되었다. 남북 또는 전 세계에 퍼져 살고 있는 한국인을 민족이라 부르는 것은 그럭저럭 용인할 수 있다.

그러나 남북으로 나뉘어 사는 한국인에게 민족공조, 우리민족끼리 등의 정신을 요구하는 세태를 볼 때, 민족이라는 용어가 이미 도구화되어 정치적으로 이용당하고 있음을 절실히 깨닫게 된다. 그것도 모자란 듯, 고구려·백제·신라인에게 민족 공조, 우리 민족끼리 정신을 강요해온 민족사는 실로 역사를 황폐화시켜왔음이 분명하다.

손진태와 같은 관학파가 발견했다고 하는 민족·민족사의 허구성을 나는 춘추를 살려내며 다시금 확인할 수 있었다. 그러나 신라의 삼한통합 이후 대신라·고려·조선 그리고 현재까지 이어지는 한국 역사 속에서 한국인은 신라인의 후손을 중심으로 구성된 것이 사실이다. 이 같은 사실을 무시한 민족·민족사는 이미 설 자리를 잃어버렸다.

춘추에 대한 이 책이, 현대 한국사학이 만들어온 민족, 민족사의 과오를 넘어서는 출발점이 되기를 기대해본다.

에필로그

나는 이 책을 통해 춘추를 역사의 무대에 새롭게 등장시켰다고 자부한다. 독자는 이제껏 한국인이 알고 있는 것과 전혀 다른 춘추를 만났을 것이다. 나는 춘추가 신라의 삼한통합을 기획하고 백제를 평정했으며, 그 아들 문무왕이 그의 유업을 이루어 삼한통합을 완성한 역사적 사실을 이야기했다. 신라의 삼한통합은 기본적으로 한국·한국인·한국 사회·한국 문화의 기원이 신라에 있음을 의미한다.[246]

이러한 사실을 인정하고 나면, 단군을 시조로 하는 민족에 대한

246 2000년 인구 및 주택 센서스 결과 286개 성이 확인됐다(1486년 편찬된 『신증 동국여지승람』에는 277개). 한국인의 성에는 신라인을 시조로 하는 성만 있는 것은 아니다. 백제·고구려·고려·조선 시대에 성을 받은 씨족도 있다. 중국의 여러 왕조나 말갈·여진·일본인 등 귀화인을 시조로 하는 성을 가진 씨족도 있다.

247 민족이라는 용어는 다만 해방 후 남북에 나뉘어 살고 있는 종족種族으로서 한국인을 가리키는 의미 정도로는 쓸 수 있겠다. 민족을 외치는 북한이 6·25전쟁을 벌이고, 남북 이산가족 상봉이 정치적으로 이용당하는 현실을 보면, 민족이 얼마나 문제가 있는 용어인지 알수 있다. 이념화된 민족이라는 용어 대신 남북통일을 해야 할 이유는 얼마든지 있다. 우선 200여 씨족이 나뉘어 사는 현실을 들 수 있다. 무엇보다 남북에 나뉘어 살고 있는 수많은 이산가족을 보면 남북통일이 이루어져야 함은 자명하다. 그러나 현재 남북통일을 가로막고 있는 것은 이산가족의 상봉마저 가로막는 이념과 체제의 장벽이 아닐 수 없다. 현재는 물론이고 한국사 속의 고구려·백제·신라 사람에게까지 민족 공조, 우리 민족끼리 같은 정신을 강요할 수는 없다.

주장은 하나의 역사 조작이었음을 부인할 수 없다. 실제로 한국인 가운데 단군이나 주몽을 시조로 하는 성을 가진 씨족은 없다. 이제 현대 한국사학이 표방해온 민족·민족사·민족주의·민족주의사학은 설 자리를 잃었다. 이 책이 정치의 시녀가 된 민족사의 허구성을 밝히는 첫걸음이 되었으면 한다.[247]

나는 이 책을 통해 한국인이 신라인의 후손이라는 사실만을 내세우려는 것은 아니다. 오늘날과 같이 세계화된 국제 사회에서 살아나가기 위해, 우리에게 잘못 주입된 역사 지식, 역사의식, 역사관을 바꾸어야 함을 아울러 강조하고 싶다. 그렇게 할 때, 현재 한국 사회에 급속히 확산되는 다문화 가정의 존재를 긍정적으로 바라보고, 그들이 한국인으로 당당하게 살아가는 길을 마련해줄 수 있다.

춘추는 다양하게 전개되던 한국의 역사를 하나의 방향으로 결정한 인물이다. 그는 신라라는 시공을 넘어, 한국·한국인이 오늘과 같은 모습을 갖게 한 정치 천재이자 위대한 군주였다. 한국사 최고의 위인을 뽑으라고 한다면, 나는 주저 없이 춘추를 꼽을 것이다. 끝으로 2007년 가을부터 1년간 경주에서 살며, 신라의 역사를 재구성하는 과정에 만난 신라를 사랑하는 여러분께 진심으로 감사드린다.

이종욱 씀

참고문헌

– 이 책의 구상과 관련된 이종욱의 저서와 논문

저서

『신라상대왕위계승연구』, 영남대학교 출판부, 1980.

『신라국가형성사연구』, 일조각, 1982.

『신라골품제연구』, 일조각, 1999.

『화랑세기로 본 신라인 이야기』, 김영사, 2000.

『신라의 역사 1 : 촌장사회에서 성골 왕 시대까지』, 김영사, 2002.

『신라의 역사 2 : 삼한통합에서 후삼국 통일까지』, 김영사, 2002.

『역사충돌』, 김영사, 2003.

『화랑』, 휴머니스트, 2003.

『색공지신 미실』, 푸른역사, 2005.

김대문 저, 이종욱 역주해, 『대역 화랑세기』, 소나무, 2005.

『민족인가, 국가인가?』, 소나무, 2006.

논문

「신라 상고 시대의 육촌과 육부」, 『진단학보』 49, 진단학회, 1980.

「신라 중고 시대의 성골」, 『진단학보』 50, 진단학회, 1980.

「신라 중고 시대의 골품제」, 『역사학보』 99 · 100합, 역사학회, 1983.

「신라 골품제 연구의 동향」, 역사학회 편, 『한국고대의 국가와 사회』, 일조각,
        1985.

「신라 시대의 진골」, 『동아연구』 6, 서강대학교 동아연구소, 1985.

「『삼국유사』 죽지랑조에 대한 일고찰」, 『한국전통문화연구』 2, 효성여자대
학교 한국전통문화연구소, 1986.

「신라 시대의 두품신분」, 『동아연구』 10, 서강대학교 동아연구소, 1986.

「신라 시대의 혈족집단」, 『역사학보』 115, 역사학회, 1987.

「신라 골품신분의 편성」, 『이병도 박사 구순 기념 한국사학논총』, 지식산업
사, 1987.

「신라인의 세계인식」, 『칠리 이광린 교수 퇴직 기념 한국사논문집』, 서강대
학교 출판부, 1989.

「신라 시대의 혈족집단과 상속」, 『역사학보』 121, 역사학회, 1989.

「신라 화랑도의 기원과 조직 · 변천」, 『화랑문화의 재조명』, 신라문화선양
회, 1989.

「신라 골품제연구의 문제」, 『한국상고사』, 민음사, 1989.

「신라 하대의 골품제와 왕경인의 주거」, 『신라문화』 7, 동국대학교 신라문
화연구소, 1990.

「영일냉수리비를 통하여 본 신라의 통치체제」, 『이기백 교수 고희 기념 한
국사학논총』, 일조각, 1994.

「『화랑세기』연구 서설 : 사서로서의 신빙성 확인을 중심으로」, 『역사학보』
146, 역사학회, 1995.

「『화랑세기』에 나타난 진골정통과 대원신통」, 『한국상고사학보』 18, 한국상
　　　고사학회, 1995.

「『화랑세기』를 통하여 본 신라 화랑도의 기원과 설치」, 한국향토사연구 전
　　　국협의회 편, 『화랑문화의 신연구』, 문덕사, 1995.

「신라 중고 시대의 화랑도」, 『성곡논총』 27, 성곡문화재단, 1996.

「『화랑세기』의 신빙성과 그 저술에 대한 고찰」, 『한국사연구』 97, 한국사연
　　　구회, 1997.

「신라 상대의 왕경육부」, 『역사학보』 161, 역사학회, 1999.

「신라 골품제하의 평인(백성)신분」, 『서강인문논총』 9, 서강대학교 인문과
　　　학연구소, 1999.

「『화랑세기』와 신라적 담론」, 『문학마을』 1-2, 문학마을, 2000.

「풍월주의 임명과 퇴임」, 『동아연구』 39, 서강대학교 동아연구소, 2000.

「신라 왕경·왕경인 그리고 골품」, 『역사학보』 196, 역사학회, 2007.

Jong-wook Lee, "Rank tells All", *Calliope*, Cobblestone Publishing,
　　　2007.

이종욱 李鍾旭

서강대학교에서 역사학을 전공하고 동대학원에서 한국고대사로 석사학위를 받았다. 미국 캔자스 대학교 대학원 인류학과에서 인류학·고고학을 연구한 뒤 서강대학교 대학원에서 한국고대사로 박사학위를 받았다. 캐나다 브리티시컬럼비아 대학교 인류학 및 사회학과에서 Post-doctoral Fellow로 인류학·고고학·사회학을 연구했다. 영남대학교 국사학과를 거쳐 서강대학교 사학과 교수로 부임했다. 2009년 6월부터 서강대학교 제13대 총장으로 재직 중이다.

일제의 식민사학에서 비롯된 20세기 한국 사학계의 민족주의 경향을 넘어서기 위해 지난 30여 년간 한국고대사 연구의 올바른 체제 정립에 주력했다. 특히 초기국가의 형성, 대외관계, 정치제도, 지방제도, 왕위계승, 건국신화, 골품제도, 친족제도, 화랑도 등의 연구를 통해, 지난 세기 한국고대사 연구의 과오를 바로잡고 새롭고 정당한 패러다임을 형성하는 데 매진해왔다.

저서로 『신라의 역사』, 『역사충돌』, 『화랑』, 『한국사의 1막 1장 건국신화』, 『색공지신 미실』, 『고구려의 역사』, 『대역 화랑세기』, 『민족인가, 국가인가?』 등이 있다.

춘추
위대한 정치 지배자, 김춘추

1판 1쇄 펴냄 2009년 10월 10일
1판 2쇄 펴냄 2009년 10월 31일

지은이 이종욱

펴낸이 송영만
펴낸곳 효형출판
주소 우413-756 경기도 파주시 교하읍 문발리 파주출판도시 532-2
전화 031 955 7600
팩스 031 955 7610
웹사이트 www.hyohyung.co.kr
이메일 info@hyohyung.co.kr
등록 1994년 9월 16일 제406-2003-031호

ISBN 978-89-5872-084-3 03910